대형 로펌에도 밀리지 않는
변호사·세무사 생존 전략

대형 로펌에도 밀리지 않는

변호사·세무사 생존 전략

스몰자이언츠 지음

변호사, 변리사, 회계사, 세무사, 노무사, 감평사,
행정사, 손해사정사를 위한 **확실한 성공 법칙**

다산글방

머리말

각각 12년과 5년 만이다.

전문 자격사로서 필자가 사무실을 개소해 운영한 것이 12년이 됐다. 그리고 내가 만든 프로세서를 다른 사람들에게도 전했으면 좋겠다고 막연하게 생각했던 게 5년 전이었다.

늘 상상해왔다. 이제 그 꿈의 한 조각을 이루었다.

변호사, 변리사, 회계사, 세무사, 노무사, 감정평가사, 손해사정사, 행정사 등 전문 자격사가 이 책자대로만 하면 지금보다 훨씬 성장할 수 있다는 걸 내 모든 걸 걸고 장담할 수 있다. 더 나아가 의사, 한의사, 약사 그리고 기술 전문직이나 영업인, 체육인, 예술가 기타 여러 방면에 전문성이 있는 분들도 적용이 가능하다. 거북이 찰스의 직업이 '변호사'가 아니라 '도예가'인 것도 전문성을 바탕으로 사업을 꾸려야 하는 사람들은 결국 다 결이 같다는 점을 시사한다.

시대가 변했다. 필자는 전문 자격사의 시대를 이 책에서 4가지로 나눴다.

- 전문 자격사 숫자가 부족해 영업이 필요 없던 1세대

  ▶▶ '낭만의 시대'

- '전관예우'와 '영업 사무장'이 키워드였던 2세대

  ▶▶ '영업의 시대'

- 경쟁자가 적어 온라인 마케팅을 하기만 하면 일단 성공했던 3세대

  ▶▶ '온라인 마케팅 시대'

- 1~3세대의 기득권이 없거나 자본력이 없으면 살아남기 힘든 4세대

  ▶▶ '양극화 각자도생의 시대'

 이는 영업인이나 체육인, 예술가, 전문 및 기술직 사업가도 크게 다를 바가 없다. 이미 어떤 분야든 양극화 현상은 더 강화되고 있다.
 이제 무작정 온라인 마케팅을 한다고 해서 먹고살 수 있는 시대가 아니다. 온라인 마케팅은 누구나 다 한다. 거대 법인의 자본력은 상위노출을 잠식했다. 1인 혹은 소규모 사무소를 운영하는 대표 전문 자격사가 살아남는 방법은 '대체 불가능성'이다. 즉 차별화이지만 단순한 차별화가 아니라 그 이상이다.

그 대체 불가능성을 이루기 위한 수단이 '빅픽처', 즉 '전략'이다. 그리고 그 전략을 수행할 도구가 전술이며 12가지가 있다. 장기적 사고, 환경, 철학, 타깃, 기록물 작성(콘텐츠), 유인기제, 상담기법, 조직관리, 위임, 가치창조, 적응, 그리고 소명 등이다.

이 책자는 필자가 공동대표로 있는 컨설팅 법인 〈퀀텀스텝스〉의 '사짜마케팅'에서 제공하는 온라인 강의 '라이브 클래스'와 오프라인 강의 '초월'의 내용을 요약하고 우화 소설을 추가한 것이다. 동영상 강의 내용을 줄이고 줄였지만 여전히 버거운 볼륨이다. 최대한 군더더기를 뺀다고 뺐다. 하고 싶은 말이 너무 많았던 거 같다. 책 두께에 대해서는 양해를 구한다.

'스몰자이언츠'라는 필명은 규모가 대기업에 미치지 못하지만, 내실 있는 소규모 사무소의 운영으로 많은 매출을 거두는 기업을 뜻하는 의미에서 모티브를 따왔다.

필자가 필명을 쓰는 이유는 필자 역시 전문 자격사인 이상 의뢰인들의 사건을 처리하는 일 말고 다른 일을 한다는 인상을 주고 싶지 않아서이다. 본 업무에는 방해를 받지 않는다고 아무리 양해를 구한다 한들 겸업을 하는 전문 자격사보다는 자신의 일을 온전히 처리해 주는 사람을 누구든 원할 테니까.

진심으로 독자 모든 분이 내 책을 읽고 지금보다 훨씬 나은 삶을 살았으면 좋겠다.
다른 사람의 삶에 기여하는 것, 그것이 내 궁극적인 소명이기도 하다.

끝으로 영혼의 파트너 '워너'와 삶의 기반을 잡을 수 있도록 도와준 '배현영 대표', 프로토타입으로 실험(?) 당하고 끝내 성공한 '최변', 밑바닥에서 날 이끌어 준 이호 손해사정사, 그리고 교정·교열을 해주고 조언을 해준 'zun'에게 감사를 표한다. 마지막으로 자신들의 어려운 환경 안에서 꿋꿋이 삶을 지탱하며 큰아들에게 듬뿍 사랑을 줬던 부모님께 생애 처음 사랑한다고 전한다. 모난 성격의 대표와 오랜 세월 함께해 준 직원들에게도 감사드린다.

내 항해는 이제 시작이다.

프롤로그

점과 점이 만나는 기적

필자가 한 달에 한 번씩은 꼭 듣고 있는 명연설이 있다. 지금은 고인이 된 스티브 잡스의 스탠퍼드대학 졸업 연설(2005년)이다.

여기서 잡스는 세 가지 이야기를 하는데 그중에 첫 번째가 '점을 연결하는 것'에 대한 이야기이다.

알다시피 잡스의 친모는 미혼모였다. 그녀는 양육할 여력이 없었고, 그렇게 잡스는 가난한 집안에 입양됐다. 이후 양부모의 평생 번 돈이 자신의 대학 등록금에 다 소요되는 것에 회의감을 느낀 잡스는 대학을 자퇴했고, 흥미로워 보이는 대학 강의를 도강했다. 특히 리드 대학에서 미국 최고의 서체 교육을 배웠는데 그게 나중에 '점'으로 이어졌다고 잡스는 고백한다.

"이것들 중에 무엇 한 가지라도 제 인생에 활용할 수 있을지는 생각도 하지 않았습니다. 하지만 10년 후 매킨토시 컴퓨터를 처음으로 디자인하던 그때에 비로소 모든 생각이 떠올랐습니다. 제가 배운 아름다운 글자체를 모두 매킨토시에 투영했습니다. 심미적인 활자술을 응용한 처음으로 세상에 나온 컴퓨터였지요. 대학에서 그 한 강좌를 듣지 못했더라면 지금과 같은 매킨토시는 세상에 없었을 것입니다."

대학 시절에는 잡스조차 선택과 경험으로 이루어진 점들이 어떤 나비효과를 일으킬지 알지 못했다. 그래서 그는 말한다.

점과 점이 연결되는 것을 믿으라고.

"다시 말하면 미래를 내다보며 점을 연결하는 건 불가능합니다. 그렇기에 그 점들이 언젠가는 분명 연결될 것이라고 믿어야 합니다. 믿는 것이 중요합니다."

잡스의 궤적을 보면 모든 것이 점으로 연결된다.

어렸을 때 영혼의 파트너이자 천재인 워즈니악을 만났고, 자기가 만든 회사인 애플에서 해고가 됐지만, 그 덕에 픽사가 설립돼 세계에서 가장 성공적인 애니메이션인 '토이 스토리'가 나왔으며, 그는 다시 애플로 돌아왔다. 그리고 잡스의 철학을 담은 아이폰이 세상에 출시됐다. 점과 점들이 만든 기적이자 필연적인 일상이다.

카카오브런치 브랜더 김키미 역시 비슷한 이야기를 전한다.

"에디터, 카피라이터, 포토그래퍼, 인터뷰어, 디자이너, 기획자, 협상가, MC 등등 필요에 따라 나는 무엇이든 된다. 과거 모든 경험이 지금의 나를 이루고 있는 것이다."

- 〈오늘부터 나는 브랜드가 되기로 했다〉 中, 김키미 지음

결국 모든 경험은 설령 표면적으로 건진 게 없다고 보일지라도 그 자체로 소중하다. 하나의 '점'으로 작용하기 때문이다. 중요한 건 상황에 대한 해석이다.

우리 인생은 불완전하고 예측이 불가능하다. 그래서 '모든 게 불확실함을 받아들이면서 그 사건을 바라보는 태도'가 중요하다.

파나소닉의 마쓰시타 고노스케, 혼다 그룹의 혼다 소이치로와 함께 일본 경영의 신으로 불리는 이나모리 가즈오는 교토 대학교를 졸업하고 쇼후공업이라는 낡고 초라한 회사에 취업을 했다. 당시 극심한 경기 불황에, 스승의 소개로 간신히 들어간 회사였지만, 급여도 제때 못 받는 곳에서 그는 하루빨리 도망가고 싶었다. 그래서 자위대 간부 후보생에 지원했는데 합격을 하고도 가족의 반대로 결국 회사에 남게 됐다. 동기들은 다 망해가는 회사를 퇴사해 다른 곳으로 도망간 후였다. 허탈했을 것이다.

이런 경우라면 대부분은 당분간 가족을 등지는 한이 있더라도, 언제 망해도 이상하지 않은 회사에 결코 남아 있지 않을 것이다.

그러나 그는 도망가지 않았다. 아니, 도망가지 않은 게 아니라 도망가지 못한 게 맞다. 지방대 출신으로 입사한 회사를 반년 만에 그만뒀다는 꼬리표가 붙을까 두려웠던 것이다. 이런 소심함은 또 다른 기회를 낳았다. 그는 회사에 남을 이유가 있었고 그래서 죽을힘을 다해 일을 했다. 밤낮을 잊은 채 최첨단 파인 세라믹 연구에 몰두했다. 당시 그의 전공과는 먼 분야였지만 그는 결국 해냈다. 그리고 이 성장의 경험을 통해 그는 일본의 대표 전자기기 제조 회사 중 하나인 교세라를 창설한다.

그가 자위대에 입대하지 못했던 것, 소심한 성격 탓에 급여도 제때 받지 못하는 회사에 남았던 것 모두 하나의 점들이다. 이 점들은 '운'이라는 이름으로, 때로는 '운명'이라는 단어로 우리에게 다가온다.

하지만 결국 그 점들을 잇는 접착제 역할을 하는 것은, 삶을 바라보는 태도이다.

나도 과거에는 몰랐다. 돌아보니 점들과 점들의 만남이 지금의 나를 만들었다는 걸.

흙수저에서 자수성가했다는 뻔한 스토리가 식상한 요즘이긴 하지만, 어쨌든 점을 잇기 위해서 이야기를 해보고자 한다.

객관적으로 필자는 몹시도 가난했다. 고등학교 때까지 방 2개 있는 집에서 외할아버지, 외할머니, 부모님, 남동생, 나까지 6명이 같이 잠을 자야 했다. 연탄을 피워야 하는, 한옥과 양옥을 섞어 놓은 집이었는데, 덕분에 필자는 연탄만큼은 지금도 잘 가는 편이다. 전세가 2,000만 원, 월세는 없었다. 그나마 그 전세금도 이모들이 한 푼씩 모아서 내줬다. 대문은 하나인데 가건물이 하나 더 있었다. 옆집에는 우리만큼 가난했던 신혼부부랑 아이가 살았는데 학교를 다녀오면 그 아이가 앉아서 이끼가 낀 돌더미를 가지고 놀던 기억이 새록새록 난다.

사실 밥을 굶을 정도로 절대적인 빈곤은 아니었다. 부모는 빚을 내서라도 '수포자'인 아들을 위해 과외를 시켰다. 잡스처럼 나 역시 부모가 할 수 있는 일은 그들의 능력 안에서는 다 했다고 생각한다. 이런 상황에서 나는 돈을 버는 데 상당히 관심이 많았고, 시간이 나면 어떻게든 아르바이트를 하려고 했다. 문제는 대학이었다. 수능을 망친 탓에 수도권의 최상위 명문대는 일찌감치 포기했고, 수도권에서 그나마 알아주는 경영학과 한 군데와 국립 지방거점대 법학과, 그리고 지방 사립대 사범대 영어교육학과에 지원했다.

딱히 꿈이 없던 나는 고민이 많았다. 당시 우리 외가에서는 유일하게 배운 사람인 고려대 출신 외삼촌에게 전화를 걸어 물어봤던 게 '신의 한 수'였다. 일단 법학과에 진학하라는 거였다. 효용성 측면에서였다. 장학금도 주는 조건이어서 나쁘지 않았다. 서울로 도피하는 기회는 잃어버렸지만, 그렇게 전공을 법학으로 하게 됐다. 외삼촌의 한마디에. 거기에는 어떤 절대적인 계기는 없다. 국립대라 돈이 안 들고, 장학금도 주고, 집도 자전거로 20분 거리이고, 모든 게 그럴 수밖에 없는 상황이었다.

어쩌다 보니 꿈도 희망도 없이 대학을 졸업하게 됐고, 공무원이나 해볼까 기웃거리다가, 막 변호사 시험의 첫 시험이 치러진다고 해서 거기 세미나도 참석했던 적이 있다. 물론 변호사는 못 됐지만, 그때 변호사 시험을 준비했다면 또 어떤 선으로 이어졌을지 궁금하긴 하다.

난 계속 집에서 벗어나고 싶었고, 결국 26살에 그 꿈을 이뤘다. 그저 도망가기 위해서 지원했던 중소규모 신문사에 합격해 취재기자로 일하게 된 것이다. 기숙사도 줬다. 봉급은 적고 일은 고됐지만, 기자를 하는 동안 세상에 돌아가는 이치와 어떻게 홍보해야 하는지를 배우게 됐다. 조직문화와 보고 체계도 물론.

이때 처음으로 꿈을 가질 수 있었다. '역사에 이름을 남기는 대기자(大記

者)가 되자'였다. 그러나 가난한 집안 문제와 더불어 여러 문제로 기자직을 내려놓고 다시 낙향하게 됐다. 이때 또 길을 잃었다. 기자만 하다가 덜컥 백수가 되니 뭘 해야 할지 막막했다.

당장에 날 거둬줄 만한 곳이 있나 해서 기웃거리다가 다행히 시에서 발행하는 시정 홍보지 기자 구인 자리가 나서 당시 생애 처음으로 월 200만 원이 넘는 돈을 받고 일하게 됐다. 당시 시정 홍보지는 외주 계약으로 만들었는데, 다행히 내가 일하던 인쇄소 대표님이 깨어 있는 분이라 프리랜서 취급을 해주셨다. 일만 해놓으면 나머지 시간에는 공부하거나 다른 일을 할 수 있게끔 배려를 해준 것이다.

미래가 막막했지만 배운 게 법학밖에 없어서 어쩔 수 없이 이때 또 자격증 공부를 했다. 그리고 다행히 합격했다. 그리고 사무실을 개업했고, 지금 12년째가 됐다.

9년째 같이 일을 하고 있는 파트너 '워너'와의 만남도 사실 우연이다.

처음 만난 건 영업과 관련해 수업을 듣는 클래스였다. 그가 강사였고, 난 수강생이었다. 그는 말만 하면 다 아는 대형학원 광고와 숙박업체 광고를 집행하고 있는 내로라하는 '광고쟁이'였다.

강의를 듣고 어떤 감동이 있었는지는 모르겠지만 그때 대뜸 따로 한번 보자고 하고 명함을 교환했다.

그게 이렇게 이어졌다. 나는 전문 자격사이자, 기자 출신으로 본질과 핵심은 설명할 수 있지만, 상위노출이나 테크닉, 광고 트렌드, 키워드 검색 등 세세한 것은 파트너의 발끝에도 미치지 못한다. 그렇게 서로 부족한 부분을 채워나가서 지금까지 이르렀다.

전문직을 대상으로 이 일을 해보자는 것도 그의 제안이었다. 6년 전부터 했던 제안을 계속 미적대다가 이제야 본격적으로 필자가 참여하게 된 것이다. 왠지 내키지 않았다. 내가 뭐라고 그 어려운 시험을 뚫고 합격한 머리 좋은 사람들에게 내 경험을 전달한단 말인가.

겸손이라기보다 솔직히 피곤할 거 같았다. 그 영특한 사람들이 날 얼마나 평가할까 싶기도 하고. 그러나 지금은 내가 하는 일에 확신이 있다. 우리는 해봤고, 방법을 확실히 알기 때문이다.

가끔 생각해 본다.

내가 집이 가난하지 않았다면 서울로 도망가서 기자를 했을까?
내가 법학과를 나오지 않았다면 나는 지금 이 일을 하고 있을까?
내가 낙향해서 대표의 배려 속에 시정 홍보지를 만들지 않았다면, 과연 시험에 합격할 수 있었을까?
내가 수업에서 파트너를 만들지 않았다면 지금 어땠을까?

이 모든 게 점이다. 점과 점, 그리고 사람과 사람이 연결되면 세상은 바뀌고, 나도 바뀐다. 다만 그걸 인식하지 못할 뿐이다.

이 '점'을 다른 언어로 쓰면 그게 '운'이다. 그러나 운은 연결된다. 운은 순간이라는 나이테에 머물 존재가 아니다. 과거의 행동이 미래의 운으로 이어지기 때문이다.

자신의 미래를 풍요롭게 해줄 점들은 우리 주변에 인공위성처럼 늘 빙빙 돌고 있다. 본인이 그걸 발견하지 못할 뿐이다.

우리는 지금 이 글을 읽고 있는 당신에게 하나의 점이 되고자 한다.

그 점을, 미래로 이어지는 선명한 선(線)으로 받아들일지, 귀찮은 스팸광고 정도로 받아들일지는 당신이 생각하기 나름이다.

다만 확실한 건. 이 점은 분명 어떤 식으로든 당신의 미래 삶을 바꾸는 데 일조할 것이다.

장담한다.

점과 점의 만남 1

영혼의 파트너, '워너'

수년 전, 5월의 어느 날이었다. 이날 나는 초빙 강의가 있어서 강남의 한 강의실로 이동했다. 이곳에서 2시간 동안 마케팅에 관한 얘기를 했다.

어떤 것을 해야 하고, 하지 말아야 하는지, 어떻게 해야 고객을 설득할 수 있는지, 특별한 것보단 가볍고 쉬운 내용으로 당장 적용해 볼 수 있는 것들로 강의를 이어 나갔다.

2시간 강의를 마치고, 강의 주최자와 인사를 하기도 전에 많은 사람이 나에게 질문을 하기 시작했다.

그때 한 남성이 내 손을 잡더니 "잠시만 자기를 따라 나와 달라"고 얘기했다. 그러고는 2층과 3층 사이의 공간으로 나를 이끌었다. 거기서 본인 얘기를 시작했다.

현재 어떻게 미래를 그려 나가고 있는지, 지금 잘하는 것은 무엇이고, 필요한 것은 무엇인지, 미래를 이끌어 가기 위한 방법은 무엇이고, 어떻게 할 것인지 하나하나 자세히 얘기해주었다.

10여 분의 시간이 흐른 뒤 그래서 내가 본인 인생에서 무엇을 해주었으면 좋을지 얘기해줬다.

신기했다. 어떻게 이렇게 짧은 시간 동안 자기가 하고 싶은 얘기를 정리해서 얘기할 수 있는지, 이렇게 하려면 머릿속에 얼마나 많이 이것을 생각하고 있었을지 신기했다.

지금까지도 내가 강의에서 하는 말이 있다.
"자기가 필요한 게 있고 '이것'을 하면 성공할 거 같은데, 대답해 줄 사람이 바쁘니까 시간 뺏지 말아야지 하고 미루는 건 잘못된 거"라는 말이다. "그러지 말고 빨리 성공해서 갚으라"고 얘기한다.
이렇게 말하는 건 전적으로 '스자'를 겪고 나서 얘기할 수 있었던 것이다.
이날 그가 나에게 전달하고자 했던 건 성공을 위해 마케팅을 함께 해주었으면 한다는 것이다. "이 정도 열정이면 함께 해야지"라는 마음에 지금까지 좋은 파트너로 함께할 수 있게 되었다.
나는 광고대행을 오랫동안 하고 있기에 많은 대표들을 만났는데, 그중에서도 '스자'는 특별했다.
일단 책을 정말 많이 읽는다. 다독보다는 과독(과한 독서)을 하는 사람 같아 보였다. 왜 이렇게 많은 책을 읽나 옆에서 지켜보니 아는 것과 모르는 것을 정리하고, 모르는 건 책을 통해 해결하려고 하는 것이었다. 그럼에도 또 모르는 게 있으면 또 다른 책을 가지고 해결하려고 한다. 어느 정도 해결된 문제는 실전에 대입해 보고 어떤 결론이 생기는지 테스트를 진행한다. 테스트를 통해 결론을 얻기까지 매우 빠르게 행동한다.
결론은 '된다 안 된다'가 아니라 '안 되면 왜 안 될까? 그래서 어떻게 해야 할까'로 나아가며, 결국은 '된다'로 결론이 난다.

결론이 나면 다 실행하는 것도 아니다. 긍정적인 결론이 났더라도 과정이 복잡하고, 시스템화되지 않는다고 생각되면 거기서 스톱하고, 새로운 방식을 또 고민한다.

누군가 시켜서 하는 게 아니라 책을 읽으며 질문하고, 답을 내리고를 반복하면서 익히게 된 방식인 듯하다.

그와 나는 광고에 대해서도 고민했다.

"어떻게 비용을 줄일 수 있는가?"

대행을 하는 입장에서 광고비를 많이 써야 남는 돈이 많은데, 비용을 줄이는 방법을 고민했다. 처음 시작할 때 '스자' 사업체에 대한 광고비가 1,500만 원이었던 것을 이제는 150만 원까지 줄였다. 비용이 줄어들면 매출이 줄어들 수 있다는 두려움이 있는데, 천천히 하나씩 점검하면서 줄였더니, 매출은 엄청나게 늘었고, 광고비는 엄청나게 줄일 수 있었다.

그럼에도 새로운 광고에는 돈을 쓰고, 테스트한다. 옳은지 그른지 몸소 체험해 보는 것이다. 과감하게 광고비를 투입할 수 있으니, 결론까지 빠르게 도달할 수 있게 된다. 이것이 우리가 책으로 보았던 '애자일 방식'이다.

매번 애자일을 강조하는 이유도 우리가 이미 이렇게 행동하고 있기 때문이다. 기본적인 뼈대는 가지고 있지만 세부적인 가지는 고객과 시장에 맞게 변화하다 보니 느릴 줄 알았던 속도가 더 빨라지고 궁극적으로 더 멀리 내다볼 수 있었다.

나는 10년 가까운 시간 동안 함께 애자일을 시도해봤다. 이 방식을 누군가에게 접목하는 게 단숨에 되진 않겠지만 그럼에도 우리는 애자일로 대입하려 한다. 그것이 애자일을 가장 잘 이해하고 실천해서 결과를 만들어 내는 '스자와 워너' 우리의 방식이라 생각한다.

그렇다. 이제 여러분들의 차례이다.

점과 점의 만남 2

'자존' 첫 변호사의 우여곡절 성공기 - 1기 수강생

로스쿨에 합격했다.

"에이~ 운이 좋았겠지. 아마 로스쿨에서 성적은 바닥을 길 거야. 난 대학 법학과 160명 중 140등으로 졸업한 사람인 걸… 어? 내가 로스쿨 20등이라고? 어? 변호사 시험에 합격했다고?"

얼떨떨했다. 하루하루 친한 동기 따라다니면서 공부만 했는데, 변호사 시험에 합격한 것이다.

변호사 자격을 받고 취업문을 두드렸다. 전주에 있는 로펌들.

"변호사님들, 혹시 저를 채용할 생각 없으신가요?"

"응. 안 돼. 돌아가. 대학 성적이 그게 뭐냐."

전주에 있는 사무실에서는 모두 탈락했다. 서울에 왔다.

"저 좀 받아주시면 안 되나요?"

한 곳 있었다. 그곳에서 변호사 생활이 시작됐다. 그렇게 나는 서울 사무실에서 변호사 일을 배웠다.

그리고 그때쯤 스무 살 때 처음 만났던 법대 동기 '스자'도 전문 자격사

시험에 합격했다고 했다. '스자'는 좀 특이한 녀석이었다. 뭔가 사람 대하는 것도 서툴고, 사회성이 좋아 보이진 않는데, 맡은 일은 다 잘 해냈다. 굳이 사람들한테 잘 보이려고 노력도 하지 않고 여성 학우들한테도 사근사근하지 않아서 '저래서 저놈 연애는 할 수 있을까' 생각했던 적도 있다. 가끔 교수님들 수업의 반장을 맡아서 하는가 하면, 법대 학생회장이었던 나를 도와 축제 기획을 혼자 도맡아 하기도 했다. 좀 집요한 면이 있고, 다분히 분석적인 친구였다. 이 녀석은 뭐 하나에 꽂히면 끝까지 해냈던 기억이 남아 있었다.

'스자'네 집은 매우 가난했다. 나도 제법 가난했지만 그렇게 허름한 집은 처음 봤다. 집에서 연탄보일러를 뗐고 방 2개에 조부모님, 부모님, 남동생까지 6명이 함께 살고 있었다. 지금도 녀석이 잘 된 것을 보면 그 집이 아른거릴 때가 종종 있다. '스자'는 학교까지 차비를 아끼려고 자전거를 타고 다녔고 과외랑 알바로 자기 생활비는 스스로 벌었으나 돈이 없다고 투덜대며 늘 학식만 먹었다. 아무튼 그는 내가 아는 가장 가난한 친구 중 한 명이었다.

우리는 오랜만에 만나서 앞으로 향후 어떤 미래를 그릴지 이야기했다. '스자'는 자기 영역에서 '대한민국 No.1'이 되겠다고 말했다. 그리고 그 스타트로 자신의 연구결과에 대한 성과를 책으로, 블로그로, 카페로, 영상으로 만들어 모든 사람과 공유하겠다고 했다.

나는 그 이야기를 듣고 "우와 대단하다"라고 생각한 것이 아니었다. "야! 그게 얼마나 힘든데, 그게 생각한다고 몸이 그대로 따라줄 것 같냐?

그렇게 하려면 하루 8시간이 뭐야 16시간도 모자라겠다"라고 말했더니 '스자'는 고개를 갸우뚱했다.

"하루 16시간? 하루 20시간은 하려고 했는데?"

하… 미쳤다. 얘는 미쳤어. 하루 20시간씩 한다면 실패하고 싶어도 못할 것이다. 그날은 응원만 하고 헤어졌다. 그리고 1년이 지났는데, '스자'는 나에게 수시로 전화했다. 일하고 연구하고 자료 만들고 바쁘다고 했다. 그리고 2년이 지났나. 정말로 '스자'는 대한민국 No.1이 됐다. 하루 20시간씩 2년. 정말 사람 같지 않은 체력과 집념. 그리고 끈기가 만든 성과였다.

'스자'가 나에게 말했다.

"야. 너도 해봐. 넌 변호사잖아. 넌 더 잘 될 거야."

"아니~! 난 너처럼 못 해. 그렇게 할 자신이 없어."

난 도망쳤다. 공무원을 하겠다고 했다. '스자'가 말렸다. 지금 하루라도 빨리 시작해야 한다면서. 난 무서웠다. '스자'처럼 해보겠다고 덜컥 개업했다가 망하면 어떡하지? 난 처와 뱃속에 태아도 있는데?

'아니야. 난 사업체를 끌어갈 자신이 없어'

'스자'는 집요하게 날 설득했다. 무려 1년을. 그 사이 난 미래에 대한 목표를 잃고 헤맸다. 변호사가 되어도 인생은 바뀌지 않았다. 매월 버는 돈은 쥐꼬리만하게도 280만 원이 전부였다. 무기력과 두려움만이 휘감던 그때쯤 아이가 태어났다. 생명의 탄생은 신비로웠다. 힘내서 세상에 나와 준 아이가 고마웠다. 그리고 내 마음속에도 새로운 용기가 솟기 시작했다. 아이에게 부끄럽지 않은 아빠가 되고 싶었다. "아빠는 뭘 위해 그렇게 열심히 살았어?"라는 질문에 자신 있게 답해주고 싶었다.

'스자'에게 전화를 걸었다. 그리고 말했다.

"나. 개업할게."

2017년 9월 개업을 했다. 먼저 개업한 '스자'가 많은 도움을 줬다.

변호사라는 자격증을 활용할 줄 알아야 한다는 강의부터, 성공은 실천부터라는 마인드 개조까지. 많은 조언을 받았다.

그리고 스스로 나태해지는 것을 방지하기 위해 일일 계획표, 주간 계획표, 월간 계획표, 분기 계획표, 연간 계획표를 작성했다. 예를 들면 이렇게 작성한다. 일일 계획표는 시간을 적시한다. 주간 계획표는 업무를 적시한다. 월간 계획표는 일정을 적시한다. 분기 계획표는 업무 및 일정 추이를 적시한다. 연간 계획표는 구체적인 목표량을 적시한다. 글로만 보면 피부에 와닿지 않으므로 간단히 작성하면 아래 표와 같다.

〈 표 1. 일일 계획표 및 주간 계획표 〉

일일 계획표	주간 계획표
09:00~12:00 언론사 기고글 작성 13:00~15:00 재판준비 및 출석 15:00~18:00 의견서 작성 19:00~21:00 영상대본 작성	1월 2일 중앙지법 재판/의뢰인 면담 1월 3일 부산지법 재판 1월 4일 〈사짜마케팅〉 과제 수행 1월 5일 영상촬영 및 회의

〈 표 2. 월간, 분기, 연간 계획표 〉

월간 계획표	분기 계획표	연간 계획표
월 매출 목표: 3,000만 원 유튜브 영상: 15개 유튜브 구독자: 100명 블로그 : 15개 블로그 이웃: 150명 카페글 : 10개 카페회원 : 100명	분기 매출 목표: 1억 원 홈페이지 신규 개설 카페 꾸미기 책 원고 완성 신규 진출 분야 기획 발표 워크숍 보고서 작성	연 매출 목표: 4억 원 유튜브 구독자: 1,000명 블로그 이웃: 1,500명 카페회원: 1,000명

하지만 누구나 다 그렇듯 초기 성적표는 처참했다.

초반 몇 달간 유튜브 구독자는 300명을 넘지 못했고, 카페 회원은 100명을 못 넘겼다. 매월 수임 사건 수는 1~2건에 불과했다. 직원 월급 주고, 사무실 임대료 내면 끝이었다.

그러자 〈사짜마케팅〉 전 직원이 머리를 맞댔다. 내 문제가 무엇인지 분석하기 시작했다. 결론은 내가 '너무 바쁜 척한다'는 것이었다. 바쁘지 않게 시간 조절을 할 수 있는데, 전문직들이 가장 빠지기 쉽다는 바쁨의 함정에 나 역시 굴러떨어진 것이다.

내 바쁜 일상을 고치기 위해 1차, 2차 솔루션이 가미됐다. 1차 솔루션은 시간을 단순화하는 것이다. 시간표를 미션수행으로 바꿨다. 예를 들면 오전 9시부터 12시까지 3시간 동안 언론사 기고글을 써야 한다고 하면, 2시간 이내 초안을 작성하고, 30분 이내 초고를 거친 다음, 남은 30분 동안 컨펌을 받는 형식으로 바꿨다.

컨펌은 〈사짜마케팅〉팀에 글을 올리면 오케이 여부가 결정됐다. 일반인들로 구성된 팀이 이해했다면 오케이 싸인이 나왔다. 이해를 못 했다면? 그렇다. 다시 미션 수행으로 들어갔다. 그렇게 난 정해진 시간 내에 완성된 기고글 1건을 생산해 내는 시스템을 구축했다.

수개월이 지나고 내가 생산한 글들을 보니 어마어마한 분량이었다. 이게 다 '나'라는 사람을 홍보하고, 내 전문성을 드러내며, 내 철학을 공유한다. 작성 글 리스트가 채워질 때마다 내 기쁨도 채워졌다. 할 때는 힘들었지만, 지나고 보니 그렇게 뿌듯할 수가 없다. 그리고 믿었다. 내가 쓴 글들이 빠른 시일 내에 나를 성장시키고, 나를 성공의 길로 이끌 것이라는 것을.

그동안 말도 많았고, 탈도 많았고, 실패도 많았다. 나와 같이 변호사 개업을 한 몇 명은 벌써 떨어져 나가고, 돌아보니 나 혼자만 남았다. 다른 게 있다면 딱 하나, 그들은 '스자'와 함께하지 않은 사람들이다. 내가 울면서 작성한 글이 수천 개에 달한다.

그리고 1년 동안 100명도 늘지 않던 유튜브는 끊임없는 솔루션과 시스템을 정비한 결과 1,000명을 돌파했다. 그러자 내가 밖에 나가 영업을 하지 않아도, 의뢰인들에게 먼저 나에게 연락을 주기 시작했다. 나는 사무실에 앉아 전화로 상담했을 뿐인데, 의뢰인들이 사건을 맡기고 착수금을 입금했다. 나라는 사람을 만나지도 않고 나를 신뢰하며 나를 소송대리인으로, 변호인으로 선임했다. 유튜브와 블로그, 카페글에서 만났던 나의 진심이 느껴졌다는 이유로.

유튜브와 블로그, 언론사 기고글을 통해 조금씩 알려지자 신문사 기자들에게 연락이 왔다. 교통사고 관련 문의가 있다고 하면 나는 없는 시간을 내서라도 인터뷰에 응하고, 필요한 정보를 제공했다. 그리고 아무리 바빠도 전화를 잘 받았으며, 재판 때문에 못 받으면 반드시 꼭 다시 전화를 걸어 문제를 해결해줬다. 그 과정에서 광고비를 받는 케이블TV, 신문사에서 연락이 왔지만, 그것만은 전부 거절했다.

돈 주고 나를 언론에 노출시키는 것은 마지막 남은 내 자존심이라고 해야 할까? 그러자 놀라운 일이 생겼다. 우리나라 메이저 방송사라고 불리는 지상파 기자들에게서 연락이 온 것이다. 맨 처음 KBS에서 연락이 왔다. 첫 지상파 뉴스 인터뷰라 그런지 굉장히 떨렸던 것 같다. 그렇게 전국 뉴스에 내 얼굴과 인터뷰 내용이 전파를 탔고, 나를 아는 사람들에게서 축하한다고 많은 연락을 받았다.

그다음 연락이 온 방송사는 SBS였다. KBS는 뭔가 차분한 일상 법률 인터뷰였다고 하면 SBS는 기술발전과 법률의 균형에 대해 묻는 인터뷰였다. 그때 방송사마다 분위기가 다르다는 것을 느꼈다. 그리고 마지막 남은 방송사는 MBC였다. 그리고 최근 MBC에서 연락이 왔다. 오후 8시 뉴스데스크 심층탐사보도에 내 인터뷰가 나왔다. 너무 좋았다. 드디어 지상파 방송 3사에 모두 출연한 쾌거를 이룬 것이다.

개업하고 5년이 지난 지금은 월평균 매출 기본 수천만 원부터 시작한다. 나를 여기까지 이끌어주신 하나님과 끝까지 나를 믿고 아낌없는 도움을 준 '스자'에게 감사하다. 나는 행복한 사람이다. 대학에 입학할 때만 해도 월 소득 1,000만 원(= 매출-비용) 이상은 내 인생에서 이룰 수 없는 꿈인 줄 알았다.

실제로 높은 소득을 올려보니 거기서 오는 만족감이 대단하다. 일단 사는 것에 대해 여유가 생기고, 주변을 돌아보게 된다. 내 힘만으로 성취한 결과가 아님을 알고, 항상 감사하며 나도 똑같이 도움을 줄 수 있는 사람이 됐으면 한다.

사람은 혼자만 잘 사는 것만으로는 오래 가지 못한다고 한다. 내 주위도 같이 잘 살아야 다 같이 오래 간다고 한다. 이제는 나도 나누고 싶다. 아직 여기까지 올라오지 못한 사람들과 같이 걸어가고 싶다. 성공의 길을 간다는 것은 어려운 것이 아니다.

일단 Do it!(해라) 그리고 Solution!(수정·해결) 마침내 System completion!(돈 버는 시스템 완성) 순으로 가기만 하면 망하고 싶어도 못 망한다. 잠깐의 시련과 정체가 있을 뿐, 기차는 간다. 시스템이라는 종착역으로.

사실 이제 알게 됐다. 첫 수강생이었던 나를 '스자'가 자신의 시스템을 다른 사람에게 이식할 수 있는지 검증하기 위한 실험체(?)로 썼다는 걸. '스자'는 나를 통해 시행착오를 겪었고 자신의 시스템을 완성했노라고 자신 있게 이야기한다. 그도 그럴 것이 나는 '스자'의 시스템을 통해 3사 방송 출연, 수천만 원의 소득, 그리고 영업하지 않아도 의뢰인들이 믿고 찾아오는 신뢰자본 축적을 완성해냈다.

이후 '스자'와 '워너'를 통해 끝없이 성장해 나갈 동료들이자 수강생들을 생각하면 가슴이 뿌듯해진다. 어려운 길이지만 포기하지 말고 끝까지 이겨내길 바란다. 이것이 맞는 길이다.

머리말 _ 4
프롤로그 : 점과 점이 만나는 기적 _ 8

제1장 만생(萬生)의 동굴로 가는 길 ———— 35

사짜마케팅 Part 1 自覺(자각) ———— 43

01 전문 자격사인 당신이 돈을 못 버는 이유 _ 45
02 전문 자격사에게 '패러다임 전환'이 필요한 이유 _ 49
03 시대 구분 _ 52
04 기득권의 영업방식을 따라 하면 망하는 이유 _ 61
05 로컬 영업 vs 인터넷 마케팅 _ 69
06 강사의 자격 _ 73

제2장 어둠 속의 가르침 ———— 79

사짜마케팅 Part 2 戰略(전략) ▶ 본질 : 대체 불가능성 ———— 107

01 열세에서 승리로 : 전략의 힘 _ 109
02 대왕고래와 싸워 이기는 법 _ 116

제3장 시간이 만드는 깊이 ———— 121

사짜마케팅 Part 3 熟成(숙성) ▶ 전술 1. 장기적 사고 ———— 133

01 장기적 사고가 답이다 : 조급함을 버려라 _ 135
02 애자일 방식으로 성공하라 _ 140
03 광고대행의 실체 _ 144
04 당신의 광고는 실패하고 있다 _ 158
05 기획마케팅의 함정과 콘텐츠 브랜딩의 힘 _ 166

제4장 철학을 빚다 ─── 169

사짜마케팅 Part 4 哲學(철학) ▶ 전술 2. 철학 ─── 181

    01 자신의 이야기를 쓴다는 것 _ 183
    02 철학을 모든 콘텐츠에 계속 넣어야 하는 이유 _ 193

제5장 한 가지에 집중하다 ─── 197

사짜마케팅 Part 5 標的(표적) ▶ 전술 3. 시장(타깃) ─── 207

    01 레드오션이 먼저다 _ 209
    02 시장은 당신 생각만큼 포화가 아니다 _ 213
    03 당신이 성공할 수밖에 없는 이유 _ 217

제6장 이야기의 그물을 짜다 ─── 223

사짜마케팅 Part 6 弘術(홍술 : 홍보기술) ▶ 전술 4. 콘텐츠론 ─── 233

    01 콘텐츠의 유형 _ 235
    02 대중성 콘텐츠 _ 239
    03 그림자 분신술 _ 242
    04 P to P 콘텐츠 _ 249
    05 대중성 콘텐츠 vs P to P 콘텐츠 _ 256
    06 콘텐츠 테크트리 총론 _ 262
    07 채널 분석 – 유튜브 _ 267
    08 채널 분석 – 블로그 _ 271
    09 채널 분석 – 기고 _ 275
    10 채널 분석 – 네이버 카페 _ 279

11 채널 분석 - 인스타그램과 페이스북 _283
12 채널 분석 - 출판 _286
13 채널 분석 - 방송 _291
14 채널 분석 - 플레이스 _297
15 채널 분석 - 채널이 자리잡는 시간을 줄이는 방법 _300

제7장 이야기로 유혹하다 ──────── 307

사짜마케팅 Part 7 作法(작법) ▶ 전술 4. 콘텐츠론 ·········· 319

01 전문 자격사의 글쓰기론 개괄 _321
02 기본 글쓰기 1 - 쉽게 쓰기 _325
03 기본 글쓰기 2 - 짧게 쓰기 _329
04 기본 글쓰기 3 - 주술 호응 _333
05 논리적 글쓰기 1 - 서두 _335
06 논리적 글쓰기 2 - 본론 _343
07 논리적 글쓰기 3 - 결론 _350
08 무의식적 글쓰기 총론 _355
09 무의식적 글쓰기 1 - 공감 _360
10 무의식적 글쓰기 2 - 철학 _367
11 무의식적 글쓰기 3 - 후기 _373
12 무의식적 글쓰기 4 - 손실 회피 편향 _380
13 무의식적 글쓰기 5 - 밴드웨건 효과 _383
14 무의식적 글쓰기 6 - 라벨링 효과 _388
15 무의식적 글쓰기 7 - 자유의지 효과 _393
16 무의식적 글쓰기 8 - 자이가르닉 효과 _396
17 무의식적 글쓰기 9 - 후광 효과 _400
18 무의식적 글쓰기 10 - 밀어내기(칼리굴라) _404
19 무의식적 글쓰기 11 - 시간 한정 효과 _409

20 무의식적 글쓰기 12 – 프리셀렉션 효과 _ 413
21 무의식적 글쓰기 13 – 방어기제 언급하기 _ 417
22 무의식적 글쓰기 14 – 포싱(Forcing) 기법 _ 421
23 무의식적 글쓰기 15 – 리드마그넷 _ 425
24 논리적 글쓰기 + 무의식적 글쓰기 : 실제 연습 _ 429
25 제목 달기 _ 455

제8장 마음을 사로잡는 법 ——— 467

사짜마케팅 Part 8　誘引(유인) ▶ 전술 5. 유인기제(리드마그넷) …… 479

01 리드마그넷 _ 481
02 리드마그넷의 2가지 종류 _ 485
03 리드페이지 _ 490

제9장 마음을 열어주다 ——— 503

사짜마케팅 Part 9　相談(상담) ▶ 전술 6. 상담기법론 ……… 515

01 대면 상담을 꼭 해야 하는가? _ 517
02 DB 수집 경로와 상담 기법 _ 524
03 카카오톡 개설을 거부하는 의뢰인의 경우 _ 532
04 개인정보 보호 고지 _ 535
05 첫째 마디 _ 539
06 둘째 마디 _ 542
07 셋째 마디 _ 546
08 계약서 및 후속 리마인더 _ 550
09 계약 후 안내사항 _ 557
10 시스테미컬 소통법 _ 562

11 '도른자' 대처법 _567
12 의뢰인과의 상담 태도 _572
13 고객의 니즈부터 파악하라 _576
14 스타벅스에서 고객 이름을 불러주는 이유 _579

제10장 조력자들과 함께 가는 길 ── 581

사짜마케팅 Part 10 協力(협력) ▶ 전술 7. 조직운영론 ·········· 591

01 매뉴얼로 시스템화하라 _593
02 어떤 직원을 뽑아야 할까? _597
03 재택근무를 해야 하는 이유 _601
04 크로스체크 _605
05 보고 전달 의사소통의 3원칙 _607
06 짧은 지시어로 오더를 내리라 _611
07 영혼의 파트너를 만나는 방법 _613

제11장 전문가를 넘어 조력자로 ── 623

사짜마케팅 Part 11 創新(창신) ▶ 전술 8. 가치창조 ·········· 633

제12장 시간의 가치 ── 649

사짜마케팅 Part 12 委任(위임) ▶ 전술 9. 레버리지 ·········· 657

01 구체적으로 위임하라 _659
02 삶을 '레버리지'하라 _671

제13장 상상하고 실천하고 함께하다 ——————— 677

사짜마케팅 Part 13 環境(환경) ▶ 전술 10. 루틴 ················ 685

01 재능을 뛰어넘는 방법 _687
02 작심삼일을 작심삼년으로 - '돌솥형' 동기부여의 힘 _694
03 생각이 씨앗이다 _703
04 목표보다 중요한 것은 루틴이다 _712
05 목표를 이루는 가장 강력한 무기, 환경의 힘 _718

제14장 드러난 진실 ——————————— 723

사짜마케팅 Part 14 適應(적응) ▶ 전술 11. 혜안 ················ 729

01 적응의 본질 "인생은 본래 불완전하다" _731
02 나다움 : 흔들리지 않는 전문가의 길 _741
03 싱크 어게인 _751

제15장 소명 ——————————————— 757

사짜마케팅 Part 15 疏明(소명) ▶ 전술 12. 직업 ················ 763

01 나는 무엇을 위해 일하는가? - 돈을 넘어 삶의 의미로 _765
02 내가 바라는 꿈 _773

에필로그 : 꾸준함이 만든 기적 _777

맺음말 _780

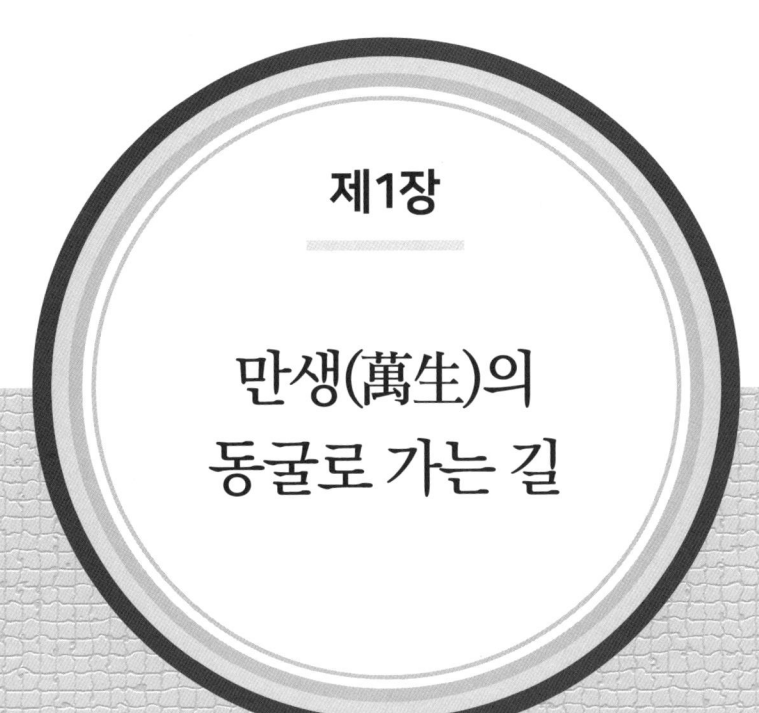

제1장

만생(萬生)의 동굴로 가는 길

사짜마케팅 Part 1

自覺(자각)

만생(萬生)의 동굴로 가는 길

'찰스'는 거북이다. 정확히 말하면 도자기를 빚는 거북이다. 아니, 더 정확히 말하면 한때는 번영하는 공방의 오너이자 사업가였으나, 지금은 파산의 벼랑 끝에서 간신히 버티고 있는 난파선의 선장 같은 신세의 거북이다.

몰락의 시작은 단순했다. 도예가들이 우후죽순 늘어난 것이다. 불과 10년 만에 그 수가 2.5배나 폭증했다. 이곳 동물의 세계에서 도예가는 전통적으로 존경받는 직업이었다. 엄격한 자격시험을 통과해야만 얻을 수 있는 '도예가' 칭호. 하지만 이제는 그 희소성마저 흐려져 갔다.

찰스가 처음 도예가 배지를 달았을 때만 해도 상황은 달랐다. 가만히 앉아 있어도 식기, 주전자, 커피잔, 화분, 장독, 항아리, 장식품, 타일, 예술품에 이르기까지 주문이 끊이지 않았다.

거북이다운 우직함으로 그는 작품을 빚어냈다. 사업이 번창하면서 세 명의 직원도 들였다. 뺀질거리지만 영업력만큼은 확실한 토끼 '스킵', 찰스와 같은 고향 바다에서 온 성실한 문어 '오토', 까다롭지만 예술혼이 가득한 딱따구리 '팻치'였다.

찰스는 뼛속까지 장인이었다. 한 분야에 대한 깊은 전문성은 그의 자랑이자 약점이었다. 도자기를 빚는 일 외엔 아는 것이 없었다. 그는 시대의 변화를 읽지 못했다. 작업실에 틀어박혀 도자기만 만들어서는 살아남을 수 없는 시대가 왔지만, 다행히 그에겐 전설적인 영업사원 스킵이 있었다.

하지만 가장 먼저 떠난 것도 스킵이었다. 그 자신만만하고 쾌활하던 토끼가 풀이 죽은 채 사직서를 내미는 모습은 지금도 선명하다.

"사장님, 이제는 도자기 영업을 할 수 없어요. 도예가들이 너무 많아져서. 어느 모임을 가도 도자기 작가 한둘은 기본인데…. '왜 하필 찰스 씨의 도자기여야 하나요?'라는 질문 앞에서 저는 할 말이 없더라구요…. 죄송합니다. 저는 이제 '전기로 가는 열기구'를 영업하러 가보려고 합니다."

찰스의 영혼을 후벼파는 말이었다. '왜 하필 찰스 씨의 도자기여야 하나요?'라는 그 한마디가.

'왜 찰스의 도자기여야 할까?'
'수많은 도예가 중에 왜 찰스여야 할까?'
'도대체 내 도자기만의 가치는 무엇일까?'

이 질문들은 유령처럼 그의 머릿속을 떠나지 않았다. 등껍질 속으로 영영 숨어버리고 싶은 심정이었다.

냉정히 말해 찰스의 도예 실력은 뛰어났다. 하지만 다른 도예가들과 비교해 압도적이지는 않았다. 까다로운 자격시험과 수련 과정 덕분에 몇몇 재능 없는 이들을 제외하면, 도예가들의 실력은 이미 상향 평준화되어 있었다.

자존심의 상처보다 더 아픈 것은 앞으로의 막막함이었다. 영업계의 전설이었던 스킵마저 포기한 이 시장에서, 그는 무엇을 할 수 있단 말인가.

본래 찰스는 내성적이었다. 공방에서 흙을 만지며 작품을 연구하고 빚어내는 것이 그의 낙이었다. 작업실 안에서는 그가 창조의 신이었으니까. 하지만 사교의 장에서 그는 우주의 먼지처럼 작아졌다. 동물들 사이에서 존재감 없이 사라지기만을 바라는 쥐꼬리만 한 존재로 변했다.

찰스는 수십 번 마음을 다잡았다.

"나도 할 수 있어. 영업도 기술이야. 도자기를 빚듯이 하나씩 배워나가면 돼."

하지만 현실은 그의 각오와는 달랐다. 머릿속에서 완벽하게 그렸던 대화는 실제 자리에서 어설픈 말의 파편으로 흩어졌다.

어느 날의 와인 시음회였다. 찰스는 어색한 미소를 지으며 와인잔을 들었다. 주변에서는 웃음소리와 농담이 활기차게 오갔다. 그는 대화의 물결 속에 자연스레 섞이고 싶었지만, 목구멍이 바짝 메어왔다. 마침내 그의 차례가 왔을 때, 그가 꺼낸 말이라곤 "제가 만드는 그릇은… 오래 쓸 수 있습니다."라는 무미건조한 한마디뿐이었다. 순간 정적이 내려앉았고, 누군가 서둘러 화제를 돌렸다.

술자리가 무르익을수록 사람들의 볼은 더욱 붉어지고 웃음소리는 커져 갔다. 찰스는 그들의 흥겨움을 쫓아가려 술잔을 비웠지만, 알코올은 그를 더욱 움츠러들게 했다. 심장은 불규칙하게 뛰고, 손발은 더욱 어색해졌다.

그는 계속해서 다른 이들의 웃음에 맞춰 웃었지만, 그 웃음소리는 마치 깨진 도자기처럼 공허하게 울렸다.

"찰스 씨는 이런 자리가 영 불편해 보이네요?"

누군가 던진 농담 같은 말이 그의 가슴을 송곳처럼 찔렀다. 몇몇이 가볍게 웃어넘겼지만, 그 말은 오랫동안 그의 마음에 멍울처럼 남았다.

그날 밤, 집으로 향하는 길에 찰스는 깨달았다.

"이건 내 길이 아니야."

그의 손끝은 이미 친숙한 흙의 감촉을 그리워하고 있었다. 작업실의 물레는 언제나처럼 그를 묵묵히 기다리고 있었고, 그 고요한 기다림이 주는 위안을 그는 이제야 온전히 이해했다.

찰스는 마침내 알았다. 그는 화려한 사교의 물결 속에서 헤엄치는 사람이 아니라, 고요 속에서 흙을 빚어 혼을 불어넣는 사람이라는 것을. 영업은 그의 본질이 아니었다. 그에게 필요한 것은 말로 설득하는 기술이 아니라, 그의 작품이 스스로 이야기하게 만드는 진정성이었다.

그러나 그 진정성은 아무도 알아봐 주지 않았다. 세상에는 이미 자신만이 진정성이 있다고 홍보하는 동물이 너무 많았다.

그때였다. 오토와 팻치에게 더 이상 월급을 줄 수 없게 된 것이. 마음이 무거웠지만, 그들을 보내야만 했다. 오토는 고향의 품으로 돌아갔고, 도예 자격증을 지닌 팻치는 '킹슬리'라는 사자 도예가의 매장으로 들어갔다.

하지만 찰스의 눈에는 보였다. 그 사자의 정체가. 도예가의 탈을 쓴 그는 뼛속 깊이 기업가의 혼을 품고 있었다. 그가 일으킨 '크라운 스토어'는 이제 45번째 매장 깃발을 꽂았다. 킹슬리는 막강한 자본력으로 광고계를 장악했다. 주튜브에서 주로그, 주카페에 이르기까지 그의 손길이 닿지 않은 마케팅 채널은 없었다.

'크라운 스토어'는 철저했다. 도예가들의 개성이란 흔적도 없이 지워졌다. 그곳은 오직 하나의 거대한 기업일 뿐이었고, 그 안의 사람들은 차가운 기계의 톱니바퀴로 전락해 갔다.

도예계는 냉혹한 양극화의 길을 걸었다. 이제 살아남을 길은 오직 둘뿐이었다. 하나는 45개의 깃발을 꽂을 만한 막강한 자본의 힘이었고, 다른 하나는 누구도 흉내 낼 수 없는 독보적인 예술성이었다.

하지만 찰스에게는…. 그는 쓴웃음을 지었다. 두 길 모두가 그에게는 너무나 먼 이야기였다. 자본도, 특별한 재능도, 그의 손아귀에는 단 하나도 쥐여져 있지 않았다.

다행히도 찰스는 흙과 유약만을 고집하는 맹목적인 장인은 아니었다. 그에겐 현실을 직시하는 눈이 있었다. 영업을 위한 모임과 인맥이 통하지 않는다면, 답은 하나뿐이었다. '온라인 마케팅'. 새로운 길은 그곳에 있으리라. 하지만 주튜브, 주로그, 주카페(인간 세상에서의 유튜브, 블로그, 카페와 동일한 개념) 이 거대한 플랫폼들을 어떻게 시작해야 할지, 그의 앞에 놓인 미로는 끝이 보이지 않았다.

해답을 찾아 헤매던 그의 발걸음이 마지막으로 닿은 곳은 도시 외곽의 한적한 동굴이었다. 찰스는 자신이 운영하는 도자기 공방의 문을 닫은 지

이제 열흘째. 어렵게 자격증을 따서 시작한 평생의 직업이 곧 무너질지도 모른다는 절망감에 그는 밤잠을 이루지 못했다. '온라인 쇼핑몰'의 급성장으로 특이점이 없는 매장을 찾는 발걸음이 뚝 끊긴 지 오래. 그가 찾아간 곳은 이 지역에서 가장 유명한 위스키바의 주인이자, 세상의 모든 소문을 손바닥 보듯 꿰뚫고 있다는 코뿔소 '듀크'였다.

"온라인 마케팅으로 성공하고 싶다고? 그렇다면 그분을 만나봐야겠군."

듀크는 크리스털 잔을 닦으며 빙그레 웃었다.

"그분은 시간의 흐름 속에서 모든 유행을 꿰뚫어 본 존재지. 수십 년간 시장의 흐름을 지켜봐 온 그분은 소비자의 마음을 읽는 진정한 마케팅의 대가라고들 하네. 아! 물론 나도 그분을 이름으로만 알지. 어떤 동물인지, 어떻게 생겼는지 아는 이는 이 세상에 거의 없다네. 누군가는 태초에 살았던 드래곤이라 하고, 또 누군가는 형체 없는 신기루라 말하지. 그분의 이름은 '바론'이야. 저 '만생의 동굴'에 가면 만날 수 있을 거야, 아마도. 하지만 만나기 쉽지 않을 거야. 매우 성격이 괴팍해서 여간해선 누군가를 만나주지 않는다고 하더군."

찰스는 깊어지는 동굴 속으로 한 걸음 한 걸음 발을 내디뎠다. 매장을 살리기 위해 찾아간 수많은 컨설턴트들의 조언이 머릿속을 맴돌았다. 하지만 바론이라면···. 번뜩이는 지혜로 해답을 줄 수 있지 않을까?

퀴퀴한 곰팡이 냄새와 동굴 특유의 축축한 공기가 그의 코끝을 스쳤다. 흙과 유약 냄새에 익숙한 그였지만, 이곳의 공기는 달랐다. 마치 오래된 비밀을 간직한 듯한, 신비로운 냄새였다.

벽에 달린 희미한 등불들이 그의 그림자를 길게 늘어뜨렸다. 등불은 마치 누군가가 일부러 켜둔 것처럼 보였다. 동굴은 예상 밖으로 깊었고, 통로는 계속해서 이어졌다. 그의 발자국 소리만이 동굴 속을 울리며 메아리쳤다. 한 걸음 한 걸음 내디딜 때마다 그의 마음속에는 희망과 두려움이 교차했다. 이것이 마지막 기회일지도 모른다는 절박함이 그의 가슴을 옥죄었다.

'과연 바론이란 존재를 만날 수 있을까? 정말로 내 매장에 생명력을 불어넣어 줄 수 있을까?'

의심과 기대가 교차하는 순간이었다. 그때 멀리서 희미한 빛이 보였다. 찰스는 무의식적으로 발걸음을 재촉했다. 그의 심장은 점점 더 빠르게 뛰기 시작했다. 어떻게든 매장을 다시 일으키고 언젠가 다시 데려오겠다는 직원들과의 약속을 지켜내겠다는 결의가 그의 발걸음을 더욱 빠르게 만들었다.

12가지 전술

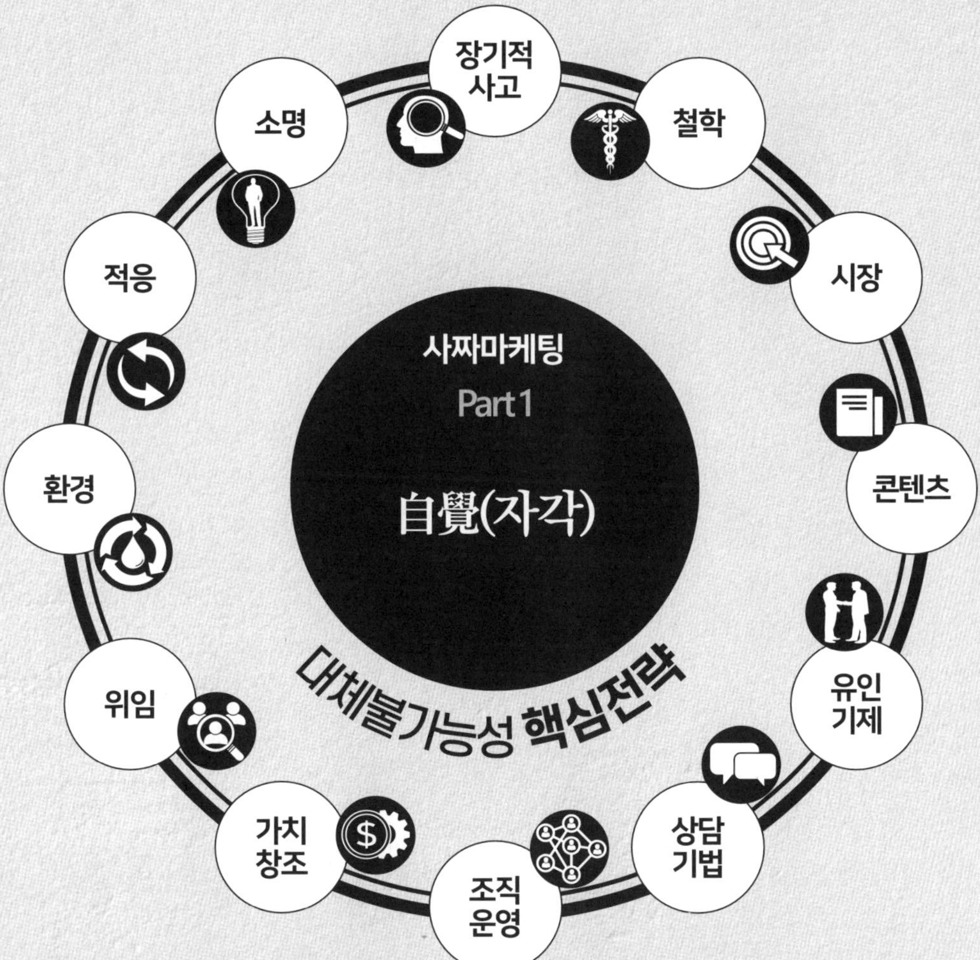

- 장기적 사고
- 철학
- 소명
- 시장
- 적응
- 콘텐츠
- 환경
- 유인 기제
- 위임
- 상담 기법
- 가치 창조
- 조직 운영

사짜마케팅 Part 1

自覺(자각)

대체불가능성 핵심전략

01 전문 자격사인 당신이 돈을 못 버는 이유

전문직은 우리가 잘 알고 있듯이 끝에 '사'라는 글자가 들어가는 직군이다.

문과에서는 변호사를 대표로 회계사, 세무사, 변리사, 법무사, 노무사, 감정평가사, 손해사정사, 행정사 등이 있고, 이과에서는 의사를 대표로 약사, 한의사, 한약사가 있다.

과거에는 변호사 자격 하나만 있어도 먹고사는 데 아무런 지장이 없었다. 자기 뜻을 세우고자 인권운동을 하는 등 사회적으로 의미 있는 일을 하기 위해 돈을 포기한 경우를 제외하면 마음만 먹으면 일반 평균 노동자 소득의 몇 배는 벌 수 있었던 게 불과 15년 전의 일이다.

그에 대한 당연한 사회 현상으로 변호사, 회계사, 의사만 되면 집안을 일으켜 세울 수 있다는 믿음이 굳건했고, 반작용으로 '고시 낭인'이 나오더라도 포기하지 않고 입신양명하겠다는 일념으로 의지를 불태웠던 것도 사실이다.

그러나 세상이 변했다. 변호사 수는 3만 명이 넘었다. 2009년 3월 처음으로 로스쿨이 시작됐을 때부터 예견됐던 사실이다. 말도 많고 탈도 많았지만 어쨌든 시대가 변했다.

2012년 제1회 변호사 시험이 치러지고 10년간 변호사 숫자는 빠르게 늘어났다. 법무부에 따르면 2013년 8월 대한민국 등록 변호사 수는 1만 5,905명이었다. 그러던 것이 2023년 3월 31일에는 3만 3,162명으로 늘었다. 딱 2배가 증가한 것이다.

이는 불가피한 시장의 변화를 의미한다. 과거 변호사는 '변호사'라는 직함 하나만 있어도 사회적 지능에 특별한 문제가 없는 이상 또는 스스로 남과는 다른 이상을 실현하고자 길을 걷지 않는 이상 풍족한 삶이 보장돼 있었다.

희소성 때문이었다. 20년 전만 해도 일반 서민인 의뢰인이 변호사를 만나는 건 쉽지 않았다. 대부분 사무장이라는 징검다리를 거치지 않고서는 변호사의 얼굴조차 보기 힘들었던 게 사실이다.

그러나 이제는 다르다. 변호사라는 타이틀만으로는 더 이상 희소성을 확보할 수 없게 되었다. 자격증이 늘어나면서 자연스럽게 전문직 내부에서도 계층화가 진행된 것이다.

이는 비단 변호사뿐만이 아니다. 세무사의 경우 2013년 1만 124명에서 2023년 1만 8,147명으로, 10년 만에 80% 가까이 증가했다. 공인회계사는 2013년 1만 6,032명에서 2023년 2만 5,138명으로 56% 늘었다. 공인노무사는 더욱 가파른 증가세를 보여 2013년 2,832명에서 2023년 5,574명으로, 10년 사이 거의 2배가 되었다.

이러한 변화는 새로운 도전이자 기회다. 이제는 단순히 자격증을 따는 것을 넘어, 차별화된 전략이 필요한 시대가 되었다.

여기서 선택의 갈림길이 생긴다. 독립적인 사업가의 길을 걸을 것인가, 아니면 조직의 구성원으로서 전문성을 발휘할 것인가. 만약 후자의 길을 선택했다면, 이 책의 내용은 당신에게 적합하지 않을 수 있다. 그 선택 역시 존중받아야 할 가치 있는 길이기 때문이다.

또한 다음에 해당하는 분들께는 이 책의 내용이 불필요할 수 있다 :

1) 대형 로펌이나 회계법인의 안정적 위치에 있는 분

2) 전관 출신으로 이미 확고한 입지를 다진 분

3) 경제적 기반이 충분히 갖춰진 분

4) 전통적 영업방식에 충분한 경쟁력이 있는 분

5) 공익적 가치를 최우선으로 추구하시는 분

하지만 그 외의 전문가들에게는 새로운 전략이 절실히 필요하다. 이 전략의 핵심은 '패러다임의 전환'에 있다.

여기서 말하는 패러다임의 전환이란 :

1) 단순 자격증 보유자에서 전문성 있는 사업가로의 전환

2) 전통적 영업방식에서 디지털 시대에 맞는 마케팅으로의 전환

3) 단기적 수익 추구에서 장기적 가치 구축으로의 전환을 의미한다

이를 위해서는 개별적인 마케팅 기술이나 단편적인 노하우를 넘어선 종합적인 전략이 필요하다. 상위노출, 콘텐츠 제작, 상담 기술 등은 모두 중요하지만, 이는 전체 전략의 일부분일 뿐이다.

진정한 성공의 열쇠는 장기적 관점에서 자신만의 고유한 가치를 만들어내는 것이다. 이것이 바로 우리가 앞으로 함께 탐구해 볼 새로운 기회의 본질이다.

이제 게임의 룰이 바뀌었다. 하지만 이는 위기가 아닌 기회다. 자격증 하나로 보장받던 시대는 끝났지만, 차별화된 전략으로 더 큰 성공을 이룰 수 있는 새로운 시대가 시작된 것이다.

02 전문 자격사에게 '패러다임 전환'이 필요한 이유

법학과 출신인 필자의 주변에는 다양한 전문 자격사들이 있다. 변호사, 변리사, 감정평가사, 법무사, 노무사, 행정사, 손해사정사 등이다. 최근에는 업무상 만나게 된 회계사, 세무사들도 있다. 이들과의 교류를 통해 한 가지 분명한 사실을 발견했다.

전문 자격사들의 90%가 변화를 거부한다는 것이다.

대부분은 선배들의 발자취를 그대로 따라가려 한다. 그들에게 법률 실무 외의 영역은 마치 존재하지 않는 세계와 같다. 물론 그들도 인정한다. 전문 자격사의 수가 폭증하면서 생존이 어려워졌다는 것을, 마케팅이 필요하고 브랜딩이 중요하며 유튜브도 해야 한다는 것을. 하지만 '안다'는 것과 '한다'는 것은 완전히 다른 차원의 문제다.

이는 개인의 문제가 아닌, 법조계가 가진 고질적인 한계다. 법학은 본질적으로 보수적이며, 새로운 분야에 대해 겉으로는 드러내지 않지만 내심 경시하는 경향이 있다. 또한 법학과 동떨어진 분야는 지레 겁을 먹거나, 아예 외주를 주면 그만이라는 안일한 태도를 보인다.

현실을 직시해야 한다. 이제는 법률 지식만으로는 성공하기 어려운 시대가 되었다. 전문 자격사의 수가 급증했고, 그들의 지식 체계는 외부에서 볼 때 큰 차이가 없다. 10년 전에는 한 분야만 전문으로 해도, 혹은 지방으로 내려가기만 해도 충분한 수임이 가능했다. 경쟁자가 적었기 때문이다. 하지만 지금은 각 분야마다 전문가를 자처하는 이들이 수백 명에 달하며, 지방 역시 상황은 다르지 않다.

따라서 우리가 가진 기존의 사고방식부터 바꿔야 한다. 구체적으로 다음과 같은 고정관념에서 벗어나야 한다 :

1) 전문자격시험을 통과한 내가 이런 것까지 배워야 하나?

2) 새로운 분야를 과연 내가 배울 수 있을까?

3) 인맥 관리와 전통적인 영업이면 충분하지 않을까?

4) 보장되지 않은 일에 시간을 투자하느니 전문성을 더 키우는 게 낫지 않을까?

여기서 한 가지 분명히 해두자면, 이 글은 특정 독자를 위한 것이 아니다. 대형 법인에서 안정적인 커리어를 쌓고 있거나, 탄탄한 경제적 기반을 가졌거나, 뛰어난 영업력으로 이미 성공한 이들을 위한 글이 아니다.

이 글은 평범하지만 노력으로 자격증을 취득한, 이제 새로운 도전 앞에 선 전문가들을 위한 것이다. 이런 전문가들이 경쟁 과포화 상태의 시장에서 살아남을 수 있는 유일한 방법은 바로 '전략'이다.

변화는 자각에서 시작된다. 지금 이 순간 자신을 객관적으로 돌아보자 :

1) 내가 원하는 전문가로서의 삶을 살고 있는가?

2) 지금까지 충분한 성과를 이루었는가?

3) 앞으로의 성공을 위한 구체적인 전략과 도구를 가지고 있는가?

이 책에서 제시하는 핵심은 '콘텐츠 복리의 효과'다. 이는 지식과 경험을 체계적으로 축적하여 시간이 갈수록 그 가치가 기하급수적으로 증가하는 현상을 말한다. 이것이 바로 '점과 점의 연결'이 만들어내는 새로운 가치다.

방법을 모른다는 것은 분명 현실적인 고민이다. 그래서 이 책에서 구체적인 방법론을 다루게 될 것이다. 하지만 그보다 더 중요한 것은 '패러다임의 전환'이다. 새로운 지식이나 기술이 필요하다는 것을 알면서도 거부감이 든다면, 그것은 기존의 세계관에 안주하려는 관성일 뿐이다.

진정한 변화는 이 지점에서 시작된다. 실제로 법률 전문가들은 이 장벽만 넘어선다면 큰 경쟁우위를 가질 수 있다. 많은 동료들이 필요성을 알면서도 실행하지 않기 때문이다. 새로운 미래를 그리기 위해서는, 먼저 자신의 현재 위치를 정확히 인식하는 것부터 시작해야 한다.

03 시대 구분

전문 자격사 시장의 패러다임 전환은 시대의 흐름과 밀접한 관련이 있다. 이는 단순한 변화가 아닌, 사회경제적 환경과 기술의 발전, 그리고 법조계를 비롯한 전문직 시장의 구조적 변화를 반영한다.

먼저 세 가지 원칙을 살펴보자.

첫째, 각 시대는 명확하게 구분되지 않는다. 새로운 세대가 등장했다고 해서 이전 세대의 방식이 완전히 사라지지는 않는다. 이전 세대의 방식으로 성공한 전문가들은 그들의 방식을 유지하며, 그들이 은퇴하기 전까지 그 형태는 계속 존재한다. 이는 마치 지층처럼 각 시대의 특징이 겹겹이 쌓여 현재의 모습을 만들어내는 것과 같다. 이는 현재 사람들 대부분이 스마트폰을 쓴다고 해도 여전히 필요에 의해서 2G폰을 쓰는 사람들이 존재하는 것과 같은 이치이다.

둘째, 시간이 흐를수록 소득의 양극화가 심화된다. 1세대에 비해 4세대 전문 자격사들의 소득 격차는 현저히 크다. 상위권 전문 자격사들의 수입은 계속해서 증가하는 반면, 하위권의 수입은 정체되거나 오히려 감소하는 추세를 보인다. 이러한 현상은 전문 자격사의 수가 급격히 감소하지 않는 한 더욱 심화될 것으로 예상된다. 특히 온라인 마케팅과 대형 법인의 등장으로 인해 이러한 격차는 더욱 벌어지고 있다.

셋째, 지역에 따라 시대의 흐름이 다른 경향이 있다. 서울 및 광역 대도시를 제외한 지방의 경우에는 아직도 '지역사회'라는 이름대로 1~2세대에 걸쳐 있을 가능성이 있다. 이는 도시의 규모가 작을수록 더욱 그렇다. 다만 네트워크 법인과 대형 법인은 이제 지역사회라도 해도 깊숙이 침투해 있기 때문에 지방이라고 해도 4세대의 영향권에 있다고 해석하는 게 맞다.

이러한 맥락에서 대한민국 전문 자격사의 역사는 다음과 같이 4개의 시대로 구분할 수 있다.

(1) 낭만의 시대 (1세대: 광복 이후~1980년대 초반)

> **핵심 키워드** : '영업이 필요 없는 시대'

자격증만 보유하면 영업 활동 없이도 안정적인 수입을 얻을 수 있었던 시기다. 애덤 스미스의 수요 공급 법칙에 따라, 수요가 공급을 크게 초과하여 경쟁이 거의 존재하지 않았다. 이 시기의 전문 자격사들은 높은 사회적 지위와 함께 안정적인 경제적 기반을 누렸다. 사회적으로는 전문가에 대한 존경심이 매우 높았으며, 의뢰인들은 전문가의 조언을 절대적으로 신뢰하는 경향이 있었다.

(2) 영업의 시대 (2세대: 1980년대 중반~2000년대 초반)

> 핵심 키워드 : '전관예우' '영업 사무장'

전문 자격사의 수가 증가했으나 여전히 수요가 공급을 앞섰다. '전관예우' 문화가 정착되며 계층화가 시작됐고, 영업 사무장을 통한 조직적 영업이 등장했다. 이 시기에는 인맥과 네트워크의 중요성이 부각되었으며, 이를 통한 영업 활동이 수입을 좌우하는 주요 요인이 되었다. 또한 대형 사건을 중심으로 한 전문화가 시작되었으며, 법조계를 중심으로 전관예우 문화가 깊이 자리 잡았다.

(3) 온라인 마케팅 시대 (3세대: 2000년대 중반~2010년대 중반)

> 핵심 키워드 : '인터넷의 태동' '상위노출 어렵지 않음'

로스쿨 제도 도입을 기점으로 전문 자격사의 수가 크게 증가했다. 의뢰인이 전문 자격사를 '선택'하는 위치에 서게 되었고, 온라인 마케팅이 새로운 경쟁력으로 부상했다. 인터넷과 스마트폰의 보급으로 정보의 비대칭성이 줄어들면서, 의뢰인들은 더 많은 정보를 바탕으로 전문가를 선택할 수 있게 되었다. 블로그, 카페, 포털사이트 등을 통한 마케팅이 중요해졌다.

이때에는 '상위노출'은 비교적 어렵지 않았다. 대부분의 전문 자격사가 온라인 마케팅의 중요성을 인지하지 못했고, 여전히 영업의 시대에 머물러 있었기 때문이다. 따라서 2세대에서 일찍 3세대로 넘어온 사람들은 온라인 마케팅이라는 기득권을 획득했고 그만큼 앞서갔다.

(4) 양극화 각자도생의 시대 (4세대: 2010년대 중반~현재)

> **핵심 키워드** : '시장 포화' '양극화' '공룡급 법인 출연'
> '자본력으로 상위노출' '대체불가능'

전문 자격사 시장이 포화상태에 이르렀다. 어떤 계층이나 직업군이든 그 숫자가 많아지면 양극화가 되는 것은 진리이다. 이제 전문 자격사의 소득 양극화는 점점 더 극심해지고 있다.

2024년 10월 23일 국회 기획재정위원회 박성훈 국민의힘 의원실이 국세청의 '2023년도 부가가치세 신고납부액'을 분석한 결과를 보면 변호사와 회계사 직군의 상위 10%가 시장의 80%를 차지하는 등 주요 전문직 직군의 소득양극화 현상이 뚜렷한 것으로 나타났다. 신고건수는 9,045건(개인·법인 합산)으로 평균 과세표준은 9억 6,400만 원이었다. 개인은 약 4억 5,000만 원, 법인이 22억 7,000만 원이었다.

과세표준이 연간 4,800만 원에 못 미치는 신고분도 개인 1,807건, 법인

214건으로 총 2,021건에 달했다. 전체 신고건수의 22%는 월평균 400만 원에도 미치지 못하는 셈이다. 과세표준이 0원으로 아예 매출이 없다고 신고한 건수도 개인 616건, 법인 81건 등 모두 697건에 달했다.

공인회계사 업계에서도 변호사 못지않은 소득 양극화 현상이 나타났다. 지난해 공인회계사 업종의 부가가치세 신고건수는 2,190건, 과세표준은 5조 9,671억 원으로 각각 집계됐다. 상위 10%가 4조 7,594억 원으로 전체의 79.8%를 차지했다. 상위 10% 집중도는 변호사 업종보다 소폭 높았지만 연간 4,800만 원 미만인 신고건수는 전체의 9.8%인 214건으로 상대적으로 적었다.

아울러 스마트폰의 보급으로 1~2세대의 기득권이 없는 이상 온라인 마케팅을 못하면 살아남지 못하는 시대가 왔다. 온라인 마케팅 시장도 과열되어 주요 키워드 선점에 막대한 비용이 필요하게 됐다. 자본력을 갖춘 대형 법인이나 네트워크 법인이 시장을 주도하는 현상이 나타났다. 이 시기에는 마케팅 능력, 조직력, 자본력이 성공의 핵심 요소가 되었다. 물론 1~3세대의 영웅들도 건재하다. 하지만 자본력이나 특출난 무기를 갖추지 못한 신규 진입자들에게는 어느 때보다도 잔인한 시대가 도래했다. 이런 연유로 양극화는 극심해졌으며, 전문 자격증만으로 먹고 살 수 있는 시대는 저물었다. 아울러 3세대에는 아무 생각 없이 꾸준히 콘텐츠를 작성해 올리면 성공하는 시대였지만 자본력을 앞세운 공룡 법인들이 키워드 상위 노출을 도배하는 4세대에는 '전략' 없이는 살아남을 수 없게 됐다.

(5) AI 시대 (5세대: 미래)

> 핵심 키워드 : 'AI 대체 불가능 가치' 'AI 활용 능력' '초격차'

AI 시대에서는 변호사, 세무사 등 전문 자격사들이 과거와는 전혀 다른 도전에 직면하게 된다. 단순한 법률 상담, 계약서 작성, 세무 신고 같은 업무는 AI가 더 빠르고 저렴하게 처리할 수 있기 때문에, AI와 비교했을 때 대체 불가능한 가치를 갖지 못하면 도태될 가능성이 크다. 반면, AI를 능숙하게 도구로 활용하는 전문가들은 압도적인 경쟁력을 갖게 된다.

전문 자격사가 수행하는 업무의 상당 부분은 데이터 분석과 패턴 인식이 핵심이다. AI는 방대한 법률 문서를 학습하고, 판례를 분석하며, 수천 개의 계약서를 비교하는 작업을 몇 초 만에 수행할 수 있다.

기존에는 변호사가 직접 검토하던 계약서 작업도 AI가 더 빠르고 정확하게 수행할 수 있고 특정 조항의 누락 여부나 법적 리스크까지 AI가 자동으로 분석하는 시대가 도래했다.

이러한 흐름에서 단순 반복 업무에 머무르는 변호사, 세무사 등 전문 자격사는 AI와의 경쟁에서 밀려날 수밖에 없다. 단순히 법률 및 세무 지식을 전달하는 수준이라면 AI가 훨씬 더 빠르고 저렴하기 때문이다. 따라서 AI와 차별화되는 인간만의 강점을 개발하지 않으면 도태될 위험이 크다.

그러나 AI는 위험 요소인 동시에 강력한 무기가 될 수도 있다. AI를 도구로 잘 활용하는 전문 자격사들은 다음과 같은 방식으로 초격차를 만들 수 있다.

AI를 활용하면 문서 작성, 판례 분석, 세무 계산 등에 걸리는 시간을 획기적으로 줄일 수 있다. 이를 통해 더 많은 의뢰인을 상대하면서도 동일한 품질을 유지할 수 있다. 예를 들어, AI 기반 자동화 도구를 사용하면 판례 검색과 법률 리서치에 걸리는 시간이 기존의 10분의 1 수준으로 단축된다.

결과적으로 AI가 기본적인 법률 정보를 제공하는 시대에는 변호사나 세무사가 단순한 법 조항을 설명하는 것이 아니라, 의뢰인의 감정적 니즈를 파악하고 전략적 해결책을 제시하는 역량이 중요해진다. AI가 할 수 없는 '맞춤형 컨설팅'과 '공감 능력'이 차별화 요소가 될 것이다.

현재 4세대 시대의 전문 자격사가 선택할 수 있는 생존 전략은 다음과 같다 :

1) 대형 법인 등에 고용되어 안정적인 급여를 추구한다.

2) 1~3세대에서 기반을 잡은 것을 충분히 활용한다. 즉 계속 영업을 하거나 수년간 꾸준히 키워온 온라인 콘텐츠를 활용한다.

3) 막강한 자본력을 끌어모아 주요 온라인 키워드에서 상위노출을 한다.

4) 앞에 있는 (1)~(3)이 없음을 인정한다. 이에 따라 패러다임의 전환을 깨닫고 전략을 짜서 '대체 불가능'한 존재가 되기 위해 노력한다.

그 전략을 실현할 전술은 장기적 사고, 환경, 철학, 타깃, 기록물 작성(콘텐츠), 유인기제, 상담기법, 조직관리, 위임, 가치창조, 적응, 그리고 소명 등 12가지이다.

당신은 어디에 속하는가?
전략을 세우는 것은 내가 나아가야 할 길을 미리 그려보고 정확하게 움직여야 한다는 말이다. 즉 '생각'을 하고 치밀한 계획대로 움직이라는 것이다. 지금은 그래야 살아남는 시대니까.

이 지점에서 '추마'와 '아주르' 이야기하지 않을 수 없다. MJ 드마코의 『부의 추월차선』에 나오는 이야기이다.

파라오의 피라미드를 짓는데 반드시 혼자서 지어야 한다는 조건이 붙는다. 추마와 아주르는 이 막막한 일을 각각 수행하게 됐는데 아주르는 '무조건 실행'으로 성실하게 일을 해낸다. 1년 가까이 온몸을 갈아 넣어 어느 정도 성과는 거뒀지만 이내 한계에 봉착하게 된다. 돌이 너무 무거워서 2번째 층까지 끌어올리지 못하게 되자 자신의 근육 문제라고 생각하고 몸을 단련하는 데 힘썼고, 그 때문에 건축 속도는 더욱 느려지게 된다.

추마는 아주르가 각고의 노력을 기울이는 동안 '생각'만 했다. 기계를 고안한 것이다. 그것은 하나의 '시스템'이었다. 기계를 만드는 데 3년이 걸렸고 시스템을 통해 그 후 5년 만에 피라미드를 완성한 것이다. 그는 파라

오에게 왕자의 지위는 물론, 엄청난 재물을 물려받는다. 그리고 일을 할 필요가 없게 됐다.

아주르는 어땠을까. 12층을 쌓다가 고된 노동으로 인한 심장마비로 죽어버렸다. 사실 그가 잘못한 일은 없다. 누구보다 열심히 일했고 성실했다. 그러나 그의 문제는 '생각' 없이 '성실하기만' 했다는 것이다. 이것이 현재 대부분의 전문 자격사의 문제이자 생각하지 않고 사는 모든 사람의 문제이다.

여러분의 시스템을 만들어 가길 바란다. 매뉴얼 하나, 콘텐츠 한 개, 유인기제 한 개가 시스템으로 작용하면 영원히 써먹을 수 있다. 멀리 보고 전략을 수립해라. 그게 필자가 하고 싶은 말의 전부이다.

04 기득권의 영업방식을 따라 하면 망하는 이유

앞서 우리가 본 도자기 장인 찰스의 이야기에서, 보험왕 출신 스킵은 공방을 떠나면서 이런 말을 남겼다.

"사장님, 이제는 영업이 불가능해요. 도예가들이 너무 많아져서, 어느 모임을 가도 도자기 작가 한둘은 기본인데… '왜 하필 찰스 씨의 도자기여야 하나요'라는 질문 앞에서 저는 할 말을 잃더군요… 죄송합니다."

이게 현실이다. 이제 동문회, 로터리, 맘카페 등 어떤 모임을 가도, 변호사, 세무사는 기본으로 포진돼 있다. 얼굴을 본 변호사라는 이유로, 말 한 번 섞은 세무사라고 해서 업무를 소개해 주진 않는다. 수도권은 당연하고 지방도 점점 모임에서의 영업이 어려워지고 있다.

필자도 그랬지만 시험이라는 큰 관문을 통과하고 나면 영업이라는 큰 장벽이 우리 앞에 딱 버티고 서있는 걸 느낀다.

그런데 영업 이놈은 공부보다 어려웠다. 시험은 그 영역이 정해져 있기 때문에 학원을 다니든, 몇 년을 열심히 하면 뭔가 열 수 있을 거 같은데 영업은 그 끝이 보이질 않기 때문이다.

공부만 계속 파온 우리들이 한 번도 배워본 적이 없으니까 말이다. 영업 관련 직군으로 회사를 다니다가 전문 자격사 시험에서 합격을 했다면 그나마 낫겠지만, 사실 그 경험이 별로 의미가 없다는 걸 깨닫는 순간이 온다. 전문 자격사가 영업을 하는 방식과 대기업이 영업을 하는 방식은 완전히 다르기 때문이다.

기득권 선배들의 경우에는 사실 영업이라고 부를 만한 것도 없었다. 숫자가 한정되다 보니, 수요가 공급보다 많았기 때문이다. 따라서 변호사나 세무사라는 직함만 달고 있어도 사건이 알아서 들어왔다. 특별히 평판에 문제가 없다면 집 두세 채 소유하고 고급차 모는 데에는 전혀 지장이 없는 삶이었다.

18년 전 내가 대학을 다닐 때 이야기이다. 초빙교수로 오셨던 변호사가 반장을 뽑는다길래 반장을 자원하게 됐다. 당시 반장을 맡으면 성적을 잘 받았다. 게다가 당시 반장은 그 변호사가 사무실에서 인턴 비슷한 일을 하던 관례가 있었다. 학생 신분이었지만 그때 당시 변호사의 삶이 어떤지 간접적으로 체험하게 됐다.

그때 봤던 그 교수님의 삶은 참 명예롭기도 했고, 한마디로 찬란했다. 의뢰인이 쩔쩔매는 모습은 그때도 생생하게 내 뇌리에 자리하고 있다. 의뢰인에게 변호사는 너무 희귀한 존재였고, 얼마를 부르던 대체제가 없는 상황이었다. 사실 이렇다 보니 영업이라는 게 거의 필요가 없었다.

이제는 한 9년 전 이야기를 해볼까 한다. 내가 기장을 맡겼던 세무사의 이야기이다. 그때 당시 전화로 세무사를 찾으면 늘 로터리, 라이온스 등 어디 모임, 어디 모임에서 전화를 받고 점심은 항상 누군가와 식사를 하고 있었다. 그때 나도 "아! 이렇게 영업을 하는구나" 싶었다. 실제로 이분들 소득은 상당한 것으로 알고 있었는데, 직원만 해도 10명 안팎이었다. 당시에는 전문 자격사 숫자가 조금씩 늘어나곤 있었지만, 기득권이라는 게 건재했고 영업을 뛴 만큼 성과로 이어지고 있었다. 그래서 다른 생각하지 않고 모임만 열심히 나가도 충분히 먹고살 만했었다.

그리고 세월이 흘러 2025년 현재 이야기를 좀 해보려 한다.
이제 막 사무소를 개소하시는 분들이 저렇게 했다간 다 망한다.
왜냐하면 이미 기득권이 가져갈 파이는 다 가져갔고, 이제 남은 것은 과거보다 배는 많아진 수많은 밥그릇 경쟁자들뿐이기 때문이다.
더욱이 요즘 젊은 사람들이 각종 모임을 견뎌낸다는 것은 어지간한 내공 없이는 불가능하다. 기존 세무사들은 어쨌든 이전 세대분들이었고, 그 문화에 익숙했던 사람들이다. 지금 배출되는 합격자들에게 밤마다 갖가지 모임에 가서 '술상무'를 하라고 하면 가능할까? 애초에 토양 자체가 다르다.
따라서 내가 모임에 나가서 영업을 하면 잘되지 않을까 하는 순진한 생각은 하지 말길 바란다. 이미 그런 시대는 기득권이 독점한 채 끝났다.

이렇게 말하는 분도 많이 봤다.
"제가 영업력이 부족해서 수임이 안 되는 거 같습니다. 어떻게 해야 할까요?"

이때 나는 되묻는다.

"왜 영업하려고 하세요?"

수임이 안 되는 이유가 오롯이 영업력 문제일까?

물론 세무사나 노무사처럼 지역 기업과 '기장'이라는 계속적 거래 관계를 유지하기 위해서는 영업이 필요하긴 하다. 그러나 이마저도 영업보다는 '입소문'으로 지인을 통해 맺어지는 경우가 더 많다. 더욱이 지역 내라고 해도 자신이 오랫동안 기장을 맡기기 위해서 몇 시간을 공들여 검색해 보고 선택한 세무사, 노무사와 그냥 소문만 듣고 찾아간 세무사, 노무사 중 누구를 택하겠는가.

답은 자명하다. 영업에 대한 힘을 빼길 바란다.

참고로 필자는 전통적인 모임 참석 영업을 아예 안 한다.

나도 물론 영업을 해본 적이 있다. 필자가 하는 일 중에는 협회를 잡으면 그에 소속돼 있는 각 회원사에 영향력을 행사할 수 있는 업무가 있었다. 지금은 그 업무도 안 하지만, 어쨌든 그 업무를 하기 위해서 '보스'라고 할 수 있는 협회장을 찾아갔다. 50대 여성분이었다. 사람 성향의 문제이긴 하겠지만 필자는 거기서 '운전기사'가 될 뻔했다.

회장 본인이랑 같이 다니면서 운전을 해주면 그때 회원사들도 소개해주고 얼마나 좋으냐는 명분이었다. 거기에다가 수임을 하면 몇 %를 '상납'할 것인지도 노골적으로 물어봤다. 관행이라는 이름으로 여기까지는 좋다고 봤다. 그러나 태도의 문제가 심각했다. 흔히 말하는 권위적인 의사와 그에 쩔쩔매는 제약회사 영업사원의 역학관계가 나에게 투영된 것이다.

내 경우가 물론 좀 극단적이긴 했겠지만, 어쨌든 영업하는 순간 '갑을'이라는 '역학관계'가 성립된다.

굳이 이런 시간을 써가며 영업할 필요가 있을까? 그보다는 무한대에 가까운 온라인 콘텐츠의 바다에서 장기적으로 전 국민을 대상으로 나를 성장시켜 나가는 게 낫지 않겠는가.

지금은 모임 영업이 아니라 내 스스로의 자산을 만들어야 한다. 자기 자신을 콘텐츠로 만들어 알리고, 체계적인 마케팅과 브랜딩을 해야 하며, 이를 통해 확보한 잠재 고객들과의 소통에서 확실한 매력을 보여줘야 한다.

시대가 변했고, 가치관도 변했다는 걸 인식하는 데서 여러분의 첫걸음이 시작된다.

물론 기존 영업력을 갖고 있는 사무실을 그대로 인수한 경우라면 말이 다르겠지만, 그런 경우는 매우 드물다.

답은 장기적 전략이다. 잠재 의뢰인이 내 콘텐츠를 한 번만 읽더라도 '이 이야기가 내 이야기구나'라는 공감을 느끼게 하고, 그들이 자발적으로 상담을 요청하게 만드는 것. 필자는 이것을 추구한다.

결국 당신의 문제는 '영업력'이 아니다.
당신의 문제는 지금 무엇이 중요한지를 모른다는 것이다.

그래서 어떻게 해야 하냐고?

앞으로 계속 설명하겠지만 결국 '전략 설계'이다. 뜬구름 잡는 소리는 하기 싫다. 전략의 '12가지 법칙'은 다음 장부터 구체적으로 설명이 펼쳐진다.

만일 잠재 의뢰인이 내가 영업할 필요가 없을 정도로 이미 나를 신뢰하고 있다면 어떨까? 굳이 나에 관해 설명할 필요도, 내가 무엇이 강점인지, 그리고 뭘 해야 할지 설명할 이유도 없다. 이미 잠재 의뢰인이 나를 잘 알고, 내가 어떻게 사건을 풀어가는지 알고 있으며, 나에게 사건을 맡기려고 결정하고 연락을 했다면 게임은 끝난 것이다.

'영업의 최고봉은 영업하지 않는 것'이다. 즉, 잠재 의뢰인을 더 이상 설득하지 않고 "그럼 진행 절차를 안내해드리겠습니다"라는 말만 하면 되는 상황을 만드는 것이다. 잠재 의뢰인을 설득하는 건 그 의뢰인 자신이어야 한다. 통화나 대면으로 설득을 할 생각부터 하니 이미 틀린 것이다.

물론 잠재 의뢰인마다 성향은 무시 못한다. 이미 설득이 돼 있는 사람이 있고, 설득을 추가적으로 해야 하는 부류도 존재한다.

따라서 전문 자격사인 우리가 해야 할 행위는 최우선으로 콘텐츠 및 마케팅과 브랜딩 방향을 영업이 필요 없을 정도로 촘촘하게 설계하되, 영업하지 않아도 되는 사람과 영업력을 투여해야 하는 고객을 나눠서 맞춤형으로 영업행위를 해야 한다는 것이다.

먼저 영업이 필요 없는 사람은 바로 내 서비스를 이용하게끔 클로징 멘트하고 간단한 절차를 설명한 뒤 입금을 요청하면 된다. 이미 물건을 구매하기로 확신하고 온 사람에게 이런저런 이야기를 더 해봐야 파는 사람의 가치만 하락할 뿐이다. 물건(서비스)을 팔고, 기대에 맞는 전문성을 보여주면 그만이다.

두 번째로 영업이 어느 정도 필요한 사람들은 '일단 알아보자'라는 생각으로 온 것이기 때문에, 그 의뢰인에게 부합하는 사례를 필수적으로 소개해야 한다. 많은 사람이 이 지점에서 말로 현란하게 설명하려고 하는데, 시간 낭비이다. 잠재적 의뢰인이 알고 싶은 것은 전문 자격사의 장점이나 서사가 아니라, "내 사건과 비슷한 사건을 성공적으로 처리해 본 적이 있느냐"이다. 그것을 보여주란 이야기다.

가장 좋은 것은 성공 사례가 될 것이고, 그게 아니라면 그 타깃에 딱 맞는 솔루션을 미리 만들어 놓은 콘텐츠를 제공하면 된다.

가령 카페업을 하려고 하는데 옆에 마카롱 공장이 있어서 HACCP 인증도 받고자 하는 사람이 있다고 치자. 이 사업자에게는 실제로 '카페업을 하고 있으면서도 다른 제조업을 동시에 진행하려고 HACCP 인증을 받은 사례'를 보여주면 된다. 그게 내 사례이고 내가 직접 가서 인터뷰까지 했다면 더할 나위 없이 좋지만 그렇게까지 준비하지 못했다면 "이런 사례가 있고 이런 식으로 해결하고 있고, 나도 할 줄 안다"는 정도만 보여줘도 된다.

그러니 '내가 경력 몇 년차'이고, '업계 1위(검증 불가)'이고 이런 소리를 할 시간을 아껴서 의뢰인에게 '나랑 비슷한 사건을 처리했고, 자세하게 알고 있구나' 하는 마음이 들도록 만들어야 한다.

바로 이게 영업이다.

어렵게 잡은 잠재 고객을 놓치는 사람들의 특징을 보면, 상대방이 무엇을 원하는지 잘 모른다는 것을 발견하게 된다. 이는 상대방의 숨은 의도를 제대로 읽지 못해서다. 가장 중요한 것은 잠재 의뢰인의 니즈다. 무엇을 원하는지를 먼저 파악하고 거기에 맞는 자료나 사례를 제시해야 한다.

단순히 정보만 얻으려는 의뢰인이라면 어떻게 해야 하는가? 모든 의뢰인이 사건을 의뢰하려고 연락하는 것은 아니다. 사건을 위임할 생각은 없지만 적당히 정보를 취합하기 위해서 문의하는 경우가 상당히 많다. 이럴 때도 사례와 정보를 실은 콘텐츠를 제공하는 것만으로도 충분하다. 길게 상담하지 마라. 가장 귀한 것은 내 시간이다. 상대방의 감동과 상대방의 시간이 아니다. 내 시간이 가장 소중하기에, 정보만을 원할 때는 그 정보를 과감하게 주길 바란다. 그 정보에는 당연히 내가 전문가라는 나에 대한 홍보도 같이 곁들여 있어야 한다. 비록 지금은 수임을 하지 못했더라도 정보를 얻은 사람이 나중에 내가 필요하면 반드시 연락이 온다. 기다리면 된다.

그러므로 무엇보다 중요한 건 미리 준비해 놓은 콘텐츠이다. 이 콘텐츠를 적재적소에 사용해서 의뢰인이 스스로 공부하게끔 만들어야 한다. 전화나 대면으로 설득하는 건 하수의 영역이다. 고수는 이미 다 끝내놓은 게임에서 승리를 주워 담을 뿐이다.

05 로컬 영업 vs 인터넷 마케팅

　인터넷이 활성화되기 전 전통적인 영업방식은 로컬 영업이었다. 물론 직업 특성상 지금도 대부분의 세무사나 노무사는 로컬 영업이 기본 밑바탕이 돼 있다. 로컬 영업은 많은 예상 고객들을 만나서 영업을 하고 지속적인 전문 용역 서비스를 제공하는 것을 바탕으로 한다. 세무나 노무 특성상 1회성이 아니라 사업체가 존속하는 동안에는 계속 이뤄지고 대부분 사업체가 근처에 있는 세무사나 노무사를 원하기 때문에 로컬 영업이 주력이 될 수밖에 없다. 로컬 영업은 지인 관리, 각종 모임 참석이 주가 된다.

　물론 필자도 로컬 영업을 했던 시기가 있다. 주 예상 고객이 식당이었던 터라, 식당가를 돌며 전단지를 뿌렸던 적이 있다. 그때 미스코리아 대회에서 힌트를 얻어 어깨띠를 두르고 직접 식당가를 누비며 전단지를 돌렸다. 여름이었는데 너무 더웠고, 그래도 이거라도 할 수 있는 게 어딘가 하는 생각에 이상하게 쳐다보는 식당 점주들의 눈초리를 온몸으로 이겨내며 하루 백 곳 이상을 돌았다. 그러나 예상외로 효과는 하나도 없었고, 결과적으로 내 인건비는 고사하고 전단지 출력비도 건지지 못했다.

그래서 생각한 게 한 단계 더 발전한 스티커였다. 식당을 운영하는 데 꼭 필요한 법률지식을 적어 놓은 스티커를 식당 측에 제공했고, 내심 그것을 식당 카운터에 꼭 붙여놓길 바랐다. 그러나 나중에 돌아보니 그걸 붙여 놓은 곳은 딱 두 곳뿐이었다. 나중에는 지금 필자가 사용하는 브랜딩 전략의 토대가 완성되고 어느 정도 여유 자금이 생겼고 아르바이트를 고용해 같은 일을 시켰다. 그러나 결과는 역시나 별 볼 일 없었다.

필자 어머니도 일명 '방판(방문판매)'을 했던 세일즈 우먼이었다. 고객 리스트를 받아서 예약을 잡고 가는 경우도 있었지만, 대충 고객이 있을 만한 곳에 초인종을 무턱대고 눌러 세일즈를 수십 년간 해왔고 난 어릴 때 그걸 지켜봤다. 지금이야 불가능한 전략이지만 예전에는 흔하디흔한 영업방식이었다.

그런 것을 보고 자랐던 탓에 당연히 '방판' 형식으로 전단지를 뿌리면 "와 젊은 사람이 이렇게 고생하네. 내가 거래해 줄게"라고 내심 생각했다. 그러나 '내가 정말 원하지 않는 상품을 사는 사람'은 거의 없다는 것을 깨닫는 것으로 이 영업전략은 그만두게 됐다.

그다음 생각한 것이 문자메시지 홍보였다. 조금 생각이 넓어져서 이제는 '로컬'이 아니라 '전국'을 대상으로 하기로 했다. 마침 아버지가 돈을 빌려줘 산 경차가 한 대 생겼고, 전국을 다닐 수 있게 됐기 때문에 더 신이 났다. 당시에도 식당이 주 거래처여서 어떻게 하면 모든 식당에 문자를 돌릴 수 있을까라는 생각을 하게 됐고, 그리고 당시에는 지금처럼 홍보용 문자에 대한 규제가 없어서 이 전략이 가능했다.

그때 낸 아이디어는 '알바몬'에 적혀 있는 구인 광고 전화번호를 엑셀로 수집해서 일일이 문자로 돌렸던 것이다. 당시에 '네이트온'이라는 PC 메신저나 다른 문자 인터넷 사이트에서도 소정의 비용을 내면 PC로 편하게 문자를 보낼 수 있었다. 이 방법으로 수천 곳에 문자를 돌렸고, 그 결과 앞에 했던 전단지 전략보다는 확실히 조금 더 효과가 있었다. 그러나 역시 이 전략으로도 내가 원하는 수준까지는 도달할 수 없었고 계속 고민을 했다.

물론 당시에도 인터넷 블로그는 당연히 유지했다. 꾸준히 글을 올렸지만 그 효용성을 제대로 알지 못했고 그래서 찾아오는 영업이 아니라 전단지나 문자 등으로 찾아가는 영업을 했던 것이다.

오해하지 말 것은 필자가 이 지점에서 '찾아가는 영업'을 하지 말라는 것은 아니다. 우리가 하루에 수없이 받는 광고성 문자메시지, 이메일은 다 찾아가는 영업이 아닌가. 그러나 기업체가 자본이 있지 않은 이상 개인이 찾아가는 영업으로 성공을 하기에는 너무 어렵다는 걸 이야기하고 싶은 것이다.

그래서 결론이 무엇이냐고?

맞다. 누구나 다 하는 온라인 채널이다. 블로그, 카페, 유튜브, 인스타그램, 페이스북 등이 그것이다.

"지금도 하고 있는데요"라고 반문한다면 당신은 정말 하수이다. 우리가 불을 못 피우고, 재료를 못 씻고, 재료를 못 구해서 요리를 못하는 것인가.

아니다. 재료가 있고 불이 있고, 모든 식기구가 다 제공돼 있어도 결국은 요리를 하는 법을 잘 몰라서 못하는 것이다.

모든 사람에게 공평한 도구(블로그, 카페, 유튜브)가 주어지면 무엇 하는가. 정확하게 쓰는 방법을 모르면 무용지물이다. 인터넷이 선사한 이 굉장한 도구들은 잘 쓰면 엄청난 무기가 되지만 도태되면 말 그대로 시장을 다 뺏기게 된다.

지금부터는 그 이야기를 하고자 한다. 한 가지 당부하는 것은 로컬 영업을 주력으로 한다 해도 이미지 메이킹은 종국적으로 필요하다. 로컬 영업이 주라 해도 지금부터 필자가 하는 이야기는 분명 도움이 될 것이다. 일단 읽어보라. 확실히 달라질 테니.

06 강사의 자격

　성공학이나 자기계발, 컨설팅 분야에서 '강의'로 성공한 사람들은 반드시 '검증대' 위에 서게 된다.

　사실 전통적으로 성공학이나 자기계발 분야는 거대 비즈니스 중 하나이다. 내가 적당히 성공한 것 같으면 그것을 통해 적당한 커리큘럼을 만들어서 적당한 대상에게 팔면 그만이다. 그리고 그 사람이 변하지 않고 성공하지 못했다면? 그건 훌륭한 강사의 가르침을 제대로 따르지 못한 제자의 잘못으로 고스란히 자리매김한다. 쉽지 않은가?

　그렇다고 성공학이나 자기계발 강의가 지구에서 없어져야 하는가? 이런 일반론을 펴는 사람이 있는데, 만일 그렇다면 고대부터 이어진 눈에 보이지 않는 내면의 성장을 돕는 교육은 모두 다 사라져야 한다. 따라서 성공학이나 자기계발 강의를 하는 행위 자체가 문제가 아니라 그 내용과 그것을 가르치는 사람이 과연 자격이 있는지를 따져봐야 한다는 결론에 다다른다.

　그 기준에 대해서 필자도 깊은 생각을 해봤다. 왜냐하면 나 역시 언젠가는 그 검증대 위에 서게 될 것이기 때문이다. 사실 〈사짜마케팅〉은 성공학이 아니다. 엄밀히 말하면 '루틴 만들기'에 해당한다. 성공학이나 자기계발에 대한 강의를 하는 사람들은 보통 '프레임 깨기'에 공을 들인다. 프레임이 깨질 때 우리 뇌는 엄청난 도파민을 느끼기 때문에 수강생들이 '영감' 비슷한 것을 느끼고 종교에 귀의하듯 빠져들게 되기 때문이다.

이게 강좌 초반에 나타나는 과정인데, 대부분은 그 뒤에 꾸준히 루틴을 만들어가는 과정은 도외시한다. 커리큘럼은 있지만 별로 중요하게 여기진 않는다. 이미 '생각의 틀'을 바꿨으니 이제부터는 배운 이는 다른 사람이고 다른 사람이 된 이상 다른 사람으로서 마땅히 해야 할 행동을 하라고 강조할 뿐이다. 만일 내가 성공학이나 자기계발에서 배운 대로 하지 못하고 있다면 여전히 내 생각의 틀을 바꾸지 못한 것이며, 그럼 다시 한번 자기 자신의 생각을 바꾸기 위해 초반의 노력을 또 기울이게 된다. 그렇게 또 뭔가를 해보려고 하니까 습관이 한 달을 채 못 가게 되고 이내 다시 괴로워한다. 이 과정의 무한 반복이다.

오해가 있을까 말하지만, 〈사짜마케팅〉의 초반부에도 분명 생각의 틀을 바꾸는 조언이 수록돼 있다. 메타인지 관점에서 본인의 한계를 인정해야 뭐든 시작을 하기 때문에 넣은 것이다. 정신개조 같은 거창한 이야기를 하고 싶은 게 아니다. 오히려 필자가 쓴 글들의 정서적 논조를 보면 알겠지만 결국 '감정 동요 없고 아무 생각 없이 장기적인 루틴대로 실행하는 것'을 필자는 궁극적으로 바라고 있다. 그런 의미에서 생각 전환은 한 번이면 족하다. 그 이후부터는 철저하게 환경과 루틴이다. 의지는 그때뿐이라고 계속 강조해왔다. 이게 필자의 철학이다.

다시 돌아와서 성공학이나 자기계발 강의가 유해하지 않고 유익하려면 다음의 기준이 필요하다.

첫째, 그 강사의 자격이다. 도덕적이어야 하고, 범죄자가 아니라는 류의 이야기를 하는 게 아니다. 그 분야에서의 성공은 곧 가르칠 수 있는 자격으로 치환된다. 이 성공이란 기준을 쪼개보면 성공하는 과정은 물론 결과, 2가지 모두 투명해야 한다. 즉 지금까지 자신이 주장하는 내용들을 담보할 과정들의 기록물이나 성취물이 남아 있는지, 그리고 성공학이라면 '소득'을 비롯해 결과물을 정확히 증명해야 한다. 문제가 되고 있는 유명 자기계발 강사들의 경우 '과정'도 의심스럽고 특히 결과를 과대 포장한 경우들이다. 특히 과정이 없다면 운으로 성공했을 가능성도 크다. 이 지점이 명확해야 그 강의는 유익하다.

둘째, 강사가 성공을 했다는 점이 과정상이나 결과상 투명하게 입증이 된다고 해도 그것은 어디까지나 그 강사의 성공담일 뿐 다른 사람에게 그대로 그 방식을 적용했을 때 성공한다는 보장은 없다. 그래서 만일 이를 커리큘럼으로 전하려면 반드시 보편적인 성공사례가 있어야 한다. 필자도 이 지점을 매우 고민을 많이 했다. 내가 성공을 했다고는 하지만 과연 이 방식이 맞는가, 아니면 어떻게 할 것인가라는 질문이었다. 다행히 1기 수강생이자 변호사인 친구를 통해 일차적으로 이 방식이 맞다는 걸 인지했고, 배움을 청하는 수많은 분들에게 이 방식을 적용한 결과 분명 성과가 나온다는 걸 확인했다. 〈사짜마케팅〉의 본질은 확실히 누구에게나 적용이 가능한 방식이라고 확언한다.

셋째, 도파민을 주는 강의인가 루틴을 조성하는 강의인가. 앞서 말한 대로 '끓어오르는 열정' 같은 이야기를 하면 성공에 목마른 사람들은 금방 의지가 샘솟고 도파민이 나온다. 그러나 그때뿐이다. 그래서 유익한 강의가 되려면 궁극적으로 생각을 개조하려고 하지 말고, 그래도 뭐라도 해보려고 하는 사람들에게 환경을 제공하고 루틴을 조성해서 아무 생각 없이 무의식적으로 계속 그 유익한 행동을 할 수 있게끔 해야 한다. 거듭 이야기하지만 '의지'보다는 '환경'과 '루틴'이다.

넷째, 그 강의는 다른 학습방법들에 대해서 얼마나 포용적인가. 문제가 있는 강사들을 보면 자기자신의 방식만 맞다고 강조한다. 마케팅 측면에서 일부 그런 퍼포먼스를 보여줄 필요는 있지만 시종일관 내 방식이 맞고 다른 방식이 전부 틀렸다는 건 언어도단이다. 사람이 성공을 하는 방법은 여러 가지가 있는데 어떻게 자신의 방식만 맞다고 하겠는가. 필자 역시 마찬가지이다. 내가 정립한 이 방식 외에도 다른 방식이 있을 수 있다. 그래서 유익한 강의는 자기 자신의 방법만 고집하지 않는다.

다섯째, 자신의 강의에서 권위를 내세우는가이다. 권위는 자신이 이룬 것을 근거로 하는 복종이다. 어떤 합리적인 이유가 있는 게 아니라 "내가 성공했으니까 내 말을 들어야 한다"는 종교적 메시지와 엇비슷하다. 그러나 이는 당연히 바람직하지 않다. 권위가 아니라 실재하는 '프로세서'로 수강생을 가르쳐야 한다.

언젠가 필자도 배움을 청하는 사람들이 많아지면 이 검증대 위에 서게 될 것이라고 생각한다. 그때 부끄러움이 없도록 지금도 모자람이 없는지 살피고 있다.

결론적으로 성공학이나 자기계발 강의를 생각 없이 들으면 시간과 금전을 낭비할 수 있으므로 유해하다. 반드시 의심하고 이 강의가 유익한지 기준을 갖고 듣길 바란다. 그 잣대를 통해 〈사짜마케팅〉도 의심하고 검증해보길 바란다. 그만큼 자신 있기 때문이다.

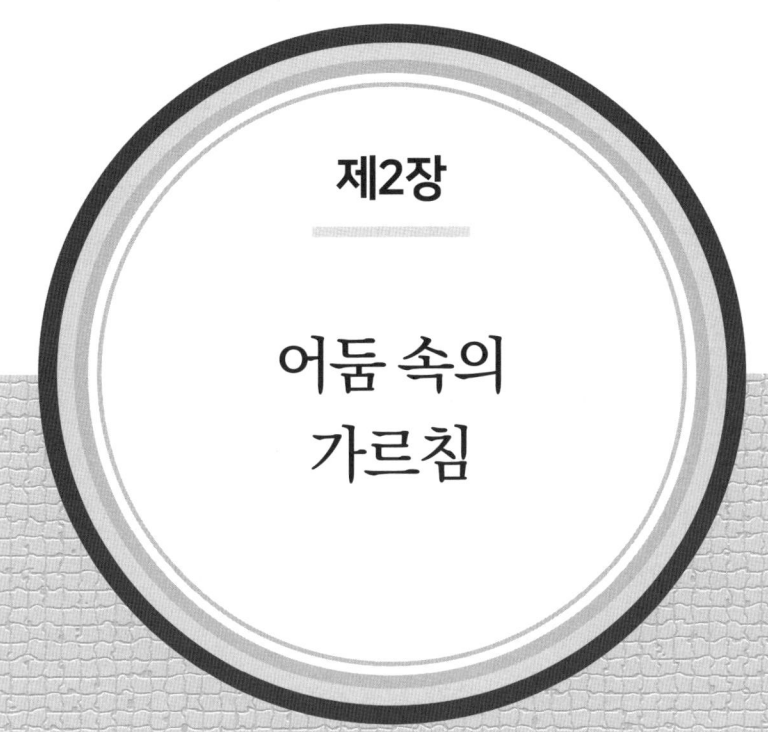

제2장

어둠 속의 가르침

사짜마케팅 Part 2

戰略(전략)

▼
▼

본질
대체불가능성

어둠 속의 가르침

빛나는 수정들이 박혀있는 동굴의 끝에서, 찰스는 숨을 멈췄다. 거대한 그림자가 동굴 벽면을 가득 메우고 있었다. 날개를 편 듯한 웅장한 실루엣은 마치 고대의 드래곤을 연상케 했다. 하지만 정작 그 실체는 보이지 않았다. 오직 그림자만이 희미한 등불 아래서 춤추듯 일렁거렸다.

찰스는 발걸음을 멈추었다. 그의 심장이 빠르게 뛰기 시작했다. 오랫동안 이어져 온 침묵이 깨지는 순간, 낮고 건조한 목소리가 동굴 벽을 타고 울렸다.

"누구냐?"

그 한마디에 찰스의 등껍질이 서늘해졌다. 목소리의 주인은 어둠 속 어딘가에 있었지만, 아무리 눈을 씻고 보아도 그 모습을 찾을 수 없었다. 마치 어둠 그 자체가 말을 걸어온 것만 같았다.

"저, 저는 찰스라고 합니다. 도자기 빚는 거북이입니다."

찰스의 떨리는 목소리가 동굴 속에서 메아리쳤다. 그의 목소리가 사그라들 때까지 바론은 아무 말이 없었다. 오직 그림자만이 미세하게 움직였다. 마치 누군가가 고개를 돌리는 것처럼.

"도자기라."

바론의 목소리에 담긴 한숨 같은 것이 동굴을 타고 울렸다.

"자네, 무언가를 찾아 헤매고 있군."

찰스는 침을 삼켰다. 떨리는 목소리를 진정시키려 애쓰며 말을 이었다.

"오랜 친구가 이곳으로 오면 해답을 찾을 수 있을 거라고 했습니다. 제 공방이 어려워져서…."

"또 누군가가 나에 대한 소문을 퍼뜨린 모양이군."

바론이 말을 자르며 냉소적으로 웃었다. 그 웃음소리는 차갑고 메마른 바람처럼 들렸다.

"그래서? 내가 뭘 해주길 바라지? 네 도자기를 사줄 고객이라도 소개해 달라고?"

"아니요."

찰스는 고개를 숙였다.

"그저… 더 많은 이들에게 제 도자기의 가치를 알리는 방법을 배우고 싶습니다."

"방법을 배우겠다?"

바론의 목소리가 날카롭게 변했다.

"요즘 세상에는, 제 도자기의 가치를 알아주는 이들을 보는 게 어려워요. 예전처럼 장인의 솜씨만으로는 살아남기 힘든 시대가 됐다고들 하더군요. 어떻게 하면 더 많은 이들에게 제 작품을 알릴 수 있을지, 그 지혜를 구하고 싶습니다."

순간 동굴 안이 조용해졌다. 그림자가 미세하게 떨리더니, 갑자기 더욱 거대하게 부풀어 올랐다. 벽에 드리워진 그림자는 이제 천장까지 닿을 듯했다.

"가르침?"

바론의 목소리가 차갑게 울렸다.

"수많은 것들이 내 앞을 지나갔다. 시대도, 풍속도, 세상의 흐름도. 그것들은 모두 먼지가 되어 사라졌지. 네가 찾는 답은 그 어디에도 없다. 돌아가라."

"하지만!"

"꺼지라고."

바론의 목소리가 매섭게 변했다.

그림자가 위협적으로 일렁였다.

"답은 네 안에 있을 텐데, 왜들 그리 밖에서만 찾으려 하는지. 이제 그만 가라."

찰스는 그 자리에 굳어버렸다. 그의 마지막 희망이었던 바론이 그를 거절한 것이다. 하지만 그는 물러설 수 없었다. 이미 너무 많은 것을 잃었고, 돌아갈 곳조차 없었다. 그의 등껍질 아래서 심장이 더욱 빠르게 뛰기 시작했다.

"제발, 부탁드립니다."

찰스는 천천히 고개를 숙였다.

"저는, 저는 더 이상 잃을 것이 없습니다. 어떤 시련이 있더라도, 어떤 대가를 치르더라도 기꺼이 감내하겠습니다."

찰스의 목소리가 흔들렸다.

"한 달 전, 저는 제가 가족처럼 아끼던 직원들을 내보내야 했습니다. 스킵, 오토, 팻치. 그들의 실망한 눈빛이 아직도 제 마음에 박혀있습니다. 도자기를 빚는 일 말고는 아무것도 모르는 제가, 그들의 생계를 책임지기엔 너무나 부족했던 겁니다. 공방에서 흙을 만지는 것만으로 충분하다고 생각했습니다. 저는 변화를 두려워했습니다. 세상이 변하고 있다는 사실을 외면했죠. 직원들이 떠난 이유도 결국 제 무능함 때문입니다."

그림자가 다시 일렁거렸다.

침묵이 흘렀다.

찰스는 떨리는 목소리로 다시 입을 열었다.

"저는 도자기를 빚을 때면 매번 기도를 합니다. 이 그릇이 누군가의 식탁에서 따뜻한 추억이 되길, 이 찻잔이 누군가의 하루에 작은 위안이 되길. 하지만 제 기도는 공방의 먼지 속에 갇혀 있을 뿐입니다. 더 이상은 혼자서는 걸을 수 없습니다."

다시 긴 침묵이 이어졌다. 그림자가 미세하게 흔들렸다.

"작은 위안이라."

바론의 목소리가 한층 부드러워졌다.

"네 말에서 진심이 느껴지는군. 하지만 아직, 넌 준비가 되지 않았다."

찰스가 고개를 들었다.

"무슨 의미이지요?"

"네가 찾는 것은 방법이 아니다. 이해라는 것이지."

바론의 목소리가 더욱 깊어졌다.

"세상을 이해하고, 그들을 이해하고, 그리고 무엇보다 너 자신을 이해해야 한다. 그런데 넌 아직 그 문 앞에도 서지 못했다."

찰스는 고개를 갸웃거렸다. 이해한다는 게 무슨 의미일까? 도자기를 만드는 기술은 이미 완벽에 가깝다고 자부했다. 세상을 이해하라니? 그는 천천히 자신의 등껍질을 매만졌다. 마치 오래된 도자기처럼 단단하고 거친 그의 등껍질. 그것은 그를 지켜주는 갑옷이자, 동시에 그를 가두는 감옥 같기도 했다.

"하지만 어떻게 하면 될지요?"

찰스는 말을 이으려 했지만, 무엇을 물어야 할지조차 알 수 없었다. 그의 머릿속은 온통 물음표투성이였다.

"흥."

바론의 웃음소리가 차갑게 울렸다. 그림자가 위협적으로 일렁이더니 더욱 거대하게 부풀어 올랐다.

"봐. 네 질문조차 끝맺지 못하는구나. 네가 원하는 것을, 네가 찾는 것을 제대로 알지도 못하면서 답을 구하러 왔다? 넌 아직 진실을 받아들일 준비가 되지 않았다."

차가운 바람이 동굴을 휘감았다. 그림자가 일으킨 바람은 찰스를 동굴 입구 쪽으로 밀어냈다.

"돌아가라. 진정한 물음이 생겼을 때, 그때 다시 찾아와도 늦지 않다."

찰스는 자신의 무거운 등껍질을 힘겹게 땅에 붙이고 버텼다. 평생을 도자기를 빚어온 투박한 발로 동굴 바닥을 단단히 디뎠다.

"부디."

그의 목소리가 떨렸다.

"저를 가르쳐주십시오. 제가 무엇을 모르는지, 무엇이 부족한지라도 말쏨해 주신다면, 제가 무엇을 모르는지조차 알고 싶습니다. '왜 제 도자기여야 하는지, 왜 사람들이 제 작품을 선택해야 하는지' 그 답을 찾고 싶습니다. 저는 거북이입니다. 천천히 가더라도, 절대 포기하지 않고 한 걸음 한 걸음 나아갈 수 있습니다. 제게 그저 한 줄기 빛이라도 보여주십시오."

바람이 더욱 거세졌다. 찰스의 몸이 조금씩 뒤로 밀려났지만, 그는 필사적으로 제자리를 지켰다. 흙먼지가 그의 눈을 덮쳤지만, 그는 눈을 감지 않았다.

한참을 가만히 지켜보던 바론이 입을 열었다.

"그래, 내가 묻겠다. 살아남기 위해 넌 무엇을 해봤지?"

바람이 멈추었다. 찰스는 떨리는 목소리로 대답했다.

"저는 와인 시음회에도 나가보았습니다. 하지만 제가 꺼낸 말이라곤 '제 그릇은 오래 쓸 수 있습니다' 그게 전부였죠. 그 자리가 무르익을수록 저는 더욱 움츠러들었습니다. 다들 축제 같은 시간을 보낼 때, 전 혼자 단단한 등껍질 속으로 숨고 싶었습니다."

바론의 그림자가 다시 미세하게 흔들렸다.

"영업사원이었던 토끼 스킵은 말했죠. '왜 하필 찰스 씨의 도자기여야 하나요'라는 질문 앞에서 할 말을 잃었어요. 그때 그 말이 제 영혼을 후벼 팠습니다. 정말 '왜 내 도자기여야 하는가?' 그 답을 찾지 못했습니다."

찰스의 목소리가 점점 작아졌다.

"킹슬리라는 사자는 막대한 자본으로 45개의 도자기 매장을 열었습니다. 막대한 자본으로 홍보도 많이 하고, 하지만 저는 공방에서 흙을 만지는 것밖에 모릅니다. 그저 도자기를 더 잘 만들면 된다고 생각했습니다. 하지만 그것만으로는 부족했나 봅니다."

찰스의 말을 들은 바론은 침묵했다. 이윽고 낮고 굵은 목소리로 대답했다.

"좋다. 넌 세상의 변화를 실감했다. 그것만으로도 칭찬할 만하다. 어쨌든 그것조차 깨닫지 못하는 멍청이가 더 많으니까. 다만 네가 찾는 물음은 단순한 답으로 해결되지 않을 것이다. 하지만 나는 너에게 단서를 줄 것이다."

찰스는 고개를 들었다. 그의 눈에는 희망의 빛이 맴돌았다.

"어떻게 해야 하나요?"

"네가 세상의 변화를 실감하긴 했을 뿐, 그것을 들여다보는 눈이 너에겐 아직 없다. 그걸 깨닫고 온다면 네가 원하는 걸 들어주마. 물론 대가는 따를 것이다. '공짜 점심'은 없으니. 이제부터 너는 구체적으로 4가지 행위를 해야 한다.

첫째, 사자 '킹슬리'가 세운 '크라운 스토어'의 전략을 분석해서 '킹슬리'에 대한 너의 생각을 말하라.

둘째, 부자가 되는 방법을 설명한 세상에서 가장 오래된 책을 읽고 사유할 것.

셋째, '만생의 숲'에서 가장 아름다운 식물을 찾아 그것이 왜 아름다운지 설명해 올 것. 단, 그 식물을 찾기 위해서는 최소 7일을 그 숲에서 보내야 한다.

넷째, 시내에서 가장 오래된 식당 거리에서 30년째 국수 장사를 하고 있는 늙은 판다 '제이드'의 가게에 가보거라. 주변에는 수십 개의 대형 체인점이 있지만, 그의 가게만은 여전히 문전성시를 이루고 있다. 그 이유를 네

눈으로 직접 확인해 보아라.

이것이 당장 할 일이다."

"고맙습니다! 정말 감사합니다!"

찰스의 목소리가 동굴 벽을 타고 울렸다. 그의 눈에는 어느새 눈물이 고여 있었다. 한동안 캄캄한 어둠 속에서 길을 잃은 것 같았던 그의 가슴에 작은 희망의 불빛이 피어올랐다.

"이 은혜, 반드시⋯."

"가라."

바론의 목소리가 그의 말을 잘랐다. 차갑지만 어딘가 따뜻함이 배어 있는 목소리였다.

"시간을 낭비하지 말거라. 네가 해야 할 일은 이미 정해졌으니."

찰스는 고개를 깊이 숙여 인사를 하고는 천천히 뒷걸음질 쳤다. 그의 발걸음은 더 이상 망설임이 없었다. 동굴을 나서는 그의 등껍질은 어둠 속에서도 단단하게 빛났다.

첫 번째 과제를 위해 그는 곧장 크라운 스토어로 향했다. 찰스의 느린 발걸음이지만, 그 어느 때보다도 힘찬 걸음이었다. 거북이답게 천천히, 하지만 확실하게 한 걸음 한 걸음을 내디디며 그는 생각했다.

'이제는 정말 무언가가 달라질 수 있을지도 몰라.'

그의 입가에 작은 미소가 번졌다. 멀리 도시의 화려한 간판들 사이로 '크라운 스토어'의 웅장한 건물이 보였다.

킹슬리의 '크라운 스토어'는 독특했다. 겉으로 보기에는 45개의 매장이 각각의 색깔을 가진 도예 공방처럼 보였지만, 실상은 달랐다. 그들은 젊고 유능한 도예가들을 대거 영입했다. 처음에는 '당신의 예술성을 마음껏 펼칠 수 있는 기회'라며 달콤한 말로 유혹했지만, 실제로는 고작 기본급에 성과급을 더한 박봉을 주며 하루 열 개씩 그릇을 만들게 했다. 반론도 있었다. 젊은 도예가들에게 안정적인 일자리를 제공하고 고급 도자기의 대중화에 기여했다는 평가였다.

크라운 스토어의 가장 큰 특징은 강력한 온라인 마케팅이었다. 그들은 막대한 자본을 바탕으로 '도자기', '그릇', '화병', '식기', '커피잔', '머그잔' 같은 주요 키워드의 검색 결과를 선점했다. 주튜브나 주로그 같은 플랫폼에서도 그들의 콘텐츠는 항상 상위에 자리 잡았다.

매장에 들어서면 '장인정신으로 빚어낸 수제 도자기'라는 문구가 걸려 있었지만, 실상은 마치 공장처럼 운영되고 있었다. 도예가들은 하루 종일 같은 디자인만 반복해서 만들어야 했고, '크라운 스토어'라는 브랜드 아래 모든 것이 획일화되었다.

찰스가 느끼기에 '크라운 스토어'는 '도자기에도 영혼이 있다'는 문구를 내걸었지만, 정작 그곳에서 일하는 도예가들의 영혼은 메말라가고 있었다. 그들은 더 이상 예술가가 아닌, 시간당 그릇 생산량을 채워야 하는 공장의 직원이 되어가고 있었다.

찰스는 크라운 스토어 앞에서 한동안 발걸음을 멈추고 관찰했다. 아침부터 저녁까지, 끊임없이 사람들이 드나들었다. 대부분의 손님들은 스마트폰을 들여다보며 매장으로 향했다.

"여기예요, 검색했을 때 제일 먼저 나오는 데가!"

"리뷰도 많고, 가격대도 합리적이라던데."

"SNS에서 본 그릇 세트 있다고 하니까 한번 보고 가요."

찰스는 발걸음을 옮기는 사람들의 대화에 귀를 기울였다. 손님들 대부분이 온라인 검색을 통해 이곳을 찾아온 것이었다. 주변의 작은 공방들은 한산했지만, 크라운 스토어만은 연일 성황이었다.

매장 안으로 들어서자 진열대마다 QR코드가 붙어있었다. 손님들은 그것을 찍어 상품 정보를 확인하고, 온라인 주문을 하거나 그 자리에서 구매했다. 한 코너에서는 어떤 토끼가 주튜브 영상을 찍고 있었고, 다른 한편에서는 양이 주로그용 사진을 촬영하고 있었다.

'이제는 정말 세상이 변한 거구나!'

찰스는 한숨을 내쉬었다. 그의 공방에는 이런 것들이 전혀 없었다. QR코드는커녕, 제대로 된 홈페이지조차 없었다. 그저 장인정신으로 만든 도자기들이 먼지를 뒤집어쓴 채 진열장에 놓여있을 뿐이었다.

매장을 나서는 길에 그는 주변 식당가를 지나쳤다. 테이블마다 놓인 식기들이 눈에 띄었다. 자세히 보니 모두 '크라운 스토어'의 제품이었다. 레스토랑, 카페, 호텔 등 대형 거래처들까지 모두 '크라운 스토어'가 장악했다.

찰스는 발걸음을 멈추고 잠시 생각에 잠겼다. 크라운 스토어의 성공이 단순히 운이나 자본의 힘만은 아닐 것이다. 그들은 분명 무언가를 알고 있었다.

'바론이 내게 던진 과제들, 분명 다 이유가 있을 거야.'

그는 첫 번째 과제로 충분한 관찰을 했다고 판단했다. 이제 두 번째 과제를 수행할 차례였다. 찰스는 천천히 발걸음을 돌려 도시에서 가장 오래된 도서관으로 향했다.

둘째 과제를 위해 찰스는 도시에서 가장 오래된 도서관을 찾아갔다. 사서인 부엉이는 찰스가 찾는 책을 정확히 알고 있었다.

"아, '부자의 법칙'을 찾으시는군요. 5,000년 전 '대지의 끝' 문명에서 발견된 점토판을 해석한 책이죠. 흙을 다루는 분이시니 더욱 의미 있으실 겁니다. 그들은 점토판에 지혜를 새겼으니까요."

찰스는 호기심 어린 눈으로 책을 받았다. 표지에는 고대 점토판의 모습이 그려져 있었다. '대지의 끝'은 한때 세상에서 가장 번영했던 도시국가였다. 그들은 흙을 빚어 부를 만들었고, 그 지혜를 다시 흙에 새겨 후대에 남겼다.

이 책이 특별한 이유는 단순히 '어떻게 하면 부자가 되는가'가 아닌, '부란 무엇인가'에 대한 근본적인 통찰을 담고 있기 때문이었다. 찰스는 책을 펼치며 생각했다.

'부자가 되는 것도 좋지만, 내가 원하는 건 당장의 홍보 방법인데….'

하지만 그는 책을 덮지 않았다. 거북이답게 천천히, 하나하나 페이지를 넘기기 시작했다.

"네 수입의 십분의 일은 반드시 떼어 저축하라. 이는 부자가 되는 첫걸음이다. 작은 금화 하나라도 시간이 지나면 수백, 수천의 금화를 낳으리니."

찰스는 고개를 갸웃거렸다. 당장의 홍보 방법을 찾으려 했던 그에게, 저축과 복리 이야기는 더욱 혼란스럽게만 느껴졌다. 하지만 그는 계속해서 책을 읽어나갔다.

"작은 금화 하나를 저축하는 것이 무슨 의미가 있냐고? 하지만 현명한 자는 안다. 시간의 힘이란 것을. 오늘의 한 금화는 내일의 두 금화가 되고, 그 두 금화는 다시 네 금화가 된다. 이것이 부자들이 아는 돈의 비밀이다."

마지막 페이지를 덮었을 때는 이미 동이 트고 있었다. 찰스의 눈은 피곤이 가득했고, 머릿속은 더욱 복잡해져 있었다.

'도대체 왜 바론님은 이 책을 읽으라고 한 걸까? 나는 당장 매장을 살릴 방법이 필요한데. 이 오래된 저축 이야기가 나와 무슨 상관이란 말인가?'

그는 한숨을 내쉬었다. 하지만 거북이답게 책을 다 읽어낸 것에 작은 만족을 느끼며, 다음 과제를 위해 천천히 자리에서 일어났다.

도서관을 나선 찰스는 만생의 숲으로 향했다. 바론이 준 세 번째 과제, '가장 아름다운 식물 찾기'를 위해서였다.

그는 평소 성격대로 꼼꼼하게 준비했다. 스케치북과 공책은 물론, 식물도감까지 챙겼다. 7일이라는 시간이 주어졌으니, 서두르지 않고 찬찬히 관찰하면 되리라 생각했다.

그렇게 시작된 숲에서의 시간. 찰스는 이제 일곱 번째 날을 맞이하고 있었다. 만생의 숲에서 보낸 시간이 그를 조금씩 변화시켰다. 느리게 움직이는 거북이의 특성상, 그는 숲의 구석구석을 더욱 세밀하게 관찰할 수 있었다. 하지만 그것은 오히려 독이 되었다.

"가장 아름다운 식물이라."

그는 중얼거리며 자신의 공책을 펼쳤다. 지난 6일간 기록한 메모들이 빼곡했다.

- 1일차 : 분홍빛 능소화, 섬세한 꽃잎의 곡선이 완벽하다
- 2일차 : 백 년이 넘은 고목, 시간이 만든 예술적 주름
- 3일차 : 이슬을 머금은 제비꽃, 순수한 아름다움
- 4일차 : 수염처럼 늘어진 이끼, 자연스러운 흐름미
- 5일차 : 햇빛에 반짝이는 양치식물, 기하학적 패턴의 극치
- 6일차 : 덩굴식물의 나선형 성장, 수학적 아름다움

찰스는 한숨을 내쉬었다. 매일 새로운 '가장 아름다운 것'을 발견했지만, 다음 날이면 또 다른 아름다움에 마음을 빼앗겼다. 마치 그의 도자기처럼, 하나하나가 완벽했지만 그것만으로는 부족한 것 같았다.

그는 등껍질을 한 번 더 매만졌다. 일주일간의 야영으로 등껍질은 이전보다 더 거칠어져 있었다. 이끼가 조금 끼었고, 흙도 묻어있었다. 평소 같았으면 깨끗이 닦아냈을 테지만, 이상하게도 그대로 두고 싶었다.

오늘도 그는 새로운 식물들을 찾아 헤맸다. 붉은 버섯의 군락지를 발견했을 때는 환호성을 질렀다. 빗방울을 머금은 난(蘭)을 보았을 때는 한참을 멍하니 바라보았다. 희귀한 야생화를 발견했을 때는 스케치북을 꺼내 한참을 그렸다.

하지만 해가 저물어갈 때까지도, 그는 '진정 가장 아름다운 것'을 찾지

못했다.

"이게 맞나?"

그는 자신의 기록들을 다시 한번 훑어보았다.

"모두 아름답지만. 어느 것 하나 결정적이지 않아. 마치 내 도자기처럼…."

"찍찍! 거북아, 뭘 그리 심각하게 고민하고 있니?"

숲에 사는 쥐 한 마리가 그의 앞에 나타났다.

"난, 가장 아름다운 식물을 찾고 있어."

"오호! 일주일 내내 봤지. 거북이 너의 그 진지한 관찰을. 그래서 찾았어?"

찰스는 고개를 저었다.

"아니. 모두 아름답지만, 그중에 어느 것이 가장 아름다운지 모르겠어."

쥐는 키득거리며 웃었다.

"그럼 네가 찾은 걸 하나만 골라봐. 어느 것이든 상관없어."

찰스는 잠시 생각하다가 대답했다.

"음… 그럼, 저기 난 한 송이."

"좋아, 이제 그 난을 이 숲에서 떼어내어 네 작업실로 가져가 볼래?"

찰스는 움찔했다.

"아니. 그럴 순 없어. 이 숲에 있어야…."

쥐는 빙그레 웃으며 사라졌다. 찰스는 한동안 그 자리에 멍하니 서 있었다. 그의 눈앞에서 새들이 날아다니고, 나비가 춤을 추었다. 바람이 불 때마다 온갖 식물들이 서로 다른 리듬으로 몸을 흔들었다.

찰스는 마지막으로 한 번 더 주변을 둘러보았다. 무언가 놓치고 있다는 느낌이 들었지만, 그것이 무엇인지는 알 수 없었다. 그는 천천히 숲을 빠져나왔다. 그의 공책에는 마지막 메모가 추가되었다.

- 7일차: 가장 아름다운 식물을 찾지 못함.

공책을 덮으며 찰스는 생각했다.
'바론님에게 무슨 말을 해야 하지? 실패했다고 해야 하나?'
그의 발걸음은 무거웠다. 하지만 이상하게도 마음 깊은 곳에서 따뜻한 기운이 느껴졌다. 마치 그가 찾던 답이 아주 가까이에 있다는 듯이.
그렇게 찰스는 숲을 떠났다. 그의 등껍질에는 이끼와 흙이 아직 남아있었고, 공책에는 수많은 '가장 아름다운' 것들의 기록이 가득했다.

다음은 네 번째 과제, 나이가 지긋한 판다 '제이드'의 국수 가게를 찾아가야 했다.
골목을 빠져나오자 화려한 간판들이 눈에 들어왔다. '럭키 누들', '누들 킹', '프리미엄 누들하우스', '뉴욕 누들'. 대형 체인점들이 거리를 가득 메우고 있었다. 그 화려한 간판들 사이에서 찰스는 한참을 헤맸다. '제이드의 국수'라는 작은 간판을 찾기가 쉽지 않았다.
마침내 골목 깊숙한 곳에서 허름한 간판을 발견했다. '제이드의 국수'. 낡은 간판 아래로 길게 줄이 늘어서 있었다. 체인점들의 호객 행위와 화려한 이벤트 속에서도, 이곳만은 조용히 제 자리를 지키고 있었다.

찰스는 줄의 맨 끝에 섰다. 앞에는 이미 스무 명 정도가 기다리고 있었다. 그의 앞에 선 양은 친구에게 전화를 걸었다.

"어, 나 지금 제이드 할배네 줄 서 있어…. 응, 거기 맞아. 옆에 뭐? 프리미엄 누들하우스? 아니야, 난 할배네가 좋아. 체인점은 다 거기서 거기잖아."

한 시간 반을 기다린 끝에 찰스는 가게 안으로 들어설 수 있었다. 실내는 좁았다. 겨우 테이블 다섯 개가 놓여있을 뿐이었다. 그는 구석에 앉았다.

"혼자세요?"

제이드가 물었다. 나이가 지긋한 판다였지만, 그의 눈빛은 또렷했다. 앞치마는 깨끗했고, 움직임은 정확했다.

"네."

"국수는 처음인가 보네요. 처음 온 것처럼 보여서."

찰스는 깜짝 놀랐다.

"그걸 어떻게."

"허허, 30년 손님을 봐왔는데, 처음 오시는 분은 다 알죠."

찰스가 메뉴를 들여다보려 하자 제이드가 손을 저었다.

"메뉴는 하나예요. 국수 한 그릇. 곁들이는 건 계란하고 청양고추 정도. 그게 다예요."

잠시 후 국수가 나왔다. 투명한 육수에 가늘고 긴 면발, 반숙 계란 하나, 청양고추 두 개가 전부였다. 화려한 장식도, 특별한 토핑도 없었다.

첫 젓가락을 들었을 때, 찰스는 이상한 감각을 느꼈다. 면발이 가늘고 탄력이 있었다. 그는 도예가의 손길로 그 식감을 느꼈다. 이건 분명 기계로는 낼 수 없는, 손으로 반죽하고 숙성시킨 면이었다.

육수는 더욱 놀라웠다. 깊이가 있었다. 마치 오랜 시간 공들여 빚은 도자기처럼, 시간과 정성이 농축된 맛이었다.

"제이드 씨!"

"네?"

"이 국수… 비결이 뭔가요?"

할배는 잠시 찰스를 바라보더니 빙그레 웃었다.

"비결은 없어요. 그저 30년간 매일 아침 다섯 시에 나와서 육수를 내고, 면을 뽑고, 그뿐이에요. 요즘엔 기계로 더 쉽게 할 수 있다고들 하지만 이 손맛을 기계가 어떻게 알겠어요."

찰스는 국수를 먹으며 계속 주변을 관찰했다. 참새 한 마리가 들어와 자리에 앉았다.

"제이드, 오늘도 평소처럼요."

"아이고, 페코 씨. 어제도 오시더니."

"출장 갔다 와서 생각나서요. 체인점도 가봤는데, 역시 제이드 씨 국수가 최고예요."

찰스는 그릇을 비우며 생각했다.

'이건 단순한 국수가 아니야. 30년의 시간이 담긴 작품이야.'

문득 자신의 도자기가 떠올랐다. 그도 도자기에 자신만의 혼을 담으려 했었다. 하지만 그는 아직 '자신만의 것'을 찾지 못했다.

밖으로 나오자 체인점들의 화려한 간판이 다시 눈에 들어왔다. 하지만 이제는 달리 보였다. 그들은 모두 비슷한 맛, 비슷한 모양, 비슷한 서비스를 제공하고 있었다. 반면 제이드의 국수는, 그 무엇으로도 대체할 수 없는 유일한 맛이었다.

찰스는 발걸음을 돌렸다. 이제 그는 바론에게 돌아가 자신이 보고 느낀 것들을 이야기해야 했다. 그의 머릿속에는 여전히 많은 의문이 남아있었다. 하지만 무언가가 조금씩 보이기 시작하는 것 같았다.

찰스는 다시 만생의 동굴로 돌아왔다. 이번에는 첫 방문 때와는 다른 마음가짐이었다. 동굴 깊숙한 곳에서 여전히 그림자가 춤추고 있었다.

"돌아왔구나."

바론의 목소리가 어둠 속에서 울려 퍼졌다.

"네. 과제를 모두 수행했습니다."

찰스가 답했다.

"그래. 무엇을 보았느냐?"

"킹슬리의 '크라운 스토어'는… 자본의 힘으로 도예가들의 개성을 지워버렸습니다. 그들은 더 이상 장인이 아닌, 공장의 직원이 되어가고 있어요."

"흠."

바론의 그림자가 미세하게 움직였다.

"오래된 책에서는, 복리의 법칙을 배웠습니다. 하지만 저는 아직도 그것이 제 도자기와 무슨 관계가 있는지 이해하지 못했습니다."

침묵이 이어졌다.

"숲에서는, 매일 새로운 아름다움을 발견했지만, 결국 가장 아름다운 식물을 찾지 못했습니다."

"그리고?"

바론의 목소리가 깊어졌다.

"마지막으로 제이드, 그분은 30년간 한결같이 같은 국수를 만들어왔습니다. 화려한 체인점들 속에서도 그분의 가게만은 늘 문전성시를 이뤘죠. 그건 아마도…."

찰스는 잠시 말을 멈추었다. 그가 본 것들이 모두 하나로 연결되는 것 같으면서도, 아직 그 실체를 정확히 붙잡을 수는 없었다. 마치 안개 속에서 무언가의 윤곽만을 보는 것 같았다.

"흠."

바론의 목소리가 동굴 벽을 타고 울렸다.

"네가 처음 이곳에 왔을 때, 넌 무엇을 원했지?"

찰스는 잠시 침묵했다가 대답했다.

"즉답을 원했습니다. 당신께서 곧바로 해결책을 알려주시길 바랐죠."

"그래. 너는 '어떻게 하면 더 많은 이들에게 내 도자기를 알릴 수 있을까요'라고 물었지. 내가 그때 그저 '이렇게 하라'고 답했다면… 넌 그것을 진정으로 이해했을까?"

바론의 그림자가 벽에 길게 드리워졌다.

"도자기를 빚을 때, 네가 처음부터 완성된 형태를 흙에 강요하진 않지. 흙이 스스로 이야기하게 하고, 그 본질을 찾아가게 하지 않느냐. 가르침도 마찬가지란다. 누군가의 말을 그저 듣는 것과 스스로 깨닫는 것은 하늘과 땅만큼이나 다르니까."

찰스는 잠시 생각에 잠겼다. 자신이 도자기를 만들 때의 과정을 떠올렸다. 처음엔 무형의 흙덩이였던 것이, 물레 위에서 천천히 형태를 찾아가는 과정. 그 과정에서 때론 실패도 하고, 때론 예상치 못한 아름다움을 발견하기도 했다.

"깨달음이란 건 네 안에서 자라나야 하는 것이야. 마치 숲의 나무처럼…."

바론의 목소리가 부드러워졌다.

"내가 답을 알려줬다면, 그건 그저 네 머리에 잠시 머물다 사라질 지식에 불과했을 거다. 하지만 네가 직접 보고, 느끼고, 고민한 것들은… 그건 이제 네 살과 피가 되었지."

동굴 안에 잠시 침묵이 내려앉았다. 어둠 속에서 바론의 그림자가 미세하게 움직였다.

"킹슬리의 매장에서, 오래된 책에서, 만생의 숲에서, 그리고 제이드의 국수에서, 네가 보고 느낀 것들은 모두 네 안에 있다. 이제 그것들이 무엇을 말하고 있는지. 그 목소리에 귀를 기울여 보거라."

"크라운 스토어에 대해 어떻게 생각하느냐."

바론의 목소리가 갑자기 날카로워졌다.

"그들은…."

찰스가 천천히 말을 이었다.

"도예가들의 영혼을 갉아먹고 있습니다. 자본의 힘으로 예술을 공장제품으로 만들어버렸어요."

"흥미롭군."

바론의 그림자가 벽면에서 일렁였다.

"그래서 킹슬리를 비난하는가?"

"당연합니다! 그는 도예가의 정신을…."

"잠깐."

바론이 찰스의 말을 자르며 말했다.

"예술이고 영혼이고 소명이고, 그게 다 무슨 소용이지? 일단 살아남지 못하면 그 모든 것이 물거품이 되는 것을. 자네는 아직도 모르는가? 망해서 공방 문을 닫으면, 그토록 소중히 여기는 자네의 예술혼은 어디서 펼치겠나?"

바론의 목소리가 날카로워졌다.

"바람이 불면 파도가 일어나는 것을 누구도 비난하지 않지. 자연의 이치일 뿐이니까. 시대가 변했다. 온라인이라는 바다가 열렸고, 그 속에서 자본이라는 파도가 일어난 것은 필연이지. 옛날에는 사람들이 시장에 가서 물건을 골랐지만, 이제는 스마트폰으로 검색하고 리뷰를 보고 구매하지 않나. 그렇게 세상이 변했는데, 누군가가 그 흐름을 읽고 행동했다고 해서, 그게 과연 비난받을 일인가? 바다에 파도가 일면 고기떼가 모이고, 새들이 모여드는 것처럼 온라인이라는 바다가 열리자 자본이 모여든 것뿐이야."

찰스는 움찔했다.

"하지만!"

"레스토랑을 보아라. 병원을 보아라. 모든 것이 기업화되어 가는데, 왜 도예가들만 예외이길 바라지? 만약 네가 자본이 있고 온라인 마케팅을 이해했다면 넌 어떻게 했을 것 같나?"

찰스는 말문이 막혔다.

"그래."

바론의 목소리가 깊어졌다.

"자네가 이루지 못한 것을 누군가가 이루었다고 해서 그를 비난하는 건 어리석은 일이네. 환경이 주어졌다면 자네도 했을 일을 그저 누군가가 먼저 했다는 이유로 손가락질하는 건 스스로를 속이는 것과 다름없지."

한참을 침묵하다가 찰스가 입을 열었다.

"… 저도 자본이 있었다면, 아마 킹슬리와 같은 선택을 했을 것 같습니다."

그는 자신의 말에 스스로 놀란 듯했다. 잠시 생각에 잠기더니 다시 입을 열었다.

"저는 어떻게 해야 하는 겁니까? 그들과 경쟁하려면 엄청난 자본이 필요할 텐데요. 빚을 내서라도 온라인 마케팅을 시작해야 하는 건가요? 아니면 다시 영업을 시작해야 하나요?"

찰스의 목소리가 점점 절박해졌다.

"아니면, 결국 크라운 스토어 같은 기업의 직원이 되라는 말씀이신가요?"

바론의 그림자가 미세하게 흔들렸다. 그의 목소리가 한층 부드러워졌다.

"그래서 내가 너에게 나머지 과제들을 준 것이다. 오래된 책에서, 만생의 숲에서, 그리고 제이드의 국수에서 네가 찾아야 할 답이 있을 테지."

바론의 목소리에 의미심장한 깊이가 실렸다. 찰스는 자신이 보고 들은 것들을 다시 한번 곱씹어보기 시작했다. 바론이 말을 이어갔다.

"내가 너에게 오래된 책을 읽으라 했지. 그 책에서 무엇을 배웠느냐?"

"소득의 십분의 일을 저축하라는…."

찰스가 고개를 갸웃거렸다.

"하지만 저는 지금 당장 매장을 살릴 방법이 필요한데, 그게 무슨…."

"흠."

바론이 찰스의 말을 끊었다.

"자네는 아직도 보지 못하는군. 그 책의 진정한 의미를. 복리의 마법이란 건 돈에만 적용되는 게 아니야. 시간에도, 에너지에도, 그리고 자네의 이야기에도 적용되지."

"제 이야기라뇨?"

"그래. 자네가 매일 시간과 에너지의 십분의 일만이라도 투자해 자신의 이야기를 글이나 영상으로 남긴다면, 그것들은 자네가 잠든 시간에도 일할 걸세. 사람들은 그 이야기들을 보며 자네를 기억하고, 신뢰하게 될 테니. 그리고 자네의 도자기를 찾게 되는 거지. 마치 복리가 쌓이듯이 말이야."

찰스의 눈이 커졌다.

"자, 이제 숲에서는 무엇을 보았나?"

"숲에서는 매일 새로운 아름다움을 발견했지만, 결국 가장 아름다운 것을 찾지는 못했습니다."

찰스가 고개를 숙이며 말했다.

바론이 낮게 웃었다.

"자네는 숲에서 일주일을 보냈지. 하지만 정작 중요한 걸 보지 못했어. 자네는 매일 개별적인 아름다움만 좇았지. 능소화 한 송이, 이끼 하나, 고목 하나, 그렇게 나무만 보다가 숲을 놓친 거야."

찰스가 고개를 들었다.

"마찬가지일세. 온라인 마케팅에서 검색어 하나 상위에 올리는 것, 유튜브 영상 하나 잘 만드는 것, 상담 한번 잘하는 것. 그런 것들은 모두 나무일 뿐이야. 나무만 보다가는 길을 잃지. 전체를 보아야 해. 숲이 어떤 방향으로 자라나는지, 계곡은 어디로 흐르는지, 바람은 어느 쪽에서 부는지. 그런 큰 그림을 먼저 이해해야 해."

"큰 그림이라면?"

"그래, 전략이지. 올바른 방향으로 가기 위해선 전체적인 판을 먼저 짜야 하네. 자네가 만든 도자기 하나하나는 완벽할지 모르지만, 그것들이 어떤 숲을 이루어야 하는지. 그걸 먼저 그려야 한다는 거야."

찰스의 눈이 반짝였다. 그가 숲에서 본 것들이 새로운 의미로 다가오기 시작했다.

"그리고 마지막으로 제이드의 국수 가게에서는 무엇을 보았나?"

찰스는 잠시 생각에 잠겼다.

"30년간 한결같이 국수만 만들어온, 그 한 길이 만든 깊이를 보았습니다. 프랜차이즈들이 새로운 메뉴를 계속 내놓을 때도, 제이드는 그저 자신만의 방식을 고수했죠."

"그래서 살아남은 거지."

바론이 말을 이어갔다.

"자네, 제이드의 국수를 다른 곳에서 맛볼 수 있나?"

"아니요."

"왜 그의 가게만 문전성시를 이루는 걸까?"

찰스가 천천히 말을 이었다.

"그 맛을 대체할 수가 없어서겠죠."

"바로 그거야!"

바론의 음성이 동굴 안을 울렸다.

"'대체 불가능성'. 그것이 진정한 힘이네. 기업화된 조직들은 자본으로 홍보를 하지만, 제이드는 자신만의 확고한 철학으로 많은 이들의 마음을 움직이지. 그의 국수는 단순한 음식이 아니야. 30년이란 시간이 만들어낸 하나의 작품이지."

"하지만…."

찰스가 망설이며 말했다.

"저도 좋은 도자기를 만들려 노력했습니다만."

"자네의 도자기는 정말 '찰스다운' 것인가?"

바론이 날카롭게 물었다.

"아니면 그저 '잘 만든' 도자기일 뿐인가? 제이드의 국수가 특별한 이유는 그의 혼이 담겨있기 때문일세. 그의 이야기가 있고, 그의 철학이 있고, 그의 시간이 있지. 단지 국수를 먹는 게 아니야. 그의 삶을 경험하는 거지."

찰스의 눈이 크게 떠졌다. 자신의 도자기를 떠올렸다. 기술적으로는 완벽했을지 모르나, 거기에 '찰스다움'이라는 게 있었던가?

"이제 알겠나?"

바론의 목소리가 부드러워졌다.

"자본의 힘에 대항하는 건 더 큰 자본이 아니야. 대체할 수 없는 가치를 만드는 거지. 그리고 그 가치는 바로 자네 자신에게서 나오는 것일세."

바론의 목소리에 의미심장한 깊이가 실렸다. 찰스는 자신이 보고 들은 것들을 다시 한번 곱씹어보기 시작했다.

찰스는 깊은 생각에 잠겼다가 입을 열었다.

"그렇다면… 저같이 영업력도 없고, 거대 자본과 맞설 힘도 없는 전문직은 어떻게 살아남아야 하나요? 어렴풋이 그려지는 것 같으면서도, 정리가 되지 않습니다."

바론이 천천히 고개를 끄덕였다.

"자네에게 길을 보여주지."

바론의 목소리가 깊어졌다.

"첫째, 만일 자네가 천부적인 영업 재능이 있다면 그걸 활용하게. 하지만 자네도 경험했듯이, 이 시대의 영업은 매우 힘들어. 따라서 기존 영업보다는 '자네를 전 세계 모든 동물에게 알릴 수 있는' 온라인 마케팅 시장에서 승부를 봐야 하네."

바론의 그림자가 벽면에서 천천히 움직였다.

"둘째, 거대 자본과 싸워 이기는 법. 그건 그들과는 다른 길을 가는 거야. 거대 자본은 더 큰 자본과 조직이 나타나면 언젠가는 교체되지. 하지만 우리는 달라. 제이드처럼 대체 불가능성만 있다면 영속적일 수 있어."

"거대 자본은 온라인 마케팅 시장의 상위 노출을 거머쥐었지만…."

바론의 목소리가 힘을 얻었다.

"그들 구성원 개개인의 철학은 존재하지 않아. 바로 그게 약점이지."

"상위 노출은 하나의 나무에 지나지 않아. 그저 전술일 뿐, 길잡이가 될 순 없지. 더 큰 자본이 나타나면 언제든 뒤집힐 수 있는 신기루일 뿐이야. 신기루를 좇지 말게. 전체적인 숲을 보고 전략을 짜야 해. 숲은 우리가 가야 할 나침반이네. 그것은 흔들림 없는 단단한 반석이지."

바론의 목소리가 더욱 진지해졌다.

"그 전략은 바로 '복리의 효과'를 활용하는 거야. 자네가 직접 쓴 기록들, 중요한 건 자네가 직접 써야 한다네. 누가 써준 것은 그것 역시 허상이자 신기루일 뿐이야. 영상이든 책자든 글이든, 그것들이 꾸준히 쌓이도록 하는 거지. 이것이 계속해서 복리의 복리를 낳을 걸세."

바론이 잠시 숨을 고르더니 다시 말을 이었다.

"하지만 이것만으로는 부족해. 앞으로 내가 자네에게 전략을 하나하나 가르쳐주겠네. 그 전략의 기둥은 크게 열두 가지. 장기적 사고, 환경, 철학, 타깃(시장), 기록물 작성(콘텐츠), 유인기제, 상담기법, 조직관리, 위임, 가치 창조, 적응, 그리고 소명이네."

찰스의 눈이 다시 한번 크게 떠졌다. 그의 앞에 새로운 길이 열리는 것 같았다.

12가지 전술

사짜마케팅 Part 2
戰略(전략)
본질 : 대체 불가능성

대체불가능성 핵심전략

- 장기적 사고
- 철학
- 시장
- 콘텐츠
- 유인기제
- 상담기법
- 조직운영
- 가치창조
- 위임
- 환경
- 적응
- 소명

01 열세에서 승리로 : 전략의 힘

사람들은 종종 나무만 보고 숲을 보지 못하는 우를 범한다. 검색엔진 상위노출에 목매달고, SNS 팔로워 수에 희비가 갈리며, 조회수라는 숫자 하나에 집착한다. 밤을 새워가며 트렌드 키워드를 연구하는 이들이 있는가 하면, 인기 콘텐츠의 겉모습을 그대로 베끼기에 바쁜 이들도 있다. '핫한' 마케팅 기법이 등장하면 맹목적으로 따라 하기에 급급하다.

이러한 행태는 마치 나침반 없이 바다를 항해하는 것과 같다. '좋아요' 숫자에 취해 방향성을 잃고, 순간의 조회수에 현혹되어 정체성을 잃어간다. 검색 순위 하나에 매달리느라 더 큰 그림은 보지 못한다.

검색어 최적화, 바이럴 마케팅, 인플루언서 협업, SNS 채널 운영 등 이런 개별적인 마케팅 활동들은 모두 '전술'에 해당한다. 반면 이러한 전술들을 언제, 어떻게, 왜 사용할 것인지를 결정하는 큰 그림이 바로 '전략'이다. 전략이 없는 전술은 마치 방향 없이 쏘는 화살과 같다.

한 사례를 보자.

어느 레스토랑이 SNS 마케팅으로 큰 성공을 거두자, 주변의 식당들이 앞다투어 같은 방식을 도입했다. 화려한 플레이팅, 트렌디한 해시태그, 인플루언서 초청까지. 하지만 대부분은 실패로 돌아갔다. 왜일까? 이들은 눈에 보이는 전술만 모방했을 뿐, 그 레스토랑의 전략을 보지 못했기 때문이다. 성공한 레스토랑은 SNS를 단순한 홍보 수단이 아닌, 자신들의 요리 철학과 브랜드 스토리를 전달하는 채널로 활용했다. 전술 이전에 명확한 전략이 있었던 것이다.

이는 전쟁에서도 마찬가지다. 단순히 적의 무기를 모방하거나 개별 전투에서 승리하는 것만으로는 전쟁에서 이길 수 없다. 각각의 전투를 언제, 어디서, 어떻게 치를 것인지를 결정하는 전략이 있어야 한다. 개별 전술들은 이 큰 전략의 틀 안에서 유기적으로 조화를 이룰 때 비로소 의미를 가진다.

역사는 이를 분명히 보여준다. 기원전 331년 가우가멜라 전투에서 알렉산더 대왕은 수적으로 월등히 우세했던 페르시아군을 상대로 승리를 거뒀다. 페르시아군이 가진 전차와 기병의 수는 알렉산더 군의 몇 배에 달했지만, 알렉산더는 전장의 지형을 활용하고 적의 심리를 꿰뚫는 전략으로 승리를 쟁취했다.

한니발의 칸나이 전투도 마찬가지다. 한니발은 수적 열세에도 불구하고, 로마군을 포위하는 '양날개 포위' 전술을 구사했다. 단순히 병력의 수나 무기의 우수성이 아닌, 전체적인 전장을 조망하는 안목이 승리를 가져온 것이다.

동아시아의 역사에서도 이러한 예는 쉽게 찾아볼 수 있다. 고구려의 을 지문덕은 수나라의 압도적인 군사력에 맞서 살수대첩을 이끌어냈다. 을지문덕은 적군의 피로도, 지형, 기후 등을 종합적으로 고려한 전략으로 승리했다. 단순히 전투력의 우열이 아닌, 전체적인 상황을 꿰뚫어 보는 통찰이 있었기에 가능한 일이었다.

이러한 전략적 사고의 중요성은 현대 기업의 성공과 실패 사례에서도 분명히 드러난다.

대표적인 실패 사례는 '코닥(Kodak)'이다. 코닥은 디지털카메라 시대가 도래하자 개별 전술적 대응에만 급급했다. 디지털카메라를 출시하고, 온라인 사진 공유 서비스를 만들고, 프린터 사업에 뛰어들었지만 모두 실패로 돌아갔다. 이는 모두 전략 없는 전술이었기 때문이다. 코닥은 '우리는 이미지 기술 기업이 아닌 필름 회사'라는 구시대적 정체성에 사로잡혀, 디지털 시대에 맞는 전체적인 전략 재정립에 실패했다.

'야후(Yahoo)'도 비슷한 길을 걸었다. 구글의 성장에 위협을 느낀 야후는 경쟁사의 인기 있는 서비스들을 하나씩 모방하는 데 집중했다. 검색 알고리즘을 개선하고, 이메일 서비스를 강화하고, 다양한 콘텐츠 서비스를 시작했지만 모두 중구난방이었다. '검색의 본질이 무엇인가'라는 근본적인 질문에 대한 자신들만의 답을 찾지 못한 채, 전술적 대응에만 매몰된 것이다.

반면 성공적인 전략의 대표 사례는 '애플(Apple)'이다. 애플은 단순히 제품을 만들어 파는 것이 아닌, '기술과 인문학의 교차점'이라는 전략적 비전을 세웠다. 이 전략 아래서 모든 전술적 행동들 – 제품 디자인, 매장 인테리어, 광고 캠페인, 고객 서비스가 하나의 일관된 방향성을 가지게 되었다. 아이폰이나 에어팟 같은 개별 제품의 성공은 이러한 큰 전략의 결과물이었다.

'배달의 민족'은 국내의 주목할 만한 성공 사례다. 단순한 배달 앱을 넘어 '우리의 일상의 혁신'이라는 더 큰 그림을 그렸다. 한글 서체 개발, 독특한 광고 캠페인, 자체 브랜드 론칭 등 모든 활동이 이 전략적 방향성 아래 진행되었다. 경쟁사들이 단순히 가격 할인과 프로모션에 집중할 때, 배달의 민족은 브랜드 자체의 가치를 높이는 데 주력했다.

이러한 사례들이 보여주는 교훈은 명확하다. 성공한 기업들은 개별 전술에 앞서 전략적 비전을 확립했다. '무엇을 할 것인가'가 아닌 '무엇이 되고자 하는가'를 먼저 고민했던 것이다. 반면 실패한 기업들은 경쟁사의 성공적인 전술만을 모방하는 데 급급했고, 결과적으로 정체성마저 잃어버렸다.

이러한 전략적 사고는 전문 자격사들에게도 절실히 필요하다. 많은 전문가들이 도자기 빚는 거북이 '찰스'와 같은 고민에 직면해 있다. 뛰어난 전문성을 갖추고 있지만, 그것을 어떻게 알리고 차별화할 것인지에 대해 막막함을 느낀다. 대형 로펌이나 회계법인들의 공격적인 마케팅과 브랜딩 앞에서, 개인 전문가들은 종종 힘없이 주저앉고 만다.

이들은 즉각적인 성과 지표를 좇는 데 집중한다. 검색엔진 상위노출이 한 단계만 밀려나도 불안에 떨고, 경쟁업체의 키워드 선점 때문에 밤잠을 설친다. 유료 키워드 광고에서는 조금이라도 높은 순위를 차지하기 위해

무리한 입찰가를 제시하고, 블로그 글의 조회수가 기대만큼 나오지 않으면 좌절한다.

하지만 이 모든 것은 실체 없는 허상이다. 검색 알고리즘은 계속 변하고, 더 높은 입찰가를 제시하는 경쟁자는 언제든 나타날 수 있다. 오늘의 상위노출이 내일도 보장되는 것은 아니다. 이는 바람이 불면 금세 무너져 버릴 사상누각(砂上樓閣)과 다름없다.

대부분의 전문가가 시도하는 전술적 접근을 살펴보면, 블로그에 전문지식을 게시하고, 유튜브 채널을 운영하며, 각종 커뮤니티에서 답변 활동을 하고, 키워드 광고를 집행하며, SNS 계정을 운영하는 것이 전부다. 하지만 이러한 활동들은 대부분 단발적이고 산발적인 전술에 그치고 만다. 마치 찰스가 와인 시음회에서 "제 그릇은 오래 쓸 수 있습니다"라고 말한 것처럼, 단순히 "저는 전문성이 있습니다"라고 외치는 것만으로는 부족하다.

전략적 접근이 필요하다. 우리는 찰스의 이야기에서 네 가지 중요한 교훈을 얻을 수 있다.

첫째, '복리의 법칙'을 이해해야 한다.
전문 지식을 단순히 게시하는 것이 아니라, 자신만의 관점과 통찰이 담긴 콘텐츠를 꾸준히 축적해야 한다. 이는 시간이 지날수록 복리적으로 증가하는 자산이 된다. 오늘 작성한 전문적인 글 하나는 내일의 두 개의 기회를 만들고, 그것이 다시 네 개의 기회로 이어진다.

둘째, '숲을 보는 안목'이 필요하다.

전문가로서의 성공적인 활동은 여러 요소들의 유기적인 조화를 필요로 한다. 철학이라는 뇌, 콘텐츠 기획이라는 심장, 유인기제라는 근육, 상담기법이라는 호흡, 가치창조라는 골격이 모두 하나의 몸처럼 움직여야 한다. 그런데 많은 이들이 마케팅이라는 '팔 하나'만으로 성공이라는 거친 바다를 건너려 한다. 이는 마치 한쪽 팔만으로 태평양을 건너겠다는 것과 다름없다.

셋째, '대체 불가능성'을 만들어야 한다.

제이드의 국수처럼, 자신만의 고유한 가치를 만들어야 한다. 이는 하루아침에 이루어지지 않는다. 30년간 한결같이 국수를 만든 제이드처럼, 한 분야에서 꾸준히 전문성을 쌓고 자신만의 색깔을 만들어가야 한다.

넷째, '적응과 혁신'의 자세가 필요하다.

시장과 고객의 요구는 계속해서 변화한다. 전문가로서의 핵심 가치는 지키되, 그것을 전달하는 방식은 시대에 맞게 혁신해야 한다.

이러한 전략적 기반 위에서 전술적 실행이 이루어져야 한다. 블로그 포스팅, 유튜브 영상, SNS 활동 등은 이러한 큰 그림 안에서 유기적으로 연결되어야 한다. 마치 찰스가 깨달은 것처럼, 단순히 '잘 만든' 콘텐츠가 아닌 '당신다운' 콘텐츠가 필요한 것이다.

전문가로서의 성공적인 브랜딩은 개별 마케팅 활동의 합이 아닌, 전략적 사고에서 시작된다. 각각의 전술은 마치 오케스트라의 악기와 같아서, 지휘자의 지휘봉 아래 하나의 웅장한 교향곡을 만들어내야 한다. 그 지휘자가 바로 전략이다.

특히 중요한 것은 '장기적 관점'이다. 상위노출이나 조회수, 광고 순위 같은 일시적인 수치에 현혹되지 말아야 한다. 진정한 전문가의 길은 이러한 순간의 성과를 좇는 것이 아니라, 자신만의 단단한 기반을 구축하는 것에서 시작한다. 찰스가 깨달은 것처럼, 거북이처럼 느리지만 확실한 걸음으로 가야 한다. 5년, 10년 후를 내다보는 긴 호흡의 전략이 필요하다.

그때야 비로소 수많은 전문가 중 하나(one of them)가 아닌, 그 분야를 대표하는 단 하나의 전문가(the only one)로 인정받을 수 있다. 이것이야말로 진정한 전략적 사고가 우리에게 가져다주는 궁극적인 가치다.

02 대왕고래와 싸워 이기는 법

"형, 요새 네트워크 법무법인이 사건을 싹 다 쓸어가서 정말 힘들어요. 일찌감치 자리를 잡은 윗세대 변호사들이야 자리가 잡혀서 문제가 없지만 저처럼 빽도 없고 돈도 없는데 이제 막 개업한 변호사들은 지금 너무 힘들어해요."

지방에 법률사무소를 개소한 법대 후배 변호사의 이야기이다.

네트워크 법무법인과 대형법인은 막대한 자본력을 기치로 지방 곳곳에 뿌리를 내리고 있다. 일단 각종 포털 노출면에서 비교가 될 수 없다. 클릭당 1만 원이 육박하는 네이버 상위 노출 광고는 90% 이상 네트워크 법무법인이 포진돼 있다.

몇몇 대형 로펌을 보면 이렇게 해도 남을까 싶을 정도로 네이버 순위를 도배했다.

상단의 파워링크부터 파워컨텐츠 그 하단에 들어가는 블로그까지 장악했고 돈이 없어서 클릭당 1만 원이 넘는 키워드를 바라보며 한숨을 쉬는 대부분의 전문 자격사들에게 상대적 박탈감을 안겨줬다.

상황이 이렇다 보니 막 개업을 한 변호사들은 얼마 못가 사업을 접고 네트워크 법인 소속이라는 달콤한 과실을 탐하게 된다. 그러나 알다시피 오롯이 자기 사무실을 갖고 싶었던 사람에게 네트워크 법인은 또 하나의 회사일 뿐이다. 좀 더 잔인하게 말하자면 넓은 세상을 향해 휘저을 날개를 잃고 거대한 대왕고래의 입속으로 들어가는 순간이다.

고래 속으로 들어갈 것인가. 자존(自存)할 것인가.

축하한다.
어쨌든 필자가 쓴 이 글을 읽고 있는 당신은 자존의 길을 택했을 테니까. 답은 나왔다. 망망대해를 휘감고 있는 저 대왕고래를 이겨야 한다.
그래야 살아남는다.

어떻게 이길 것인가?
일단 대왕고래의 존재가 '자연'이라고 인정해야 한다. 찰스와 바론의 대화에서 나왔듯이 대왕고래의 출연은 '시대 필연적'이다. 의료업계를 보길 바란다. 법률 시장보다 병원 시장이 더 심하다. 성형외과 광고가 클릭 한 번에 몇만 원이 넘어가는 경우가 허다하다. 법무 세무 업계에도 자본력을 동반한 대형법무법인이 들어오는 건 당연하다. 그래서 먼저는 그들의 존재를 인정해야 한다.

다음으로는 대왕고래와 같은 방식의 사냥을 피해야 한다.

네트워크 법무법인급의 '공룡'들은 그들만의 리그가 있다. 우리가 위로를 받을 수 있는 건, 사실 이 대형 고래들도 지켜보면 매번 새로운 강자가 나와서 판도가 바뀐다는 점이다. 즉 아무리 자본력을 써서 광고를 뿌린다고 해도 잠깐은 승자가 될 수 있을지언정 영원한 건 없다. 이후에 자본력을 갖춘 대형법인은 또 나오기 마련이다.

결국 그들만의 리그를 인정하고 대왕고래와 같은 경쟁 방식은 피해야 한다는 이야기이다.

그래서 전략도 없이 다음과 같은 돈을 쓰는 광고 방식은 절대로 피해야 한다.

- ▶ 순위 보장형으로 클릭당 돈이 나가는 광고
- ▶ 블로그나 카페 글을 월 보장 형태 또는 각 건 형태로 돈을 받는 광고
- ▶ 아무런 기획도 없이 유튜브 영상미로 승부를 보려는 하는 방식
- ▶ 고급스러운 홈페이지를 큰돈을 들여서 제작하는 것

다만 전략적 차원에서 위 광고를 집행하는 건 상관없다. 문제는 99%가 전략이 없다는 것이다. 아무 생각 없이 한정돼 있는 자본을 대왕고래 마냥 소비한다. 성공은 하루아침에 오지 않는다. 우리는 대왕고래가 아니다. 대왕고래의 사냥 방식을 따라 하다가는 결국 먹이사슬의 최하위로 전락하고 만다. 대왕고래는 대왕고래의 방식이 있고 거북이는 거북이만의 방식이 있다.

거북이는 결코 토끼처럼 달릴 수 없다. 하지만 거북이에게는 단단한 등껍질이 있고, 끈기 있게 앞으로 나아가는 힘이 있다. 우리도 마찬가지다. 대왕고래처럼 커다란 입으로 시장을 삼키려 하기보다는, 장기적 전략으로 단단한 기반을 다져나가야 한다.

결국 승자는 빠른 자가 아닌, 끝까지 가는 자다.

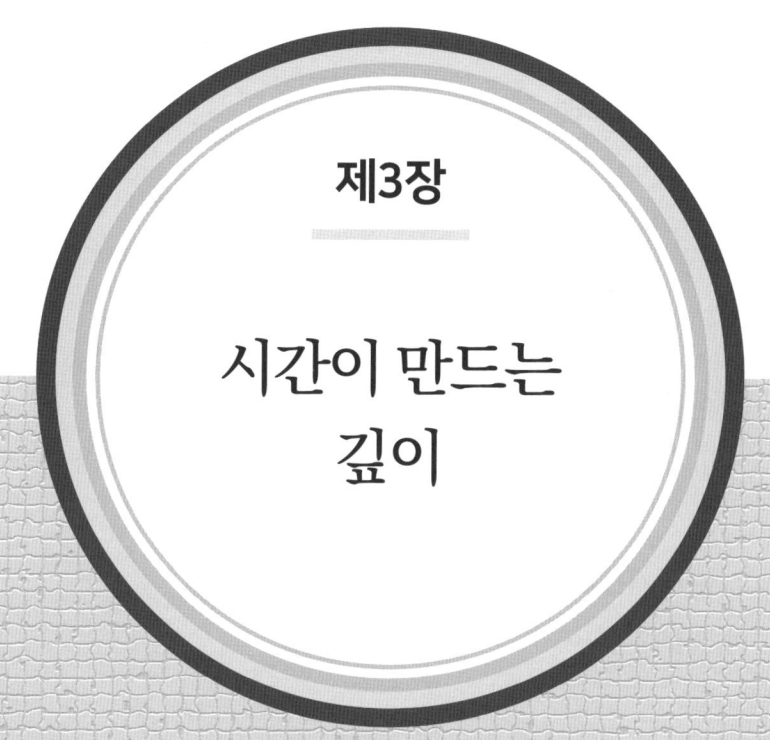

제3장

시간이 만드는 깊이

사짜마케팅 Part 3

熟成(숙성)

전술 1
장기적 사고

시간이 만드는 깊이

바론의 첫 번째 가르침은 놀랄 만큼 단순했다.

"매일 이곳에 와서 도자기를 만들어라. 그리고 그날의 깨달음을 기록해라."

찰스는 고개를 갸웃하며 물었다.

"여기서요? 동굴에서 도자기를요?"

"그래."

바론의 목소리가 동굴 벽을 타고 깊게 울렸다.

"환경이 바뀌어야 생각도 새로워지지. 네 공방에서는 늘 같은 생각의 늪에 빠질 뿐이다. 이곳에서 시작해야 한다."

바론은 이어서 말했다.

"매일 아침, 여기서 도자기를 빚고 그날의 깨달음을 기록해라. 그것을 주로그든, 주튜브든, 동물들이 모이는 어디든 올려라. 단 하나도 빠뜨리지 말고."

찰스는 잠시 망설였다. 동굴은 축축하고 어두웠으며, 공방에서 이곳까지 오는 길도 꽤 멀었다. 하지만 바론의 말에는 설득력이 있었다. 찰스는 일단 해보기로 결심했다. 바론이 말을 이어갔다.

"물론, 이 가르침에도 대가는 따르지. 현재 자네 수입의 삼분의 일은 받아야 할 거 같군. 물론 그 뒤에도 비용은 동일하고 자네가 수업을 통해 더 벌게 되면 자네 수입의 백분의 일, 혹은 만분의 일이 될 수도 있겠지."

찰스는 망설여졌다. 물론 큰돈은 아니지만 지금 그의 궁핍한 생활에서는 부담이 되는 건 사실이었다. 찰스는 주변을 살펴봤다. 바론의 동굴 여기저기에는 보석들이 박혀있었고, 이미 수많은 금화가 빛나고 있었다. 분명 그에게 이 정도 재물은 아무 의미 없을 터였다. 뭔가 이유가 있어 보였.

"그래, 난 이미 충분히 부유하지. 저기 보이는 보석들도, 황금도 내겐 더 이상 의미가 없어."

바론의 목소리가 동굴 깊숙이 울렸다.

"하지만 세상의 모든 가치 있는 것들에는 반드시 대가가 따르는 법이야. 마치 봄에 피는 꽃이 겨울을 견뎌야 하고, 높이 나는 새가 강한 바람을 이겨내야 하듯이. 자네가 지금 지불하는 이 대가는, 어쩌면 앞으로의 여정에서 네가 얼마나 많은 것을 쏟아부어야 하는지를 깨닫게 해주는 작은 시작일 뿐이지. 공짜로 얻은 열매는 결코 달지 않다는 걸, 너도 알지 않나?"

"그럼 얼마나 걸릴까요?"

"최소 1년. 그전에는 어떤 결과도 기대하지 말게. 이건 마치 숲을 가꾸는 것과 같아. 씨앗을 심어도 당장은 아무것도 보이지 않지. 작은 새싹이 돋아나기까지도 시간이 필요하고, 그 새싹이 단단한 줄기가 되어 비바람을 견딜 수 있기까지는 더 많은 시간이 필요해. 깊은 뿌리를 내리고, 단단한 줄기를 키우고, 무성한 잎을 피워내고 나서야 비로소 숲은 다른 생명들을 품기 시작하지."

바론의 목소리가 더욱 깊어졌다.

"하지만 조급한 마음에 숲을 서둘러 만들려 든다면? 그건 마치 묘목들을 다 죽이는 일이 되고 말 거야. 네가 만들어갈 이야기들도 마찬가지야. 시간을 두고 하나하나 자라나 서로를 지탱하고 새로운 생명을 품어내는, 그런 숲이 되어야 하지. 그래야만 진정한 의미가 담기는 법이지. 너만의 숲을 제대로 가꾼다면 손님들은 반드시 너를 알아볼 것이다."

바론은 잠시 말을 멈추었다가 찰스를 깊이 바라보았다.

"넌 지금 매우 조급하구나. 그 조급함이 너를 잘못된 길로 이끌 수도 있어. 하지만 그건 네가 겪어야 할 시련일지도 모르지. 다만 기억해라. 언제든 네가 진정한 의미를 깨닫고 돌아온다면, 이 동굴의 문은 열려있을 거야. 지름길이라 생각했던 것이 얼마나 멀고 험한 길인지 깨달았을 때, 그때 다시 찾아오거라."

바론의 목소리에는 이미 알고 있다는 듯한 깊이가 있었다.

"자네가 잘못된 선택을 할 수도 있다는 걸 난 알고 있다네. 하지만 그 선택을 통해 네가 배울 것도 있을 테지. 다만 약속해라. 그 길이 틀렸다고 깨달았을 때, 부끄러워하지 말고 돌아오겠다고."

찰스는 바론의 말에 담긴 의미를 매우 이해하지는 못했다. 하지만 그의 말에서 묘한 위로를 느꼈다. 마치 넘어질 것을 알면서도 아이의 첫걸음을 지켜보는 부모처럼, 바론은 자신의 실수까지도 포용하고 있었다.

"네. 약속드리겠습니다."

찰스의 목소리는 작았지만 단단했다.

결심을 한 찰스는 바로 다음 날부터 만생의 동굴을 찾았다. 새벽녘, 아직 해도 뜨지 않은 시각부터 그는 무거운 등껍질을 이끌고 길을 나섰다. 작업실에서 동굴까지는 거북이의 걸음으로 두 시간. 물레와 흙, 기본적인 도구들을 가져가는 것도 쉽지 않았다.

동굴에 도착하면 우선 작업 공간을 정리하고, 물레를 설치하고, 흙을 개는 데만도 한 시간이 걸렸다. 그렇게 해가 뜰 무렵에야 겨우 첫 도자기를 만들기 시작할 수 있었다.

매일의 기록도 만만치 않았다. 그릇을 만들며 느낀 점, 흙이 주는 감각, 도자기에 담긴 이야기를 글로 옮기는 일은 생각보다 훨씬 어려웠다. 때론 한 문장을 쓰는 데도 한 시간이 걸렸다. 주튜브에 올릴 영상을 찍는 것은 더욱 힘들었다. 카메라 앞에서 말하는 것도 어색했지만, 자신의 모습을 보는 것은 더욱 견디기 힘들었다.

해가 저물 때쯤이면 그의 등껍질은 더욱 무거워졌다. 집으로 돌아와 간단히 저녁을 먹고 나면, 다음 날 작업할 도자기 스케치와 기록할 내용을 구상하느라 또다시 깊은 밤을 보내야 했다.

열흘이 지났을까. 찰스는 점점 더 지쳐갔다. 작업실에서만 도자기를 만들어도 바빴는데, 이동 시간에 기록하는 시간까지 더해지니 하루가 모자랐다. 게다가 아직 그의 기록들에 반응을 보이는 이는 아무도 없었다.

'이게 정말 맞는 걸까?'

자신의 매장에 앉아 있는 찰스에게 의심이 스멀스멀 피어올랐다. 그때였다.

"실례합니다, 찰스 씨?"

낯선 목소리에 고개를 돌리자, 세련된 정장 차림의 여우가 서 있었다.

"제가 찰스 씨의 주로그 일지들을 봤습니다. 매우 인상적이더군요. 제 이름은 루카스, 홍보 대행사를 운영하고 있답니다."

루카스는 두괄식으로 말을 이어갔다. 그는 자신만만해했다.

"찰스 씨의 콘텐츠, 정말 가능성이 있어요. 제가 도와드리면 금방 대박 날 수 있을 텐데 말이죠. 솔직히 이야기하자면 지금 찰스 씨의 방식으로는 너무 오래 걸립니다. 제가 전문 작가들을 붙여드리고, 검색어 상위 노출도 해드리고 당장 내일부터 방문자가 늘어나는 걸 보실 수 있을 거예요."

루카스가 말을 이어갔다.

"찰스 씨 작품의 가치는 이 정도면 안 되는데 말이죠. 이렇게 순위가 낮은 건 정말 안타까운 일입니다."

루카스는 찰스를 향해 의미심장한 미소를 지었다.

루카스는 자신이 준비해 온 자료를 꺼내 보여주었다. 화면에는 여러 도예가들이 쓴 글들의 순위가 나열되어 있었다. 찰스의 기록은 한참 아래쪽에서 겨우 찾을 수 있었다.

"저희가 도와드리면 금방 달라질 수 있습니다. 전문 작가진이 찰스 씨의 작품을 더욱 매력적으로 소개해드리고, 검색어 최적화도 해드리죠. 지금처럼 매일 먼 동굴까지 가실 필요도 없고요."

찰스는 잠시 루카스의 말을 곱씹어보았다. 매일 새벽부터 시작되는 고된 일과가 떠올랐다. 이렇게 힘들게 해봤자 얼마나 효과가 있을지도 의문이었다. 비용도 현재 바론에게 지불하고 있는 것과 별반 차이가 없었다.

"이제 찰스 씨는 도자기 만드는 데만 집중하시면 돼요. 나머지는 우리가 다 알아서 할 테니까요."

찰스의 마음이 흔들렸다. 매일 동굴로 오가는 시간, 서투른 글쓰기에 들이는 시간, 어색한 촬영까지 전문가들에게 맡기면 이 모든 게 해결될 터였다.

'어쩌면 이게 더 현명한 걸지 몰라.'

결국 찰스는 계약서에 서명했다. 하지만 그의 마음 한구석에서는 작은 불안이 자라나고 있었다. 숲을 가꾸는 시간에 대한 이야기가 자꾸만 떠올랐다.

이제 더 이상 만생의 동굴로 가지 않아도 됐다. 대신 매일 아침 주로그를 확인하면 루카스의 팀이 올린 새 글들이 기다리고 있었다. 그들은 약속대로 매일 글을 올렸고, 키워드 관리도 꼼꼼히 했다.

처음엔 모든 것이 순조로워 보였다. 주로그 방문자 수는 확실히 늘었다. 하지만 시간이 지날수록 문제가 드러났다. 실제 구매 문의는 거의 없었고, 더 큰 문제는 루카스의 작가들이 쓴 글이었다.

"도자기의 신비로운 매력", "장인정신의 극치", "최고의 선물용 도자기"

그럴듯한 문구들이었지만, 읽는 이의 마음을 움직이지는 못했다. 도자기를 빚는 과정에서 느끼는 장인의 고뇌도, 흙이 가진 생명력도, 그 어떤 진정성도 담겨있지 않았다.

3개월이 지났다. 매일 밤 찰스는 자신의 주로그를 들여다보았다. 방문자 수는 분명 늘었지만, 그들은 잠시 스쳐 지나갈 뿐이었다. 댓글도, 문의도 없었다. 마치 혼자 떠들고 있는 것만 같았다.

더 큰 문제는 글의 품질이었다. 전문 작가들이라고 했지만, 그들은 도자기에 대해 피상적인 이해만을 가지고 있었다. 같은 문구와 표현이 반복되었고, 찰스가 전문성과 정성을 가지고 쓴 초기의 글들과는 완전히 다른 결이었다. 이런 글들이 자신의 이름으로 올라가는 것을 보는 일은 점점 더 괴로워졌다.

"조금 더 기다려보세요."

루카스는 말했다.

"트래픽이 늘어난 만큼 곧 실제 구매로 이어질 거예요."

하지만 그의 말은 공허하게 들렸다. 찰스는 이제 알았다. 자신이 잘못된 지름길을 택했다는 것을. 그는 문득 깨달았다. 지금 하는 방식은 마치 아무것도 준비되지 않은 빈 식당에 손님만 불러 모으는 것과 같았다.

결국 그는 다시 만생의 동굴을 찾았다. 깊어지는 동굴 속으로 들어설 때마다 커지던 그림자가, 이번만큼은 그를 더욱 작아 보이게 만드는 것 같았다.

"돌아왔구나."

바론의 목소리에는 책망이 없었다. 마치 오래전부터 알고 있었다는 듯한, 그저 담담한 목소리였다.

"바론님…."

찰스는 고개를 들지 못했다.

"알고 있다."

바론이 말을 이었다.

"네가 무슨 선택을 했는지도, 왜 그런 선택을 할 수밖에 없었는지도. 그리고 지금 네가 무엇을 깨달았는지도."

찰스의 눈에서 눈물이 흘렀다.

"서두르는 자에게 세상은 지름길을 보여주지. 하지만 그 길은 결국 더 먼 길이 되고 만다. 네 도자기에 혼을 불어넣는 일에도, 사람들의 마음을 움직이는 일에도, 어떤 마법 같은 지름길은 없는 법이야."

찰스는 천천히 고개를 들었다.

"방문자 수는 늘었지만, 가슴에 와닿는 이야기는 하나도 없었어요. 제 이름으로 올라가는 글들이 전부 다른 사람의 것 같았죠. 더욱이 손님들은 제 글을 읽고 어떤 문의도 남기지 않은 채 잠시 스쳐 갈 뿐이었습니다."

"숲을 생각해보거라. 먼저 있어야 하는 건 뿌리 깊은 나무들이야. 그 나무들이 서로를 지탱하며 자라나 비바람을 막아주고, 그늘을 만들고, 작은 생명들의 보금자리가 되어줘야 해. 그런 숲이 있고 난 뒤에야 길을 내고 이정표를 세워 사람들을 맞이할 수 있는 거지. 지금 자네가 한 일은 아무것도 없는 빈터에 이정표만 잔뜩 세워둔 거나 마찬가지야."

바론은 잠시 생각에 잠기는 듯했다가 다시 말을 이었다.

"음식점도 마찬가지지. 요리사가 있어서 맛있는 음식을 만들고, 그 맛을 아는 단골이 생기고, 입소문이 나서 진짜 손님들이 찾아오는 게 순서 아니겠나? 빈 식당에 손님만 불러 모은다고 해서 무엇이 달라지겠나?"

"하지만 나중에라도 광고를 하는 건 필요하지 않을까요?"

찰스가 조심스레 말을 꺼냈다.

"물론이지."

바론이 고개를 끄덕였다.

"그렇지, 단단한 성이 세워지고 나면 그곳으로 향하는 길을 알려주는 깃발도 필요하겠지. 때로는 화려한 깃발이 더 많은 이들을 이끌어올 수도 있어. 하지만 자네는 그 순서를 바꿔버렸어. 성벽도 없는데 깃발만 꽂아두었으니, 깃발을 보고 찾아온 이들은 무너진 돌무더기만 발견했겠지. 기대에 부풀어 찾아온 이들의 실망이 보이는 듯하구나. 그들은 다시는 그 깃발을 믿지 않을 테고, 설사 나중에 자네가 진짜 성을 쌓는다 해도 발걸음을 돌리지 않을 거야."

바론이 말을 이어갔다.

"그리고 가장 중요한 건, 그 숲에 대한, 식당에 대한, 성에 대한, 그리고 자네에 대한 이야기들은 반드시 자네가 직접 써야 한다는 거야. 다른 이가 대신 쓴 글은, 아무리 화려해도 결국 빈 껍데기일 뿐이지. 도자기를 만들 때 자네의 손길이 필요한 것처럼, 글도 자네의 진심이 담겨야 해. 흙을 다루며 느낀 촉감, 도자기가 완성되어 가는 순간의 설렘, 실패작을 마주했을 때의 아픔까지… 그런 진실한 이야기들이 모여 자네만의 숲을 이루는 거야."

"솔직히 말씀드리면…."

찰스가 무거운 마음을 털어놓았다.

"도자기를 만드는 것만으로도 하루가 부족한데, 글도 쓰고 영상도 찍고… 너무 벅차요. 제가 할 수 있을지 모르겠습니다."

바론은 잠시 침묵했다가 부드러운 목소리로 말했다.

"그래, 쉽지 않지. 하지만 이게 유일한 길이야. 다른 누군가의 손을 빌리면 그건 더 이상 자네의 이야기가 아니게 되고, 자네의 진심도 사라지게 되는 법이야. 거북이처럼 천천히 가도 좋아. 하루에 한 줄의 글이라도, 짧은 영상 하나라도 좋으니 자네의 이야기를 담아내게."

"매일 조금씩이라도 말인가요?"

"그래. 도자기를 만들 때처럼, 매일 조금씩 쌓아가는 거야. 처음엔 서툴고 어색하겠지만, 그것도 자네만의 매력이 될 수 있어. 완벽한 글이 아니어도 괜찮아. 자신의 철학이 담긴 글은 언젠가 반드시 누군가의 마음에 닿게 되어 있으니까."

바론의 목소리가 더욱 따뜻해졌다.

"1년이라는 시간이 지금은 길게 느껴지겠지. 하지만 언젠가 뒤돌아보면, 그 시간이 만들어준 깊이를 보게 될 거야. 매일 한 걸음씩 나아가다 보면, 어느새 자네만의 단단한 숲이 자라나 있을 테니."

그때 찰스는 바론의 말뜻을 온전히 이해했다. 조급한 마음에 돈으로 살 수 있다고 생각했던 그 무엇도, 결국 자신만의 시간으로 지나가야 하는 길이었음을.

그가 도자기를 빚을 때면 언제나 그랬듯이, 흙이 제때를 기다려 단단해지듯, 이야기도 그렇게 익어가야 했다. 빠르게 가는 길이 없다는 게, 오히려 그의 마음을 편하게 했다. 이제 그는 자신의 속도로, 자신만의 이야기를 써 내려가면 되는 것이다.

거북이의 발걸음으로도 충분했다. 매일 조금씩, 그러나 한 번도 멈추지 않고 앞으로 나아가는 것. 그의 등껍질이 더욱 단단해지는 걸 느꼈다.

01 장기적 사고가 답이다 : 조급함을 버려라

 필자가 컨설팅 과정을 시작할 때마다 수강생들에게 특별히 강조하는 것이 있다. 바로 장기적 사고다.

 찰스에게 부여된 루틴은 본질적으로 '트레이닝'에 가깝다.

 이는 일반적인 광고 대행과는 근본적으로 다르다. 바론이 부여한 과제는 '성장'과 '자생력'을 키우는 데 초점을 맞춘다. 자연스럽게 시간은 더 소요된다. 평생 스스로 해낼 수 있는 역량을 길러내기 때문이다.

 이에 반해 여우 루카스가 진행한 '광고 대행'은 하루 만에도 결과물을 만들어낼 수 있다. 대행사가 이미 확보한 블로그나 카페에 소위 '비행기'를 태우기만 하면 되기 때문이다. 비행기 태우기는 상위노출이 보장된 블로그나 카페에 일회성 또는 장기적으로 자신의 글을 올리는 행위를 말한다. 물론 블로그 소유주에게 금전을 지급해야 한다. 이미 상위노출이 보장된 최적화 블로그라 신규 진입자도 즉시 노출된다. DB가 순식간에 쌓이고 성과도 빠르게 나타나 겉보기에는 성공적인 것 같다.

 하지만 여기서 반드시 기억해야 할 점이 있다. 비행기를 타고 순식간에

도달한 것처럼 보일 뿐, 비행기에서 내리는 순간 모든 것이 원점으로 돌아간다는 사실이다. 상위노출의 달콤함에 빠져 엄청난 광고비를 쏟아부은 뒤에는 "내가 나를 위해 일하는 건지, 광고대행사나 네이버를 위해 일하는 건지 모르겠다"는 허탈감이 찾아오기 마련이다. 이건 유료 키워드 광고 또한 마찬가지이다.

필자 역시 이 모든 과정을 겪었기에, 파트너와 함께 수년간 독자적인 방법을 고민한 끝에 현재의 방식을 완성할 수 있었다.

바론의 방식은 단기간의 성과를 약속하지 않는다. 물론 운이 따르거나 수강생이 열정적으로 임한다면 몇 달 만에도 가시적인 성과를 낼 수 있다. 하지만 궁극적으로 추구해야 할 지점은 여러분이 탄탄한 기본기를 바탕으로 대행 없이도 콘텐츠 기획, 마케팅, 브랜딩, 영업, 조직 운영, 고객 관리, 유인 전략 수립까지 모든 영역을 아우를 수 있는 자립형 전문가로 성장하는 것이다.

이런 관점에서 생각해보자. 고시 준비생들이 시험을 바라보는 시선은 어떠한가. 수개월에서 수년에 이르는 청춘의 시간을 온전히 쏟아부을 수 있었던 것은 평생의 업으로 바라보았기 때문이다.

평생의 업이라는 관점에서 바론의 가르침 또한 동일하다.

그러므로 조급해할 필요가 없다. 제대로 된 역량을 갖추면 성과는 반드시 따라온다.

특히 의사결정 과정에서 가장 중요하게 고려해야 할 것은 수반되는 '리스크'다.

그것도 당장의 리스크가 아닌, 장기적 리스크를 말한다.

첫째로, 광고 대행이나 학습 커리큘럼을 모두 배제하고 아무런 시도도 하지 않는 경우를 상정해보자.

투자 비용은 들지 않지만, 생존을 위해서는 기존의 전통적 영업방식을 택할 수밖에 없다. 이미 기득권이 장악한 불균형한 시장에서 고군분투해야 하므로 장기적으로 리스크는 더욱 증폭된다. 물론 성공하는 경우도 있지만, 인터넷 마케팅에 비해 효율성이 현저히 떨어진다.

둘째로, 광고 대행에 전적으로 의존하는 경우다.

초기 투자 비용은 상당하지만 일차적인 성과는 기대할 수 있다. 그러나 궁극적으로는 만족스럽지 못한 결과를 맞이하게 된다. 상위노출 경쟁으로 인해 성과를 높이려 할수록 광고비가 기하급수적으로 상승하기 때문이다. 특히 광고 대행을 중단하게 되면 독자적인 역량이 전무하여, 그간의 시간과 노력이 모두 허공으로 사라진다. 그 안에는 미래를 위한 어떠한 축적이나 투자도 존재하지 않는다.

셋째로, 자립의 길, 즉 자존의 방법을 습득하는 데 시간과 자원을 투자하는 경우다.

초기 컨설팅 비용은 광고 대행비와 비슷하거나 다소 낮은 수준이다. 자리를 잡기까지 당장의 성과는 더딜 수 있다. 그러나 장기적 관점에서 보면,

광고 대행 없이도 평생 활용 가능한 마케팅, 브랜딩, 영업전략, 콘텐츠 기획 능력을 습득하게 되어 반드시 무언가를 얻게 된다. 그리고 이러한 기술과 철학은 평생의 자산이 된다. 미래를 위한 장기적 투자인 것이다.

장기적 사고는 결국 일상적 성장으로 이어진다.
작은 혁신이 만드는 기적을 보여주는 대표적인 사례가 있다. 세계 최고의 자전거 대회가 있는데 바로, '투르 드 프랑스'다. 매년 7월이면 3주 동안 프랑스 전역에서 펼쳐지는 이 대회는 전 세계 190개국에서 35억 명이 시청하는 메가 스포츠 이벤트다. 현장의 열기는 더욱 뜨거워서, 1천2백만 명의 관중이 도로변을 가득 메우며 선수들을 향해 뜨거운 환호를 보낸다.

이 대회에서 영국은 오랫동안 '무관'의 설움을 겪었다. 1903년 대회가 시작된 이후 2012년까지, 무려 109년 동안 단 한 번의 우승도 거두지 못했다. 그러나 최근 6년 사이에 놀라운 일이 벌어졌다. 영국 선수들이 다섯 번이나 우승을 차지한 것이다. 이런 극적인 반전의 배경에는 한 사람의 혁신적인 접근이 있었다. 데이브 브레일스포드의 '미세한 혁신' 전략이었다.

브레일스포드는 2010년 영국 사이클팀의 수장이 되면서 독특한 접근법을 도입했다. 그는 모든 영역에서 1%씩 개선하면 그것이 모여 폭발적인 성과를 낼 수 있다고 믿었다. 이를 '한계 이익의 총합'이라 부르며, 선수들의 경기력에 영향을 미치는 모든 요소를 검토했다. 영양사와 함께 식단을 재설계했고, 훈련 프로그램을 최적화했으며, 자전거 시트부터 타이어까지 장비의 세세한 부분까지 개선했다.

더 놀라운 것은 그의 섬세한 관찰력이었다. 다른 팀들이 간과하기 쉬운 부분까지 꼼꼼히 살폈다. 선수들의 수면의 질을 높이기 위해 특별 제작된 베개를 도입했고, 근육 회복을 위한 최적의 마사지 젤을 개발했으며, 경기력 저하를 막기 위해 철저한 위생 관리 시스템을 구축했다. 그는 이러한 전략이 5년 안에 우승을 가져올 것이라 자신했다. 실제로 그의 예상보다 더 빠른 3년 만에 영국 선수는 정상에 올랐다.

여기서 필자가 강조하고 싶은 것은 1%의 의미다. 매일 1%씩 성장한다고 생각해보자. 하나의 블로그 글, 하나의 유튜브 대본, 이런 작은 노력들이 차곡차곡 쌓여 필자가 늘 강조하는 '견고한 성'이 완성된다. 로마는 하루아침에 세워지지 않았다.

02 애자일 방식으로 성공하라

　전문 자격사로서 빌드업해가는 과정인 '애자일(Agile) 방식'에 대한 설명을 하고자 한다.

　애자일 방식은 IT 업계에서 자주 쓰는 말인데, 원래는 소프트웨어를 개발할 때 썼던 용어였다. 기존의 완벽함을 추구하던 방식에서 탈피해 적은 예산과 짧은 시간 안에 빌드업을 거듭해가는 패턴이다.

　과거에는 일반적으로 한가지 상품을 출시하는 데 상당한 노력과 완벽함을 요구했다. 이를 워터풀(Waterfall) 방식이라고 하는데 폭포수의 흐름처럼 한 단계가 끝나야 다음 단계로 나아갈 수 있고, 한 번 이뤄진 계획에 있어 변경은 거의 이뤄지지 않는 방식이다. 이 방식은 일단 한번 개발이나 배포 과정에 들어가면 변경이 어렵기 때문에 철두철미하게 진행할 수밖에 없는 안정형을 추구하는 패턴이다.

　애자일 방식의 장점은 워터풀과 같이 완벽함을 추구하기보다 속도감 있게 바르게 변화하는 환경에 맞춰 피드백을 받는다는 것이다.

    기본적으로 변호사 등 전문 자격사의 마케팅, 브랜딩 방식은 애자일 방식이 적확하다.
    콘텐츠를 아무리 완벽하게 만들고 광고를 수천만 원을 들여 그럴듯하게 제작을 한다 해도 그것이 DB로 이어질지는 아무도 모르기 때문이다. 그래서 일단 최소한 기본적인 콘텐츠의 구성요건이 충족됐다면 일단 블로그이든 카페 글이든 유튜브이든 찍어보고 피드백을 받으며 다시 고쳐나가는 것이 합리적이다.
    어떤 사람들은 "내가 전문 자격사 이름을 걸고 글을 쓰는 것인데, 완벽해야지 않겠느냐. 업계에서 멍청이라고 비웃으면 어떻게 하겠느냐"고 질문하는 경우가 있는데. 축구의 신 '리오넬 메시'도 처음부터 축구를 잘한 것은 아니다.
    내 성장에 있어 완벽주의자가 되지 말자. 한 번에 완벽한 사람이 될 필요도 없고 그렇게 할 수도 없다.
    '점진적인 성장', 그것을 생각하고 나아가야 한다.

    처음 유튜브 영상을 찍는다고 하면 처음에는 버벅거리고, 사투리도 좀 고쳐보고 싶고, 어색한 시선 처리 때문에 내 모습이 서울역에 살고 있는 비둘기 같은 느낌도 들것이다. 모두가 다 그렇다. 그러니 부담을 갖지 않는 것이 가장 우선이다.
    일단 콘텐츠가 하나라도 기획이 됐다면 먼저는 이를 블로그 글로, 유튜브 영상으로, 인스타그램 사진으로 내보내야 한다. 그 뒤 피드백을 받고 다음에는 더 좋은 콘텐츠를 만들면 된다.

오랜 기간 모든 걸 쏟아부어 출시한 시점에 시장의 평가를 받는 워터풀 방식과 달리 애자일 방식은 꾸준히 평가를 받게 된다. 따라서 첫 콘텐츠가 좋은 평가를 받지 못하고 DB로 이어지지 못했다고 해서 실망할 필요가 없다. 당연한 것이다. DB를 얻기 위한 과정까지 나아가려면 몇십 번의 피드백과 몇십 번의 유효한 콘텐츠 생산이라는 과정을 쌓아가야 하기 때문이다.

이게 지난하고 괴로운 과정으로 여겨진다면 결국 어마어마한 돈을 써서 네이버 상위 키워드 광고를 하거나 최적화 블로그 운영자에게 돈을 주고 단발성 광고를 실어야 한다.

그것은 답이 아니다. 단발적인 성과는 있겠지만, 거기 어디에 자신의 정체성이 있고, 지속적인 발전이 있겠는가. 거듭된 고액 광고비가 다 소모되는 때 광고는 끝나고 그때 남아 있는 것은 아무것도 없다.

결국 '자존'이 답이다. 그리고 그 자존을 이끄는 방식은 완벽함의 추구가 아니라 '점진적인 개선'이다.

한편 애자일은 완벽주의를 탈피하는 것이지만 다만 '내가 성장해나가는 방식'에 대한 점진적 개선을 의미한다.

의사의 생명을 살리는 의료행위, 약사가 약을 제공하는 행위, 변호사나 세무사가 의뢰인의 위임 사무를 처리하는 행위, 제조업에서 물건을 만드는 행위, 서비스업에서 고객에서 서비스를 제공하는 행위는 모두 완벽해야 한다. 이는 고객에게로 향하는 완벽이다. 당연히 '대충'이라는 타협점을 '지향'해선 안 된다. 반면 내 성장으로서의 완벽은 '지양'해야 한다. 이 두 가지는 반드시 구분해야 한다.

반드시 애자일 방식으로 성공하길 바란다.

03 광고대행의 실체

먼저 필자는 광고대행사를 비난하는 게 아니라는 점을 확실히 해둔다. 다만 선후라는 게 있다. 바론의 말을 곱씹어보길 바란다.

"음식점도 마찬가지지. 요리사가 있어서 맛있는 음식을 만들고, 그 맛을 아는 단골이 생기고, 입소문이 나서 진짜 손님들이 찾아오는 게 순서 아니겠나? 빈 식당에 손님만 불러 모은다고 해서 무엇이 달라지겠나?"

광고대행을 하지 말라는 게 아니다. 광고대행을 해야 할 '시점'을 알고 하라는 것이다.

그런 의미에서 왜 처음부터 광고대행을 맡기면 망하는지 이 지점에 대해서 구체적으로 설명을 드리고자 한다.

자 시나리오를 한번 보자.

여러분이 마케팅을 해야겠다고 일단 마음을 먹었다고 치자. 그럼 무엇부터 할까? 보통 99%는 일단 책을 찾아보거나 강의를 들어 본다. 익숙하기 때문이다. 이 책의 독자인 여러분은 고시 공부할 때 교과서와 강의를 먼저 듣지 않았나.

인간은 일단 익숙한 걸 먼저 한다. 그래서 교보문고나 영풍문고 같은 곳을 직접 가서 보거나 아니면 동영상 강의를 좀 들을 것이다. 사실 실강은 잘 안 간다. 그 정도 열정이 있는 사람도 없고 솔직히 시간이 없다.

자 이것저것 봤다. "아 하면 되겠다" 싶어서 블로그 몇 개 올리고 큰맘 먹고 유튜브도 몇 개 찍어본다. 그런데 이게 되나? 안 된다. 마치 헬스장 회원권을 등록했는데 3일 정도 하고 나서 혼자서는 도저히 안 되겠다 싶은 거다. 무엇보다도 글 쓰고 영상 찍는 게 너무 피로감이 심하다. 글은 뭐 쓰라면 쓰겠는데 영상은 한 번도 만져본 적이 없는데 휴대전화 카메라를 조작하는 것 자체가 스트레스가 막 올라온다.

그래서 혼자 하다가 안 되면 결국에는 "그래 내가 돈 좀 쓰고 난 내 일을 해야겠다" 해서 대행사에 광고를 맡기게 된다.

자 축하한다. 이제 여러분은 '망했다'.
광고를 돌리는데 왜 망했냐고? 지금부터 이유를 아주 자세하게 설명한다.

먼저 광고대행의 방법을 살펴보자.
현재 전문 자격사 시장의 광고대행 방법은 블로그 육성하기, 최적화 블로그 비행기 태우기, 네이버 키워드 광고하기, 유튜브 육성하기, 타깃형 광고돌리기, 유료 뉴스 기사 노출 등이다.

이 모든 방법은 제가 다 해본 방법이기 때문에 하나하나 과학시간에 개구리 해부하듯 해부해서 말씀을 드리겠다.

(1) 블로그 육성하기

블로그 육성하기이다. 이 방법은 필자도 12년 전 업을 시작하면서 초창기에 광고대행 업체를 통해서 꾸준히 해왔던 방식이다. 블로그를 1개 또는 여러 개를 밑바닥부터 키워가는 방식이다. 글은 블로그 대행업체 직원들이 써주는 형태이고, 지금은 챗GPT 같은 AI로 쓰기도 한다.

이 방법의 장점은 일단 '정공법'이라는 것이다. 아예 생판 블로그에 대해서 모르는 분들을 위해서 설명을 하자면 블로그는 '지수'라는 게 있는데, 이게 게임에서 레벨이랑 비슷하다. 즉 레벨이 높은 블로그의 글이 레벨이 낮은 블로그의 글보다 더 상위에 노출이 되는 기제이다. 그래서 블로그 레벨을 높여야 하는데, 글을 꾸준히 쓰다 보면 어느 정도 한계까지는 블로그가 커간다.

그런데 이 방식은 치명적인 문제가 3가지가 있다.

1) 전문성이 담보되어야 하는 글을 비전문가가 쓴다는 것

일단 광고대행 업체 직원들은 법무나 세무를 하는 전문가가 아니다. 당연히 잘 모르니까 이것저것 다른 비슷한 글을 긁어다가 유사도에 안 걸릴 정도로 변형해서 올리게 된다. 그렇다 보니 자기가 올리고도 이게 무슨 내용인지 모르는 경우가 허다하다. 공부를 해서 올릴까? 그럴 시간은 없다. 광고대행 업체에서는 여러분의 글 말고도 다른 고객사들의 글까지 올려야 하기 때문에 시간이 제일 중요하다. 효율적으로 하루에 많게는 수십 개의 글을 올린다. 그런 글에 무슨 철학이 있고, 무슨 차별점이 있을까. 그렇다 보니 여러분들이 블로그들을 검색해 보면 내용이 다 거기서 거기인 이유가 여기에 있다.

그래서 필자는 확실하게 주장하는 바가 있는데, 블로그가 2~3개일 때 '서브 블로그'에서는 이렇게 다소 퀄리티가 떨어지는 글을 맡겨도 되지만, 적어도 '메인 블로그'는 전문 자격사 본인이 직접 제대로 글을 써야 한다는 점이다. 이게 핵심이다. 거듭 말한다. 서브 블로그는 광고대행을 맡겨도 되지만 메인 블로그의 글은 본인이 직접 써야 한다. 당연히 처음 시작할 때는 메인 블로그를 육성해야 하기 때문에 본인이 써야 한다. 서브 블로그는 먼 훗날의 이야기이다.

2) 최적화 블로그에 대한 한계

블로그 지수가 높은 블로그를 최적화 블로그라고 하고 이 최적화 블로그는 마케터들이 편의상 '최적화 3', '최적화 2', '최적화 1'로 등급 분류를 해뒀다. 3이 가장 높고 그다음이 2, 그다음이 1이다.

그런데 이 최적화 블로그는 만들기가 상당히 힘들다. 전문성도 있어야 하지만 블로그 자체에도 일정한 조건이 필요해서 그 조건을 충족하지 못하면 최적화 블로그까지는 갈 수가 없다. 네이버에서 공식적으로 밝힌 부분은 아니지만 이미 마케터들에게는 기본 상식과 같은 이야기이다. 그래서 개인이 밑바닥부터 시작해서 키울 수 있는 블로그는 최적화 직전 단계인 준최적화 6 정도의 레벨이다. 이것도 제대로 된 방식으로 1년 가까이 키워야 나올 수 있다. 사실 준최적화 6 정도만 되어도 쓸만하지만, 그러나 결국에는 돈이 되는 키워드들은 최적화 블로그를 써야 하기 때문에 스스로 육성해 키운다는 것도 어느 정도 한계가 있을 수밖에 없다.

그래서 광고대행 업체들은 전문 자격사의 블로그를 밑바닥부터 키우는 동안 계속 광고대행료를 받는데, 수익구조가 그렇게 완성이 되는 것이다. 광고대행업체 입장에서는 계속 광고대행료를 받고 있는 동안 실제로 블로그 지수가 조금씩 커가는 것을 고객에게 수치로 보여줄 수 있다. 그래서 고객 입장에선 '뭔가 커가고 있구나' 싶은 것이다. 그러나 사실 실질적인 효과는 거의 없다. 블로그 자체의 힘이 너무 약하니까 말이다.

필자도 이 방식으로 광고대행료를 수천만 원을 써봤고, 그러다가 스스로 하게 됐고, 그래서 지금의 방식이 완성이 된 것이다.

3) 육성 시간이 너무 오래 걸린다

2)에서 설명한 바와 같다. 쓸만한 정도까지 블로그가 커가려면 제대로 된 방식으로 1년 가까이 해야 한다. 그 뒤라고 해도 이 방식 하나만으로는 유의미한 성과를 거두기가 어렵다. 다른 경쟁자들이 놀고 있는 게 아니니까. 그래서 시간이 오래 걸린다는 문제가 있다.

4) 광고 대행 없이는 스스로 할 줄 아는 게 없다

가장 문제는 블로그를 키워놓고 보니, 내가 할 줄 아는 게 없어서 결국에는 그 블로그를 유지하기 위해서 광고대행업체에 계속 맡길 수밖에 없다는 점이다. 광고대행업체가 없다면 그 블로그는 더 유지가 안 되는 거다. 그래서 키워둔 블로그에 투여된 시간과 비용이 아까워서라도 계속 광고대행을 맡기는 악순환이 초래된다. 왜 이렇게 잘 아느냐고? 다 해봤으니까.

5) 저품질 리스크

마지막으로 저품질 리스크를 들 수 있다. 저품질 블로그란 네이버가 싫어하는 행동을 내 블로그에서 하게 되면 블로그가 죽어버리는 현상이다. 물론 부활도 가능하긴 한데, 그 확률이 높지가 않다. 그런데 아무리 잘해도 저품질에 빠지는 경우가 종종 발생한다. 가령 1년 이상을 대행에 맡겨 공들인 블로그가 알 수 없는 이유로 저품질에 빠지게 되면 그 세월이 다 날아가는 것이다. 광고대행 업체에서는 여러 가지 불가항력적이라는 핑계를 대거나, 아니면 다른 대체 블로그를 주는 경우도 있는데, 어디까지나 눈 가리고 아웅이다. 물론 아주 실력이 좋고 경험이 풍부한 업체라면 저품질은 거의 걸리지 않는다.

(2) 최적화 블로그 비행기 태우기

최적화 블로그를 키우는 데 이렇게 시간이 오래 걸리기 때문에 이미 최적화 블로그 지수를 확보하고 있어서 팔팔거리며 날아다니는 곳에 내 글을 실으면 어떻게 될까? 당연히 상위 노출이 된다. 이를 '비행기 태우기'라고 부른다. 실제 마케터들은 '건바이'라고 부르기도 한다. 최적화 블로그에 1건씩 비용을 주고 올리기 때문인 거 같다.

이렇게 남의 블로그에 내 글을 올리게 되면 당연히 비용을 줘야 한다. 한 건당 적게는 몇만 원에서 많게는 수십만 원까지 들어간다. 특히 '월 보장'이라고 해서 한 달에 20일 정도 노출을 보장해주고 계약을 체결하면 키워드 하나당 비용이 백만 원 단위가 넘어간다. 그래도 그걸로 효과가 있다면 해야 한다.

필자도 기본적으로 비행기 태우기에 대해서 수년간 해봤고 효과도 봤기 때문에 비용만 낼 수 있다면 좋은 방법이라고 생각한다.

다만 여기에 명백한 한계가 존재한다.

1) 콘텐츠가 없는 경우

비행기 태우기를 해서 글을 올렸고, 경쟁 싸움에서 블로그 지수가 이겨서 상위노출이 됐다고 쳐보자.

그런데 의뢰를 하려고 한 사람이 그 글 달랑 한 개만 보고 의뢰를 할까? 그럴 가능성은 거의 없다. 보통 전문 자격사에게 의뢰를 할 때는 휴지나

비누 같은 생필품을 사는 게 아니기 때문에 신중하게 결정을 한다. 의뢰비가 많이 들어가니까. 그래서 이것저것 그 사람에 대해서 살펴보는 게 보통이다.

그런데 살펴봤는데 달랑 그 글 하나만 있고 다른 콘텐츠가 전혀 없다면 어떻게 생각할까? 물론 대안이 없다면 그 사람에게 맡기겠지만, 중요한 건 지금은 경쟁자들 즉 대체제가 엄청나게 많기 때문에 제대로 콘텐츠도 없고 이 사람이 실력이 있는지 믿을 수 있는지 알 수도 없는데 글을 먼저 읽었다고 해서 맡길까? 절대 아니다.

그래서 이 비행기 태우기를 할 시점은 나를 소개할 자료들, 내가 전문가라는 점을 보여줄 수 있는 콘텐츠들이 제법 많이 쌓여서 의뢰인이 "이 사람은 많이 해본 사람이구나, 잘 아는구나, 전문성이 있네"라는 말이 나올 정도는 될 때이다. 그렇게 콘텐츠를 먼저 쌓고 나서 이제 좀 자신이 있다 싶을 때 비행기를 태워야 하는데, 문제는 대다수가 이런 메커니즘을 모르고 비행기를 태우다가 효과를 못 거두는 경우가 태반이라는 것이다.

2) 비용이 많이 들어감

그리고 가장 큰 문제는 비용이다. 지금도 계속 비행기 태우기 비용이 올라가고 있는 추세이다. 최적화 블로그의 공급보다 글을 올리려는 수요자가 더 많기 때문이다. 따라서 비행기를 태워야 할 시점은 내가 어느 정도 여유가 있고 광고료 집행이 가능할 때이다. 초반부터 자본도 없는데 비행기를 태우는 건 망하자는 거다.

3) 신뢰도 저하

이 부분은 사실 비행기 태우기 방식의 태생적인 문제점이다. 남의 블로그를 빌려 쓰다 보니 온갖 잡다한 글들이 함께 올라가는 거다. 즉 에스테틱, 리조트, 부동산중개업자, 병원 등등 이런 여러 분야의 글이 돈을 주고 힘 좀 있는 블로그 하나에 몰리다 보니 법률이나 세무 관련 글과 이런 콘텐츠들이 뒤죽박죽으로 섞여 있는 형국이 연출된다. 보는 사람에 따라 다르긴 하겠지만 사람에 따라서는 신뢰도가 떨어질 수 있다. 비행기를 타고 날아간 본진에서 즐거운 경험을 하고 보고 읽을 거리, 생각할 거리가 많다면 그런 부족한 부분이 채워지긴 하겠지만 초대받은 본진조차 허접하다면 신뢰도는 더 떨어진다. 그래서 본진부터 잘 꾸미고 손님을 초대해야 한다는 것이다.

4) 단기간 부스터 효과

보통 일반적으로 광고대행업체에서는 단기간에 효과를 보여줘야 다음 달 계약 연장이 가능하기 때문에 이 비행기 태우기 방식을 많이 사용한다. 일단 지표가 바로 향상되고, 전화 문의도 어쨌든 오니까. 문제는 이 방식도 자본력이 대형 법인만큼 받쳐주지 않는 이상 금방 한계에 봉착되고 만다. 처음 시작하면 눈에 띄는 상승효과가 보이긴 하지만, 이건 부스터 현상이다. 상위노출이 잘 되기 때문에 일단 유입이 늘어나는 것이지, 이건 실력과는 관련이 없는 부분이고 그 유입량의 한계에 봉착하고 나면, 대형 법인만큼 자본을 계속 투입할 수는 없기 때문에 결국 현상 유지를 하게 된다. 그리고 그 현상 유지도 상위 경쟁이 심화가 되면 들어오는 유입량은 비슷한데 광고비는 더 올라가기 때문에, 장기적으로는 광고 효과를 크게 볼 수가 없다.

(3) 네이버 키워드 광고

네이버 키워드 광고도 마찬가지이다. 하면 좋다. 그러나 클릭당 만 원이 넘어가는 키워드를 어떻게 감당할 수 있을까. 네이버 키워드 광고를 하느니 그 비용을 더 효율적인 광고로 돌리는 게 훨씬 나은 방법이다. 가령 자본력이 한정적일 때에는 유튜브 타깃 광고나, 네이버 타깃 광고, 카카오 타깃 광고가 훨씬 효과적일 것이다.

네이버 키워드 광고는 자본력이 어마무시해서 광고료로 매월 몇억씩 써도 관계가 없는 대형 법인에게나 적합한 방법이다. 고래 싸움에 끼어들다가 새우 등이 터지는 격이다.

그 외 키워드를 쪼개서 비용이 안 들어가게 하는 방법이 있다고 하는 광고대행업체도 있을 것인데, 이 방식은 사실상 거의 효과가 없다.

(4) 유튜브 육성하기

전문 자격사 유튜브는 '꾸준함' 외에는 답이 없다. 예전과 달리 유튜브 알고리즘이 꾸준함을 더 보기 때문이다. 그래서 유튜브 운영으로 DB를 확보하겠다는 이야기는 1년 이상 유튜브를 해야 한다는 말과 동일한 이야기이다.

그런데 유튜브는 블로그에 비해서 상당히 에너지와 경비 소모가 많다. 일단 글을 쓰는 행위와 영상을 찍어서 편집하는 행위에 들어가는 소모 에너지는 비교가 안 된다.

그래서 보통은 광고대행업체에서도 블로그 이야기를 많이 하지 유튜브 이야기를 많이 하진 않는다. 운영 비용 자체가 몇 배 차이가 난다. 하다못해 업체 입장에서 유튜브 촬영은 스튜디오와 각종 장비를 다 구매를 해야 한다. 그 돈만 적게 잡아도 1억 원 가까이 들어가고 그래서 진입장벽이 낮은 블로그를 주로 유도하는 것이다.

그럼에도 원래 영상 스튜디오를 갖고 있던 업체들은 유튜브 촬영이 더 중요하다는 점을 강조하기도 한다. 그런데 여기서 문제는 유튜브를 지속적으로 찍어서 그걸 운영하는 방식이 아니라 처음 소개 영상 1~2편만 찍고 빠진다는 점이다. 현재 많은 업체들이 그러고 있다. 운영을 해준다고는 하지만 사실상 영상 몇 편 찍어주고 편집하고 올려준 뒤 방치하는 경우가 대다수이다. 그래서 이 지점을 조심해야 한다. 유튜브는 반드시 유기적으로 같이 움직일 짝꿍이 있어야 한다. 블로그와 유튜브 타깃형 광고가 그것들이다.

 필자는 블로그 유튜브 둘 다 해야 한다는 입장이고, 사실 뭐가 중요하다 따지는 건 의미가 없다고 생각한다. 특히 유튜브는 진입장벽이 높은 만큼 반드시 해야 한다. 진입장벽을 뚫은 것 자체만으로 상위 10% 안에 들어간 것이기 때문이다.
 결론적으로 유튜브를 자기소개 영상 찍듯이 몇 편 찍고 방치해버리는 업체들이 있기 때문에 이 점을 조심해야 한다. 결국 전문 자격사의 경우에는 유튜브만 해서는 답이 나오지 않고 나머지 채널들과 유기적으로 움직여야 DB 확보가 실질적으로 가능하다.

(5) 타깃형 광고 돌리기, 유료 뉴스 기사

 타깃형 광고는 예를 들어 고객이 어떤 키워드로 검색을 한 기록이 남아있으면 그 키워드에 맞는 광고가 유튜브나 네이버를 통해 따라다니는 형태이다. 유료 뉴스 기사는 온라인 신문사에 소정의 비용을 주면 뉴스에 노출이 되는 방식이다.
 둘 다 괜찮은 방법이지만 이것만 가지고는 효과를 거둘 수가 없다.
 블로그 비행기 태우기 편에서 이야기했듯 이 방식으로 의뢰인들의 유입은 일으킬 수 있지만 내 본진에 볼만한 콘텐츠, 나를 믿을 만한 콘텐츠가 없다면 금방 뒤로 가기를 누를 게 뻔하기 때문이다.

같은 맥락에서 먼저 내 본진에 먹을 것을 충분히 쌓아 놓고, 손님을 불러야 한다.

(6) 결론

보통 광고대행업체에 맡기게 되면 빠른 결과물을 일시적으로 보여주는 부스터 방식을 많이 쓰게 된다. 아예 아무것도 안 하고 있었거나 제대로 못 하고 있었다면 당연히 이 부스터 방식으로 어느 정도까지는 일시적으로 유입량이 늘어나는 것처럼 보인다. 앞서 말한 최적화 블로그 비행기 태우기와 키워드 광고 같은 것들이다. 그러나 이건 일시적으로 그렇게 보일 뿐 결국에는 금방 한계를 보이기 마련이다. 그래서 곧 유입량은 한계에 봉착되고 경쟁 심화로 광고대행 비용은 올라가고, 대부분 광고대행업체들이 실질적으로 장기적인 계약을 못 가져가는 이유가 여기에 있다.

거듭 강조하지만 나는 광고대행이 나쁘다고 생각하지 않는다. 일단 내가 자존하고 난 뒤에 광고대행도 괜찮다. 그리고 내가 자존하고 난 뒤 보조적인 입장에선 대행도 필요하다고 본다. 그러나 전제가 '내가 자존을 한다'이다. 시점이 문제이다. 처음부터 아무것도 모르고 광고대행을 맡긴다는 건 내 운명을 광고대행 업체에 맡기는 꼴이다.

여기서 자존을 한다는 것의 의미는 내가 콘텐츠를 어떤 방식으로 어떻게 만들어야 하는지를 알고 나서 그것을 실제로 스스로 꾸준히 하는 것을 말한다. 콘텐츠를 쌓고 내가 할 줄 알고, 자존한 후에 어느 정도 여유가 되어서 외연을 확장하고자 광고대행업체를 통해 광고를 돌리는 건 매우 좋은 방법이다.

타깃 광고나 최적화 블로그 비행기 태우기 등은 효율은 높지만 언급했듯 아무리 손님을 많이 모아와도 본진에 먹을 것 보여줄 것이 없다면 손님은 다른 잔칫집으로 가기 마련이다. 일단 손님 모으기도 하되, 처음 시작한다면 내 성을 어떻게 쌓을지, 무엇을 어떻게 만들어 갈지를 생각하고 로드맵을 그리고 벽돌 한 장씩 꾸준히 견고한 성을 쌓아가야 한다.

04 당신의 광고는 실패하고 있다

대체 불가능한 이미지를 만드는 것을 맛있는 요리를 파는 식당을 개업하는 과정이라고 비유를 하자면 콘텐츠는 맛있는 요리를 만드는 재료이자 요리 그 자체라고 할 수 있다. 그리고 유인기제는 지나가는 사람들을 끌어모을 수 있는 요리에서 나는 고소하고 달콤한 향으로 표현할 수 있다. 아울러 상담기법은 맛있는 메뉴를 잘 소개하고 손님들이 음식을 시킬 수 있도록 만드는 센스 있는 태도를, 조직운영은 이 음식점 내부가 잘 돌아갈 수 있는 시스템을 말한다.

자 그런데 만일 이 음식점이 입소문이 엄청나게 잘 나서 아무것도 하지 않고 매장 문만 열어두어도 손님들이 알아서 온다면 다른 액션은 필요하지 않을 것이다.

그러나 요리도 맛있고, 서비스도 좋은데 손님들이 매장이 존재하는지 알지 못해서 찾아오지 못한다면 어떻게 해야 할까?

맞다. 당장에 전단지라도 돌려야 한다.

이 전단지를 돌리는 행위가 바로 광고에 해당한다.

광고를 하지 않아도 누구나 다 아는 맛집이라면 사실 광고는 필요가 없다. 예를 들어 한문철 변호사 사무소인 '스스로닷컴'을 생각해보자. 스스로닷컴이 광고를 할 필요가 있을까? 한 변호사를 대한민국에서 모르는 사람은 없다. 스스로닷컴은 광고를 할 이유가 전혀 없다.

필자는 이처럼 광고를 할 필요가 전혀 없는 대체 불가능성을 획득하는 것이 가장 좋다고 생각한다. 이것을 '알파식 광고 집행'이라고 부르겠다. 대표 본인이 너무 유명해서 광고가 필요 없는 경우이다. 그러나 문제는 이렇게 되는 건 쉽지 않다. 운도 따라야 하고.

그래서 대부분 '베타식 광고 집행'을 취한다. 인터넷 마케팅에 눈을 뜬 일반적인 로펌이나 법무법인이 진행하는 스타일이고, 대행 업체를 통해 적당한 광고비를 쓰면서 블로그나 유튜브를 운영하고 키워드 광고도 간간이 하지만 사실 예산 분배를 어디다 해야 하는지도 잘 모르고, 효과도 미미해서 갈피를 못 잡는 경우이다.

여기서 좀 센스가 있는 분들은 한 분야를 잘 운영해서 시장 우위를 선점하지만 대부분은 상위노출 스트레스를 받으며 하루하루를 광고 업체에 의존하는 경향성을 띈다.

이후 인터넷 법률 세무 시장에 거대 자본이 출현하면서 나온 것이 '메타식 광고 집행'이다. 성형외과나 피부과도 이 방식을 쓰고 있고 법무 세무 쪽에서는 대다수 네트워크 법무법인이 이 방식을 사용한다. 최대 가용한 자본을 모두 인터넷 광고에 투자해서 키워드 광고는 물론, 블로그, 카페, 유튜브에 이르는 모든 채널을 다 도배하는 형식이다.

이는 거대 자본이 투입이 됐기 때문에 가능한 방식이며 시장의 상당 부분을 실제로 집어 삼키고 있다.

필자는 앞의 3가지와는 결이 다른 방식을 이야기하려고 한다.
일단 한문철 변호사만큼 유명하지 않은 이상 여러분은 알파 방식은 불가능하다.
'메타식 광고 집행'도 마찬가지이다. 그만한 자본이 없다.
결국 취할 수 있는 것은 '베타식 광고 집행'이지만, 이것은 상위노출에만 초점이 맞춰져 있다.
즉 상위노출이 안 되면 유입이 안 되고 그 결과 벌이도 제로가 되는 게임을 하고 있는 것이다.

그렇다면 상위노출에 의존하지 않는 광고 방법은 무엇일까.
수차례 강조했던 대체 불가능성을 중심 축으로 둔 장기적이고 전략적인 광고 집행이다.
다시 돌아가서 베타 방식을 비유로 말하자면 가게도 제대로 세우지 않고, 단기 임대 계약을 한 아주 외진 곳의 함바집(건설 현장 식당) 같은 곳에서 요리를 하면서 전단지만 수만 장을 돌리는 꼴이다. 전단지의 양과 투여된 자본은 제법 있기 때문에 손님이 찾아 오긴 하지만, 다른 식당과 차별화가 되기는커녕 메뉴도 그저 그래서 정말 배고픈 손님 말고는 밥을 먹을 이유가 없기 때문에 결국 이탈율이 높고, 옆집에서 엄청난 자본가가 대형 프렌차이즈를 열어서 전단지뿐만 아니라 온 동네에 플래카드까지 걸어서 대대적으로 홍보를 하면 경쟁에서 밀려 망해버리는 대단한 게 없는 볼품없는 식당 딱 그 자체이다.

만일 여러분이 이런 경쟁에서 살아남을 수 있다면, 그곳은 프렌차이즈가 흉내낼 수 없는 맛집일 것이다. 여러분이 그런 맛집이 아니거나, 적어도 그런 맛집처럼 보이지 못한다면 절대 프렌차이즈와의 경쟁에서 살아남을 수 없다.

자 그래서 우리는 우리 자본에 맞는 소규모 매장을 운영하되, 독특한, 그리고 대체 불가능한 매장을 운영해야 한다는 거다. 대형 프렌차이즈가 오픈을 해도 타격이 거의 없는 그런 매장 말이다. 여러분도 가까운 거리에 있는 대형 프렌차이즈와의 경쟁에서 살아남은 소규모 매장을 생각해보시길 바란다. 답은 딱 하나이다. 대형 프렌차이즈가 주지 못하는 그들만의 독특한 매력이 있는 매장일 것이다.

그런 매장은 결국 대체 불가능해야 하며, 그 대체 불가능한 것을 만드는 건 식당에서는 요리와 서비스겠지만 법률 세무 사무소의 관점에서는 결국 콘텐츠와 유인기제, 상담기법, 조직운영 등 12가지 전술이다.

그래서 이렇게 대체 불가능한 식당이 되는 것이 우선순위이며, 어느 정도 식당의 구색을 갖추면 그때부터는 가성비 있게 전단지를 돌려야 한다. 손님들이 그 매장에 올 수 있도록 말이다.

물론 가장 좋은 사례는 매장 자체의 음식 맛이 워낙 뛰어나고 서비스가 좋아서, 손님들이 전단지를 돌리지 않아도 찾아오는 그림이다. 하지만 초보 점장이자 요리사인 여러분이 그 단계까지 가기에는 시간이 매우 많이 걸리기 때문에, 일단 선보일 만한 요리가 어느 정도 자리를 잡으면 그때부터 전단지를 돌려야 한다.

이때 전단지를 돌리는 비용 단가가 비싸면 안 된다. 우리는 소규모이며 자원이 매우 한정적이다.

자 그러면 어떤 광고를 집행하고 어떤 광고를 집행하지 말아야 하나?

답은 간단하다.

반드시 하지 말아야 할 광고 집행은 없다. 다만 반드시 하지 말아야 하는 경우는 있다.

무슨 말장난인가 싶을 거다. 하라는 건지 말라는 건지.

답은 그 광고 집행 방식에 대해서 제대로 알지 못하면 하지 말라는 거다. 내가 잘 모르는 영역을 남들 얘기만 듣고 시작하면 시간과 돈이 그만큼 낭비가 되기 때문에 애초에 잘 모르면 하지 말라는 것이다.

전문직이 광고 집행에 실패하는 가장 큰 이유는 광고 집행을 잘못했거나 상위 노출을 선점하지 못해서가 아니다.

가장 큰 문제점은 여러분의 '고정관념'에 있다.

광고가 많이 노출이 되면 단순히 유입이 된다고 믿고, 그 유입이 곧바로 선임으로 이어질 것이라는 생각이다.

노출이 된다 해서 그게 인과적으로 유입이 되고, 선임이 되지는 않는다.

우리는 이 생각부터 고쳐야 한다.

단 한 건이 노출이 되더라도 "어머 이거 내 사건인데, 이 전문가는 잘 처리해줄 거 같아. 바로 의뢰해야 겠다"라는 마음이 들게 만들어야 한다.

그래서 콘텐츠가 필요한 것이고, 광고 집행은 콘텐츠가 가진 복리의 힘을 끌어올려줄 뿐이다.

그럼 광고 집행 방식을 알아야 한다는 것은 어떤 뜻일까?
광고가 집행되는 셋팅법이나, 기술적이거나 학문적인 부분을 다 알고 하라는 뜻이 아니다. 그런 것은 유튜브를 찾아보면 자세하게 다 나와있다.
누구나 다 아는 그런 이야기를 하고 싶진 않다.
핵심은 광고를 통해서 나에게 고객이 어떻게 찾아오는지 정도는 충분히 알고 하라는 것이다.

만약 우리가 블로그를 했다고 생각해보자.
블로그를 하면 고객이 온다고 생각한다. 그게 맞을까? 블로그에 어떤 글을 보고 왜 왔는지 생각해야 하는데 그런 건 생각하지 않고 대부분은 그냥 블로그만 보고 왔다고 생각한다.

또 하나의 예를 들어보자.
유튜브 퍼포먼스 타깃 광고를 집행했다고 가정해보자. 광고를 돌리고 난 뒤 3명 정도의 DB가 유입이 됐다. 그럼 이 광고는 효과가 있는 걸까? 없는 걸까?
정답은 '모른다'이다. 분명 광고로 유입이 되긴 했지만, 단순히 그 광고만 보고 온 것인지, 아니면 무료로 배포하는 PDF 파일을 보고 나서 광고까지 클릭을 한 것인지, 그것도 아니면 내 블로그 글을 보고 나서 광고를 클릭한 것인지 정확히 어떤 루트로 들어온 것인지를 고려하지 않고 단지 '유튜브 광고가 효과가 있더라'라는 결론으로 귀결되는 경우가 너무나 많다.

그래서 중요한 건 광고의 형식이 아니라 잠재 의뢰인이 왜 왔는지 우리는 끊임없이 잠재 의뢰인을 연구하고 잠재 의뢰인을 생각해야 한다는 것이다.

다시 한번 너무도 중요해서 예시를 들어 설명하겠다.

광고 집행은 전단지이다. 전단지에 금박을 입히고 디자인도 예쁘게 만들고, 전단지가 소장하고 싶을 정도로 귀하다고 해도 그건 어디까지나 전단지이다. 전단지가 그럴듯하면 일단 호기심에 그 매장은 한 번 방문할 순 있을 것이다.

전단지를 받은 손님이 매장 문을 열고 들어간다. 그런데 맛있어 보이는 메뉴는 아무것도 없다. 그냥 공기밥에 김치만 팔고 있다. 요리 철학도 없다. 서비스도 엉망이다. 맛있다는 후기도 하나도 없다. 이제는 전단지에 속았다는 생각마저 든다.

이때 식당 주인은 또 바보 같은 짓을 하고 있다.

일단 전단지를 돌리니까 손님이 많이 왔다는 한 가지 현상에만 매몰돼 또 전단지를 돌릴 아르바이트생을 10배 더 고용한다. 플래카드도 전봇대 가장 높은 곳에 붙여 놓는다.

일단 뿌려놓은 물량 때문에 사람은 더 많이 온다. 그러나 다 집으로 돌아간다.

식당 주인은 여전히 무엇이 문제인지를 모른다. 맛있는 메뉴와 자신만의 철학을 담은 메뉴를 내놓든지, 서비스를 개선하든지 뭐든 본질에 집중을 해야 하는데 여전히 전단지가 경쟁 업체보다 적어서 돈을 못 버는 거다, 우리보다 더 높은 곳에 경쟁 업체의 현수막이 걸려 있어서 우리 가게 현수막이 안 보이니 음식이 안 팔린다는 헛소리를 하고 있다.

아직도 모르겠나.
광고가 문제가 아니라 여러분의 생각이 문제라는 걸.
그래서 '패러다임의 전환'을 깨우쳐야 하며 무엇보다 '전략'이 중요하다.

05 기획마케팅의 함정과 콘텐츠 브랜딩의 힘

　기획 마케팅이란 자본력을 갖춘 마케팅 업체가 변호사나 전문 자격사를 영입해, 마케팅은 업체가 주도하고 변호사는 실무를 담당하는 구조이다. 변호사가 마케팅을 직접 수행하는 것이 아니라, 마케팅 업체가 틀을 구축하고 그 안에서 활동할 변호사를 선별하는 방식이다. 이러한 모델은 10년 전에도 존재했으며, 앞으로도 계속 진화할 것이다. 온라인 마케팅의 장악력이 절대적인 영향력으로 이어지는 현 시대의 특성상 당연한 현상이다.
　필자는 이 방식을 도덕적, 법률적 관점에서 논하기보다는 철저히 현실적인 시각으로 접근하고자 한다. 변호사와 전문 자격사들이 이러한 제안을 마주했을 때 어떤 요소를 심층적으로 고려해야 하는지에 초점을 맞추겠다. 전문 자격사들은 단기적 유혹에 현혹되지 않고 냉철한 판단을 내려야 한다.

　이 구조에서 가장 핵심적인 요소는 '주도권'이다. 마케팅 업체가 주도권을 장악하고 있기에, 변호사는 언제든 대체 가능한 자원으로 취급될 수 있음을 명확히 인식해야 한다. 마케팅 업체의 궁극적 목표는 수익 창출이므로, 변호사는 그들의 전략적 필요에 따라 동원되는 단순한 도구로 전락할 위험이 있다. 자신이 주도적으로 통제하지 않는 환경에서는 마케팅 업체의 지시에 따라 업무가 진행되고, 수익 또한 그들의 분배 체계 내에서 결정되어 예상보다 현저히 낮다. 수익은 분할되지만 리스크는 전적으로 변호사에게 귀속되는 불균형적 구조이기 때문이다. 이로 인해 변호사는 실질적 결정권 없이 수동적 역할에 머물게 되며, 이는 궁극적으로 의뢰인에게 제공되는 서비스 품질에도 부정적 영향을 미치게 된다.

이 구조 내에서 변호사는 두 가지 경로 중 하나를 선택해야 한다.

첫째는 마케팅 업체가 서류 사무장급 직원을 고용해 실무를 담당하게 하는 방식이다. 이 경우 변호사는 사실상 명의만 제공하는 형태가 되어, 수익 분배에서 상당히 제한적인 몫을 차지하게 된다. 변호사의 이름은 활용되지만, 실제 업무는 마케팅 업체의 직원을 통해 처리된다. 이러한 구조에서는 변호사가 브랜드로서의 진정한 가치를 실현하지 못하고, 마케팅 업체의 시스템 내에서 제한된 역할만을 수행하게 된다.

둘째는 변호사가 직접 팀을 구성하여 업무를 수행하는 방식으로, 이 경우 상대적으로 더 많은 수익을 얻을 수 있으나 결국 본인이 직접적인 업무 부담을 짊어져야 한다. 이 방식의 가장 큰 위험은 과도한 업무로 인한 피로도이다. 전략적 자문과 의사결정뿐만 아니라 실행까지 담당해야 하는 상황은 업무 피로도를 급격히 증가시키고, 본연의 전문성 발휘를 저해하게 된다.

필자는 현실주의자이다. 무엇을 해야 하고 하지 말아야 한다고 강요하기보다, 현실을 직시하고자 한다. 변호사법이나 대부분 전문 자격사법에 저촉되는 측면이 분명히 존재하지만, 이러한 방식은 이미 현실 세계에서 작동하고 있다. 나 역시 수많은 유사한 제안을 받았으나, 현재 5만 명에 달하는 카페 회원을 보유하고 있어 이러한 방식에 의존할 필요성을 느끼지 않는다. 결론적으로 이 방식의 성공 가능성은 일시적일 뿐, 장기적 관점에서는 명백한 한계를 지닌다.

분명한 사실은 기획 마케팅 방식이 지속 가능한 모델이 될 수 없다는 점이다. 단기적으로는 수익을 창출할 수 있을지 모르나, 장기적인 파트너십으로 발전하기 어려운 구조적 한계를 가지고 있다.

결국 자신만의 고유한 콘텐츠 기반을 구축하는 것이 핵심이다. 주도권을 가지고 축적해 온 글과 영상을 통해 스스로의 마케팅을 전개해야 하는 이유가 바로 여기에 있다. 콘텐츠 마케팅은 단순히 소비되는 정보가 아니라, 시간이 흐를수록 개인의 신뢰도를 강화하고 브랜드 가치를 상승시킨다. 고객은 내 콘텐츠를 통해 점진적으로 나를 신뢰하게 되며, 이 신뢰는 비즈니스의 지속가능성으로 직결된다.

가장 중요한 것은 '자기 주도적 콘텐츠'를 기반으로 한 마케팅이 지속적인 차별화 요소가 된다는 사실이다. 이를 통해 단기적 수익이 아닌, 장기적으로 독자적인 브랜드 구축을 해야 한다. 꾸준히 자신만의 강점을 발전시키고, 이를 바탕으로 시장에서 독보적 위치를 확보하는 것이 진정한 성공 전략이다.

'대체 불가능한 존재'로 자리매김할 때, 우리는 성공할 수 있다.

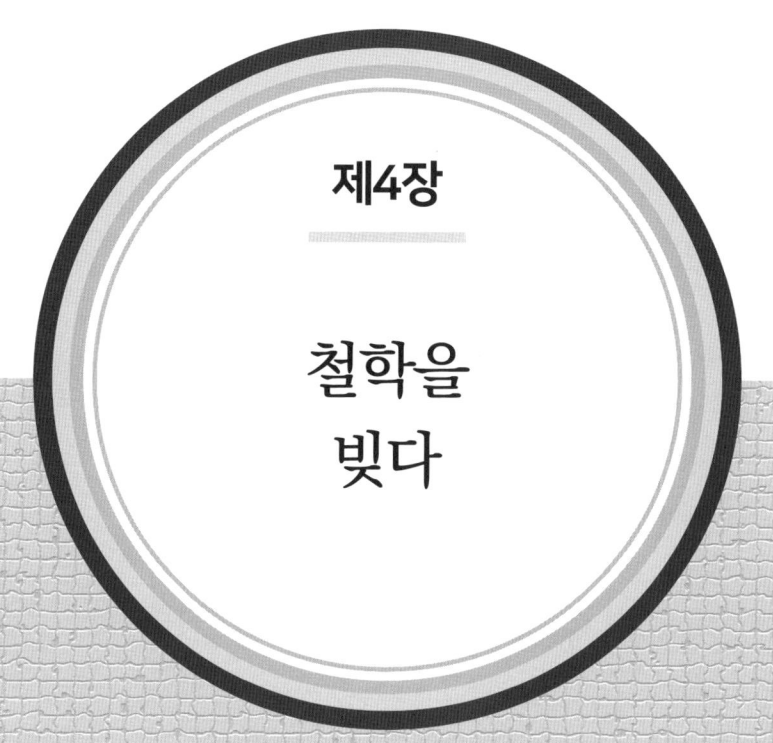

제4장

철학을 빚다

사짜마케팅 Part 4

哲學(철학)

▼
▼

전술 2
철학

철학을 빚다

찰스는 매일 새벽 4시에 일어났다. 작업실에서 동굴까지 거북이의 걸음으로 2시간, 준비 시간 1시간이 걸렸다. 아침 7시부터 도자기를 만들기 시작했다. 하루에 한두 개의 작품을 완성하고 영상도 찍었다. 흙 반죽부터 물레질, 시유까지 모든 과정을 기록했다.

처음엔 카메라 앞에서 말을 더듬었다. 도자기를 설명하는 말도 서툴렀다. 하지만 포기하진 않았다. 매일 조금씩, 자신이 할 수 있는 만큼만 진실하게 이야기했다. 영상 편집도 배웠다. 글쓰기도 연습했다. 밤늦게 집에 돌아와서는 다음 날 만들 도자기 디자인을 스케치했다.

힘들지 않은 건 없었다. 매일 새벽 무거운 등껍질을 끌고 동굴로 오는 길도, 어설픈 영상을 올리고 나면 찾아오는 부끄러움도, 댓글 하나 없는 텅 빈 공간을 마주하는 것도 쉽지 않았다.

하지만 찰스는 거북이답게 한 걸음씩 나아갔다. 하루에 한 개씩이라도 도자기를 만들고, 한 줄이라도 기록을 남기고, 카메라 앞에서 한 마디라도 더 또박또박 말하려 노력했다. 어느새 그의 등껍질 위로 흙먼지가 쌓이고, 작업복에는 도자기를 빚은 자국이 덕지덕지 묻어갔다. 그렇게 쌓여가는 흔적들이 오히려 그에게 힘이 되었다.

30일째 되는 날이었다.

"왔구나."

바론의 목소리가 동굴 깊숙이 울렸다.

"네."

찰스는 평소처럼 작업 준비를 했다. 오늘도 흙을 개고 물레를 돌릴 참이었다.

"잠깐, 오늘은 다른 이야기를 해보자꾸나."

바론의 목소리가 평소와는 달랐다. 찰스가 물레 앞에 앉으려던 참이었다.

"네가 올리는 영상과 글들을 봤다. 그런데 다른 도예가들의 글도 함께 보았지."

바론은 잠시 말을 멈추었다가 이어갔다.

"'오늘도 마음을 담아 정성스럽게 빚었습니다.' '혼을 담아 만든 도자기입니다.' '장인정신으로 완성했습니다.' 이런 표현들 어떻게 생각하나?"

찰스는 움찔했다. 사실 그도 늘 이런 표현들이 식상하다고 느꼈다. SNS에서 보이는 수많은 도예가들의 글이 마치 복사해 놓은 듯 비슷했고, 정작 그들만의 진짜 이야기는 보이지 않았다. 하지만 그럼에도 자신 역시 그런 말들을 써왔다. 뭔가 더 의미 있는 말을 해야 할 것 같은데, 무슨 말을 해야 할지 몰라 결국 남들과 같은 표현을 사용했던 것이다.

"네 글에서도 이런 표현들이 보이더구나. 하지만 찰스, 이런 말들은 진정한 철학이 아니야. 그저 그럴듯하게 포장된 말뿐이지."

찰스는 고개를 숙였다. 바론의 말이 맞았다. 그는 늘 다른 도예가들의 글을 참고하며 비슷한 표현들을 써왔다. 그게 그럴듯해 보인다고 생각했던 것이다. 도예가들은 자신들의 기술과 재료를 강조하고 있었지만, 그 작품이 왜 특별한지, 어떤 이야기를 담고 있는지는 거의 말하지 않았다. 그는 마음속으로 자신에게 물었다.

'나도 이런 방식으로 내 도자기를 설명한다면, 사람들이 내 작품을 기억해줄까?'

바론이 말을 이어갔다.

"이제 슬슬 철학에 대해 이야기할 때가 됐어. 찰스, 네가 왜 도자기를 만드는지 말해볼 수 있겠나?"

찰스가 잠시 생각에 잠겼다.

"처음엔 그저 제가 잘 할 수 있는 일이어서였습니다. 하지만 지금은…."

"지금은?"

"매일 도자기를 만들면서 기록을 남기다 보니, 제가 왜 이 일을 하는지 조금씩 보이기 시작했습니다. 도자기 하나하나에는 제가 흙을 만지며 느낀 감정이 담겨있고, 그 그릇을 사용할 누군가의 일상을 상상하며 정성을 들입니다."

바론이 고개를 끄덕였다.

"그래, 바로 그거다. 단순히 '도자기를 잘 만든다'는 설명만으로는 부족해. 네가 왜 이 일을 하는지, 도자기를 만들며 어떤 것을 느끼고 생각하는지, 그리고 이를 통해 세상에 어떤 가치를 전하고 싶은지, 이런 이야기가 필요하지."

"하지만 그저 도자기를 만드는 것뿐인데, 무슨 대단한 철학이 있겠습니까?"

"기억나나? 제이드의 국수."

찰스의 눈이 반짝였다. 수많은 체인점 사이에서도 늘 문전성시를 이루던 그 작은 가게가 떠올랐다.

"제이드는 30년 동안 단 하나의 메뉴만 고집했지. 그저 국수 한 그릇. 하지만 그 안에는 제이드만의 확고한 철학이 담겨 있었어. '정성이 담긴 한 그릇으로 손님의 하루가 따뜻해지길 바란다'는 마음으로 매일 새벽 다섯 시에 나와 육수를 내고, 면을 뽑았지. 그게 바로 철학이야. 단순한 기술이나 레시피가 아닌, 그만의 가치와 신념이 담긴 이야기지."

"그저 국수 한 그릇이라도, 제이드의 마음이 담겨있으니 사람들은 그 가치를 알아보는 것이지."

바론의 목소리가 깊어졌다.

"찰스, 네가 지금 하는 일을 다른 도예가들도 하고 있어. 물레를 돌리고, 유약을 바르고, 가마에 구워내는 과정은 비슷하지. 하지만 그들과 너를 다르게 만드는 건 기술이 아니야. 바로 네가 이 일을 바라보는 '생각'이란다."

찰스는 귀를 기울였다.

"사람들은 단순히 그릇을 사는 게 아니야. 그 그릇에 담긴 누군가의 생각과 마음에 공감하는 거지. 네가 흙을 대하는 자세, 작품에 담는 마음, 그리고 이를 통해 세상에 전하고 싶은 이야기, 바로 그것 때문에 사람들은 수많은 도예가들 중에서 '찰스의 도자기'를 선택하게 되는 거야."

잠시 침묵이 흘렀다.

"제이드의 국수가 특별한 이유도 마찬가지야. 그저 맛있어서가 아니지.

30년간 한결같이 새벽을 열며 정성을 다하는 그의 생각과 철학에 사람들이 감동하는 거야. 그의 국수 한 그릇에는 '생각'이 담겨있으니까."

바론의 목소리에 힘이 실렸다.

"그래서 앞으로는 네가 영상을 찍거나 글을 쓸 때마다, 아주 짧더라도 너의 생각을 반드시 담아야 해. 단순히 '오늘은 이런 도자기를 만들었습니다'가 아니라, 왜 이런 도자기를 만들었는지, 이 작품에 어떤 마음을 담았는지를 이야기하는 거지."

찰스가 고개를 끄덕였다.

"자, 그럼 지금 한번 이야기해볼까? 넌 왜 이 일을 하고 있지? 도자기를 만들면서 어떤 것들을 느끼고 깨달았나?"

찰스는 입을 열었다가 다시 다물었다. 머릿속에는 수많은 생각이 있는데, 그것을 정리해서 말로 내뱉기가 쉽지 않았다.

"저는… 그러니까, 도자기는…."

그의 목소리가 흐려졌다.

"음… 죄송합니다. 제 머릿속에는 분명 할 말이 많은데, 왜 이렇게 정리가 안 되는지."

찰스는 답답한 듯 자신의 등껍질을 매만졌다.

"하나씩 천천히 생각해보자."

바론의 목소리가 부드러워졌다.

"가장 기억에 남는 도자기 하나를 떠올려보겠나? 특별히 애착이 갔던 작품이라든지."

찰스는 잠시 생각에 잠겼다가 조심스레 입을 열었다.

"2년 전쯤이었을까요. 나이가 지긋한 암사슴이 찾아왔었습니다. 손자에게 줄 생일 선물로 찻잔을 주문하고 싶다고 했죠."

"그래서?"

"사슴은 손자가 태어나던 날 하늘에서 비가 내렸다고 하셨어요. 그래서 전 빗방울이 잔잔한 물결을 만드는 모양을 찻잔에 새겨넣었죠. 유약도 특별히 신경 썼습니다. 비가 내리는 하늘처럼 은은한 회청색으로."

찰스의 목소리가 조금씩 생기를 띠었다.

"사슴이 그 찻잔을 받고는 울었어요. '내 아들이 하늘나라로 가고, 이제 손자의 얼굴만 보고 사는데… 이 찻잔을 볼 때마다 손자가 태어난 그날이 떠오를 것 같다'고 하면서…."

바론이 고개를 끄덕였다.

"네 도자기는 단순한 그릇이 아니야. 누군가의 소중한 기억이 되고, 마음을 담는 그릇이 되는 거지. 이런 이야기야말로 네 철학의 핵심이 될 수 있어."

"하지만 매일 이런 특별한 일이 있는 건 아닌데요."

"일상적인 경험도 좋아. 어제 만든 도자기는 어땠지?"

"어제요? 화분을 만들었는데… 테두리가 자꾸 무너져서 네 번이나 다시 만들었죠. 그러다 문득 생각했어요. 식물이 자라나듯 도자기도 저절로 형태가 만들어지는 걸 따라가야지, 제가 너무 고집을 부린 게 아닐까 하고요."

"그것이다. 이런 게 바로 너만의 생각이자 철학이 되는 거야. 철학이란 거창한 게 아니야. 네가 흙을 대하는 자세, 실패를 통해 배운 것들, 작품을 통해 전하고 싶은 마음. 이런 것들이 모여 철학이 되는 거지."

바론이 잠시 생각에 잠겼다가 말을 이었다.

"앞으로 네 철학을 글로 쓸 때는 이렇게 해보자. 먼저 구체적인 에피소드로 시작하는 거야. 할머니의 찻잔 이야기처럼. 그 다음엔 그 경험을 통해 네가 깨달은 것을 써. 마지막으로 이걸 통해 앞으로 어떤 도자기를 만들고 싶은지, 어떤 가치를 전하고 싶은지를 이야기하는 거지."

"너무 어려울 것 같은데요."

"아냐, 천천히 해보자. 먼저 네가 오늘 만든 도자기를 보면서 이야기를 만들어보자."

찰스는 방금 완성한 도자기를 바라보았다. 소박한 찻잔 하나였다.

"음… 제가 도자기를 만들며 가장 좋아하는 순간이 있습니다."

찰스가 조심스레 말을 꺼냈다.

"이 찻잔의 테두리를 다듬을 때였죠. 제 손가락으로 천천히 원을 그리며 마무리하는 그 순간… 문득 어머니 생각이 났어요. 어머니는 늘 차를 마시기 전에 찻잔 테두리를 손가락으로 쓸어보시곤 했거든요."

바론이 고개를 끄덕였다.

"어릴 적엔 그게 이상해보였습니다. 왜 매번 찻잔을 만지작거리시나 했죠. 그런데 이제는 알 것 같아요. 어머니는 그렇게 찻잔과 대화를 나누고 계셨던 거예요. 마치 제가 지금 흙과 대화하듯이."

찰스의 목소리가 점점 또렷해졌다.

"전 도자기를 통해 이런 순간들을 나누고 싶습니다. 누군가가 제 도자기를 손으로 만질 때, 그들도 이런 대화를 나눌 수 있기를, 차를 마시며 잠시 멈춰 설 수 있기를, 그래서 전 매일 이렇게 테두리 하나하나를 정성들여 다듬는 거예요."

"훌륭해."

바론의 목소리가 따뜻했다.

"알겠지? 방금 네가 한 이야기, 그게 바로 너의 철학이야. 거창한 말이 아닌, 네가 실제로 경험하고 느낀 것들. 이제 이걸 글로 옮겨보자."

찰스는 떨리는 손으로 공책을 펼쳤다. 평소처럼 '오늘 만든 도자기입니다'라고 쓰려다가 잠시 멈칫했다. 그리고 천천히 다른 말을 써내려갔다.

'어머니는 늘 차를 마시기 전 찻잔의 테두리를 쓰다듬으셨습니다.'

"그렇지."

바론이 말했다.

"이야기에는 시작과 중간과 끝이 있어야 해. 먼저 구체적인 장면으로 시작하고, 그 경험이 네게 준 깨달음을 이야기하고, 마지막으로 네가 추구하는 가치로 마무리하는 거야."

찰스는 계속해서 글을 써내려갔다. 가끔 멈춰서 고민하기도 했지만, 더 이상 전처럼 막막하지는 않았다.

'이제 저는 압니다. 도자기는 단순한 그릇이 아닙니다. 그것은 누군가의 일상에 잠시 멈춤표를 찍어주는 매개체입니다. 바쁜 일상에서 찻잔의 테두리를 쓰다듬으며 잠시 숨을 고르고, 자신과 대화를 나누는 그런 순간을 위해, 저는

오늘도 정성껏 도자기를 빚습니다.'

"사람들은 네 도자기에서 단순한 그릇 이상의 것을 보게 될 거야. 그들은 네 진심을 발견하고, 그들 자신의 이야기도 찾게 되겠지."

바론이 말했다. 그러자 찰스는 고개를 끄덕이며 대답했다.

"앞으로는 도자기를 만들 때마다 제 마음과 이야기를 담아보겠습니다. 단순히 아름답기만 한 도자기가 아니라, 사람들에게 작은 쉼표와 따뜻함을 줄 수 있는 작품을 만들고 싶습니다."

"좋아."

바론이 이어갔다.

"이제 네 작업이 더 이상 혼자만의 것이 아닌, 세상과 연결될 준비가 된 거다. 기억해라, 찰스. 사람들은 네 기술이 아니라 네 마음에 감동하는 거란 걸."

그날 이후, 찰스의 도자기는 특별한 이야기를 담은 작품으로 알려지기 시작했다. 그의 블로그와 영상에는 점점 많은 이들이 찾아와 댓글을 남기고, 그의 이야기에 공감하며 자신의 삶과 연결 지었다. 어떤 이는 찰스의 도자기를 보고 어린 시절의 추억을 떠올렸고, 어떤 이는 도자기에 담긴 철학에서 위로를 얻었다.

찰스는 매일 새벽 같은 시간에 일어나 동굴로 향했다. 여전히 무거운 등껍질과 긴 여정을 견뎌야 했지만, 이제 그는 그것마저도 자신의 철학의 일부로 받아들이고 있었다. 그의 손끝에서 빚어진 도자기는 더 깊은 이야기를 품게 되었고, 그의 글은 더 많은 이들에게 닿아갔다.

  찰스는 오늘도 만생의 동굴에서 오늘도 도자기를 빚는 중이다. 이번엔 어제보다 조금 더 단단한 마음으로, 그리고 조금 더 진솔한 이야기를 담으며.

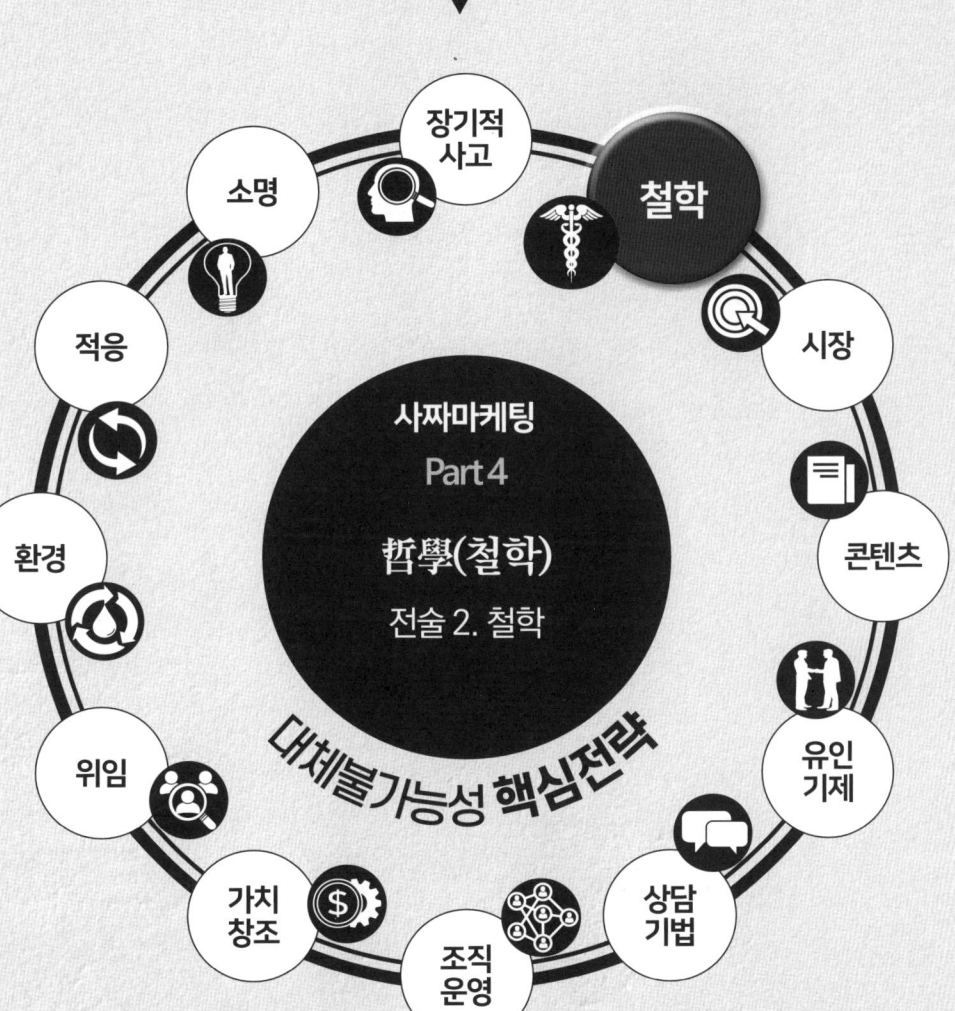

01 자신의 이야기를 쓴다는 것

바론의 말처럼 사람들은 단순히 상품을 사는 게 아니다. 그 상품에 담긴 누군가의 생각과 마음에 공감하는 것이다. 전문가의 서비스도 마찬가지이다. 그 전문가가 가진 생각과 철학에 공감하고, 신뢰가 생겨서 의뢰로 이어지게 된다.

고가 화장품 브랜드 중에 '라 메르(LA MER)'라는 브랜드가 있다. 현재는 에스티로더 그룹이 인수했지만 그 창시자의 철학은 계속 유지가 되고 있다. 이 브랜드의 창시자인 '맥스 휴버' 박사는 미국 항공 우주국(NASA)의 물리학자였다. 그는 로켓 실험을 하다가 큰 사고를 당해 얼굴이 극심한 화상을 입게 됐다.

당시에는 박사의 피부를 회복시킬 방법이 없었는데, 원래 학자였던 그는 포기하지 않고 집념 하나로 피부 상태를 되돌릴 방법을 연구하기 시작했다. 사고가 발생한 것은 1953년. 12년 동안 6,000번 이상의 실험을 통해 박사는 해초 추출물로 구성된 크림을 만들었는데 이 크림은 곧 광풍처럼 팔려나갔다. 기적과 같은 피부 재생 능력을 입증한 것이다. '해초'라는 테마로 지금도 라 메르는 캐나다 밴쿠버 근처 해안 수역에서 해초를 채취해 제품을 만들고 있다.

이 스토리라면 세월이 지나도 잊히겠는가? 제품 이름은 잊어버리더라도 이 스토리에 구성된 '해초' '화상 회복 노력' '로켓 박사'라는 단어는 잊히지 않을 것이다.

이게 철학의 힘이다. 기업이나 대표의 철학은 큰 힘이 있다. 마음을 움직이는 스토리가 있는 철학은 순식간에 읽는 사람을 '팬'으로 만들기 때문이다.

물론 전문 자격사가 어떤 거창한 시대적 사명을 가지고 시험을 보고 개소를 한 것은 아닐 것이다. 99%에 해당하는 이유인 '어쩌다 보니' '전문직이 되고 싶어서'라고 말하는 게 더 솔직하다. 그러나 업력이 쌓이면 철학은 반드시 생긴다.

당장에는 어렵겠지만 언젠가는 '내가 왜 이 일을 하는지'에 대한 답을 구체적으로 해야 한다. 그래야 내가 다른 경쟁자들과 달라 보인다.

보통 일반적인 광고대행 블로그나 카페 글을 살펴보자.
글의 흐름은 보통 이렇다.

1) 서두 – 문제의 인식 또는 질문 내용
2) 본론에서는 설명글 위주로 '그것을 해결하는 방법을 서술'
3) 결론에서는 요약 정리 후 이 본인에 대한 PR

이런 글에 특별히 문제가 있진 않다. 그러나 '나'는 존재하진 않는다. 법률 세무 노무 전문가라면 누구든지 설명하는 형식의 글 정도는 풀어낼 수 있다. 그렇게 할 수 있는 지식의 적재 또한 수년간 훈련을 해왔고, 가능하다. 이 지점에서 '내 이야기', '내 생각', '내 철학'이 설명의 나열이라는 일반적인 패턴 위에 안착한다면 글은 그 자체로 빛이 난다.

사람들이 매력을 느끼는 지점은 '그 사람의 생각'에 있다. 내 생각이 없는 글은 살아 있는 글이 아니다.

예를 들어 이혼소송에 대한 방법에 대해서 기술을 하면서 여러 법률적인 검토 사항을 설명하고 마지막에 이런 글 한 줄을 넣어보자.

"이혼하는 방법은 여러 가지인데, 상대방을 무너뜨리고, 나에게 유리한 주장을 부풀리고 상대방에게 책임이 있다는 점을 강조하는 방법이 일반적입니다. 그러나 이런 과정은 상대방에게 큰 상처를 남기게 됩니다. 모욕감은 이루 말할 수 없죠. 소송이 끝나더라도 결국에는 서로에게 받은 마음의 상처는 영원한 트라우마가 될 수 있습니다. 틈바구니에 껴 있는 아이들도 마찬가지입니다.

그러나 실상 제가 소송을 하다 보니 상대방의 귀책 사유는 재산분할과 양육권을 가져오는 데 있어서 큰 요인이 아니었습니다. 상대방의 책임을 부풀리고 생채기를 내려고 진흙탕 싸움을 하시는 것보다는 서로에게 상

> 처를 주지 않는 방법으로 감정적이고 도움은 되지 않는 요인들은 생각해 보며 정리할 필요가 있다고 생각합니다.
>
> 상대방에게 낸 상처는 결국 어떤 식으로든 나에게 돌아올 수 있습니다. 물론 상대방에게 중대한 이혼 사유가 있다면 적극 주장해야 하지만, 그런 요인이 아니라면 그걸 꼭 강하게 주장해야 하는지 생각을 해 보자는 입장입니다. 저는 그런 철학을 가지고 있고 특히 부모의 법정 다툼 속에서 아이들의 입장을 가장 먼저 생각합니다."

이런 식으로 자신의 견고한 철학이나 그게 아니더라도 평소 바라보는 시각을 넣어주면 잠재 고객은 '변호사(또는 전문 자격사)'에서 '아 그 변호사'로 특정 인식하게 된다.

이처럼 사유는 나를 '그들과는 다른 존재'로서 특별하게 빛나게 한다. 아울러 이것이 설명글을 짜깁기할 수밖에 없는 광고 대행업체와의 가장 큰 차별점이다.

또 다른 예를 들자면 어떤 마약 사건 전문 변호사는 이렇게 자신이 이 업을 하는 이유를 다음과 같이 서술하고 있다.

"한 번 실수를 저지른 후 단약을 다짐했지만 소위 '뽕방'에서 수감생활을 하고 나온 후 본격적인 '약쟁이'가 되어 또다시 감방에 갈 수밖에 없었던 의뢰인, 마약을 끊지 못해 결국 죽음에 이른 의뢰인, 마약을 끊었지만 스스로 죽음을 택할 수밖에 없었던 의뢰인 등을 만나며 이루 말할 수 없는 안타까움을 느꼈다. 이제는 마약 투약자들에 대한 우리 사회의 인식이 '처벌'에서 '치료'로 바뀌어야 할 시점이 아닐까. 내가 마약 투약자와 그 가족들이 기댈 수 있는 작은 언덕이 되었으면 좋겠다. 더불어 우리 곁에 분명히 존재하는 마약과 마약 사범에 대해 올바르게 인식하는 계기가 되었으면 하는 바람이다."

이 변호사도 처음부터 '마약' 사건을 맡아야 하겠다는 드라마틱한 사명의식이 있었던 것은 아닐 것이다. 경험을 통해 자신이 해야 할 사명을 스스로 찾아간 것이다.

이 글을 읽고 있는 여러분도 사건과 사건의 틈바구니 속에서 '내가 이 업을 하는 이유'가 무엇인지 반드시 길어내길 바란다. 그 하나가 어떤 부침 속에서도 흔들리지 않는 든든한 버팀목이자 의뢰인들과 만날 수 있는 튼튼한 신뢰의 사다리가 되어줄 것이기 때문이다.

앞으로 이 '철학 담기'는 콘텐츠 작성 영역과 유인기제 작성 영역에 반드시 투영되어야 한다.

나만의 고유 철학을 만들 때에는 다음과 같은 요소가 들어가면 좋다.

1) 내가 왜 이 일을 하게 됐는지

2) 그리고 지금 이 일을 왜 하고 있는지

3) 내가 이 일을 통해서 사회에 기여하고자 하는 바가 무엇인지 그리고 책임감은 무엇인지

4) 지금까지 사건을 맡으면서 느꼈던 희로애락

5) 내가 느끼는 현재의 문제점은 무엇인지

6) 불의에 눈뜨지 못했던 내 반성

7) 내가 의뢰인과 상호작용 하며 느꼈던 에피소드

8) 생각의 전환

아울러 가장 중요한 것은 '에피소드'이다. 내가 의뢰인과 상호작용하며 느꼈던 일화 또는 내가 겪었던, 생각했던 사유의 궤적을 글로 옮겨줘야 한다. 또한 중요한 게 생각의 전환이다. 사람들은 '아 그렇게도 생각할 수 있구나'라는 요소에 매료가 된다. 위 마약 전문 변호사의 사례에서처럼 일반적으로 고정관념에 사로잡혀 그냥 넘길 수 있는 생각들을 다시 한번 가다듬고 자신이 그 의미를 재정립하는 작업이 필요하다.

예시를 들어본다. 세무사의 사례를 작성한다면(콘텐츠 스타일이나 자신의 캐릭터, 매체의 방향성에 따라 반말로 써도 되고 존댓말로 써도 된다.)

"얼마 전 한 중소기업 대표가 저를 찾아왔어요. 매출도 안정적이고, 세금도 꾸준히 납부해 왔는데도 갑자기 세무조사 통지서를 받고 나서는 밤잠을 이루지 못했다고 하더라고요. 14년간 한 번도 세무조사를 받은 적 없는 회사였는데, 그 통지서 한 장에 모든 게 무너질 것 같았다고 했습니다. 한 달 동안 그 대표님과 함께 장부를 하나하나 뒤져가며 증빙자료를 정리했어요. 밤 11시가 넘어서까지 매출 내역을 체크하고, 지출 증빙을 확인하고, 때로는 10년 전 거래처에 연락해서 자료를 요청하기도 했죠. 다행히 이 회사는 큰 추징금 없이 조사를 마칠 수 있었어요.

하지만 모든 사례가 이렇게 순탄했던 것은 아닙니다. 세무조사 후 수억 원의 추징금을 받고 문을 닫은 가게들, 세금 폭탄을 맞고 직원들 월급도 주지 못해 발을 동동 구르던 사장님들, 밤낮없이 일하고도 세금 체납으로 가족들 얼굴조차 못 들고 다니던 분들…. 15년 동안 수많은 중소기업의 무너지는 모습을 지켜봐야 했습니다.

그러면서 깊이 깨달은 게 있어요. 우리나라 중소기업의 폐업 원인 중 상당수가 세무 문제라는 거예요. 하지만 이건 단순히 '세금을 못 내서'가 아닙니다. 대부분의 사장님들은 성실하게 사업하려 하지만, 복잡한 세무 행정을 이해하기 어렵고, 때로는 그걸 알려주는 사람조차 없어서 어려움을 겪는 거죠.

이제는 우리 세무사들의 역할이 바뀌어야 할 때라고 봅니다. 단순히 '장부 정리하고 신고하는 사람'에서, '중소기업의 생존과 성장을 돕는 동반자'로 말이에요. 세금 신고서 한 장에 그 회사의 미래가 걸려있다는 걸 우리가 더 잘 알아야 합니다.

매일 밤 퇴근길에 반짝이는 간판들을 보면서 생각해요. 저 가게들이 10년, 20년 후에도 이렇게 불을 밝히고 있게 하려면 우리는 무엇을 해야 할까. 그저 '세금 줄여드립니다'가 아니라, '당신의 사업이 건강하게 오래 갈 수 있도록 돕겠습니다'라고 말할 수 있어야 하지 않을까요.

이제 저는 세무사의 책상에서 그들의 미래를 봅니다. 장부 속 숫자들이 그저 세금 계산을 위한 숫자가 아니라, 누군가의 꿈과 희망, 그리고 가족들의 생계가 담긴 이야기로 보이기 시작했어요. 그래서 이제는 세금 신고할 때마다 이렇게 다짐합니다.

'이 사장님이 10년 뒤에도 편하게 웃으며 장사하실 수 있도록, 오늘도 꼼꼼히 들여다보자'고요."

방금 본 세무사의 글에서 두 가지 중요한 요소를 발견할 수 있다.

첫째는 '인식의 전환'이다. 세무사를 단순히 '세금 계산하는 사람'으로 보는 관점에서, '중소기업의 생존과 성장을 돕는 동반자'로 시각을 완전히 바꿨다. 퇴근길에 보는 간판들을 더 이상 그저 불빛으로 보지 않고, 누군가의 꿈이자 미래로 바라보게 된 것처럼. 이런 인식의 전환이 바로 여러분의 차별점이 된다.

둘째는 '구체적인 에피소드'이다. "한 중소기업 대표가 찾아왔다"로 시작해서, 밤 11시까지 장부를 들여다보고, 10년 전 거래처를 찾아다닌 구체적인 경험. 또 세무조사 후 문을 닫은 가게들, 직원 월급도 못 주고 발만 동동 구르던 사장님들의 모습까지. 이런 구체적인 이야기가 있기에 우리는 그의 철학을 진정성 있게 받아들일 수 있다.

여러분의 글에도 이런 요소들이 반드시 필요하다.

그저 "고객을 위해 최선을 다하겠습니다"라는 말보다, 여러분이 실제로 겪은 일화 하나가 훨씬 더 강력한 설득력을 가진다. 그리고 그 경험을 통해 여러분만의 특별한 관점, 분야를 바라보는 새로운 시각을 보여준다.

스티브 잡스를 생각해보자. 그는 애플 제품을 단순한 전자기기가 아닌 '인간의 창의성을 위한 도구'로 바라봤다. 캘리그라피 수업에서 배운 아름다움을, 인도 여행에서 깨달은 직관을, 그의 모든 경험이 제품 하나하나에 녹아 들어갔다. 결국 철학이란 거창한 무언가가 아니라, 여러분의 경험과 생각이 만나 탄생하는 특별한 관점이다.

이제 여러분도 자신만의 철학을 만들어갈 준비가 됐을 것이다. 사소해 보이는 경험 하나, 의뢰인과의 작은 대화 하나가 모여 여러분만의 특별한 이야기가 될 것이다. 그 이야기는 분명 누군가의 마음을 움직이고, 여러분을 진정한 전문가로 만들어준다.

'철학'이라는 말이 무겁게 느껴지더라도, 너무 어렵게 생각하지 말길 바란다. 지금 이 순간에도 여러분은 수많은 의뢰인들과 만나며, 그들의 이야기에 귀 기울이고, 그들의 문제를 해결하기 위해 고민하고 있으니까. 바로 그 순간들 속에 여러분만의 특별한 철학이 이미 자라나고 있을 테니.

02 철학을 모든 콘텐츠에 계속 넣어야 하는 이유

필자가 만든 커리큘럼에서는 항상 모든 콘텐츠에 2가지 요소가 필수적으로 들어간다.

첫 번째가 철학, 두 번째가 리드마그넷을 수령해 가도록 유도하는 리드 페이지이다.

이 2가지는 모든 콘텐츠에 전부 들어간다.

그렇다면 왜 철학을 매번 콘텐츠에 넣어야 하는지 설명드리겠다. 이를 설명하기 위해서는 '팬베이스'를 언급해야 한다.

팬베이스의 힘은 놀랍다. BTS의 사례만 봐도 그렇다. 우리나라에서 빌보드 차트 1위에 이름을 올린 가수가 나온 건 순전히 '팬덤'의 힘이다. 팬덤은 복리의 효과보다 더 강력하다.

그 팬덤의 축을 이루는 것이 '팬베이스'이다. '팬'의 사전적 의미는 '기업이나 브랜드 등이 중요하게 여기는 가치를 지지하는 사람'을 의미한다. 그 기업의 상품을 구매했다고 해서 전부 팬이 될 수는 없다. 이 지점에서 '가치 공감'이라는 것을 주목할 필요가 있다. 내가 제공하는 법률, 세무, 노무 서비스가 단지 저렴하고, 다른 경쟁 사무소에 비해서 좀 더 나아서 우리 사무실에 사건을 맡겼다면 그것은 팬이 아니다. 만일 다른 사무소가 더 좋아보인다면 당연히 거기로 옮겨갈 것이기 때문이다.

팬을 만들기 위해서는 '사람의 감정'을 건드려야 한다. 그 감정들의 나이테가 켜켜이 쌓여서 비로소 구축되는 게 팬베이스이다.

그렇다면 기업도 아닌, 그리고 스프츠팀도 아닌 전문 자격사의 팬베이스는 어떻게 형성될까?

자신의 생각을 계속 공유하는 작업을 해야 합니다. 그래서 콘텐츠에 매일매일 철학을 넣어야 한다고 강조하는 것이다.

광고대행업체에 무작정 맡기지 말라는 지청구를 한 번 더 할 수밖에 없는 이유는 그런 일방적인 설명 나열식 글로는 팬베이스를 구축할 수 없기 때문이다.

가령 내가 오늘 이 업무를 처리하면서 어떤 생각을 했는지를 표현하고, 솔직한 심경을 담아 이런 업무는 이렇게 했으면 더 좋았을 거 같다는 식으로 작성을 해보는 것이다. 그리고 그런 생각들의 편린들이 쌓이면 내 콘텐츠를 보고 있는 잠재 의뢰인에게 분명 파동 에너지로 전달이 된다.

바로 팬으로 가는 첫걸음이 시작되는 것이다. 팬의 힘은 무한대에 가깝다. 한 사람이 '키맨'이 되는 순간 제1호 영업사원이 되어서 아무 대가 없이 지인을 소개해주는 기적 같은 일들이 늘상 벌어지게 된다.

당연히 나에게도 팬이 여러 명 있다. 그들이 내 팬이 된 이유는 뚜렷하지 않지만, 대부분 강조하는 지점은 '진심'이라는 단어들이다.

"한 명 한 명 의뢰인에게 진심을 다하라"는 뻔한 이야기는 하고 싶지 않다. 나 역시도 그렇게 진심을 다하지 못한다. 그 진심이라는 게 얼마나 추상적인 단어인가. 그들에게 내 진심을 느끼게 한 것은 사실 내가 아니라 내가 만든 '콘텐츠'이다. '내가 왜 이 업무를 하고 있는지' 그리고 '내가 이 업무를 할 때 느끼는 감정은 어떤가' 하는 내용들이 의뢰인들에게 지속적으로 노출이 되면서 그들이 나와 한마음이 된다.

한문철 변호사의 팬이 굉장히 많은 이유는 그를 직접 만나서가 아니다. 처음에는 흥미에 이끌려 블랙박스 영상을 보다가, 한 변호사가 사건에 대해서 한탄하거나 공감하거나, 화를 내거나 하는 과정들이 본인의 잠재의식에 투영되게 돼 같은 감정을 느끼게 되는 것이다. 그래서 콘텐츠를 만들 때에는 '나를 보여주는 방법'을 꼭 생각해봐야 한다.

팬이 되는 기제에 대해 일본 팬베이스 전문가 사토 나오유키는 다음과 같이 이야기한다.

"팬베이스란 팬을 중요시하고 팬을 토대로 해 중장기적으로 매출이나 가치를 올리는 것을 말한다. 본인에 관해서는 아무것도 이야기하지 않고, 상대방에게 질문공세만 해서는 마음속 깊은 이야기가 오가기 어렵다. 당신이 어떤 사람인지, 무엇을 중요하게 여기는 사람이고, 상대방에게 무엇을 해주고 싶고, 무엇을 함께하고 싶은지 등 이야기하지 않는 한, 타인과 가까워지는 데 분명 한계가 있다. 자기 생각을 정리해서, 말하는 것부터가 교제의 시작이다."

콘텐츠에 자신의 사유의 궤적을 싣기 바란다.

"난 이 사건은 이렇게 생각한다", "난 이런 감정을 느낀다" 등 자신의 감정을 구체화해서 콘텐츠에 담아야 한다.

이렇게 하면, 반드시 팬이 생긴다.

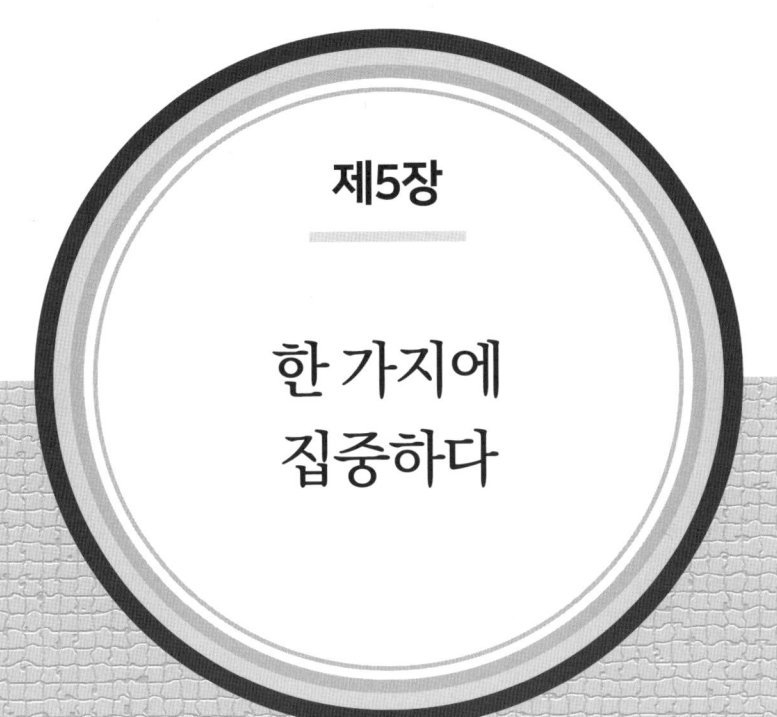

제5장

한 가지에 집중하다

사짜마케팅 Part 5

標的(표적)

전술 3
시장(타깃)

한 가지에 집중하다

찰스는 오늘도 동굴에서 작업에 몰두했다. 아침부터 이미 세 종류의 다른 도자기를 만들었다. 해가 떠오를 때는 정원용 화분 세 개를, 오전에는 찻잔 세트를, 지금은 보석함을 만들고 있었다. 그의 작업대 위에는 완성을 기다리는 다양한 도안이 널브러져 있었다. 밥그릇, 꽃병, 장식장, 타일, 주전자까지.

"이번 주도 바빴겠구나."

바론의 목소리가 울렸다.

"네, 정신없이 지나갔어요. 월요일에는 꽃병 주문이 들어와서 그걸 만들었고, 화요일에는 식기 세트를, 수요일에는 대형 화분을, 어제는 보석함 세 개를 만들었죠. 오늘은 아침부터 이것저것."

찰스의 작업실도 마찬가지였다. 진열장은 마치 도자기 백화점을 연상케 했다. 한쪽에는 크고 작은 화분들이 즐비했고, 다른 한쪽에는 온갖 종류의 식기들이 가지런히 놓여있었다. 그 옆으로는 장식용 도자기들이 늘어서 있었고, 구석에는 아직 완성하지 못한 작품들이 군데군데 놓여있었다.

주문이 들어오는 대로, 영감이 떠오르는 대로 그는 손끝이 가는 대로 만들었다. 때로는 화분을 만들다가도 문득 떠오른 찻잔 디자인이 있다며 물레를 새로 돌리기 시작했고, 보석함을 구워내다가도 갑자기 떠오른 접시 아이디어를 스케치하기 시작했다.

바론의 그림자가 미세하게 흔들렸다.

"찰스, 네가 만든 도자기들 중에서 가장 자신 있는 작품이 뭔가?"

"음…."

찰스는 고개를 갸웃거렸다.

"다 자신 있습니다. 화분도 잘 만들고, 식기도 잘 만들고."

"아니."

바론이 그의 말을 자르며 물었다.

"내 질문은 네가 '잘' 만드는 게 아니라, 가장 '자신 있는' 작품이 뭐냐는 거야. 질문을 바꿔보자. 왜 그렇게 많은 종류의 도자기를 만들고 있는 거지?"

"네? 더 많은 종류를 만들수록 좋지 않을까요? 사람들의 다양한 취향을 만족시킬 수 있으니까요. 그리고 도예가라면 이 정도는 다 만들 줄 알아야 한다고 생각해요."

"그래서 지금 잘 되고 있나?"

찰스는 말문이 막혔다. 확실히 주문은 조금씩 들어왔지만, 어느 것 하나 깊이 있는 평가를 받지는 못했다.

"모든 것을 다 하려는 건, 결국 아무것도 제대로 하지 못하는 거야."

바론의 목소리가 깊어졌다.

"악기를 보면 알 수 있지. 바이올린은 선율을, 북은 리듬을, 심벌즈는 강렬한 순간을 만들어내지. 만약 바이올린이 북소리도 내고 심벌즈 소리도 내려 한다면, 그건 더 이상 바이올린이 아니게 되는 거야."

찰스가 반문했다.

"하지만 도예가는 여러 가지를 다 할 줄 알아야 하지 않나요?"

"물론 기본기는 필요하지. 하지만 깊이 있는 전문성은 한 분야에 집중할 때 생기는 법이야. 찰스, 네가 만드는 도자기 중에서 가장 즐겁게 만드는 게 뭐지?"

찰스는 잠시 생각에 잠겼다.

"글쎄요…. 사실 꽃병을 만들 때가 제일 즐거워요. 꽃병의 곡선을 다듬을 때면, 마치 제가 그 안에 피어날 꽃들을 상상하게 되거든요. 목련이 피어날 넉넉한 품을 생각하며 둥근 배를 만들기도 하고, 난초가 흔들릴 자리를 생각하며 긴 목을 늘이기도 하죠. 가끔은 물레를 돌리다 보면 꽃병 자체가 한 송이 꽃이 된 것 같은 느낌도 들어요."

바론의 그림자가 미세하게 일렁였다.

"찰스, 가장 중요한 게 있어. 꽃병만으로도 충분히 장사가 될까?"

바론의 말에 찰스는 잠시 당황한 듯했다. 바론은 더 쉽게 물었다.

"예를 들어, 꽃병을 원하는 손님이 얼마나 될까? 실제로 꽃병을 사는 사람들이 많이 있나?"

찰스는 생각에 잠기더니 눈을 반짝이며 대답했다.

"네! 제가 관찰해보니 꽃병 시장은 생각보다 훨씬 크더군요. 우선 매달 열리는 꽃시장만 해도 삼백 개가 넘는 꽃집이 모여들고, 도시의 크고 작은 꽃집만 해도 천 개는 됩니다. 게다가 요즘은 집에서 꽃을 즐기는 문화가 많이 퍼졌어요. 실제로 제가 만든 꽃병을 사 가시는 분들을 보면, 매주 꽃을 사서 집안을 장식하시는 분들이 많았습니다."

찰스는 말을 이어갔다.

"특히 40대에서 60대 여성분들이 주 고객층인데, 이분들은 가격에 덜 민감하시고 예쁜 꽃병에 기꺼이 투자하시더군요. 꽃꽂이 교실이나 원예 모임에서도 입소문이 나면 단체 주문이 들어오기도 하고요. 게다가 결혼식이나 집들이 선물로도 인기가 좋아요."

바론의 그림자가 느릿하게 끄덕이는 듯했다.

"자네 말이 맞아. 시장은 충분히 있어 보이는군."

바론의 대답에 찰스가 말을 이어갔다.

"그런데 꽃병을 파는 사람은 저 말고도 너무 많은 걸요. 차라리 사람들이 적게 찾더라도 좀 특이한 그릇을 만들어 파는 건 어떨까요? 물론 그렇게 되면 수요가 많지는 않겠지만 그래도 제가 잘 하면 잘 되지 않을까요?"

"아, 자네도 그런 생각을 하는군."

바론이 깊은 한숨을 내쉬었다.

"들어보게. 사자들이 사냥터를 고를 때를 보면, 얼룩말과 영양이 많은 초원을 찾아가지. 물론 그곳엔 다른 사자들도 많아. 하지만 그들은 결코 먹이가 없는 황무지로 가지 않아. 왜일까?"

찰스가 곰곰이 생각하다 대답했다.

"먹이가 없으면 살아남을 수 없으니까요."

"그렇지. 자네가 말한 '특이한 그릇'은 바로 그 황무지와 같은 거야. 경쟁이 없다고 좋아할 게 아니야. 경쟁이 없다는 건 그만큼 수요도 없다는 뜻이지."

바론의 목소리가 더욱 깊어졌다.

"많은 이들이 이런 착각을 해. '경쟁자가 많으니 피하자'는 생각 말이야. 하지만 그건 큰 잘못이야. 경쟁자가 많다는 건 그만큼 시장이 크다는 증거지. 진정한 장인은 경쟁을 피하지 않아. 오히려 큰 시장에서 자신만의 경쟁력을 키워내지."

"하지만 경쟁이 너무 심하면…."

"자네, 이상하지 않나? 경쟁이 많다고 피하면서, 동시에 성공하기를 바라다니. 운동선수들을 보게. 축구나 야구같이 인기 있는 종목의 선수들은 부자가 되지만, 비인기 종목 선수들은 생계를 걱정해야 해. 왜 그럴까? 시장이 크기 때문이지."

바론은 잠시 말을 멈추었다가 이어갔다.

"자네가 지금 배우고 있는 열두 가지 전략, 이걸 제대로 익혀서 큰 시장에서 써먹어야 해. 그게 바로 차별화야. 남들과 다른 길을 가되, 반드시 큰 시장 안에서 가야 하는 거지. 화병 시장이 크다는 건 이미 자네도 알지 않나? 거기서 자네만의 색깔을 입히면 되는 거야."

"자연을 보게. 초식동물이 많은 곳에 맹수도 많고, 꽃이 많은 곳에 벌도 많아. 이건 자연의 이치야. 수요가 있는 곳에서 경쟁력을 키우는 게 성공의 지름길이지, 아무도 없는 곳에서 외롭게 성공하겠다는 건 망상일 뿐이야."

찰스는 한동안 말이 없었다. 그동안 자신이 얼마나 잘못된 생각을 하고 있었는지 깨달은 듯했다.

"이제 다음 단계로 넘어가 보지."

바론이 말을 이었다.

"꽃병 시장에서 자네만의 독특함을 만들어내야 해. 자, 그럼 먼저 자네의 고객들을 자세히 들여다보자. 40대에서 60대 여성이라고 했지?"

"네."

"좋아. 그분들이 꽃병을 살 때 가장 중요하게 생각하는 게 뭔가?"

찰스는 잠시 생각에 잠겼다가 대답했다.

"제가 관찰한 바로는, 꽃병을 고르실 때 가장 먼저 하시는 말씀이 '이 꽃병에 어떤 꽃이 어울릴까요?'예요. 그리고 '이 꽃병은 어디에 두면 좋을까요?'라고도 많이 물어보시죠."

"그래, 바로 그거야. 그들은 단순히 꽃병을 사는 게 아니야. 자신의 공간에 어울리는 작은 예술품을 찾고 있는 거지. 이제 그들을 위한 이야기를 만들어야 해."

"이야기요?"

"그래. 예를 들어볼까? 같은 꽃병이라도 어떻게 설명하느냐에 따라 완전히 달라지지. '튼튼하고 실용적인 꽃병입니다'라고 하는 것과, '거실의 창가에 두면 아침 햇살에 은은하게 빛나고, 안에 들꽃을 꽂으면 마치 들판의 풍경이 집 안으로 들어온 것 같은 느낌을 주는 꽃병입니다'라고 하는 것은 천지 차이지."

찰스의 눈이 반짝였다.

"아! 그렇군요. 그래서 바론님께서 처음부터 이야기의 중요성을 강조하신 거군요?"

"그렇지. 이제 자네는 꽃병 장인으로 거듭나야 해. 매일 아침 주로그에는 꽃병에 대한 이야기를 써내려 가고, 주튜브에는 꽃병을 만드는 과정을 올리고, 시간이 지날수록 사람들은 자네를 '화병 전문가'로 기억하게 될 거야."

"그런데 다른 주문은요? 밥그릇이나 화분을 주문하면…."

"받아도 좋아. 하지만 자네가 세상에 보여줄 얼굴은 '꽃병 장인 찰스'여야 해. 주로그든 주튜브든, 자네가 세상에 보여줄 이야기는 오직 꽃병에 관한 것뿐이어야 하네. 그게 바로 전문가로 가는 길이야."

바론은 잠시 말을 멈추었다가 이어갔다.

"이제 자네의 진열장도 바꿔야겠군. 중앙에는 꽃병만 놓고, 나머지는 뒤로 빼두게. 공간이 말해주는 것도 있으니까. 그리고 앞으로 한 달간 매일 다른 스타일의 꽃병을 만들어보게. 봄날의 아침이 떠오르는 꽃병, 여름 저녁 노을을 담은 꽃병, 가을 들판의 분위기를 담은 꽃병 같이 자네만의 시그니처를 찾아야 할 때야."

찰스는 고개를 끄덕였다. 이제야 길이 보이는 것 같았다. 모든 것을 다 잘하려다가 어느 것 하나 제대로 하지 못했던 지난날들이 떠올랐다.

"내일부터 당장 시작하겠습니다."

"좋아. 하지만 기억하게. 이건 단순한 '선택과 집중'이 아니야. 자네가 가장 좋아하고, 시장이 원하고, 거기에 자네만의 이야기가 더해질 때, 그때 비로소 진정한 '전문성'이 시작되는 거라네."

찰스는 그날 밤 늦게까지 작업실을 정리했다. 이곳저곳에 흩어져 있던 도자기들을 정리하고, 진열장 중앙에는 그의 꽃병들만을 놓았다. 처음엔 꽃병만으로는 진열장이 허전해 보일까 걱정됐지만, 오히려 그의 작품들은 더욱 당당하게 제 존재감을 드러냈다.

작업대 위에 널브러져 있던 수많은 도안들 중에서 꽃병 도안들만 골라냈다. 그동안 이것저것 해보려다가 정작 제대로 된 것은 하나도 없었다는 걸 깨달았다. 이제는 달랐다. 그의 손끝에서 태어날 꽃병들을 생각하며, 새로운 도안을 그리기 시작했다.

'봄날의 아침이 떠오르는 꽃병.'

붓을 들어 스케치를 하면서 중얼거렸다.

'이 곡선은 마치 봄바람에 살랑이는 풀잎 같아.'

다음 날 아침, 찰스는 평소보다 더 일찍 만생의 동굴로 향했다. 그의 등껍질은 여전히 무거웠지만, 발걸음은 한결 가벼워졌다. 이제 그는 자신이 가야 할 길을 알았다.

모든 것이 될 수 없다면, 한 가지라도 제대로 되어보자고 다짐했다. 꽃병을 만드는 거북이, 그것이 그의 새로운 정체성이 될 것이다.

12가지 전술

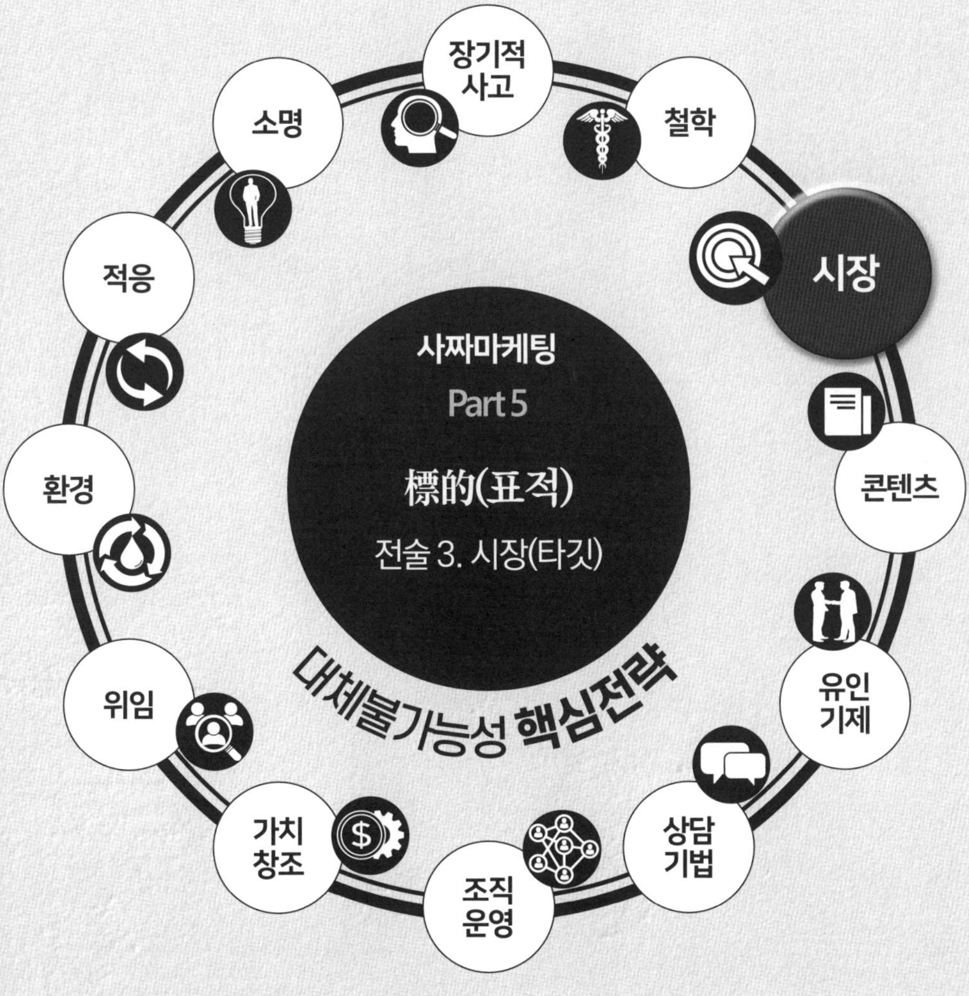
장기적 사고
철학
시장
콘텐츠
유인 기제
상담 기법
조직 운영
가치 창조
위임
환경
적응
소명
사짜마케팅
Part 5
標的(표적)
전술 3. 시장(타깃)
대체불가능성 핵심전략

01 레드오션이 먼저다

처음 사무소를 개소하고 시장 분석을 할 때 어떤 영역을 주업무로 해야 할까에 대한 고민이 가장 크다.

자격증마다 차이는 있겠지만 찾아보면 전문 자격사의 업무 범위는 상당히 넓다.

이때 시장진입 전략은 3가지가 있다.

흔히 말하는 레드오션, 그리고 신규 시장인 블루오션, 그리고 레드오션과 블루오션의 그 어딘가에 있는 퍼플오션이다.

많은 사람이 법률시장과 세무시장은 포화라고 하지만, 사실 그럼에도 계속 신규시장은 나오고 있다. 시장은 한 마리의 생물과 같아서 끊임없이 변하기 때문이다. 탄생했다가 생장하고 사멸하는 게 이치이다.

그럼 레드오션, 블루오션, 퍼플오션 중에 지극히 평범한 우리가 선택해야 할 시장은 어디일까?

레드오션이다.

언뜻 볼 때는 포화상태이고 경쟁이 치열할 이 시장이 중요한 것은 그만큼 먹을 게 많다는 방증이기 때문이다. 레드오션 시장에서 1위가 될 이유는 없다. 적당한 선에서 적당한 노력을 투입했을 때 내가 지금보다 성장할 수 있다면 안 들어갈 이유가 없지 않은가. 따라서 일단 레드오션에 먼저 침투해야 한다.

그 다음에 레드오션에서 어느 정도 수입이 안정이 되면, 퍼플오션이든 블루오션이든 들어가면 된다. 만일 내가 운이 좋아서 레드오션에서 상당한 성공을 이뤘다면 사실 블루오션이나 퍼플오션은 필요 없다. 그냥 거기 눌러앉아도 된다. 자기 주력 분야를 계속 강화하고 후발주자들을 따돌리면서 입지를 공고히 하면 된다.

필자의 경우를 보자.
필자도 업무 범위가 굉장히 다양한 자격증이다 보니, 고민이 많았다.
전통적으로 수임 건수가 많지만 또한 경쟁이 치열한 업무가 2개 있었고 특히 이 업무는 당시에는 변호사들은 거들떠보지도 않아서 동종 자격끼리만 경쟁하면 됐다.

이걸 A와 B라고 지칭하겠다. 이 외에 최근 업계에서 새로 발굴한 업무 즉 내가 처음은 아니지만 하는 사람이 거의 없는 업무가 3개 있었다. 이걸 퍼플오션 C, D, E라고 지칭한다. 마지막으로 전국에서 딱 1명이 하고 있는 업무가 있는데, 이 업무에 대한 정보는 그 사람한테 강의를 듣는 거 말고는 알 방법이 없었다. 이걸 F라고 하자.

필자의 첫 사건 수임은 C였다. 그때 당시에는 뭐가 뭔지도 모르던 시절이라 그냥 아무거나 닥치는 대로 블로그에 글을 썼다. 운이 좋게 얻어 걸린

케이스였고, 워낙 가까운 곳에 의뢰인이 있어서 수임이 가능했다.

당시에는 전략이라는 게 없었기 때문에 A, B, C, D, E 전부 홍보를 했고 F는 그 강사를 찾아가서 강의를 들었다. 결과적으로 그렇게 돌려본 결과 F는 독점은 가능하지만 시장 자체가 없어서 아주 긴 세월이 필요했고, 강의 비용만큼만 벌고는 그만뒀다. 다른 업무가 너무 잘돼서 할 이유가 없어진 것이다.

주력은 A였다. 전통적으로 경쟁이 치열했던 분야였지만, 내가 자신 있어 하는 '콘텐츠'로 승부를 본 순간부터 내가 시장의 강자가 됐다. 2년 정도가 지나니 순수익으로 월 3,000만 원을 넘겼다.

B업무는 필자가 취득한 자격증의 업무 중 A와 양대산맥이었는데, 이건 나랑 스타일이 맞지 않았다. 의뢰인과 하루 종일 붙어 있어야 하는 데다가 서류 업무가 너무 많았다. 한 번은 억지로 이 업무를 받았다가 크게 클레임이 걸려 다 환불을 해준 적이 있고, 그 뒤로는 아예 손을 떼게 됐고 쳐다도 안 보게 됐다. 이처럼 자신과 분명 안 맞는 업무가 있다면 다른 걸 하면 된다.

C, D, E도 꾸준히 들어왔는데, C는 꾸준히 A의 서브업무로 했고, D와 E는 필자 혼자 소화가 안 되어서 나중에는 다른 동기들과 팀을 짜서 필자가 움직이지 않고 사건을 풀어가는 방식으로 풀어냈다. 이처럼 만일 시간 및 공간 제약상 자기 혼자 해결이 안 된다면 동료들과 팀을 짜서 움직여도 된다.

그 이후에는 아예 A와 C만 하게 됐다. 다른 업무를 할 이유가 없어진 것이다. A와 C의 비율도 95%대 5%로 사실상 A만 하게 됐다.

필자가 추천하는 조합은 주업무 70% 기타 다른 업무 30% 정도이다. 이 비율을 유지하는 게 좋다. 말했다시피 블루오션이나 퍼플오션은 한 번 익히면 독점은 가능하겠으나 그 업무를 익히는 데도 시간이 많이 걸리고, 그 전에 '굶어 죽을 수'도 있다. 따라서 레드오션에서 일단 적정선을 벌어 두고 다른 업무를 개발해서 올라가는 게 현실적인 전략이다.

필자의 경우에는 아예 한 분야에 눌러앉았지만 그만큼 소득이 나왔기 때문에 가능했던 거고, 위 같은 점진적인 공략 방식을 추천한다.

'실패는 성공의 어머니'란 말을 나는 별로 안 좋아한다. '실패 안 하는 법을 알려주는 게 진짜 엄마'라는 게 필자의 지론이다. 하지 않아도 될 실패라면 굳이 선택하지 말기를.

02 시장은 당신 생각만큼 포화가 아니다

법률시장, 세무 시장이 '포화상태'라는 말을 많이 듣는다.

이제 남은 시장도 원래 있던 파이에서 서로 죽기 살기로 경쟁하며 뺏고 뺏기는 일밖에 남지 않았다는 볼멘소리도 같은 판단의 궤적에서 흘러나온다.

정말 그럴까?

아니다. 시장을 고정적인 무기체로 생각해서 오해를 한 것이다.

시장은 생물이다. 끊임없이 진화하고 상호작용한다.

전에도 언급한 바와 같이 법률시장과 보험시장은 거의 판박이다.

보험업계를 보라. 서로 보험사끼리 "보험 설계가 잘못됐다", "보장이 약하다", "쓸데없는 보험에 돈을 쓰고 있다"는 식으로 기존 보험을 깨고 다시 다른 보험으로 갈아타기를 종용하고 있다.

계속적 거래 관계에 있는 세무나 노무도 그렇지 않은가. "그 세무사는 세금을 못 줄인다. 갈아타라" "그 노무사는 신경을 안 써준다. 바꿔라"는 식이다.

이처럼 겉에 벌어지는 현상만 놓고 볼 때는 '포화상태'라는 말이 들어맞는 것도 같다.

그러나 보험업을 생각해 보면 시장은 꾸준히 새로 파생되고 있다는 걸 알아차려야 한다.

대표적인 것이 최근에 시장에 등장한 치아보험, 펫보험, 치매간병보험 등이다.

치아보험은 라이나생명이 2008년에 처음으로 출시했고, 가입자 수가 라이나생명만 300만 명이었다(2023년 3월 기준). 그 뒤 삼성생명, 현대해상 등 국내 대기업들이 합류한 것은 말할 것도 없다. 소문난 잔칫집에는 저잣거리 상인들이 모이기 마련이다.

펫보험은 우리나라에서는 사실 다른 선진국에 비해 상당히 늦게 출시가 됐다. 최초는 1924년 스웨덴의 아그리아라는 보험사 상품이었다. 우리나라는 반려견 인구 1,000만 명을 돌파하면서 메리츠화재가 2018년 10월 최초로 출시했다. 2023년 1월 기준으로 반려견 5만 8,000여 마리가 등록돼 있고, 뒤이어서 삼성화재, 현대해상 등이 합류했다.

치매간병보험의 경우 초고령화 사회로 접어들면서 계속 가입률이 올라가고 있는 상황이다. 장래에는 가장 경쟁이 심한 보험상품이 될 것이라는 건 당연한 예측이다.

이는 소비자의 니즈가 발현된 것으로 과거에는 이런 보험이 없었다.

보험업은 앞으로도 소비자의 요구가 있는 이상 계속 진화할 것이고 새로운 시장이 출현할 것이다.

법률시장과 세무시장도 마찬가지이다.

필자와 예전에 상담을 했던 한 행정사의 일화를 봐도 그렇다.

행정사업은 변호사 다음으로 업무 영역(업역)이 넓다고 할 수 있는데, 가장 전통적인 행정사업은 출입국 업무와 음주운전 면허구제 업무였다. 그랬던 것이 민간 시험 출신 행정사가 많아지면서 새로운 영역이 개척된다. '학교폭력'부터 시작해서 '인허가', '어린이집 관련 업무' 등이었다. 여기까지가 필자가 알고 있었던 일반적인 행정사 업무였는데, 상담했던 그 행정사는 생전 처음 보는 업무로 꽤 이름을 알리고 있었다.

화장품 제조업 등록 인허가 업무와 해썹(HACCP) 인증 업무였다. 이런 업무가 있을 거라고는 필자도 생각을 못해봤다. 소비자 니즈가 있기 때문에 업무가 만들어졌고, 시장이 생겼다. 처음에 생소했던 이 업무를 하는 경쟁업체도 많아져서 지금은 시장 생태계가 생긴 상태다.

필자는 이런 시장을 초반에 개척하는 선구자가 되라고 이 이야기를 꺼낸 게 아니다. 시장에서 가장 똑똑한 사람은 'DB를 잘 확보할 수 있는 콘텐츠 제작 원천기술'을 확보한 사람이다. 일단 이 본질을 이해하고 확보한 상태에서 누군가가 시장을 처음 개척하면(1진) 그때 2진으로 출발하면 된다. 1진이 개척해 놓은 시장을 분석하면서 원천기술을 통해 시장을 잠식하는 게 맞다. 필자 역시 그렇게 했다.

따라서 '시장이 포화상태'라는 볼멘소리를 하기보다는 어떤 시장이 열릴지 주시하다가 개척자에 이어 선두그룹으로 진입하면 된다.

가장 중요한 건 시장에 들어갔을 때 경쟁력이 있느냐이다. 시장에 들어가서 아무것도 못하는 건 시장이 포화가 된 게 아니라 당신이 의뢰인을 끌어당기는 실력이 없어서이다.

시장 핑계는 이제 그만두자.

새로운 시장은 계속 생기고 있고, 어차피 처음으로 사무소를 개소할 때에는 누구나 다 레드오션에서 기반을 잡아야 한다. 실력이 제일 중요하다. 본질을 이해하자.

"화살이 목표물을 벗어나게 되면 훌륭한 선수는 다른 사람의 탓을 하지 않고 자신의 실력을 탓한다. 현명한 사람도 이와 같이 행동한다."

〈공자〉

03 당신이 성공할 수밖에 없는 이유

    1906년 이탈리아의 경제학자 빌프레도 파레토는 이후 100년 이상, 더 나아가 영원한 진리로 받아들여질 놀라운 법칙을 발견한다.

    바로 이탈리아 국민의 약 20%가 부의 80%를 가지고 있다는 사실이었다. 이 법칙은 우리 인생에서 벌어지는 대부분의 일들이 '평균'에 수렴하지 않고, 결국 상위 20% 안에 들어가는 사람이 자원을 독식한다는 점에 방점을 찍고 있다.

    실제로 이 8대 2의 법칙은 인간 삶의 영역에 뿌리를 내리고 있다. 예를 들어 백화점 매출을 올리는 VIP 고객 20%가 백화점 수익의 80%를 차지한다는 연구 결과는 조금만 검색해보면 그리 어렵지 않게 확인할 수 있다.

    개개인에게 이를 적용하면 어떤 그룹이든 100명 중에 임계치를 벗어나지 못한 80명은 많은 자원을 확보할 수 없어 20%의 자원을 가지고 경쟁해야 하나, 그 임계치를 넘어선 20명은 80%의 넉넉한 자원을 나눠 가질 수 있다는 발견으로도 이뤄진다.

    여기서 불공평하다고 생각하고, 평등은 어딨느냐고 부르짖을 거면 조용히 이 책을 덮길 바란다. 이것은 누가 이렇게 만든 게 아니라, 태양이 동에서 떠서 서에서 지는 법칙과 같이 인간 세상의 법칙이다. 그렇다. 원래 세상은 빈익빈 부익부로 돌아가고 있다. 그것을 정치와 사회적 합의라는 기치를 내걸어 '분배'를 실현하고 있을 뿐, 애초에 세상은 누구에게나 평등하지 않다.

이 지점에서 중요한 것은 그 20명 안에 내가 들어갈 수 있느냐이다.

100명 중 이 20명 안에 내가 들어가느냐 마느냐는 '감지'와 '메타인지'의 영역에 놓여 있다.

소크라테스가 '너 자신을 알라'고 한 그 이야기와 일맥상통한다.

내가 뭐가 부족한지, 그리고 지금 어떤 것을 해야 하는지, 나는 무엇을 갈망하는지, 그리고 어떻게 되고 싶은지를 냉정하게 판단하는 것이 첫 번째이다. 그리고 '탐색'한다. 내가 이 상황을 개선하기 위해서 지금 당장 해야 할 일이 무엇인지를 알아보는 과정이 두 번째이다. 이 과정에서는 학습하게 된다. 배우고 깨닫고 실천해야 한다는 것도 알게 된다.

여기까지만 해도 20명 안에는 충분히 들어온다. 어차피 나머지 80명은 생각이란 걸 하지도 않고, 다람쥐 쳇바퀴 돌아가는 세상이 자신의 원래 주어진 운명인 것처럼 받아들이고 살아가기 때문이다. 저항을 택하는 대신 체념이라는 편한 감정에 복종한 사람들이다. 여기서 더 나아간 사람들은 그나마 내가 다른 뭔가가 필요하다는 것은 알지만 순간적인 감정일 뿐 곧 잊어버리고 탐색을 해볼 생각도 없이 스스로 원래 세상으로 돌아간다.

영화 〈매트릭스〉에서 자진해서 기계의 소모품으로 되돌아가려고 했던 사이퍼처럼.

따라서 이 글을 이 정도까지 읽고 있는 당신은 일단 두 번째 발걸음인

'탐색'의 여정에 함께한 이상 20명 안에 충분히 들고도 남는다. 다만 그것을 20명으로 자리매김할 수 있게 계속 지속할 수 있느냐의 문제이다.

여기서 끝은 아니다. 탐색의 과정이 끝났다면 이제 '꾸준한 실천'이다. 20명을 다시 8대 2로 나누면 20명의 20%라고 할 수 있는 4명 만이 이 과정에 오를 수 있다.

그래서 성공하는 사람이 적은 것이다. 100명 중 4명만이 확실한 압도적인 성과를 내기 때문이다. 메타인지와 탐색까지는 할 수 있어도 꾸준히 그것을 실천할 수 있는 사람은 극히 드물다.

이를 알기 때문에 필자는 하나도 빠짐없이 내가 해왔던 모든 노하우를 여러분에게 공개하고 있다.

왜? 어차피 96명은 안 할 걸 아니까.

한 가지 예를 들자. 유튜브이다.

뒤에서도 이야기하겠지만, 대한민국 국민들의 유튜브 시청 시간은 네이버와 카카오를 합친 것보다 더 길다. 그래서 필자는 유튜브를 못 찍을 거 같으면 애초에 시작도 하지 말라고 강조한다. 유튜브에 많은 변호사, 세무사, 노무사가 영상을 찍어 올리는 거 같지만, 전체 전문 자격사의 숫자를 생각하면 아주 극소수이다.

포브스의 조사에 따르면, 유튜브를 시작한 채널 중 약 85%가 10개 미만의 영상을 올리고 중단한다고 한다.

넷플릭스 CEO 리드 헤이스팅스는 "모든 사람이 동영상의 시대가 온다는 걸 알지만, 실제로 그 무대에 올라가는 건 극소수"라고 말했다. 이는 단순히 기술적인 문제가 아니다. 스마트폰만 있어도 누구나 영상을 찍을 수 있는 시대지만, 카메라 앞에 선다는 것은 여전히 큰 용기가 필요한 일이다.

심리학자 로버트 치알디니는 이를 '사회적 증명의 부재에 대한 두려움'이라고 설명한다. 자신의 모습이 담긴 영상을 공개하는 것은 전례 없는 수준의 자기 노출을 의미하며, 이는 강력한 심리적 저항을 일으킨다는 것이다.

유명 유튜버들의 초기 영상을 보면 한 가지 공통점이 있다. 대부분 어색하고, 때로는 부끄러울 정도로 서툴다. 하지만 그들은 그 불편함을 견디고 계속해서 카메라 앞에 섰다. 구글의 통계에 따르면, 100만 구독자를 보유한 채널들의 평균 초기 지속 기간은 최소 2년이라고 한다.

결과적으로 유튜브는 자연스러운 필터링 역할을 한다. 심리적 장벽을 넘어 꾸준히 콘텐츠를 만들어내는 소수만이 살아남는 것이다. 이는 역설적으로 진입장벽이 되어, 실제로 해낸 사람들에게는 경쟁우위가 된다.

와튼스쿨의 애덤 그랜트 교수는 "성공으로 가는 길에서 가장 큰 장애물은 우리가 모르는 것이 아니라, 알면서도 행동으로 옮기지 못하는 것"이라고 말했다. 유튜브는 그 대표적인 예시다. 모두가 필요성을 알지만, 실천하는 이는 소수다.

그렇기에 오히려 기회다. 많은 경쟁자들이 스스로 물러나는 영역이기 때문이다. 초기의 어색함과 불편함을 견딜 수 있다면, 그것이 바로 당신의 경쟁력이 된다.

그래서 "시장이 포화 상태이다" "경쟁자가 너무 많다"는 이야기를 하지 말라는 것이다. 실제 전략을 짜고 그걸 행동으로 옮기는 경쟁자는 없다고 봐도 무방하다. '전략'을 짜고 '전술'대로 '행동'하면 반드시 성공한다. 이제 방법을 알았으니 꾸준히 하기만 하면 된다. 뭐가 두려운가?

제6장

이야기의 그물을 짜다

사짜마케팅 Part 6

弘術(홍술 : 홍보의 기술)

▼
▼

전술 4
콘텐츠론

이야기의 그물을 짜다

"보여주고 싶은 게 너무 많아서 그래."

바론의 목소리가 동굴 깊숙이 울렸다. 찰스는 며칠째 주튜브 영상과 주로그 글쓰기로 고민하고 있었다. 꽃병에 집중하기로 했지만, 막상 콘텐츠를 만들려니 무엇부터 시작해야 할지 막막했다.

"매일 다른 이야기를 하고 싶고, 모든 걸 한 번에 설명하고 싶은 마음은 이해해. 하지만 그건 마치 그물을 너무 넓게 펼치는 것과 같아. 물고기는 모두 빠져나가 버리고 말지."

찰스는 고개를 갸웃거렸다.

"어떻게 하면 좋을까요?"

"이야기에도 그물이 필요해. 세 가지 그물을 던져야 하지."

바론의 그림자가 동굴 벽에서 천천히 움직였다.

"첫 번째 그물은 가장 넓게 던지는 거야. 많은 이들이 볼 수 있지만, 깊이는 얕아. '봄날의 꽃병 만드는 법', '꽃병으로 공간 꾸미기' 같은 이야기들이지. 이런 콘텐츠는 많은 이들의 눈길을 끌지만, 실제로 구매로 이어지진 않아."

찰스는 고개를 끄덕였다. 그도 이런 류의 영상들을 많이 봤었다.

"두 번째 그물은 기본을 담는 거야. 꽃병의 크기는 어떻게 정하는지, 목은 얼마나 길어야 하는지, 받침은 어떤 모양이어야 하는지, 자주 묻는 질문들에 대한 답이지. 이건 당장의 효과를 보려고 하는 게 아니야. 나중에 누군가 물어볼 때 설명하는 시간을 아끼기 위한 거지."

"아, 마치 제가 도자기 만드는 기본 과정을 설명하는 것처럼요?"

"그렇지. 하지만 진짜 중요한 건 세 번째 그물이야."

바론의 목소리가 더욱 깊어졌다.

"세 번째 그물은 좁지만 깊게 던지는 거야. 예를 들어 '꽃집을 위한 사계절 맞춤형 꽃병 디자인', '웨딩플래너가 알아야 할 부케 전용 꽃병의 특징' 같은 구체적인 이야기지. 보는 이는 적을 거야. 하지만 진짜 필요한 사람에겐 보물 지도나 다름없지."

찰스의 눈이 반짝였다.

"그런데 이런 주제들을 어떻게 찾나요?"

"자네가 매일 기록하고 있는 일지에서 찾으면 돼. 손님들이 자주 하는 질문들, 특별히 주문했던 꽃병들, 실패했던 경험들, 거기서 이야깃거리가 나오는 거야."

바론은 잠시 말을 멈추었다가 이어갔다.

"중요한 건 초점이야. 모든 이에게 이야기하려 들지 마. 정말 필요한 한 사람에게 이야기하는 거야. 마치 자네가 꽃병 하나를 정성 들여 만들 듯이."

찰스는 고개를 끄덕였다. 막연했던 것들이 조금씩 정리되는 기분이었다.

"그럼 이제 시작해 볼까요?"

"잠깐."

바론이 말을 이었다.

"콘텐츠를 만들 때는 반드시 자네의 경험과 이야기를 넣어야 해. '이런 꽃병이 좋습니다'가 아니라, '왜 이런 모양의 꽃병을 만들게 되었는지, 어떤 시행착오를 겪었는지, 이 꽃병을 사용한 누군가의 이야기는 어땠는지'를 말이야. 그게 바로 자네만의 색깔이 되는 거지."

찰스는 천천히 작업대로 향했다. 오늘은 웨딩플래너가 주문한 특별한 꽃병을 만들 예정이었다. 카메라를 켜고 이야기를 시작했다.

"안녕하세요, 꽃병을 만드는 거북이 찰스입니다. 오늘은 특별한 이야기를 들려드리려고 해요. 제가 처음 부케 전용 꽃병을 만들었을 때의 실수와 그걸 통해 깨달은 것들에 대해서요."

찰스의 목소리는 이전보다 더 또렷했다. 이제 그는 단순히 도자기를 설명하는 게 아니라, 이야기를 들려주고 있었다.

일주일이 지났다.

"자네 영상 봤네."

바론이 말했다.

"아직 부족한 점이 많죠?"

"아니, 좋았어. 특히 '꽃집 주인이 진심으로 고마워했던 이야기'는 감동적이었지. 꽃병이 단순한 그릇이 아니라 누군가의 일을 돕는 동반자가 될 수 있다는 걸 잘 보여줬어."

찰스는 쑥스러워하며 말했다.

"사실 처음엔 제 이야기를 하는 게 부끄러웠어요. 하지만 솔직하게 실패한 이야기까지 다 하다 보니, 오히려 더 편해졌어요. 어제는 플로리스트 한 분이 연락이 왔더라고요. 제 영상을 보고 위로를 받았다고…."

바론이 고개를 끄덕였다.

"그래, 내 자신의 이야기는 통하는 법이지. 자네가 던진 좁은 그물이 진짜 필요한 사람에게 닿은 거야."

"이제 조금씩 감이 오는 것 같아요. 다음 주에는 '화훼농가를 위한 절화 보관용 특수 꽃병' 이야기를 해볼까 하는데요."

바론이 말을 자르며 웃었다.

"성급해지지 말게. 하나의 이야기를 할 때도 충분한 준비가 필요해. 농가에 대해 얼마나 알고 있나? 그들의 고민은 뭐지? 실제로 자네 꽃병으로 도움을 준 사례가 있나?"

찰스는 움찔했다. 너무 앞서나가려 했던 것이다.

"기억하게. 넓은 그물은 금방 던질 수 있어. 하지만 깊은 그물을 던지려면 그만큼의 준비가 필요하지. 매일 조금씩 깊이를 더해가는 거야."

그날 이후 찰스는 더욱 체계적으로 콘텐츠를 준비했다. 넓은 그물로는 계절별 꽃병 스타일링, 공간별 꽃병 배치법 같은 일반적인 주제를 다뤘다. 두 번째 그물로는 꽃병의 기본, 관리법, 꽃 종류별 적합한 꽃병 고르기 같은 정보를 쌓아갔다.

그리고 가장 공을 들인 것은 세 번째 그물이었다. 실제 사례와 경험을 바탕으로, 특정 직군과 상황에 꼭 필요한 이야기들을 전했다. 무엇보다도 구체적으로 콘텐츠마다 타깃을 정해 콘텐츠를 보는 사람이 '이건 내 사례'라고 생각하게끔 만들었다.

점차 변화가 생기기 시작했다. 단순히 조회수만 늘어난 것이 아니었다. 찰스는 특정 영상들에서 의미 있는 반응을 발견했다.

"드디어 찾았어요. 제가 운영하는 꽃집은 웨딩 부케를 전문으로 하는데, 부케가 축 처지는 게 가장 큰 고민이었거든요. 찰스 님이 설명해 주신 목 부분 3cm 높이 차이가 결정적이네요. 바로 주문합니다."

"결혼식장 연회장 실장입니다. 연회장 테이블마다 놓는 꽃병 때문에 항상 골치였는데, 찰스 님이 말씀하신 '45도 기울기의 받침과 12cm 높이'의 황금 비율 덕분에 드디어 해결했어요. 더구나 세척도 쉽고요."

찰스는 이제 이해했다. 콘텐츠는 모든 사람을 만족시키려 하는 것이 아니라, 정말 필요한 한 사람에게 정확한 해답을 주는 것이었다. '누구나 사용할 수 있는 꽃병'이 아닌, '부케를 전문으로 하는 플로리스트를 위한 3cm 규격의 특수 목 높이 꽃병'처럼 구체적일 때 오히려 더 큰 반향을 일으켰다.

바론이 설명을 이어갔다.

"3cm라는 숫자 하나가 웨딩 플로리스트의 마음을 움직였고, 45도라는 각도 하나가 연회장 실장의 고민을 해결했지. 이게 바로 '정밀 타격'이야.

모두를 위한다며 두루뭉술한 이야기를 하는 건, 결국 아무도 움직이지 못하게 만드는 법이지."

바론의 목소리가 더욱 깊어졌다.

"앞으로도 잊지 말게. 콘텐츠는 많은 사람의 관심을 받는 게 목표가 아니야. 진짜 도움이 필요한 한 사람에게, 그 사람의 상황에 꼭 들어맞는 해답을 주는 거지. 그들이 '이건 정확히 내 이야기야'라고 느낄 때, 그때 비로소 고객들이 나에게 신뢰를 느끼게 되네."

찰스는 그 말의 의미를 곱씹으며 작업실로 돌아왔다. 이제 그에게는 새로운 과제가 주어졌다. 매일 콘텐츠를 만들되, 정확한 타깃을 향한 정밀한 이야기를 전하는 것. 그것은 마치 물레 위에서 흙을 다루는 것처럼 섬세하고 정교한 작업이었다.

그는 오늘도 카메라 앞에 앉아 이야기를 시작했다.

"안녕하세요, 꽃병을 만드는 거북이 찰스입니다. 오늘은 특별한 이야기를 들려드리려고 해요."

그렇게 콘텐츠의 방향을 잡아가던 어느 날이었다. 찰스는 평소처럼 물레를 돌리고 있었지만, 무언가 고민이 가득한 표정이었다. 그의 손이 멈칫했다. 물레를 돌리던 중이었지만, 그의 머릿속은 이미 다른 생각으로 가득했다.

"바론님…."

"음?"

"콘텐츠를 만들다 보니 시간이 너무 부족해요. 주튜브도 찍어야 하고, 주로그도 써야 하고, 주카페에도 올려야 하고…. 하나하나 다 신경 쓰다 보면 정작 도자기 만들 시간이 없어질 것 같아요."

바론의 그림자가 미세하게 흔들렸다.

"그래서 내가 이야기해 주려고 했던 게 있지. '테크트리'라고 들어봤나?"

찰스는 고개를 갸웃거렸다.

"게임에서 건물을 짓는 순서 같은 거 아닌가요?"

"그렇지. 모든 것은 순서가 있어. 자네도 도자기를 만들 때 흙 개는 것부터 시작하지 않나? 콘텐츠도 마찬가지야. 같은 시간을 들이더라도 순서만 제대로 알면 훨씬 효율적으로 만들 수 있지."

바론은 찰스에게 콘텐츠 제작의 순서를 설명해주기 시작했다.

"자네도 도자기를 만들 때 테크트리가 있지 않나? 흙을 고르고, 반죽하고, 물레질하고. 콘텐츠도 마찬가지야. 순서대로만 하면 시간과 노력을 크게 줄일 수 있지."

찰스는 귀를 기울였다.

"우선 주튜브 대본부터 써보게. 자네가 평소 말하듯 편하게 쓰는 거야. 그 다음엔 그걸 그대로 주로그에 옮기면 돼. 음성과 글은 다른 매체니까 걱정할 것 없어. 그 다음엔 좀 더 격식을 갖춰서 신문사 기고문으로 다듬고."

"하지만 주카페는요?"

"거기가 좀 까다롭지. 주로그와 주카페는 같은 플랫폼이라 글이 비슷하면 문제가 될 수 있어. 하지만 자네를 도와줄 도구들이 있으니 걱정 말게."

바론의 그림자가 벽에서 천천히 움직였다.

"마지막으로 주스타그램은 사진 위주로 가면 돼. 자네가 찍은 도자기 사진들과 간단한 설명만으로도 충분하지."

"이 모든 걸 하려면 시간이 얼마나 걸리죠?"

"숙련되면 2시간이면 충분해. 하루 1~2개 정도는 만들 수 있다는 뜻이지."

찰스의 눈이 커졌다.

"왜 이렇게 여러 채널이 필요한 걸까요?"

"마케팅은 확률 게임이네. 한 곳에서만 자네를 본 사람과 여러 채널에서 반복해서 본 사람 중 누가 더 자네를 신뢰하겠나? 주로그에서 시작해서 주튜브로, 다시 기고로. 이렇게 여러 번 접하다 보면 자연스레 신뢰가 쌓이는 법이지."

바론은 잠시 말을 멈추었다가 이어갔다.

"그리고 가장 중요한 것은 각 홍보 채널의 특징을 명확하게 파악하는 거야. 도구는 그것을 다루는 자의 이해도만큼만 힘을 발휘하지. 자네가 물레와 흙 솔, 칼의 쓰임새를 정확히 알고 있듯이 말일세."

찰스는 자신의 작업대를 바라보았다. 각각의 도구들은 저마다의 쓰임새가 있었다. 날카로운 칼은 정교한 세부 작업에, 부드러운 솔은 표면을 다듬는 데, 물레는 형태를 만드는 데 사용했다.

"그렇습니다. 도구의 특성을 제대로 이해하지 못하면 좋은 작품을 만들 수 없죠."

"좋아 이제 각 채널의 특징에 대해서 내가 설명해 주지."

바론은 마지막으로 찰스를 깊이 바라보았다.

"하지만 잊지 말게. 이런 홍보 방법들, 즉 마케팅이 전부라고 생각한다면 큰 실수를 저지르는 거야."

찰스가 고개를 갸웃거렸다.

"마케팅은 우리가 가야 할 큰 길에서 하나의 이정표일 뿐이네. 우리의 진정한 목표는 대체 불가능한 존재가 되는 것이지. 마치 제이드의 국수처럼 말이야."

바론의 목소리가 더욱 깊어졌다.

"앞으로 내가 자네에게 알려줄 것들이 더 많아. 장기적 전략을 위한 12가지 전술이 있는데, 마케팅은 그중 하나일 뿐이지. 하지만 많은 이들이 '마케팅만이 답'이라 생각하는 오류를 범하고 있어. 그건 마치 도자기를 만들 때 유약 바르기만 중요하다고 생각하는 것과 같지."

찰스는 깊이 고개를 끄덕였다. 그는 이제 이해했다. 지금 배우는 것들은 긴 여정의 시작일 뿐이라는 것을. 진정한 장인이 되기 위해서는 더 많은 것들을 배우고 실천해야 한다는 것을.

"네, 바론님. 이제 조금씩 보이기 시작합니다. 제가 가야 할 길이."

동굴 깊숙한 곳에서 바론의 그림자가 미소 짓는 듯했다. 아직 긴 여정이 남아있지만, 찰스는 이제 그 첫걸음을 내딛기 시작했다.

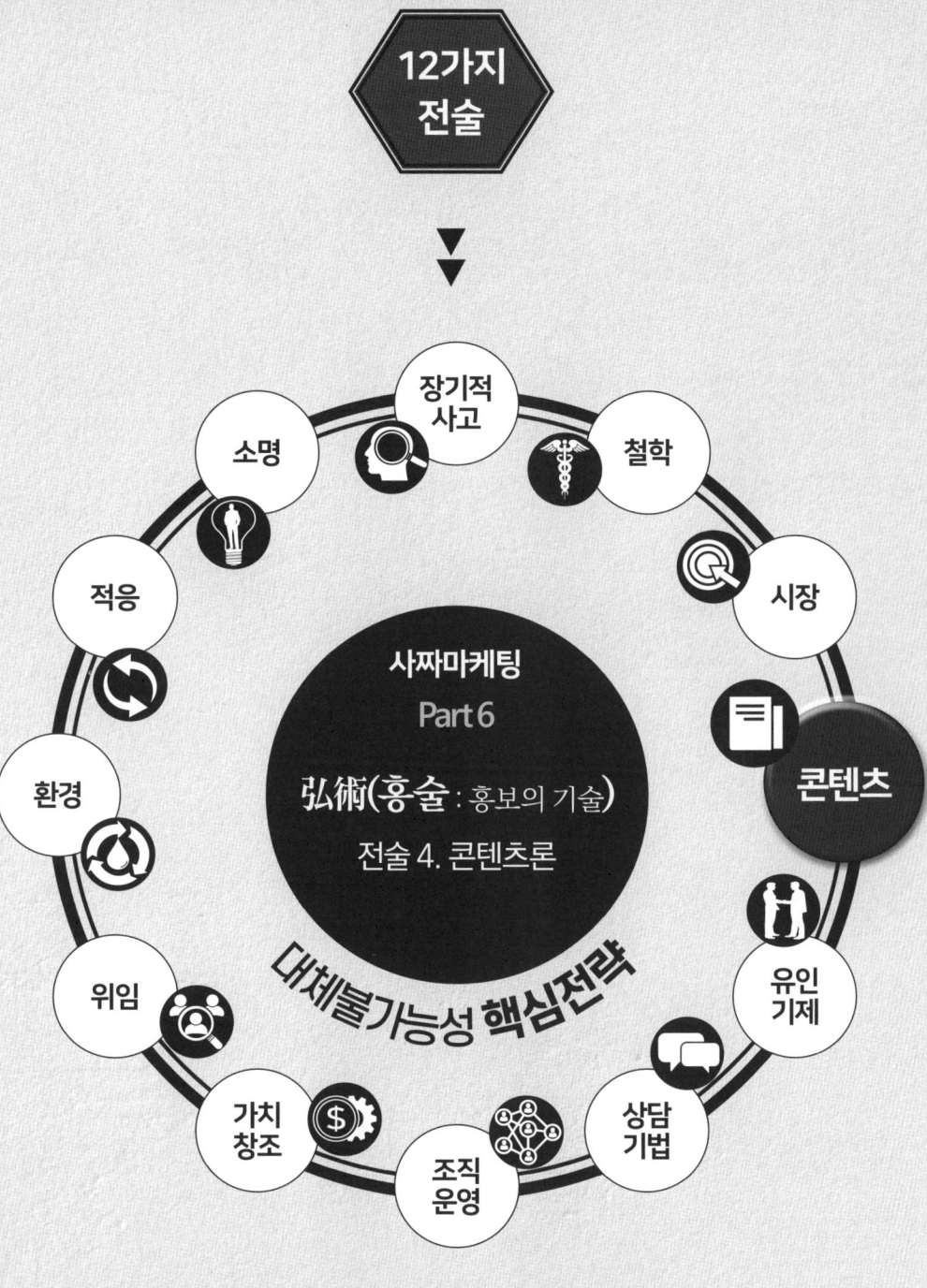

01 콘텐츠의 유형

"저에게 일관성 있는 콘텐츠를 쌓아가는 건 좋은데 이렇게 하면 성과가 나는 데 얼마나 걸리는 거예요?"

퀀텀스텝스에서 주창하는 '끌어당기는 콘텐츠'에 대하여 어느 세월에 효과를 내느냐는 질문이 나오기도 한다.

그도 그럴 것이 필자가 매몰되지 말라고 했던 '상위노출'은 일단 노출되면 그럴듯하게 유입이 많아지기 때문에 가시적인 효과가 그 즉시 나타난다. 이런 맥락에서 상위노출은 즉각적인 달콤한 유혹을 준다.

다만 앞선 글에서도 언급했듯이 유입이 성과를 도출하진 못한다.

당장 노출이 많아 유입이 많아진다고 해도 당장 신뢰자본을 획득할 수 있는 콘텐츠의 부재로 '돈'을 버는 일은 요원할 수밖에 없다.

그래서 일관성 있는 효과적인 콘텐츠 쌓기 방식으로 가는 게 본질적으로 맞고, 그렇게 해야만 한다.

그리고 '유입'이라는 효과만 놓고 봤을 때는 '노출'에만 초점을 맞춘 방식이 당장 빨라 보이지만, '유입'이 아니라 '효과'라는 측면에서 새겨 보면 일관성 있는 쌓아가기 방식이 결과 내기에는 훨씬 더 빠르다.

즉 우리는 글을 많이 쓰거나 영상을 많이 찍는 게 목표가 아니라 한 개의 콘텐츠를 제작하더라도 보는 사람이 원하는 글을 써야 한다.

영상이나 글의 '양'에 매몰돼 버리면 고생만 하고 성과는 없는 가장 최악의 결과가 도출된다. 중요한 건 이 글이나 영상이 의뢰인을 끌어당길 수 있는지를 먼저 생각해야 한다. 뻔한 이야기처럼 '설득하는 글쓰기' '공감 가는 글쓰기' '가독성 있는 행간 띄어쓰기'를 하라는 이야기가 아니다. 전문 자격사로서 업을 안 해본 다른 광고대행업체들이 말하는 뻔한 테크닉을 이야기하고 싶지 않다.

본질은 '포인트 투 포인트'이다. '정밀 타격'을 해야 한다.

전쟁을 생각해 보자. 테러리스트의 수장이 민간인이 많이 모여 있는 지역 지하 4층 벙커에 숨어 있다. 가장 효율적으로 이 전쟁을 끝내는 방법은 테러리스트의 대장을 타격해 지휘체계를 무너뜨리는 것이다. 이때 정밀 기술이 없는 나라라면 양으로 밀어붙일 것이다. 지하 벙커에 닿을지 안 닿을지도 알 수 없는 상황이지만 뭐라도 해야 하기에 민간인의 수많은 희생을 감수하고서라도 포병과 공군을 동원해 융단폭격을 가할 것이다. 이와 달리 미국과 같이 우수한 무기 체계를 갖추고 있는 나라라면 초정밀 벙커버스터 타격으로 한 방에 게임을 끝낼 것이다. 민간인 피해도 당연히 적다. 여기서 민간인과 타격 미사일을 시간과 노력과 같은 자원으로 본다면 이해가 쉬울 것이다.

구체적으로 예를 들어보자면 콘텐츠에는 3가지 유형이 있다.

첫째, 많은 사람이 보지만, DB 창출에는 직접적으로 관련이 없는 글이나 영상이다. 1유형이다. 유튜브나 블로그 강의에서 말하는 소위 '대중성'이라는 키워드가 여기에 해당한다. 만일 내가 오은영 박사나 한문철 변호사처럼 '스타성'이 있다면 이 전략도 주효하다. 그러나 대부분의 전문 자격사는 이에 해당하지 않는다. 그럼에도 광고대행업체에서는 일단 조회수라는 유의미한 데이터를 당신에게 보여줘야 계약이 연장되기 때문에 일단 이 전략을 쓰고자 할 것이다. 그러나 거듭 강조하지만, 조회수가 수익을 담보하진 않는다. 앞에 말했던 융단폭격을 생각해 보길 바란다. 이 전략이 필요한 경우는 간혹 채널의 품질지수를 유지하기 위해 조회수가 필요할 때뿐이다. '위자료 잘 받는 3가지 방법', '세무 조사 때 조심해야 할 4가지 사항' 등의 주제들이 여기에 해당한다.

둘째, 많은 사람이 보지 않고, DB 창출에도 직접적으로 관련이 없는 글이나 영상이다. 2유형이다. 사실 이건 DB 창출에 영향을 미치지 않기 때문에 원칙적으로는 제작을 하면 안 되는 콘텐츠이다. 그러나 필자는 이 방식도 많이 사용한다. 의뢰인들에게 설명하는 데 들어가는 시간을 줄이기 위해서이다. 예를 들어 '교통사고 발생 시 내가 가해자인지 피해자인지 알아보는 방법은 무엇입니까'라는 질문을 매번 듣는다고 쳐보자. 당장 이 질문은 사건이 벌어지고 나서 서류 취합 과정에서 나오는 것이라 DB 창출과는 관련이 없다.

그럼에도 같은 질문에 매번 똑같은 답을 하느니 영상을 하나 만들어 놓고 대답 대신 영상을 보라고 하면 시간이 절약되고, 잘 준비돼 있다는 신뢰감을 얻을 수 있다. 필자는 이 방식을 '아카이브(그림자 분신술)'라고 하고 이 작업을 꾸준하게 해왔다. 그 결과 설명을 할 시간을 많이 단축할 수 있었다. 따라서 당장 DB나 수익과는 관련이 없지만 이런 영상도 결국은 찍어야 한다.

셋째, 많은 사람이 보지 않지만, 보는 사람은 확실히 꽂혀서 DB를 기록하게 하는 콘텐츠이다. 3유형이다. 이게 핵심이다. 초정밀타격 벙커버스터이다. 이는 주제가 중요하다. 예를 들어 주제가 '상간남 소송에서 승소하는 방법'이라면 이는 1유형이다. 경쟁자들도 같은 이야기를 할 게 뻔하기에 이를 좀 더 구체화해야 한다. '상간남이 기혼자일 경우 적법한 증거자료 수집을 어떻게 해야 하는가?'와 같이 쓴다면 이는 초정밀타격이 된 것이다. 보는 사람은 분명 한정적이겠지만 이 글이나 영상을 본 사람은 반드시 차별화를 느끼게 된다. 그러나 더 나아가 아예 아무도 상관이 없을 거 같은 콘텐츠는 무용하기 때문에 또 지양해야 한다.

우리가 장기를 둘 때 장기말마다 포의 역할이 있고, 졸의 역할이 있고, 차의 역할이 있다. 콘텐츠도 나 자신을 빛나게 해줄 전략적인 장기말의 역할을 하는 것이라고 가정할 때, 각각의 콘텐츠는 그 본연의 역할이 있다고 생각하면 된다.

02 대중성 콘텐츠

대중성 콘텐츠는 명칭에도 나와 있듯이 일반 대중이 많이 보는 콘텐츠를 말한다. 즉 조회수가 높은 콘텐츠를 말하는데, 우리가 만일 조회수가 목적이었다면 사실 이 콘텐츠가 정답에 가까운 유형이라고 할 수 있다.

그러나 우리는 조회수가 목적이 아니다. 즉 콘텐츠가 많이 노출되는 것도 물론 중요하지만 그보다 더 중요한 것은 '콘텐츠를 보는 의뢰인이 콘텐츠를 보는 동안 자기 자신을 스스로 설득해서 나를 신뢰하고 나에게 사건이나 기장을 맡기고 싶어 하는 상태'로 만드는 것이다.

그런데 잘 생각해 보면, 대중성 콘텐츠는 사실 많은 사람들이 흥미를 느끼고 보긴 하지만, 그 자체로 깊은 내용을 담고 있진 못하다.

따라서 대중성 콘텐츠 자체로는 의뢰인이 나에게 사건을 맡기고 싶어 하는 상태로 만들 수가 없다는 것을 먼저 전제로 해둔다. 이 역할은 다음 강의에서 학습할 P to P 콘텐츠가 수행한다.

그렇다면 대중성 콘텐츠는 어떤 역할을 하는 것일까?

두 가지 역할을 한다.

첫 번째로 일단 유튜브이든 블로그이든 조회수가 나와야 상위 노출을 결정하는 '지수'가 높아지기 때문에, 그 지수를 올리기 위해서 대중성 콘텐츠를 제작한다. 이 지점에서 '지수'를 높인다는 것은 블로그나 유튜브의 실질적인 건강도를 키운다는 개념으로 보면 된다.

두 번째도 같은 맥락이다. 일단 조회수를 높임으로써 유입자를 늘려 밀도가 얕은 키워드로 검색하는 잠재 의뢰인들을 확보하기 위함이다. 예를 들어 어떤 의뢰인이 이혼에 대해서 알아보고자 하는데, 이때 검색을 하는 방식에는 2가지 유형이 있다.

하나는 "이혼할 때 중요한 요소" "이혼할 때 주의할 점" 등 질문의 밀도가 얕지만 누구나 검색을 해볼 만한 대중적인 키워드로 검색을 하는 사람이 있을 것이고, 이와 달리 "부동산 시세가 올랐는데 이혼을 하면 재산분할은 어떻게 되나요?" "배우자가 외도를 했는데 이를 용서한 경우에도 소송을 할 수 있나요?"와 같이 질문의 밀도가 깊은 키워드로 검색하는 사람이 있을 것이다. 보통은 정보 수집 단계에서 얕은 밀도로 검색하다가 더 깊은 밀도로 나아간다.

이때 얕은 밀도로 검색을 하는 사람들에게 내 콘텐츠를 노출하기 위해서 대중성 콘텐츠를 제작하는 것이다. 많은 사람이 출입할 수 있는 넓은 입구인 셈이다. 이때 P to P 콘텐츠가 관련 주제로 많이 쌓여 있다면 아래와 같은 연쇄 반응이 일어난다.

이혼할 때 중요한 3가지 요소라는 대중성 콘텐츠를 본 사람이 있다고 치자. 그 영상이나 글을 보고 나서 그 콘텐츠에 엮인 "나도 같이 읽어주세요"라고 적혀 있는 관련 링크를 클릭하게 된다. 그랬더니 그 링크에는 내가 지금 당면한 현실, 즉 결혼 전에 공동명의로 구매한 아파트가 2배로 가격이 상승했는데 현재 이혼을 고민하고 있고, 그럼 이 아파트 가격 상승분은 어떻게 반영이 되는지에 대한 콘텐츠가 있었던 거다.

맞다. 이게 P to P 콘텐츠이다. 이렇게 되면 대중성 콘텐츠를 보기 위해서 들어왔던 사람이라도 연결된 P to P 콘텐츠를 보고 더 그 전문 자격사에 대한 신뢰가 쌓이고 다른 전문 자격사들과는 분명 차별점을 느끼게 된다. 한마디로 그 의뢰인이 전문 자격사에게 느끼는 가치가 상승하는 것이다.

이처럼 대중성 콘텐츠는 P to P 콘텐츠가 제대로 된 힘을 발휘할 수 있는 보조적인 역할을 수행한다.

03 그림자 분신술

이번 주제는 3가지 콘텐츠 유형 중 내 시간을 절약해주는 그림자 분신술이다.

〈나루토〉라는 만화가 있다. 거기서 주인공이 '그림자 분신술'이라는 기술을 쓴다. 이 분신들은 본체처럼 움직인다. 그러니까 몸이 여러 개가 되다 보니 여러 업무를 하게 되는 것이다. 그런 의미에서 이름을 붙였다.

그런 생각을 해봤던 적이 분명 있을 것이다. 어떤 의뢰인이 했던 질문을 또 다른 의뢰인이 하고 그 다음에 또 다른 의뢰인이 하고 이렇게 같은 질문을 몇 번 듣다 보면 '차라리 이걸 매뉴얼로 만들어서 물어볼 때마다 그걸 보여주면 얼마나 좋을까'라는 생각 말이다.

근데 막상 만들지 못한다. 일에 치이다 보니까. 필자도 똑같다. 사실 의뢰인들이 자주 묻는 것들을 체계적으로 만들어 두면 좋겠다는 생각은 누구나 하는데, 잘 못하게 된다. 그러나 이걸 아셔야 한다. 한 번 만들어두면 분명 쓸 때가 있고 그림자 분신술을 만드는 데 소요된 시간보다 몇 배는 시간을 아낄 수 있다는 것을.

그래서 '일단 한 번 만들어두면 내가 시간을 버는 구나'라는 개념으로 그림자 분신술에 접근하길 바란다.

그림자 분신술은 사건 수임과는 직접적 연관이 없다. 일단 수임이 됐거나 수임과는 관련 없는 질문을 하는데 답은 해줘야 하는 경우에 내 시간을 아끼고자 "이 영상 또는 이 글을 보세요 자세하게 나와 있습니다"라고 넘기는 용도이다. 즉 보는 사람도 적고 DB 생성도 목적이 아니지만, 의뢰인들이 많이 궁금해하는 내용을 담은 콘텐츠이다.

대중성 콘텐츠와 P to P 콘텐츠가 그렇듯 이 그림자 분신술도 역할이 있다.

1) 설명을 안 해도 되니까 시간을 절약한다. 하루 종일 이 시간을 모으면 엄청나다.

2) 이 전문 자격사가 준비돼 있는 사람이고 이쪽 분야로 특화가 됐다는 신뢰감을 의뢰인에게 준다.

3) 글이나 영상의 조회수가 올라가니 채널 성장에도 도움이 된다.

4) 콘텐츠끼리 연계를 시켜서 책이나 리드마그넷을 출판할 때 도움이 된다.

한마디로 무조건 해야 하는 방식이다.

그런데 이걸 하는 전문 자격사를 본 적이 없다. 몰라서 안 할까. 아니다. 해야 한다고 생각은 하는데 귀찮거나, 일에 치여서 못했거나 둘 중 하나이다. 생각은 누구나 한다. 중요한 건 생각했으면 '즉시' 해야 한다는 것이다.

진부하게 들리겠지만 그게 제 성공 비결이다. 그리고 모든 압도적인 성과를 낸 사람들의 기본기이다.

필자의 경우에는 이런 그림자 분신술 리스트를 꾸려서 의뢰인들에게 네이버 카페에서 공개하고 있다. 이걸 하나하나 퍼즐 조각 맞추듯이 만들어 가면 보는 사람이 놀랄 수밖에 없다. 그 자체로 차별화가 발화된다.

이런 걸 만든 사람이 없으니까.

차별화는 다른 데 있는 게 아니다. 깨닫고 생각한 바를 바로 하느냐 하지 않느냐의 차이다. 그리고 꾸준히.

그렇다면 그림자 분신술의 주제는 어디서 찾아야 할까?

쉽다. 일단 의뢰인들에게 공통으로 나오는 질문들을 그때그때 메모해 두고, 너무 특이해서 1년에 한두 번 물어볼지 하는 질문들은 굳이 만들 필요가 없다. 편집적인 성격이나 자기만족 때문에, 시간이라는 가장 귀중한 재화를 소모해선 안 된다.

적어도 한 달에 1번 이상은 나오는 질문이어야 한다.

내용이 너무 방대하면 해당하는 지식이나 노하우를 여러 개로 쪼개길 바란다. 우리도 시간이 없지만 의뢰인도 바쁘다. 자신과 해당도 안 되는 주변 지식까지 흡수하길 원하지 않는다. 딱 요점만 추려서 질문의 핵심에 맞게 콘텐츠를 제작해야 한다.

이제 어떤 주제로 만들지 정리가 됐다면 그걸 영상과 글로 만들면 된다. 영상은 원래 운영하는 본인 계정 유튜브에 글은 원래 쓰고 있던 네이버 블로그나 카페에 쓰면 된다.

굳이 영상과 글로 만들라는 이유는, 영상을 선호하는 사람도 있고 글을 좋아하는 사람도 있기 때문이다. 환경에 따라 운전 중에는 영상에서 나오는 소리만 듣는 때도 있고, 근무 중에는 영상을 시청하지 못하기 때문에 글만 보는 경우도 있다. 따라서 어떤 상황이 될지 모르므로 둘 다 만들어 두는 게 좋다.

퀄리티는 대중성 콘텐츠나 P to P 콘텐츠보다는 좀 떨어지게 만들어도 상관없다. 콘텐츠의 퀄리티가 중요한 유형이 아니기 때문이다.

일단 영상과 글을 만들었다면 목록을 만드는 게 중요하다. 그래야 그때그때 분류에 맞게 의뢰인이 물어봤을 때 빠르게 전달할 수 있다. 나뿐만 아니라 직원이 쉽게 찾아서 줘야 한다는 점에서 더욱 그렇다.

글과 영상을 만들었다면 도서관을 설계한다. 참고로 이 설계는 시간이 지남에 따라 변경이 가능하니까 처음부터 완벽하게 하려고 하지 마시라. 영상도 마찬가지이다. 시간이 지나면 다시 만들어야 할 영상이 생기기 마련이고, 그때마다 다시 만들어서 버전업하면 된다. 전문 자격사 중에 처음부터 완벽하게 하려는 사람이 많은데, 그건 사업을 말아먹는 지름길이다.

교통사고 전문 손해사정사 업무로 예를 들어보자.

> A 교통사고 발생 직후 / B 교통사고 합의 / C 후유장해 보험금 청구

위와 같이 대분류를 정리한다면

A 교통사고 발생 직후

　A-1. 교통사고 시 꼭 챙겨야 하는 영수증이 뭔가요?

　A-2. 가지급을 받으려면 어떻게 해야 하나요?

　등등….

B 교통사고 합의

　B-1. 보험사에서 조기 합의를 보자고 하는데 어떻게 해야 하나요?

　B-2. 형사 합의 어떻게 해야 합니까?

　등등….

C 후유장해 보험금 청구

　C-1. 신체 감정이 도대체 뭔가요?

　C-2. 수술 안 해도 후유장해 인정되나요?

　등등….

이 질문들의 공통점을 보면 대부분 당신의 '수익'과는 연결이 되지 않는다는 점이다. '변두리 질문'에 가깝다. 의뢰인이 질문할 때마다 메모해 둔 질문들에 대한 답이 들어 있는 콘텐츠를 구상했다면 이제 글과 영상으로 만든다. 상위노출을 위한 글이 아니므로 제발 로직이니 뭐니 따지지 말고 자연스럽게 만들면 된다.

정리하면 그림자 분신술을 운용함으로써 얻는 이득은 다음과 같다.

첫째, 카테고리 별로 잘 정리된 아카이브를 접하는 순간 '이 사람은 체계적으로 준비된 전문가'라는 이미지를 공고하게 한다. 생각해 보라. 이 정도로 카테고리별로 의뢰인들이 묻는 내용을 체계적으로 분류해 놓은 전문가라면 나라도 신뢰가 갈 것이다.

둘째, 카카오톡방에 그냥 텍스트로 답을 달거나 전화로 답을 해 주면 조회수나 시청률이 높아지지 않는다. 조회수가 아주 중요하진 않지만, 굳이 공짜로 얻는 기회를 놓칠 이유는 없다.

셋째, '앞으로 당신이 질문을 하면 우리는 이런 식으로 답을 한다'는 분위기를 조성할 수 있다. 필자도 초창기에 의뢰인들의 질문이 나오면 직원들이 그대로 로봇처럼 링크를 복사 붙여 넣기 하다 보니 "로봇이냐", "성의 없다"는 의뢰인들의 불만이 상당히 많았다. 그러나 지금은 하나도 없다. "애초에 우리는 복사, 붙여넣기 방식을 선택했고, 그 이유는 이러이러하다"는 걸 처음에 계약서를 쓸 때 고지하고 시작한다. 이렇게 하면 그게 일종의 약속이 되기 때문에 명분이 되고 의뢰인도 이미 아는 사실인 이상 불만을 토로할 기제가 안 된다. 그리고 의뢰인이 영상을 보고도 답답한 부분이 있다면 대표와 전화상담을 할 수 있는 안전장치를 넣어놓으면 된다.

넷째, 의뢰인에게도 이 방식이 유익하다. 직원들을 아무리 잘 알아야 대표의 지식과 경험을 뛰어넘을 순 없다. 대표가 업무처리와 상담에 정신없는 사이 직원들이 의뢰인의 질문에 대답을 한 번이라도 잘못하면 그걸 대표가 책임져야 한다. 의뢰인인 또한 잘못된 정보로 더 헷갈릴 수밖에 없다. 콘텐츠는 대표가 직접 만들고 찍은 것이기 때문에 틀릴 리가 없다. 따라서 이걸 보여주는 게 대표에게도 직원에게도 의뢰인에게도 모두 유익하다.

그림자 분신술은 일단 어느 정도 수익이 창출되면 그때부터 본격적으로 만들면 된다.

04 | P to P 콘텐츠

이번 주제는 3가지 콘텐츠 유형 중 가장 핵심적인 P to P 콘텐츠이다.

P to P 콘텐츠는 필자가 이름을 붙인 것인데 'Point to Point'라는 의미이다. 정밀 타격형 콘텐츠이다.

P to P 콘텐츠는 많은 사람은 보지 않지만 그 문제에 관심이 있는 사람이라면 깊게 관심을 갖고 파고들 만한 내용을 담고 있다.

쉽게 말해 "아! 이거 내 사례인데?"라는 생각이 들도록 하는 콘텐츠를 의미한다.

설명해 드렸으니 대중성 콘텐츠와 나눠서 구분을 한번 해보자.

이렇게 구분하는 이유는 여러분들이 대중성 콘텐츠와 P to P 콘텐츠를 각각 나눠서 구성해야 하기 때문이다. 그럼 무엇이 어떤 콘텐츠에 해당이 되는지는 파악하고 있어야 한다.

예를 들어 주제가 '상간남 소송에서 승소하는 방법'이라면 이는 '대중성 콘텐츠'이다. 바운더리가 넓고 많은 사람이 클릭을 할 만하다. 그러나 그만큼 깊은 연관도는 없을 수 있다. 만일 이를 P to P로 가져가려고 하는 경우에는 '상간남이 기혼자일 경우 적법한 증거자료 수집을 어떻게 해야 하는가?'와 같이 정하면, 이는 초정밀타격이다. '누가, 어떤 상황에, 무엇을 어떻게'라는 부분이 더 구체적으로 구성돼 있다. 보는 사람은 분명 한정적이 겠지만 이 글이나 영상을 본 사람은 반드시 차별화를 느끼게 된다.

다만 이 지점에서 주의할 게 있다.

첫 번째, 우리는 학문을 하는 게 아니다. 결국 이는 필자가 암묵지를 체계지로 만들면서 정립한 콘텐츠 종류이기 때문에 이를 칼로 자르듯 딱딱 나눌 필요는 없다. 뒤 이어 설명하는 '왜 이걸 하는지'라는 목적에만 부합하면 된다. 학문을 하듯이 이를 받아들이지 말길 바란다. 우리는 의뢰인의 유입을 늘리고 의뢰인이 콘텐츠를 보고 스스로 설득할 수 있는 각종 도구를 만드는 것이지 콘텐츠 유형에 대해서 시험을 보려고 이 강의를 듣고 있는 게 아니니까.

두 번째, 더 나아가 수익 창출과는 아예 아무도 상관이 없을 거 같은 콘텐츠는 무용하기 때문에 또 지양해야 한다. 가령 변호사인데 도로교통법 분야가 전문이라고 쳐보자. 보통 돈이 되는 분야는 교통사고 손해사정이나 음주운전와 같은 형사 분야 쪽일 것이다. 그런데 '운전면허 적성검사 교육 받는 팁 3가지'라든지 '주정차 과태료 조회하는 방법' 같은 내가 수익을 창출할 수 있는 사안과는 전혀 관련이 없는 콘텐츠를 만들 필요는 없다. 물론 이런 반문은 가능하다.

"대중성 콘텐츠로서 일단 그런 영상을 만들면 사람들이 많이 들어와서 보지 않을까요?"라는 질문.

맞는 말인데, 다만 그런 사람들이 많이 들어온다고 해서 나에게 사건을 맡기진 않는다. 대중성 콘텐츠의 목적 중에 하나를 떠올려보시길 바란다. 질문의 심도가 얕은 사람이 점점 질문의 밀도를 깊게 가져가는 방향으로 즉, 대중성 콘텐츠를 찾아서 보다가 같은 채널에 있는 P to P 콘텐츠를 발견하고 그로 의식의 흐름이 이어가게 하는 목적이었다. 그런데 애초에 사건이 발생하지 않았고, 사안과 관련 자체가 없는 사람이 대중성 콘텐츠를 1만 명이 본다 해도 의미가 없는 것이다. 물론 조회수는 올라가겠지만, 조회수를 꼭 올려야 하는 뚜렷한 목적이 없다면 아무 의미도 없는 콘텐츠를 주제로 삼아서는 안 된다.

그럼 이 P to P 콘텐츠를 만드는 목적은 무엇일까?

대중성 콘텐츠가 사람들을 식당에 불러오는 역할을 했다면, 이제 식당에서 맛있는 음식을 제공하고 "오! 이 집 맛집인데? 뭔가 다른데."라는 말을 듣게끔 해야 한다. 그 맛있는 차별화된 음식, 사먹고 싶은 음식이 이 P to P 콘텐츠에 해당한다.

이는 인간의 의식과 관련이 있다. 원래 인간은 자기 자신의 일 외에는 별로 관심이 없다. 그래서 남이 무슨 일을 당하든 자기 발가락에 꽂혀 있는 작은 가시 하나가 더 신경이 쓰인다. 이는 당연한 것이다. 모든 생물은 자신의 생존이 최우선이기 때문이다. 모든 동물은 극히 아주 예외적인 경우를 제외하면 자기 자신을 가장 소중하게 여긴다. 자식을 위해 희생하고 더 소중하게 여기는 것도 엄밀히 말하면 자기 자신과 자녀를 동일시하기 때문이다.

자 우리가 이런 인간의 심리 기제를 이해했다면 이제 P to P 콘텐츠가 왜 필요한지 알 수 있을 것이다.

P to P 콘텐츠는 그걸 보는 사람이 '내 문제'라고 받아들이는 콘텐츠이다. 그래서 각각의 사연에 맡게 아주 세부적으로 주제를 정하는 것이다. "이거 내 사례랑 같다"라고 인식하게 되면 사람의 관심도는 대폭 쏠리기 마련이고, 거기에 그 문제를 해결한 사람에 대한 여러 가지 믿을 만한 사회적 증거를 제시함으로써 그 문제 해결을 맡길 수 있게끔 인도하는 것이다. 의뢰인이 "아! 이거 내 사안이랑 같은데, 이 사람은 이걸 해결해 봤구나. 다른 곳에서는 이런 걸 못 봤는데, 그리고 믿을 만한 여러 해결 사례들이 있네. 이 사람 철학도 괜찮은 거 같고. 어디 무료 제공 소책자나 신청해서 받아볼까"라고 생각하게끔 만드는 것이 P to P 콘텐츠의 본질이다.

이 지점에서 대중성 콘텐츠와 P to P 콘텐츠의 비율을 설명한다.

내가 정한 비율은 대중성 콘텐츠가 20~30% P to P 콘텐츠가 70~80%이다. 대중성 콘텐츠를 2~3개 만들었다면 P to P 콘텐츠는 7~8개 수량을 제작하시면 된다. 이 비율이 가장 이상적인 비율이라 생각되고, 그래서 그대로 하면 된다.

자 이제, P to P 콘텐츠 주제 찾는 법을 살펴보자.

P to P 콘텐츠 주제를 찾는 방법은 크게 4가지가 있다.

1. 자신의 경험
2. 네이버 지식인 체크
3. 책자 활용
4. 네이버 카페 활용

변호사 직군의 예시를 통해서 실제로 해본다.

먼저 내가 성범죄 관련 전문 변호사라고 해보자. 먼저 그간 상담을 하면서 숱하게 들었던 질문들이 있었을 것이다. 그 질문들을 떠올려 보자. 그래도 잘 기억이 나지 않는다 싶으면 이제 지식인과 네이버 카페를 한번 찾아보자.

네이버 지식인과 네이버 카페의 장점은 질문자가 실제 자기의 사례를 올리기 때문에 질문이 매우 구체적인 경우가 많다는 점이다.

먼저 '성범죄'라고만 검색을 해도 좋지만 대략적인 방향은 정해야 하기 때문에 내가 성범죄 합의금에 대해서 여러 개 글을 쓰겠다 생각을 해보고 '성범죄 합의금'이라는 키워드로 검색을 해보자.

사례들을 보면 성범죄 합의금도 너무 포괄적으로 판단이 되기 때문에 구체적인 상황을 다시 한번 쪼개보자. '카메라 촬영 성범죄 합의금'으로 구체적으로 적어보자.

결국 카메라 촬영 성범죄 합의금이라는 구체적인 상황을 지식인을 통해서 주제를 확보했고, 더 구체적으로 한다면 치마 속 카메라 촬영 성범죄 합의금이 되겠다. 왜냐하면 도촬의 경우에도 치마 속이 아닌 그냥 여성의 특정 신체 부위를 찍은 경우라든지 아니면 화장실 도촬이라든지 여러 가지 사례가 있기 때문에 한 단계 더 나아가 특정을 해주는 것이다. 이렇게 구체적으로 특정을 해주는 것이 P to P 콘텐츠의 방법이다.

또 뭐가 있을까?
다시 나와서 이번엔 합의금이라 아니라 성범죄로 구속이 될 사안을 살펴보자.
키워드는 '성범죄 구속'이 되겠다. 이 경우에는 구속이 된 사례와 구속이 될까봐 염려되는 사례가 있는데, 둘 다 주제로 써도 된다. 구속이 될까봐 염려되는 사례를 보자.
여자친구와 관계를 하다가 몰래 촬영을 했고 여자친구가 신고한 사안인데, 이렇게 되면 주제가 '성관계 몰래 촬영 신고 받았는데 저는 구속되나요'가 된다. 이처럼 또 한 가지 주제를 건졌다.

다음으로 네이버 카페를 활용하는 방법이다.
네이버 카페에서 '성범죄'라고 쳐보자. 사람이 많이 모인 카페가 있으면 거기로 들어간다. 착각하지 말 것은, 우리는 콘텐츠의 주제를 찾는 것이지 다른 사람이 쓴 글을 퍼오는 게 아니다. 도용은 해선 안 된다. 이런 카페에 올라온 질문은 구체적인 질문이 많기 때문에 그것을 그대로 가져와서 콘텐츠로 만들면 된다. 카페 취지 자체가 불특정 다수에게 질문을 하는 것이기 때문에 문제는 발생하지 않는다.

마지막으로 관련 서적을 통한 주제 찾기이다. 이는 여러분의 동료분들이 이미 출간한 책자에 있는 목차를 보고 쓰는 것이다.

'예스24'나 '교보문고'로 가서 '성범죄'로 검색. 이 책들을 사서 보셔도 좋고, 아니면 어차피 주제만 찾는 거니까 목차만 봐도 된다.

이 목차들만 봐도 수많은 P to P 주제를 파악할 수 있다. 다만 가급적이면 사건 수임과 연결이 되는 주제를 컨텍하길 바란다.

이외에도 여러분 동료분들의 홈페이지, 블로그, 유튜브 등을 통해서도 소스를 찾을 수 있다.

정리한다.

1) P to P 콘텐츠와 대중성 콘텐츠를 구분하는 방법이다. 대중성 콘텐츠는 포괄적이고 많은 사람이 볼 만한 콘텐츠이고 P to P 콘텐츠는 좁은 범위로 설정해 "이거 내 사건이다"라고 인식하게끔 하는 콘텐츠이다.

2) P to P 콘텐츠는 직접적으로 수익 창출과 연결이 돼 있다.

3) 콘텐츠 주제를 찾는 방법은 여러 가지가 있고 지식인, 카페, 여러분 경험, 책자, 유튜브, 블로그, 홈페이지 등이 있다.

4) 대중성 콘텐츠와 P to P 콘텐츠의 비율은 2대8 또는 3대7 정도가 바람직하다.

05 대중성 콘텐츠 vs P to P 콘텐츠

다시 설명하자면 대중성 콘텐츠는 보는 사람이 많고 조회수도 많지만, DB 연결에는 직접적으로 연결이 안 되는 주제를 말하고, P to P 콘텐츠는 '정밀 타깃형 콘텐츠'로 보는 사람은 적지만 일단 보게 되면 "내 사례다"라고 생각하고 잠재적 의뢰인이 DB를 남길 수 있는 콘텐츠를 말한다. 각 콘텐츠에 나만의 노하우와 성공 사례, 예시 등을 넣어주면 더 효과적이다.

예를 들어 산업재해 전문 노무사 업무를 생각해 보자. 100개 주제 중 먼저 10개 정도의 리스트를 작성한다면

	리스트	콘텐츠분류
1	탄광 진폐증을 앓고 있는 경우 산재 인정 여부	P to P
2	경비원으로 일하다가 심장마비가 온 경우 산재 인정 받는 방법은?	P to P
3	산재 노무사 비용은 얼마 정도 들어가나요?	대중성

4	잦은 야근을 하던 빌딩 관리 소장이 과로사한 경우 산재가 인정되나요?	P to P
5	공무원 산재에 관련된 5가지 이슈	대중성
6	산재 처리 기간을 줄이는 핵심 방법 3가지	대중성
7	식당 주방 근로자의 급성 심근경색증 산재 가능한가?	P to P
8	건설일용직 허리디스크 산재 인정되나요?	P to P
9	쇼핑 카트 관리자 열사병으로 쓰러진 때 산재 인정 사례	P to P
10	트레일러 운전원 산재 인정받기 위한 조건은?	P to P

이런 식이 된다.

주제를 보면 감이 오겠지만, P to P는 '누가'와 '무엇을'이 한정이 돼 있다. 그래서 정밀타격이 가능하고, 세부적이라 보는 사람은 적겠지만 일단 해당이 되는 사람이 이 글을 보게 된다면 분명 효과가 있을 수밖에 없다.

이 대목에서 "다른 전문 자격사들도 다 이런 콘텐츠를 작성하던데요? 뭐가 다릅니까?"라고 반문이 나와야 정상이다.

이런 정밀 타깃 방식의 콘텐츠는 사실 새로운 것이 아니다. 그럼에도 필자와 다른 전문 자격사들이 다른 것은 필자는 이 방식을 '전략적'으로 기획해서 활용하고 있다는 점이다.

광고 대행업체는 물론이고 전문 자격사 대부분이 콘텐츠를 용도에 맞게 기획하고 전략적으로 노출을 해야 한다는 점을 이해하지 못한다.

그래서 어렵게 영업을 해와도 의뢰인 니즈에 맞게 P to P 콘텐츠를 주는 게 아니라, 자기소개 영상, 또는 수박 겉핥기식의 영상임에도 일단 조회수 많이 나온 대중성 있는 영상을 보라고 주니 좋은 무기가 있어도 의뢰인의 심장을 뛰게 하지 못하는 것이다.

모든 콘텐츠는 용도가 있고 그 용도에 맞게 배정 또는 노출돼야 한다.

아울러 콘텐츠를 작성할 때도 주제가 P to P 콘텐츠라고 해서 그것만으로 끝난 게 아니다. 여기에 예시, 노하우, 성공 사례, 내 철학 등이 들어가야 한다. 그런데 이런 세부 요소 없이 주제만 정밀 타깃형으로 잡는다면 '호두 없는 호두과자' 느낌이 들 수밖에 없다.

이런 세세한 부분을 하나하나 컨트롤해서 피드백을 받고, 점진적으로 나아져야 한다.

일단 여기까지가 100가지 주제를 테크트리 홍보법의 시작이었다. 이후부터는 차근차근 각 채널 특성에 맞게 설명을 이어가겠다.

■ 예시 – 관세사의 경우

대중성 30%

1. 해외여행 입국 면세 한도는?
2. 국내 면세점 구매 한도와 면세 한도의 차이는?

3. 관세신고하는 방법

4. 해외 직구 사이트에서 물건 구매 시 관세 계산 방법은?

5. 구매 한도와 면 세한도 차이는?

6. 입국 면세 한도는 얼마일까?

7. 신고할 물품이 있는데도 신고하지 않으면?

8. 가족 면세 금액 합산 기준은?

9. 관세 계산 방법은?

10. 관세 자진신고는 어디서 해야 할까?

11. 기본 면세와 별도 면세는 어떻게 다를까?

12. 관세 2회 이상 미신고 적발 시 어떻게 될까?

13. 주류는 몇 병까지 면세일까?

14. 관세와 부과세 차이는 무엇일까?

15. 개인통관고유부호 발급 방법은?

P to P 70%

1. 여행객이 입국 시 면세 범위를 초과한 반입 물품을 자진 신고하면 세금이 얼마일까?

2. 가족의 경우 면세 금액이 합산될까?

3. 미성년자 자녀도 면세 한도 적용될까?

4. 할인받은 제품은 과세가 어떻게 될까?

5. 현지에서 텍스리펀드 받은 물품의 관세는 어떻게 될까?

6. 외국인 친구가 외국에서 ems로 선물을 보낸다고 하는데 관세가 붙을까?

7. 동물 수입 시 운송 중에 동물이 출산을 한다면 관세가 더 붙을까?

8. 외국에서 물품을 구매했는데 다른 사람 이름으로 관세를 낼 수 있을까?

9. 외국에서 외국산 자동차 구매하여 사용하다가 우리나라로 반입하는 경우는?

10. 영양제 6병 이상 구매 시 병당 관세가 붙을까?

11. 해외에서 명품가방 구매 후 몸에 착용하고 입국했는데 세관에서 어떻게 확인할까?

12. 해외물품 구매 시 개인통관번호 기입 안 했는데 관세가 나올까?

13. 세관신고 시 물품가격을 잘못 기재했을 때 수정할 수 있을까?

14. 해외직구 사이트에서 세관 정보 미완성 시 수정 방법은?

15. 외국에서 국내로 외화 휴대반입의 상한 금액이 있을까?

16. 해외 거주 시 구매한 물건을 한국으로 가지고 들어갈 때에도 세관신고 해야 할까?

17. 세관신고 금액을 더 많이 적었는데 경정청구 가능할까?

18. 교환학생으로 외국 거주 시 6개월 이상 해외물품 사용했는데 입국 시에 세관신고 해야 할까?

19. 한국 입국 시 짝퉁물건 세관에 걸릴까?

20. 해외 면세점 이용 안 하면 세관신고서 작성 안 해도 될까?

21. 미성년자도 개인통관고유부호 발급 가능할까?

22. 생산국가와 수출국가가 다를 시 FTA관세 적용 가능할까?

23. 한-EU FTA 협정이 적용되는 제품들은 수입 시 관세가 면제될까?

24. 같은 날 서로 다른 해외 쇼핑몰에서 물품 구매 시 합산과세가 적용될까?

25. 테무 중국 쇼핑몰에서 사용한 크레딧에 관세가 붙나요?

26. 해외마켓에서 중고로 물건을 샀는데 개인 간 거래에도 관세가 붙나요?

27. 미국인이 한국에 자기 쓰던 물품을 붙이면 관세 붙나요?

28. 해외에서 아이폰 구매했는데 관세 붙나요?

29. 같은 날 물품 받을 때 관세 납부해야 하나요?

30. 해외 사이트에서 쿠폰 적용하여 구매했는데 관세 붙나요?

31. 한국에서 해외로 물품 보낼 때 관세가 붙나요?

32. 법인카드로 물품 구입 시 통관번호를 개인통관번호로 기입하면 문제가 없을까?

33. 텍스리펀 받은 제품도 신고해야 하나요?

34. 독일에서 친구에게 선물 받은 경우 FTA 협정 관세 적용되나요?

35. 중고거래 시에도 관세법이 적용이 되나요?

06 콘텐츠 테크트리 총론

콘텐츠를 만드는 가장 실무적인 부분 테크트리에 대해서 설명을 한다. 먼저 필요성이다. 콘텐츠 테크트리가 필요한 이유는 세 가지이다.

첫 번째로 마케팅은 확률 게임이라는 게 필자의 지론이다. 내 콘텐츠가 채널을 통해 잠재 의뢰인에게 닿을 확률을 높이기 위해서는 여러 채널을 동시에 활용하는 게 당연히 맞다. 예를 들어 블로그만 하는 사람과 신문사 기고, 블로그, 유튜브, 카페, 인스타그램을 모두 하는 사람 중에 누가 더 콘텐츠 도달 확률이 높을까? 당연히 후자이다.

그런데 이 지점에서 이것도 하고 저것도 하는 게 좋은 걸 모르는 사람은 없지만 시간과 에너지와 비용이 많이 들어가서 문제가 되는 것이다.

그래서 이걸 해결하는 게 두 번째 이유이다.
즉 하나의 콘텐츠를 만들어서 그걸 별 다른 노력 없이 유튜브에도 쓰고 블로그에도 쓰고 뉴스 기고에도 쓰고 인스타그램에도 쓸 수 있도록 하는 게 관건인데, 그 목적으로 만든 것이 내가 주장한 콘텐츠 테크트리이다.

세 번째 이유는 학습경로 이론이다. 예를 들어서 잠재 의뢰인이 블로그에서 내 글을 봤다고 해보자. 그 경우에 블로그를 통해 내 유튜브로 유입이 되고, 다시 유튜브에서 뉴스 기고로 유입이 되면서 내 채널을 3번을 거치게 된다. 즉 블로그 하나만 운용을 해서 그 채널 하나에서 나에 대한 정보를 파악하는 것보다 블로그를 통해 유튜브 다시 기고로 이동하는 경로를 통해 이 잠재 의뢰인의 나에 대한 신뢰도는 계속 상승하게 된다.

한 번 본 사람보다는 세 번 본 사람이 편안하고 익숙해지는 것과 같은 개념이다. 그래서 여러 채널을 통해 의뢰인 스스로가 학습할 수 있는 경로를 만든다. 이것이 세 번째 이유이다.

알다시피 대표적인 마케팅 채널은 네이버 블로그, 네이버 카페, 유튜브, 인스타그램, 뉴스 기고이다. 이 채널들을 어떤 순서로 어떻게 운용할지를 만든 것이 다음 표이다.

순서는 이렇다.

먼저 P to P 콘텐츠와 대중성 있는 콘텐츠를 섞어서 100개의 주제를 정한다. 100개가 어려우면 일단 50개로 시작해도 된다.

이후에 유튜브 대본을 먼저 작성한다. 원래 초창기에는 뉴스 기고를 먼저 쓰는 순서였는데 이걸 유튜브 대본부터 시작하는 걸로 바꿨다. 뉴스 기고라는 생각에 글을 너무 어렵게 쓰는 사람이 대부분이었기 때문이다. '쉽게 쓰기'는 이후에 강의 한 챕터로 잡을 정도로 중요한 주제라 이후 자세하게 설명하겠다.

유튜브 대본을 쓴 뒤에는 이것을 네이버 블로그 형태의 글로 약간 변형을 한다. 사실 블로그도 캐주얼하게 쓰는 게 정석이기 때문에 변형을 할 것 없이 그대로 유튜브 대본을 블로그 글로 옮겨도 된다.

유튜브는 음성이고 네이버 블로그는 글이기 때문에 유사도 문제가 걸릴 이유가 없다. 여기서 말하는 유사도는 '유사 문서'와 관련이 있으며, 기존 글을 그대로 카피해서 같은 플랫폼에 올릴 경우 악성 문서로 인지돼 그대로 블로그나, 카페의 모든 글이 노출이 안 되는 최악의 상황을 가져오게 하는 문서를 말한다. 네이버 블로그와 구글 유튜브는 겹칠 일이 없기에 그대로 써도 된다.

이렇게 블로그까지 완성이 됐다면 이제 뉴스 기고로 간다. 뉴스 기고는 다소 딱딱한 투라 약간은 변형이 필요하다. 이 과정도 이후에 학습하게 되니 걱정하지 않아도 된다.

마지막으로 카페 글이다. 이 과정이 제일 어려운데, 네이버 블로그에 썼던 글을 대폭 수정해야 한다. 네이버 블로그와 네이버 카페는 형제지간이라 유사 문서로 인정된다. 따라서 기본적인 흐름만 가져가고 대부분 단어와 어순, 모든 형태를 바꾼다고 생각하면 되는데, 이 과정은 챗 GPT 등 AI를 이용해서 할 것이다.

이 카페글은 광고대행업체가 짜깁기해서 쓴 글과는 분명 다르다. 전문자격사 본인이 작성한 글인 이상 형식만 달라질뿐 내용의 깊이는 동일하니까.

카페 글까지 작성했다면 인스타와 페이스북에 올리면 된다. 인스타는 사진 위주로 들어가기 때문에 네이버 블로그에 썼던 사진을 그대로 갖다가 붙여도 된다. 인스타와 페이스북은 페이스북 기반 문서이기 때문에 네이버와 유사문서 문제가 발생하지 않으므로 걱정할 필요 없이 네이버에 있는 글을 요약해서 올리면 된다.

이렇게 하는 데 걸리는 시간은 2시간 남짓이다. 관성이 붙으면 더 빨라진다.

다시 요약하자면 내가 강조하는 '콘텐츠 테크트리'는 다음과 같다.

1. 주제 100개
2. 유튜브 대본

3. 그대로 네이버 블로그

4. 약간 오피셜하게 뉴스 기고

5. 네이버 블로그 글을 네이버 카페 글로 AI를 통해 전환

6. 블로그에 썼던 사진 위주로 인스타 올리기

이렇게 하루에 1~2개 정도를 올리는 것을 목표로 해야 한다. 이것도 못 하겠다면 처음부터 포기하는 게 좋다. 하루 종일 시간을 갈아 넣으라는 건 아니다.

이 정도는 매일 투자를 해야 우리가 목표로 하는 지점에 오를 수 있다.

07 채널 분석 - 유튜브

유튜브를 해야 하는지 말아야 하는지 고민하는 분들이 있는데, 유튜브는 무조건 해야 한다. 이건 물어보며 고민하고 할 문제가 아니라 숨을 쉬어야 하느냐는 질문과 같다.

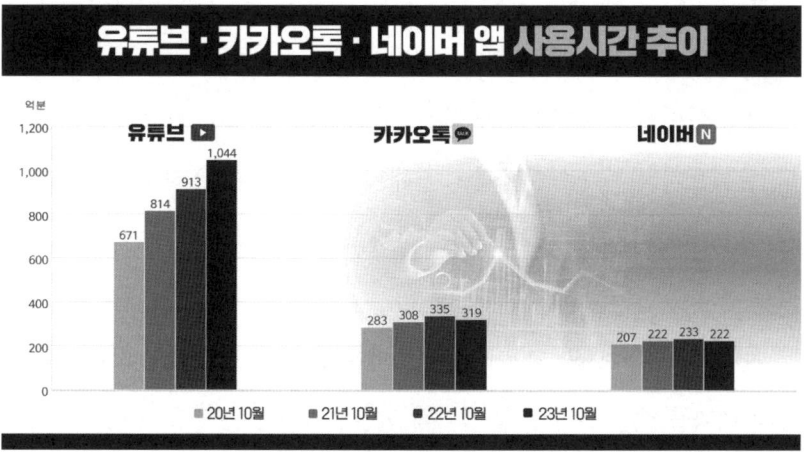

2023년 11월 15일 매일경제 기사에 따르면 유튜브 앱 사용 시간은 지난 2018년보다 2.6배가 늘어났다. 한 달 사용시간은 1,044억 분으로 이는

카카오톡과 네이버 사용시간을 합한 것보다 2배 가량 높았다. 각각 카카오톡 사용시간은 319억 분, 네이버 사용시간은 222억 분이었다.

이처럼 영상 콘텐츠가 대세로 자리잡았다. 뇌과학적으로 그럴 수밖에 없는 운명이다. 인간은 본래 편한 것을 택하게 돼 있다. 우리 뇌는 귀찮은 걸 극도로 싫어하고 현상유지를 좋아하는 습성이 있기 때문이다.

글은 행간의 의미를 살펴야 하고 한 번 더 머릿속에서 상상하는 과정을 거친다.

글이 두 번의 과정을 거쳐야 인식하게 되는 데 반해, 영상은 그대로 머리에 꽂힌다.

사진이 글보다 더 기억에 잘 남고 움직이는 사진인 동영상이 더 생생하게 기억나는 이치이다.

동영상이 가져다주는 쾌락은 '도파민 중독'을 일으키고 다시는 글로 돌아갈 수 없는 지경에 이르렀다.

요즘 아이들이 문해력이 떨어진다는 이야기가 나온 까닭도 여기에 있다. 유튜브가 가져다준 문제야 해결해야 할 부분이지만, 시대의 흐름이 그렇다면 선택을 받기 위해서 우리는 그걸 활용할 수밖에 없는 처지이다.

여기까지 유튜브의 필요성을 강조했는데, 그럼에도 불구하고 여러 사람과 대화를 해본 결과 가장 심리적 진입장벽이 높은 것은 역시나 유튜브 영상 촬영이었다. 그러나 일단 한 번 찍어보고 피드백을 받고 나면 점점 더 나아진다는 걸 스스로 알게 된다.

필자도 스스로 제일 잘했다고 생각하는 건, 유튜브가 주도권을 잡기도 전에 이미 네이버TV 등을 통해 영상을 꾸준히 찍어 왔다는 점이다. 처음에 찍은 영상은 지금 보면 말도 못 할 정도로 창피하다. 어색한 데다가 말은 또 왜 그렇게 어눌한지. 7년 전이라 지금보다는 탱탱한 얼굴(?)이라는 거 빼고는 아무것도 볼 게 없는 영상이었다. 그러나 그것이 연습이라는 과정이 되어 지금은 못한다는 소리는 안 들을 정도로 영상을 잘 찍고 있다.

결론적으로 무조건 유튜브를 찍어야 한다. 그리고 유튜브 채널 하나만 꾸준히 해도 분명 의뢰가 들어온다. 물론 이것은 필자가 원하는 방식은 아니다. 필자는 고립된 하나의 채널이 아니라 채널 간 유기적인 협력 체계를 전략으로 의뢰인을 계속 학습시키는 것이 중요하다고 강조했다. 그래서 유튜브만 해선 안 된다.

'쇼츠'라는 플랫폼도 주목해야 한다. 아주 짧은 영상으로 이루어진 유튜브 영상의 축소판이라고 할 수 있는 쇼츠의 체류시간도 엄청나게 늘어났다. 어렵게 생각하지 않고 빨리 콘텐츠를 소모하려고 하는 현대인의 인지 방식과도 큰 관련이 있는 부분이다.

유튜브 영상 콘텐츠의 가장 큰 문제는 편집이다. 다 잘 찍었는데 편집을 어떻게 해야 하는지가 가장 막막할 것인데, 편집은 화려할 필요가 없다. 단가가 낮게 들어가는 게 최고의 편집이다. 본인이 시간이 있고 편집기술을 조금이라도 안다면 시간을 최대한 짧게 투자해서 빠르게 편집을 해보길 바란다. 그러나 편집 자체에 대해서 아무것도 모른다면 외주를 주는 게 현명하다. '레버리지'를 해야 할 때에는 과감하게 해야 한다. 외주는 내가 원하는 최소한의 퀄리티에서 최소 비용이 들어가게 해야 한다.

마지막으로 영상 업로드 개수에 대한 이야기를 하자면 1주 1~2개 정도가 좋다. 처음에는 무리하지 말고 100가지 주제 대본에 맞게끔만 찍어서 올리길 바란다. 그리고 탄력이 붙으면 대본 외에도 콘텐츠를 만들면 좋은데 가장 쉬운 콘텐츠가 'Q & A' 형식이다. 평소 의뢰인들이 내 네이버 카페나 타 커뮤니티에 올린 글들에 대해서 짧게 답을 해주는 형식이다. 이를 100개의 주제와 섞어서 커버하면 충분히 하루에 1개 정도의 영상이 올라갈 수도 있다. 필자는 실제로 매일 영상을 올리고 있다.

유튜브는 네이버와 달리 테크닉이란 게 거의 없다. 키워드를 잘 구성한다고 해서 소위 말하는 '떡상'을 할 수는 없다. 유튜브는 공정한 게임이라고 생각한다.

그러므로 테크닉에 큰 의미부여를 하지 말고, 3가지 컨텐츠 작성 방법으로 꾸준히 키워가는 유튜브를 만들어가는 게 가장 좋다.

유튜브는 이 업을 그만두는 날까지, 설령 그만둬도 뒤에 있는 후임자에게 물려줄 각오로 꾸려가야 한다.

08 채널 분석 - 블로그

홍보 채널 분석 및 운용법으로 블로그에 대해서 설명을 드린다.

블로그를 왜 해야 하는지에 대한 답이 되겠다. 참고로 카카오 티스토리나 마이크로소프트 워드프레스도 해야 하느냐는 질문이 있는데, 네이버 블로그만 잘해도 충분하다. 물론 시간적 여유가 된다면 같이 해도 된다.

사람의 뇌는 효율을 원하게끔 진화해 왔다. 그래서 비효율적인 것을 배제하고 효율적인 것에 쾌락을 느끼는 게 우리 뇌의 기본 작동 메커니즘이다. 우리가 의식적으로 '효율적'이라고 생각하지 못하는 순간에도 뇌는 무의식적으로 그것을 효율적이라고 생각하고 그대로 움직인다. 또한 뇌는 자극적인 걸 좋아한다. 자극에 절여질수록 더 큰 자극을 원하는 게 뇌의 작동 기제이다. 뇌가 그저 안정감 있는 삶만을 최우선으로 추구했다면 번지점프, 스쿠버다이빙, 파쿠르 같은 스포츠는 발달할 수가 없었을 것이다.

앞서 기술한 대로 영상과 글에 있어 뇌가 받아들이기에 많은 연산처리가 필요하지 않고 즉각적인 쾌락을 줄 수 있는 영역은 영상이다. 그래서 종이신문보다는 영화를, 소설책보다는 드라마를 우리는 더 잘 보게 된다. 따라서 영상 플랫폼인 유튜브와 숏폼, 릴스가 대세가 된 이유는 어쩌면 이미 예견된 일이다.

그럼 '글'을 기본으로 하는 콘텐츠는 포기해야 하는 것일까?

그렇지 않다. 전통적인 플랫폼 강자인 네이버 블로그와 카페 콘텐츠 역시 나름의 중요한 역할이 있다.

첫째, 역시 효율에 대한 다른 부분이다. 유튜브는 정보의 검색 기능이 상대적으로 약하다. 영상을 구간별로 나눠서 볼 수 있게 '타임라인 기능'이 있긴 하지만 근원적으로 영상은 특정 정보만을 추려서 검색하기가 쉽지 않다. 빠르게 글을 읽으면서 정보를 선별해 낼 수 있는 텍스트와는 비교가 될 수 없다. 가령 '세안을 잘하는 법과 제품 추천'에 대한 정보를 얻고 싶다면, 유튜브의 경우 어쨌든 일단 영상의 시작부터 끝까지 다 시청을 해야 선별이 가능하다. 더욱이 제목과 달리 내가 원하는 내용이 들어가 있지 않다면 또 다른 영상을 시청하고 탐색해야 하는 번거로움이 있다. 그에 비해 블로그 글은 스크롤을 주욱 내리면서 내가 원하는 정보만을 빠르게 캐치할 수 있고, 정리하자면, 특정 정보를 검색할 때에는 블로그 글이 더 효율적이라는 점이다.

둘째, 소리를 들을 수 없는 경우이다. 유튜브는 영상과 함께 나오는 '음향'을 플랫폼의 기본요소로 한다. 물론 이어폰을 끼고 들으면 가능하겠지만, 이어폰을 낄 수 없는 환경도 분명 존재한다. 아니면 필자처럼 이어폰 자체를 싫어하는 사람도 분명 있다. 즉 소리를 시원하게 틀고 들을 수 없는 경우라면 글을 탐색하는 게 대안이 된다.

셋째, 로컬 검색 기능이다. 네이버는 로컬 기반 검색 기능이 활성화돼 있어, 검색어를 입력하면 가까운 곳 순으로 매장이 검색이 된다. 식당은 물론 헤어숍, 카센터에 이르기까지 모든 게 위치 기반으로 돼 있다. 반면 유튜브는 이 기능이 없다. 물론 필자가 강조하는 콘텐츠 작성법은 지역을 기반으로 하지 않는다. 다만 이런 기능에 물들어있는 대중이 네이버 블로그를 계속 서칭한다는 점에서 중요하다. 사람은 관성의 동물이기 때문이다.

넷째, 쇼핑 기능이다. 이 역시 유튜브에서는 구현이 어렵다. 대중이 법률이나 세무를 쇼핑하는 것은 아니지만, 쇼핑 기능이 있는 네이버를 검색하게 되면 자연스럽게 그 외의 다른 정보도 네이버로 검색을 더 하게 된다. 이러한 '체류 습관'이 생성되기 때문에 네이버는 어떻게 해서든 체류시간을 증가시키려고 노력 중이고 이러한 노력의 결실이 블로그로 흘러가는 것도 당연한 일이다.

이 지점에서 어떤 사람들은 유튜브보다는 네이버 블로그를 먼저 해야 한다고 설파한다. 그러나 필자는 '반드시' 둘 다 해야 한다고 강조한다. 네이버 블로그와 유튜브는 양다리와 같다. 다리가 하나라도 없으면 걸을 수 없다. 물론 하나만 해도 잘 되는 사람들도 분명 있다는 건 저도 인정하는 부분이다. 그러나 2개를 다 했을 때 시너지 효과가 극대화되는 것은 확실한 이야기인 이상 두 가지를 모두 다 하기를 강권한다. 그리고 주지한 바와 같이 유튜브 대본을 그대로 블로그에 옮기기만 하면 되기 때문에 대본 작성에 시간이 이중으로 들어가는 것도 아니다.

애초에 전략적으로 콘텐츠를 작성한다면 충분히 둘 다 작성하는 데 1시간이면 가능하다. 유튜브를 촬영하는 것은 처음에는 품이 많이 들어가는 것 같지만, 반복하다 보면 2시간 촬영에 한 달치 분량을 뽑을 수도 있다.

결론이다.

블로그도 반드시 필요하고, 유튜브도 반드시 필요하다. 그렇다면 2가지를 다 하되 시간을 효율적으로 활용할 수 있도록 연구해야 하고, 그렇게 고안된 것이 필자가 말한 콘텐츠 테크트리이다. 직접 해본 것과 성공한 것, 그리고 다른 사람이 그대로 따라 해도 반드시 성장할 수 있는 방법을 설명하고 있으니 믿고 따라와주길 바란다.

09 채널 분석 - 기고

기고란 본래 의미처럼 언론사에 내 글을 싣는 것을 말한다.

과거 인터넷 신문이 세상에 나오기 전에 기고로 신문사 지면에 싣는 것은 가문의 영광쯤으로 여겨질 정도로 어려운 일이었다. 그만큼 기고할 수 있는 신문사가 한정적이었기 때문이다.

그러던 것이 스마트폰의 보급과 인터넷 뉴스가 지면 신문의 점유율을 누르면서 기고를 싣는 게 상대적으로 용이해졌다.

기고를 인터넷 신문에 싣는 방법은 크게 3가지가 있다.

1) 언론사에서 먼저 요청이 온 경우

2) 내가 요청해서 언론사에 정기적으로 무료로 싣게 되는 경우

3) 일정한 금전을 언론사에 제공하고 광고성으로 싣게 되는 경우

당연히 1번이 가장 좋다. 그러나 언론사에서 요청할 정도로 내가 유명

하면 사실, 기고를 실을 필요성도 없을 것이다.

따라서 현실적으로 할 방법은 2번과 3번인데, 3번의 경우에는 광고료가 들어간다는 단점이 있는 대신 확정적으로 본인 기고를 포털에 노출시킬 수 있다는 장점이 있다.

3번을 진행하려면 직접 언론사에 전화하는 방법이 있고 중간에서 뉴스 보도를 연결해 주는 광고 업체를 통해서 하는 방법이 있다. 무엇을 하든 관계는 없지만 필자가 제일 추천하는 방법은 연말에 신문사에서 주최하는 '○○ 부문 경영 대상'을 신청하는 방식이다.

주로 경제신문 계열에서 많이 주최하는데, 10월쯤 신청 대상을 모집한다. 심사를 거친다고는 하지만 사실 심사통과는 신문사에 먹칠을 할 정도의 문제를 일으킨 사람만 아니면 된다. 물론 당연히 돈이 든다. 심사료 명목으로 신문사에서 돈을 받는데 최소 100만 원 이상이다. 이때 '딜'을 잘해야 한다. 공개적인 글이라 더 자세하게 이야기할 순 없지만, 어쨌든 이 딜을 해보는 게 좋다.

이때 꼭 들어가야 할 조건은 '○○ 부문 경영 대상'과 함께 보너스로 1년에 몇 회 정도 기고를 노출시켜주는지이다. 요즘은 이걸 패키지로 같이 제공하는데, 즉, 상만 주고 '상 받았다'는 것만 홍보에 쓰는 게 아니라 뉴스란에 기고를 1년에 몇 회 정도 노출해준다는 조건으로 계약을 걸기 때문에 저렴하게 신청할 수 있다면 사실 꽤 이득이다.

만일 2번 방법을 못 쓰겠다면 3번을 최대한 활용하는 것을 추천한다.

그러나 정석은 2번이다.

신문사에 기고하기 위해서는 무조건 확인해야 할 게 하나 있다.

네이버에 노출 가능 여부이다. 네이버에 기고가 노출이 안 되는 신문사는 아무런 의미가 없다고 봐도 무방하다. 과거와 달리 네이버에 노출되는 언론사 수가 인터넷 신문사를 포함해 상당히 많아졌기 때문에 네이버 뉴스 탭을 클릭해서 언론사 리스트를 확인하는 게 좋다. 지방 언론사나 전문지라고 해서 다른 건 없다. 어차피 '노출'만 되면 된다.

확인했다면 네이버에 글이 노출되는 신문사 중 내 글을 실어줄 거 같은 적당한 언론사를 선정해서 전화를 먼저 걸어본다.

이메일로 지원하는 것도 당연히 맞지만, 언론사 대표 메일로 오는 메일이 하루에도 100통이 넘기 때문에 가급적 전화로 나를 각인시키고 가능하다면 한번 찾아가서 기고 결정권이 있는 데스크를 만나 설명하고 장기적으로 좋은 관계를 맺는 게 좋다.

신문사 입장에서도 오피니언을 채울 사람을 매번 구하는 게 쉽지 않기 때문에 사실 'Win - Win'이다. 게다가 언론사 입장에선 원고료도 안 들어간다. 필자가 신문사를 다닐 때도 이 기고 작성하는 사람을 매번 구하려고 스트레스를 받았던 기억이 있다. 제법 글을 잘 쓰고 유명하다 싶으면 원고료를 높게 요구해서 신문사에서 힘들어했고, 고료가 저렴하지만 글이 엉망이면 그 글을 고치는 데만 반나절이 걸려서 다른 일을 못 할 때가 많았다.

지금 이 글을 읽는 사람은 전문 자격사로서 논술시험을 거쳤을 것이고 글 쓰는 게 어려운 사람은 없을 거다. 아주 처참한 수준만 아니라면 문제가 없다.

첨언하자면 2번의 경우에는 자기 홍보에 너무 열을 올리면 안 된다. 일반 기고처럼 써야 하며 3번처럼 광고료를 주고 글을 노출하는 경우와는 성격이 다르다. 3번의 경우에는 하단에 본인 사무소 광고를 해도 되지만, 2번은 어쨌든 무료 기고라는 형식이므로 신문사에 피해가 가면 안 된다는 게 가장 중요하다. 필자도 이러한 원칙을 지키면서 10년 가까이 한 신문사와 좋은 관계를 유지하고 있다.

아울러 기고도 쌓이면 뉴스탭을 채우기 때문에 그 자체로 홍보에 적지 않은 도움이 된다는 점도 기억하길 바란다.

10 채널 분석 - 네이버 카페

네이버 카페에 대한 설명을 이어간다.

일반적으로 네이버 카페의 운영이 모든 채널 중 제일 어렵다. 블로그나 유튜브의 경우에는 일방형으로 콘텐츠를 만들어서 올리면 되지만 카페는 그렇지 않기 때문이다. 카페지기와 스태프, 회원들 간의 상호작용이 필수적이고 회원 수가 많고 콘텐츠의 질이 좋다고 해서 글이 노출되는 것이 아니란 이유에서이다.

일단 카페에 콘텐츠를 작성할 때 가장 중요한 두 가지 요소는 '최적화 카페'와 '최적화 아이디'이다. 테크닉을 이야기하는 게 아니다. 애초에 이 두 가지가 없으면 테크닉이고 뭐고, 노출 자체가 안 된다.

상위노출이 안 된다는 게 아니라 글 자체가 노출이 안 된다는 이야기이다. 블로그는 어느 정도 성장을 하면 상위노출은 안 되더라도 밀린 페이지에 글이 노출이라도 되는 반면, 카페는 이 두 가지 조건을 만족하지 못하면 아예 노출이 안 된다. 그러니 테크닉이니 콘텐츠니 따지기 전에 이 두 가지 요소를 먼저 논할 수밖에 없다. 그래서 카페를 성장시키기가 더 어려운 것이고, 반대로 이야기하면 진입장벽이 그만큼 높기 때문에 한 번 제대로 성장하고 나면 카페만 한 효자가 없다.

한편 이 글에서 다루는 '최적화 카페'나 '최적화 아이디'라는 용어는 네이버에서 공식적으로 인정한 바가 없다. 그러나 이미 대행업체나 광고업계 사람들은 다 아는 사실이고, 사실상 존재한다고 보면 된다.

먼저 최적화 카페의 조건은 일정 연도 이전에 만든 카페이면서 글이 노출되는 최소 조건을 갖춘 카페를 말한다. 여기서 의문이 들 것인데, 네이버가 공식적으로 인정하지 않고는 있지만 카페의 경우에는 일정 연도 이후에 만들어진 때에는 최적화 카페로 만들기가 굉장히 어렵다. 불가능하다고 쓰려다가 굉장히 어렵다는 단어로 썼는데, '블랙스완'은 일어날 수 있기 때문이다. 여하튼 그 정도의 느낌이다. 검은 백조가 발견될 확률.

다만 연도가 충족된다고 해서 다 최적화 카페는 아니다. 최적화 아이디로 글을 테스트했을 때 글이 노출되어야 한다는 조건도 필요하다.

다음으로 짝꿍인 최적화 아이디이다. 이는 네이버 아이디 자체의 문제이다. 아이디는 언제 만들었느냐는 중요하지 않다는 의견이 지배적이다. 최근 만든 아이디로도 최적화 아이디가 되는 경우가 있기 때문이다. 최적화 아이디를 만드는 방법도 비교적 까다롭다. 댓글을 받고 글을 쓰는 활동을 많이 해야 한다. 일정 수준의 지수가 높아지면 최적화 아이디로 최적화 카페에 쓴 글이 네이버에 노출이 되는 시스템이다.

결론적으로 이렇게 최적화 카페와 최적화 아이디를 확보했다면 이제 글을 올리면 된다.

글을 올릴 때 가장 중요한 건 일단 노출이 되어야 한다는 것은 아까 설명한 부분이다. 노출되면 콘텐츠를 쌓아가야 한다.

콘텐츠는 블로그에서 썼던 글을 유사 문서를 피해서 작성하는 방법과 아예 새로 작성하는 2가지 방법이 있다.

후자를 추천하지만 시간이 없을 경우에는 최대한 표현을 변형해서 써야 한다. 단어나 어구, 표현, 흐름 자체를 다 바꿔써야 한다.

콘텐츠는 꾸준히 하루 1개 이상은 올리길 바란다. 너무 많이 올릴 경우 '작업'으로 인식이 되기 때문에 카페가 죽을 수 있어서 많은 콘텐츠는 금물이다.

아울러 카페는 질문과 답을 하는 형식이 많기 때문에 반드시 질문하는 게시판을 만들고 회원들에게 적극적으로 질문을 하게 만들어야 한다. 전문 자격사들이 간과하는 부분이 있는데 바로 답을 안 해준다는 점이다. 너무 바쁘지 않은 이상 가급적 카페가 성장하는 단계에는 직접 대표가 답을 달아주는 게 좋다. 그것 자체로 회원들의 펜베이스가 형성되는 경우가 많다. 대다수 전문 자격사가 카페 운용조차 대행으로 맡기고 쳐다도 안 보므로 차별화가 될 것이다.

또한 카페에는 성공 사례나 유사한 진행 사례를 공지로 올려야 한다. 주기적으로 누적이 될 수 있도록 글을 바꿔주는 것도 잊지 말아야 한다.

마지막으로 카페의 꽃이라고 할 수 있는 '리드마그넷'을 적극 활용해야 한다. 리드마그넷 즉, 정보성 소책자를 받으려고 댓글을 달고 활동할 수 있는 유인기제를 만들어야 한다. 리드 마그넷에 대해서는 다음 파트에 자세히 나온다.

이처럼 카페는 굉장히 관리할 게 많다. 하지만 그만큼 진입장벽이 높아서 경쟁자들이 따라 하기 어려운 분야이기도 하다. 블로그는 광고대행업체가 많이 진출하지만, 카페에는 진출해도 전문 자격사 스스로가 카페에 대한 애정이 없다면 그대로 방치가 돼 죽어버린다. 마치 식물을 키우는 것과 비슷하다고 보시면 된다.

필자만 해도 카페에 엄청난 애정을 쏟고 나서야 동종 분야 랭킹 1위가 될 수 있었다.

회원 수는 중요하지 않다. 어차피 카페가 활성화되면 자동으로 회원 수는 급증한다.

이처럼 난이도가 높다 보니 카페는 모든 채널을 다룰 줄 알게 된 뒤 마지막에 개설하는 걸 추천한다.

키우는 기간은 오래 걸리기 때문에 긴호흡을 가지고 육성해야 한다는 걸 다시 한번 강조한다.

11. 채널 분석 - 인스타그램과 페이스북

다음으로 인스타그램과 페이스북에 대한 채널 운영 방법을 살펴본다.

알다시피 두 플랫폼은 동일한 소속이다. 남매지간이기 때문에 간단하게 특성만 살펴보자면 페이스북은 글 위주, 인스타그램은 사진 위주이다.

그러나 이보다 더 중요한 건 연령층과 성별이다. 보통 인스타는 20~30대 여성이 많이 쓰고, 페이스북은 40~50대 남성이 많이 사용한다. 현재 인스타그램은 성장이 정체 중이고, 페이스북은 전 세계적으로 하락세이다. 그러나 채널 공략에 있어 이 2가지 채널을 버릴 정도까지는 아직 아니므로 여력이 된다면 같이 해주는 게 좋다. 아울러 인스타그램의 새로운 어플인 쓰레드라는 SNS가 뜨고 있는데 아직까지 주목할 정도는 아니다.

이 지점에서 의문점은 인스타그램의 주요 소비층인 20~30대 여성이 과연 전문 자격사의 업무와 어느 정도 업무 연관성이 있느냐이다. 이혼이나 쇼핑몰 사업자와 같이 여성과 밀접한 업무를 한다면 당연히 인스타그램을 공략해야 하지만 밀접하지 않은 업무를 할 때 고민이 생길 만하다. 궁극적으로 밀접한 업무를 하고 있다면 당연히 진출해야 하지만, 전혀 관계가 없다면 굳이 노력을 쏟을 필요는 없다. 다만 20~30대 여성들은 입소문을 잘 내기 때문에 인스타그램의 저렴한 광고료를 생각한다면 20~30대 여성들이 스피커가 되어서 지인들에게 의뢰를 소개해 줄 가능성은 있다. 이 부분까지 고려해서 인스타그램에 진출할지 판단해야 한다.

먼저 인스타그램에서 타깃인 20~30대 여성을 공략할 수 있는 업무라면 바로 팔로워(이웃 추가) 숫자를 늘리면서 동시에 저렴하게 타깃 광고를 돌리면 된다.

인스타그램은 사진 위주이기 때문에 네이버 블로그를 작성할 때 썼던 사진을 그대로 올리면 되는데, 디자인적인 요소보다 글자가 크게 보이게 해서 명확하게 메시지를 전달해야 한다. 간혹 심미적인 아름다움을 지나치게 추구해 무슨 말을 하는지 알 수 없는 경우가 많은데, 인스타그램은 순간적으로 광고가 지나가기 때문에 글자가 크게 들어가는 게 가장 중요하다. 따라서 블로그에 사진글을 넣을 때도 애초에 큰 글자로 명확하고 잘 보이게 만들어야 시간을 절약할 수 있다.

조금 더 공격적으로 하고 싶다면 인스타그램에 맞는 콘텐츠를 자체 생산하면 좋다. 예전에 이혼 전문 변호사가 웹툰 형식으로 인스타그램에서 콘테츠를 연재했던 적이 있는데 반응이 매우 좋았다. 만일 여러분이 인스타그램에서의 확실한 공략을 원한다면 독자적인 사진 형태나 웹툰 형태의 콘텐츠를 지속해서 발행하면 된다.

다음은 페이스북이다. 페이스북은 하락세이긴 하지만 주 구독자가 30~50대 남성이라 효용성이 크다. 블로그에 있는 글과 사진을 그대로 복사, 붙여넣기 하면 된다. 유사도 문제는 전혀 발생하지 않는다. 블로그에 글을 올릴 때마다 한 번씩 올려주면 되기 때문에 시간적인 부담도 없다. 그리고 더 공격적으로 하고 싶다면 저렴하게 광고를 돌려주면 된다.

 이처럼 인스타그램과 페이스북은 그 특성이 조금은 다르지만 이미 '콘텐츠 테크트리'에 입각해 블로그에 사용한 사진 콘텐츠가 있기 때문에 별 노력을 기울이지 않고 콘텐츠를 올릴 수 있다. 이 두 개의 플랫폼도 잊지 말고 같이 관리하길 바란다.

12 채널 분석 - 출판

이번에는 출판이다.

기고를 엮어서 책으로 내는 것을 말한다.

이미 기고문이라는 '재료'가 충분하기에 시각 자료 첨부 및 편집만 하면 쉽게 출간할 수 있다. 애초에 콘텐츠 테크트리는 이 출판까지 염두에 두고 기획했기 때문에 흐름만 그대로 따라간다면 어렵지 않게 출판할 수 있다.

먼저 출판하는 방법은 크게 5가지가 있다. 하나씩 자세하게 설명한다. 중요한 건 이 중에 여러분에게 맞는 방법으로 '꼭' 출판해야 한다는 점이다. 어떤 전문가가 '책'을 썼느냐는 전문가 지표를 평가할 때 매우 중요한 요소이다. 일단 책을 냈다면 책의 내용이 어떻든지는 둘째치고 '전문가'라고 인식할 확률이 높고 그런 이미지로 홍보하기에도 좋다. 전략적으로 출판은 반드시 해야 한다는 것이다.

첫 번째, 출판사에서 상품 가치가 있다고 인정해서 출판사 주도로 서적을 출간하는 방식이다. 가장 전통적인 방법이다. 그러나 알고 있듯이 출판사의 눈에 들기란 굉장히 어렵다. 파급력이 있는 사람이라면 출판사에서 먼저 계약하겠다고 하겠지만, 보통은 작가가 원고를 출판사에 보내서 채택되면 출판사와 계약을 하게 된다. 자신의 콘텐츠가 특별하다고 판단되면 지원을 해보길 바란다. 자가 비용이 들지 않는다는 장점이 있다.

두 번째, 카카오 브런치를 활용하는 방법이다. 카카오 브런치는 서적 출간을 기본 모티브로 해서 운영되는 플랫폼인 만큼, 일단 작가로 등록이 되면 책을 내는 건 어렵지 않다. 다만 브런치 내 연재권을 얻는 작가가 되는 것이 쉽지 않다. 일반적으로 서너 번은 도전하는데, 한 번에 채택이 됐다면 정말 실력이 좋거나 운이 좋은 것이다.

세 번째, 자가 출판이다. 자가 출판을 지원해 주는 출판사에 계약해 500권이나 1,000권 정도 찍어내는 방식이다. 필자도 이 방식으로 책을 냈다. 출판사마다 다르지만, 비용은 1,000권에 500만 원이 넘어가는 선이다. 책이 다 팔리면 충분히 손익분기를 넘길 수는 있지만, 애초에 책을 팔아서 돈을 벌어야겠다는 생각은 하지 말아야 한다. 철저하게 홍보용 또는 증정용이다. 이벤트를 통해 자신의 플랫폼 구독자에게 증정해도 좋다. 아울러 세금 계산서 처리가 되기 때문에 비용처리가 된다는 점도 상기하고 있길 바란다.

네 번째, POD 방식이다. 맞춤형 소량 출판(Publish On Demand) 방식으로 대표적인 플랫폼은 'BOOKK'가 있다. 이북(ebook)으로 먼저 책을 만들고, 책을 먼저 찍어내지 않은 채 주문이 들어올 때마다 종이책을 찍어서 판매하는 방식이다. 자가 출판보다는 비용이 저렴하다. 그러나 증정용으로 뿌리기에는 어려운 점이 있다. 그리고 대량생산이 아니라 주문할 때마다 찍기 때문에 책의 단가가 높아진다.

마지막은 '이북 판매' 방식이다. 애초에 종이책을 생각하지 않고 전자책만 판매하는 방식으로, 이북 전용 플랫폼에서 판매하거나 자신이 직접 네이버 스마트 스토어를 열어 전자책을 판매하면 된다. 종이책보다는 단가를 비싸게 받을 수 있고, 이 방식은 이북 자체로 많은 수익을 내고자 할 때 사용한다. 자세한 것은 유튜버 '글 천개'라는 분이 잘 설명하고 있기에 이를 확인하면 좋다.

이처럼 5가지 방식 중 자신의 전략에 따라 책을 출간하면 된다.
다시 강조하지만 일단 해야 한다. 출간하고 안 하고의 차이는 매우 크다. 콘텐츠 테크트리의 플로우를 다시 한번 확인하고 꼭 해보길 바란다.

한편으로 전통적으로 전문 자격사가 책 한 권 내는 것은 자아실현의 목적 동기로 작용해 왔다. 그래서 마케팅이라는 개념을 굳이 입히지 않더라도 예전 우리 선배 전문 자격사들은 어느 정도 지식이 습득되면 출간을 해왔다.
다만 과거에 인식됐던 출간의 테마는 주로 '자아 실현'과 '입신양명', 그리고 극히 드물지만 '인세 획득'을 위한 축으로 작용을 해왔다면 지금의 출간은 '생존'이라는 묵직한 주제가 주어지고 있다.

현재에는 살기 위해서는 출간해야 한다고 필자는 감히 생각한다.

출간이 가져오는 효용성은 정말 크다. 다만 중요한 사실은 출판은 당장 돈이 되지 않는다는 것이다. 인세로 돈을 벌겠다는 생각은 처음부터 접는 게 좋다. 그리고 애초에 출판사에서 인세를 주고 섭외할 정도의 전문 자격사는 0.1%도 되지 않는다. 그렇기에 '인세'라는 주제는 잠시 심연 깊은 곳에 묻어두길 바란다.

출간은 철저하게 내가 유명해지는 것, 즉 '마케팅'의 용도이다.

다만 책만 보고 의뢰인이 연락을 해 오는 경우는 극히 드물다. 지금은 정보의 메타버스화가 이뤄져 있다. 마블 캐릭터들이 각 세계관으로 연결돼 있듯이 블로그, 카페, 인스타, 유튜브, 서적 이 모든 것들이 하나의 '학습경로'로 하나의 '유기체'로서 움직여야 하는 시대이다. 이것이 필자가 그토록 말하는 '전략'의 한 요소이다.

내가 강조하는 지점이 이것이다. 하나의 플랫폼이 아니라 꾸준히 쌓아 올린 방향성이 확실한 플랫폼들의 학습경로를 연결한다는 것.

그래서 중요한 건 출간이라는 하나의 채널로 모든 시장을 재패하겠다고 생각하지 말고, 각각의 채널이 지닌 장점을 시너지로 모아서 함께 움직여야 한다.

이것이 '통합 학습경로 마케팅'의 본질이다.

돌아와서, 출간하게 되면 가장 큰 시너지 효과는 '전문가'라는 느낌이 든다는 점이다. 일단 책을 낸 사람은 그 책이 아무리 허접하더라도 전문성을 인정받게 된다. 그래서 블로그글을 100개 발행하는 것보다 종이책 또는 전자책을 1권 발행하는 게 낫다는 지론이다. 그리고 그러한 책을 통해 유입된 독자들은 블로그나 홈페이지를 통해 더 많은 정보를 제공받을 수 있게 되고, 결과적으로 DB로 이어질 확률이 매우 높아진다.

필자 역시도 12년차 전문 자격사로서 전문 분야에 관련된 책을 두 권 발간했다. 이 책들은 1,000권씩 발간을 했는데 마이너 분야인만큼 다 소진이 되진 못했다. 400만 원 정도의 자비를 들여 출간했는데 100권은 홍보용으로 소진하고 유통 900권 중에 2025년 1월 22일 현재 427권이 팔려서 약 310만 원의 인세를 받았다.

90만 원 정도가 마이너스지만 이게 과연 마이너스일까? 아니다. 책을 보고 온 의뢰인만 지난 몇 년간 수백 명은 됐을 것이다. 아마 수십 배 수익을 거두고 '전문성'이라는 무형의 자산까지 합하면 수백 배의 값어치는 한 것이다.

이렇다 보니 출판하는 법만 알려주는 자기 계발 분야의 강사가 많이 있다. 그 사람들에게 코칭을 받는 것도 좋지만, 우리가 책으로 대박을 내는 게 목적이 아니기 때문에 필자의 조언대로만 따라와도 충분히 성과를 거둘 수 있을 것이다.

결론이다. 기고 100개가 모이면 바로 서적 출간을 한다. 그리고 인세를 벌 목적을 하지 말고 자신을 브랜딩하는 데 목적을 둬야 한다.

13 채널 분석 - 방송

과거 방송사와 신문사가 희소할 때에는 방송 출연이 쉽지 않았지만, 종편과 더불어 케이블 채널, 거기에 유튜브를 통한 개인 플랫폼까지 영향력이 커졌기 때문에 어느 정도 인지도가 있다면 방송 출연이 그렇게 어렵지만은 않다.

그럼에도 대중이 각인하는 이미지를 감안한다면 방송 3사(KBS, MBC, SBS)와 종편 4사(TV 조선, 채널A, JTBC, MBN), 그리고 보도전문채널 2사(YTN, 연합뉴스TV)에 출연하는 것을 목표로 삼아야 한다. 이외에 OBS 정도가 있다. 나머지 경제 전문 채널이 있는데 이들은 따로 설명을 하겠다.

이런 방송사에서 진행하는 프로그램에서 섭외가 들어오면 무조건 수락해야 한다. 방송의 파급력은 아직도 어마어마하고, 앞으로도 달라지지 않을 것이다. 유튜브가 아무리 조회수가 많고 파급력이 높다고 해도 방송사의 무게감과 신뢰도를 따라갈 수는 없다. 유튜브나 기타 채널은 캐주얼하게 소모가 되는 반면 정통파에 속하는 방송 3사 및 종편, 뉴스 전문채널은 오피셜하게 소모가 되기 때문이다. 그만큼 결이 다르다.

극단적으로 자기 스스로 유튜브를 100번 찍어서 "나 잘났소"라고 어필하기보다 방송에 1번 나가서 방송사 로고가 박혀있는 화면에 10초라도 나오는 게 더 낫다. 방송 출연은 아직도 아무나 할 수 있는 영역이 아니기 때문이다.

필자 역시도 SBS와 MBC, OBS에 각각 출연을 한 바 있고 현재에도 당시 출연했던 영상을 홍보용으로 곁들여 인지도를 쌓고 있다.

프로그램의 출연 방식은 3가지로 나뉜다.

첫 번째, 작가가 전문가를 섭외하는 방식이다. 이때에는 일회성 뉴스 보도가 아니라 심층적인 정보를 전달할 목적으로 방송 작가와 PD가 전문가에게 연락한다. 현실적으로 섭외는 대부분 작가가 하기에 작가와 한 번 친분을 맺고 꾸준히 관리하는 게 좋다. 일단 그들의 네트워크에서 "그 전문가가 기민하고 거드름도 안 피우고 우리가 원하는 방향으로 말을 잘해준다"는 이야기가 나오면 섭외가 자주 들어온다.

두 번째, 취재 기자가 전문가를 섭외하는 방식이다. 뉴스 보도 목적이고, 이 역시 섭외의 주체가 다를 뿐, 방식은 같다. 작가와 마찬가지로 기자와 친분을 잘 이어두면 계속 섭외가 들어온다. 기자가 취재를 요청하는 경우 대부분은 이미 짜인 대본대로 이야기해달라는 취지이다.

기자 본인이 그린 기사의 큰 그림에서 퍼즐을 맞춰줄 사람이 필요한데 그걸 기자가 스스로 이야기하면 신뢰도가 떨어지므로 전문가의 입을 빌어서 기자 본인의 주장을 멋있게 포장하는 과정이다. 따라서 기자가 원하는 대로 말을 해주는 게 가장 좋다. 물론 자기의 신념이나 가치관에 반하는 코멘트까지 해야 할 필요는 없지만, 법률이나 세무 전문가에게 하는 질문은 애초에 정치색이나 이념색을 띠지 않고 가치 중립적인 경우가 대부분이다. 그러니 애초에 기자에게 어떤 코멘트를 원하느냐고 대놓고 물어보는 게 더 편할 때가 많다.

필자의 경우 현직 기자일 때에는 엑셀 파일로 각 전문가들의 연락처와 성향을 정리했는데 기사를 쓸 때 전화를 돌리면서 특히나 내가 원하는 방향의 이야기를 해줄 사람의 리스트를 따로 분류했었다. 눈치 빠르게 내가 원하는 대로 말을 해주는 전문가의 코멘트를 가장 많이 쓸 수밖에 없었고, 그 전문가 역시 언론에 자주 노출이 되면 인지도가 쌓이므로 서로 좋은 관계를 유지할 수 있었다.

위에서 소개한 첫 번째 유형은 방송사 측에서 출연료 명목으로 소정의 교통비를 주는 경우도 있다. 그러나 대부분은 주지 않는다. 방송에 나오면 전문가도 이득이라는 걸 알기 때문이다. 따라서 푼돈을 요구하고 다음에 작가가 섭외를 꺼리게 만드는 대신 다른 걸 요구하길 바란다. 프로그램 편집본 '원본'을 홍보용으로 쓴다는 명목으로 방송에 나간 뒤 작가나 PD에게 요청하면 좋다.

기자가 코멘트를 요청하는 두 번째 유형은 당연히 금전은 전혀 오가지 않는다.

세 번째는 좀 다르다. 위에서 언급한 방송 3사와 종편 4사, 보도전문채널이 아닌 기타 경제 전문 채널에서 섭외가 오는 경우이다. 작가가 아닌 PD가 전화로 자기 채널을 소개하며 적극적으로 섭외를 한다. 이때에는 대부분 채널 측에서 돈을 요구한다. 대략 '전문가의 삶'이란 다큐멘터리 형식이나 전문가 사무실 소개 및 인터뷰 형식으로 길게 촬영을 해주고 그에 따른 촬영비를 요구하는데 이게 그 프로그램의 존립 목적이기 때문에 이것도 시장논리라는 걸 이해를 해야 한다. 보통 비용은 최소 300만 원에서 많게는 500만 원 이상을 요구하는데, 300만 원 정도라면 홍보 영상 한 편을 찍는다 생각하고 출연해도 사실 크게 관계는 없다. 그러나 그럴 여력이 없다면 굳이 이런 방송에는 출연하지 않아도 된다.

이외에 방송에 출연하는 방식이 하나 더 있다. 자신이 섭외를 당하는 수동적인 입장에서 기다리는 게 아니라, 적극적으로 관련 이슈에 대한 해석과 코멘트를 달아 기자들과 작가들의 이메일로 보도자료를 뿌리는 형태이다. 필자가 이 방식을 통해 친구 변호사를 도와준 적이 있는데 실제로 효과를 봤다. 다만 앞에 말한 테크트리 홍보법을 다 하고 나서 하길 바란다. 이것까지 하기 무리라면 포기해도 된다. 그러나 꾸준히 하면 분명 섭외는 들어온다.

한편 방송이 아니라 신문사에서 기자가 전화가 오는 경우가 있다. 조·중·동과 같은 종이신문의 경우이다. 전화로 이야기하는 것이기 때문에 즉흥적으로 말을 하면 되고, 이 역시 기자가 원하는 방향대로 이야기 해주는 게 좋다. 그 뒤에 기사가 나오면 문자로 기사 링크를 꼭 보내 달라고 해야 나중에 일일이 찾아보는 수고를 덜 수 있다.

방송에 나오고 신문사에 코멘트가 하나씩 나오기 시작하면 그 파급력은 어마어마하다. 네이버나 구글에 돈을 주고 광고를 한 게 아니라, 철저하게 실력으로 섭외를 받았다고 누구나 인정하기 때문에 일반 마케팅과는 차원이 다르다. 그러나 인지도가 없으면 그만큼 출연이 쉽지 않다. 따라서 할 수만 있다면 능동적인 입장에서 보도자료를 꾸준히 뿌리는 방식을 추천한다.

언론 매체는 전문 자격사에게 신이 내린 선물이다. 무료로 활용할 수 있는 데다 그 효과도 어마어마하다. 꼭 기억하길 바란다.

한편 부록으로 잡지사 인터뷰에 대해서도 조언을 하겠다.

이 주제는 크게 필요는 없지만, 전문 자격사로 세월을 보내면 잡지사에서 한두 번 정도는 연락이 오기 마련이라 적어본다.

보통 인물을 소개하는 인터뷰 잡지사에서 연락이 오는데, 처음 연락을 받으면 신문사에서 연락이 왔다고 좋아할 수도 있다. 그러나 인터뷰 위주의 잡지사에서 전화가 오는 이유는 딱 하나뿐이다. 인터뷰를 해주고 홍보용으로 쓸 잡지를 판매할 목적이다.

이게 좋다 나쁘다 이야기할 순 없다. 애초에 구독자가 거의 없는 경우에는 잡지사 운영이 그렇게 될 수밖에 없는 구조라, 가치판단 전에 시장논리에 따라 그렇다는 걸 이해를 해야 한다.

다만 다른 인터넷 매체에 광고할 수단이 넘쳐나는 현 시점에 과연 별로 인지도도 없는 잡지사 인터뷰를 하고 그 책자를 홍보용으로 수령한다고 해서 큰 도움이 될지는 생각해봐야 한다.

따라서 만일 금전적으로 여유가 있고, 잡지에 한 번 나온 것을 장기적으로 홍보용도로 활용할 계획이라면 전략적으로 그렇게 해도 된다.

그러나 그런 특별한 목적이 없다면 잡지사 인터뷰는 다시 한번 생각해 보길 바란다.

14 채널 분석 – 플레이스

네이버 플레이스는 네이버 지도 및 현재 접속 지역의 IP와 연계돼 가게 및 업체의 상세정보를 검색하고 확인할 수 있는 시스템이다. 즉 이는 지역 기반이다.

그 동네 맛집이나 뷰티숍, 세차장, 주유소 등 지역을 기반으로 하는 중소 규모 매장 또는 병의원이나 약국 등에서는 네이버 플레이스의 효과가 압도적이다. 그래서 이 같은 업종에선 네이버 플레이스만 잘 세팅해도 상당한 효과를 거둘 수 있다.

그러나 법률이나 세무회계 쪽을 생각한다면 사실 접근성보다는 그 사건을 잘 처리할 수 있는 능력이 있는지를 먼저 보게 된다. 일생에 걸쳐 가장 중요할 수도 있는 사건을 맡기는데 동네 맛집 알아보듯이 네이버 플레이스만 보고 일을 맡기는 사람은 없을 것이다.

다만 기장을 맡겨야 하거나 수도권이 아닌 소도시에 살고 있는 사람이라면 네이버 플레이스로 가까운 거리에 있는 곳을 찾아가는 경우는 분명 있다. 실제로 지방 소도시에 사무소가 있는 변호사 중에 한 명은 네이버 플레이스만 세팅했더니 몇 건의 사건이 그냥 들어왔다고 말한 것을 필자가 상담을 통해 들은 적이 있다. 이건 지방 소도시의 경우에는 가능한 이야기이다.

그리고 이런 용도가 아니더라도 플레이스는 사무실 사진, 주차장 여부, 업무시간, 주소, 리뷰 등 간편한 홈페이지 용도로 사용이 가능하다. 사무소 위치 소개와 기타 정보를 의뢰인에게 알린다는 측면에서 활용할 필요가 있다.

이런 까닭에 손해볼 일은 없기 때문에 네이버 플레이스를 사무소 개소와 함께 세팅해 두는 걸 추천한다. 다만 동네 맛집이나 뷰티숍처럼 목숨을 걸고 상위 노출을 노릴 필요는 없다. 일례로 2024년 상반기 기준 '강남 맛집'이나 '홍대 맛집' 같은 플레이스 키워드는 상위 노출 경쟁을 위해 최소 한 달 300만 원에서 많게는 1,000만 원까지 지출하고 있다.

그러나 이런 플레이스 상위 노출 출혈 경쟁은 전문 자격사에게는 전혀 필요하지 않다.

앞서 계속 말했듯이 같은 맥락이지만 네이버 플레이스 상위 노출이 된다고 해도 결국 사람을 끌어당길 수 있는 콘텐츠가 없으면 아무런 의미가 없다.

결론적으로 플레이스는 지방 소도시 사무소나 로컬 기장을 위해서는 어느 정도 영업에 도움이 되지만 결국 콘텐츠가 가장 중요하다는 것이다. 그리고 의뢰인에게 기본적인 사무소 정보를 알릴 수 있기 때문에 세팅은 초반에 해둘 필요가 있다.

다만 필자 같이 전국적으로 업무를 하는 사람은 이게 독이 될 수도 있다.

왜냐하면 지역 상관없이 업무를 하는데 네이버 검색 시 특정 지역의 지도에 사무소가 뜨면 사람은 지역적인 거리감이 생기기 마련이기 때문이다.

따라서 애초에 플레이스 덕을 거의 볼 일이 없고 전국 업무를 꿈꾼다면 플레이스 등록을 아예 하지 않는 것도 방법이다. 필자가 그렇게 하고 있다.

이 점을 고려하시고 세팅하길 바란다. 플레이스 상위 노출 테크닉도 유튜브에 찾아보면 나오지만 어차피 전문 자격사에게는 큰 의미가 없기 때문에 생략한다.

가장 중요한 건 역시나 신뢰성 있는 콘텐츠의 지속적인 노출이다.

15 채널 분석 - 채널이 자리잡는 시간을 줄이는 방법

콘텐츠를 아무리 잘 작성을 해도 결국 글이 노출이 안 되거나 노출이 되더라도 검색 시 60페이지를 넘겨야 나오는 밑바닥 어디쯤 있다면 아무도 그 글을 보지 않을 것이다.

필자가 콘텐츠의 내용구성과 학습경로, 그리고 유인기제와 상담기법 등 '본질'을 강조하는 것은 맞지만, 그렇다고 '노출'을 간과하는 것은 아니다. 본질을 망각한 채 상위노출만 원하기 때문에 그게 잘못됐다고 이야기한 것이다.

그러나 이처럼 노출이 잘 되는 데에는 어느 정도 시간이 필요하다. 물론 노출이 될 때 양질의 콘텐츠와 리드마그넷 같은 유인기제가 작동해 함께 DB를 획득하는 데 효율을 내고 있다는 전제에서이다.

이 같은 지점에 있어서 유튜브, 네이버 블로그, 네이버 카페, 인스타그램 등 각 채널이 노출이라는 측면에서 자리를 제대로 잡는 데 걸리는 시간을 단축하는 방법은 무엇일까?

먼저 유튜브이다.

유튜브는 사실 블로그나 카페 채널에 비해 상당히 '공평한' 영역이다. 처음 시작한 사람이라 해서 패널티가 크게 주어지는 것도 아니다. 많은 영상을 제작했다면 일단은 유리하긴 하지만, 노출에 있어서 저절로 패왕(覇王)의 자리에 앉는 것도 아니다.

사실상 영상 한 개 한 개의 퀄리티와 실력이 노출을 좌우한다. 유튜브에도 성장 촉진제라고 할 수 있는 외부 업체를 통한 구독자 강제 추가 및 부스터라든지 여러 가지 꼼수가 존재하긴 하지만 효과는 그렇게 크지 않다.

다만 최근에는 '유튜브 프로모션'이라는 유튜브 광고 서비스가 나와서 이것은 소개하고 넘어가겠다. 이는 특정 영상 하나에 강화효과를 걸어서 상위노출을 시키는 방법이다. 공정한 알고리즘 순위 경쟁에는 껴들지 않았던 구글이 결국 자사의 이익을 위해서 돈을 쓰면 그 특정 영상이 다른 영상보다 노출이 잘 되는 광고를 만든 것이다.

다만 이것은 어쨌든 영상이 볼 만하지 않으면 노출이 된다고 해도 의미가 없기 때문에 결국에는 콘텐츠의 본질로 귀결이 된다. 그러나 이 방식은 어쨌든 어떤 영상이든 돈을 쓰면 상위 노출이 되는 방식이므로 전략적으로 인기가 좋거나 수입과 직결하는 영상을 제작해 프로모션을 걸어두는 방식은 상당히 괜찮은 전략이다.

이 방법은 영상을 특정해서 올려야 하기 때문에 전략적인 사고가 필요하다는 점 꼭 인지해두시길 바란다.

그 외에는 유튜브는 결국에 실력으로 승부를 봐야 하는 영역이고 그래서 일단 채널이 성장하는 시간을 단축하기 위해서는 많이 찍어 보되 점진적인 개선을 꾸준히 해 나가야 한다.

두 번째는 네이버 카페이다. 모든 채널 중 카페 성장이 가장 어렵다.
카페의 경우에는 최적화 카페와 최적화 아이디라는 두 가지 구성요소가 없으면 아예 외부에 노출이 안 된다. 네이버는 공식 입장이 없지만 최적화 카페는 특히 일정 연도를 기준으로 이후부터는 구현이 불가한 것으로 알려져 있기 때문에 최적화 카페를 구하는 게 우선이다. 그 다음이 아이디인데 카페가 있다고 해도 모든 아이디의 글이 노출이 되는 것은 아니다. 그 아이디가 '최적화 아이디' 즉 최적화 카페에 글을 썼을 때 외부에 노출이 되느냐를 따져봐야 한다. 이는 활동성에 대한 부분인데, 최적화 아이디는 카페에서 상당히 많은 활동을 할 경우에 주어지는 일종의 자격이라고 보면 된다. 인위적으로 최적화 아이디를 만드는 방법도 있다. 글을 쓰고 댓글을 많이 받는 방법인데, 생각보다 시도하기가 어렵다. 그래서 자연스럽게 열심히 활동을 해서 만들어가는 게 가장 좋지만 이것도 쉽지 않다.

그런 이유로 카페의 경우에는 선택의 여지 없이 최적화 카페 + 최적화 아이디를 구매해야 한다. 이것이 부담이 될 수 있고 특히 카페는 운용 난이도가 상당하고 결실을 맺는 데 오래 걸리기 때문에 필자도 컨설팅을 할 때 카페는 맨 마지막에 생각을 해보라고 하고 있다.

세 번째는 블로그이다. 네이버 블로그는 공식적인 것은 아니지만 일반적으로 다음의 계급도를 가지고 있다. 이 서열도는 공식 서열이 아니라 부르는 사람마다 개념이 조금씩 다르다는 점을 참고하길 바란다.

위로 올라갈수록 좋은 품질이고 아래로 갈수록 저품질이다. 즉 〈최적 3〉과 〈최적 1〉이 동일한 키워드로 맞붙는다면 큰 이변이 없는 한 〈최적 3〉의 글이 우선 뜨게 된다. 이런 시스템이기 때문에 광고대행업체들이 '블로그 지수'에 목을 매고 있는 것이다.

필자가 볼 때 블로그 육성 전문가가 아닌 일반인들이 키울 수 있는 한계는 〈최적 1〉이다. 이것도 대단한 일인데, 시간도 엄청나게 오래 걸린다. 전문가가 아니라면 1년 이상은 무조건 걸린다. 물론 올바른 방법으로 꾸준하게 쌓아가면 반드시 〈준최 6〉 이상은 반드시 나온다. 필자도 올바른 방법으로 쌓아가기를 해 일반 품질에서 〈최적 1〉 이상이 나온 블로그를 몇 번이나 경험했다. 다만 시간이 문제이다.

그렇기 때문에 이 지점에서 선택을 해야 한다.

블로그를 살 것인지 말 것인지. 블로그는 등급에 따라 가격이 천차만별이지만 〈최적 2〉와 〈최적 3〉은 대형 법인급이 아니면 사실 구하기가 어렵다. 그만큼 비용이 들어가기 때문이다. 그러나 〈최적 1〉이나 그 이하 급은 그렇게 많은 비용이 들진 않는다. 그리고 〈최적 1〉 또는 〈준최〉 블로그를 잘 키우면 〈최적 2〉까지는 달성이 가능하기 때문에 〈최적 2〉나 〈최적 3〉을 구매하기보다 비교적 저렴한 〈최적 1〉이나 그 이하급을 사서 육성을 해가는 전략이 주효하다.

결국 이는 시간을 줄이기 위함이다. 〈사짜마케팅〉의 방법대로 키워나간다면 분명 〈최적 1〉 이상은 달성이 가능하다. 그러나 물리적인 시간은 어쩔 수 없다. 그 시간을 줄이기 원한다면 일단 비교적 저렴한 블로그를 구매하는 것도 방법이다.

이것은 테크닉의 영역도 본질에서 벗어난 문제도 아니다. 내 시간의 가치가 얼마인지를 생각해보고 판단해야 한다. 현재 회사를 다녀서 몇 년 뒤에나 개업을 할 예정자라면 당장 상위노출이 필요 없으니 굳이 구매하지 말고 육성법대로 키워가면 된다. 그러나 당장 내가 수익을 내야 사무실이 운영이 될 판이라면 당연히 구매를 하는 게 맞다.

자신의 상황에 따라 다르기 때문에 이 지점을 명확히 판단하고 블로그를 밑바닥부터 육성할지 아니면 다른 사람으로부터 구매할지를 선택하는 지혜가 필요하다.

마지막으로 인스타그램이다. 인스타그램은 '팔로우'가 많으면 유리하지만 사실 주 콘텐츠 소비자가 20~30대 여성이라는 점에서 법무 세무 영역에 큰 관심을 기울이진 않는다. 따라서 이 지점에선 전략적으로 생각해야 한다. 육성을 통해 팔로우 수를 늘리기보다는 상대적으로 많이 저렴한 인스타크램 타겟팅 광고를 돌리는 게 더 효과적이다.

이처럼 각 채널별로 성장하는 시간을 줄이는 방법은 조금씩 다르다. 이 지점을 고려해서 자기에게 맞는 방법을 선택하면 된다.

참고로 사실 이번 강의는 필자가 글로 쓸지 말지 많이 고심을 했다.

잘못 들으면 "블로그를 사야 한다", "카페를 사야 한다" 이런 이야기로 들릴까봐이다.

확실히 말해두지만 필자의 회사는 어떤 블로그나 카페 및 카페 아이디를 판매하지 않는다. 보유하고 있는 것도 없다. 오해하지 마시길 바란다. 구매하고자 한다면 알아서 구해야 하며, 구하는 과정에서 조언은 가능하다.

제7장

이야기로 유혹하다

사짜마케팅 Part 7

作法(작법)

전술 4
콘텐츠론

이야기로 유혹하다

찰스는 동굴에서 새로운 꽃병을 만들고 있었다. 바론의 가르침대로 매일 콘텐츠를 만들며 꽃병에 대한 이야기를 담아내고 있었지만, 오늘은 유독 고민이 깊어 보였다.

"무슨 생각을 그리 깊이 하고 있나?"

바론의 목소리가 울렸다.

"콘텐츠를 만드는 게 생각보다 어려워요. 처음에는 그저 제가 아는 걸 글로 옮기면 된다고 생각했는데."

"그래서?"

"글이 너무 길어지고, 어려운 용어가 자꾸 들어가고…. 도자기를 설명하는 것도 쉽지 않고…. 그러다 보니 사람들이 제 글을 끝까지 읽지 않는 것 같아요."

바론의 그림자가 미세하게 흔들렸다.

"이제 진짜 글쓰기를 배울 때가 된 것 같군. 자네에게 네 가지 비밀을 알려주겠네."

찰스가 귀를 기울였다.

"글쓰기에는 네 개의 기둥이 있다네. 첫째는 기본이 되는 원칙이지. 쉽게 쓰고, 짧게 쓰는 것. 이건 모든 글쓰기의 기초가 되네. 둘째는 논리적 글쓰기야. 자네처럼 전문가가 쓰는 글은 반드시 논리적 뼈대가 있어야 하지. 셋째는 무의식적 글쓰기라네. 이건 인간의 감정과 심리를 자극하는 방법이지. 마지막으로 넷째, 이 모든 것을 한눈에 끌어들일 수 있는 제목 쓰기가 있네."

찰스는 고개를 갸웃거렸다.

"네 가지라…. 지금까지는 그저 제가 아는 대로 써왔는데, 이렇게 체계가 있다는 걸 몰랐네요."

"그래서 자네의 글이 읽기 어려웠던 게지."

바론이 말했다.

"예를 들어볼까? 자네가 어제 쓴 글을 한번 보자고."

찰스는 자신의 노트를 펼쳤다.

"도자기의 유약 시유 과정에서 발생하는 미세 균열 현상은 1차 건조 과정의 온도 변화와 밀접한 연관성이 있으며, 이는 점토 입자의 수축 계수와도 직접적인 관계가 있습니다."

"멈추게."

바론이 고개를 저었다.

"자네는 마치 학술 논문을 쓰고 있군. 일반 독자들은 이런 글을 읽다가 도망갈 게 뻔하네. 같은 내용을 이렇게 바꿔보면 어떨까?"

바론이 천천히 말했다.

"꽃병이 깨지지 않으려면 유약을 제대로 발라야 해요. 처음 유약을 바르고 말리는 과정이 특히 중요한데, 이때 온도 조절을 잘못하면 미세한 금이

가기 시작합니다."

찰스의 눈이 커졌다.

"아! 훨씬 이해하기 쉽네요. 마치 친구와 대화하는 것처럼 쓰는 거군요?"

"그렇지! 그리고 두 번째, '짧게 쓰기'. 한 문장이 길어질수록 독자는 지루해지지. 자네 글의 이 부분을 보게나."

바론은 다른 부분을 가리켰다.

"여기 한 문장이 다섯 줄이나 되는군. 이걸 여러 개의 짧은 문장으로 나누어야 해. 긴 문장은 마치 긴 복도와 같아서, 독자가 길을 잃기 쉽지."

찰스는 열심히 메모를 했다.

"그럼 이제 두 번째 단계인 논리적 글쓰기로 넘어가 볼까?"

바론이 말을 이어갔다.

"논리적 글쓰기에는 확실한 구조가 있네. 도입부에서는 독자가 '이건 내 이야기야'라고 느끼게 해야 해. 그다음 본론에서는 주장과 근거를 차근차근 설명하고. 마지막으로 결론에서 독자가 취해야 할 행동을 제시하는 거지."

바론은 계속해서 설명했다.

"특히 도입부는 세 가지 방식이 있어. 고객의 질문으로 시작하거나, 전문가로서 문제를 제기하거나, 실제 사례를 보여주는 방식이지. 어느 것을 써도 좋아. 중요한 건 독자가 자신의 이야기라고 느끼게 만드는 거야."

찰스는 고개를 끄덕이며 계속 필기했다. 이제 그의 눈빛이 달라져 있었다.

"그리고 세 번째로 무의식적 글쓰기란 건…."

바론이 말을 이으려는 순간, 찰스가 물었다.

"잠깐만요, 바론님. 논리적 글쓰기의 실제 구조를 좀 더 자세히 알 수 있을까요?"

"좋아, 자네가 궁금해하는 걸 보니 이제 제대로 된 질문을 하기 시작했군."

바론은 벽에 그림자로 도표를 그리듯 설명했다.

"논리적 글쓰기의 뼈대는 이렇게 구성되네. 먼저 도입부가 있고, 그 다음에 핵심 주장과 이유가 나오지. 그리고 본론에서는 논리적 증명을 하는데, 여기서 중요한 건 근거야. 마지막으로 결론을 내리면서 독자의 행동을 이끌어 내는 거지."

찰스는 고개를 갸웃거렸다.

"신문 기사처럼 쓰라는 말씀인가요?"

"정확하게 봤어! 신문 기사가 바로 가장 기본적인 논리적 글쓰기의 형태지. 통계나 사실관계를 먼저 제시하고, 주장을 하고, 전문가의 코멘트를 덧붙이고, 이런 식으로 말이야."

찰스는 자신의 노트를 보며 말했다.

"그렇다면 제 글도 이런 식으로 구성해볼 수 있겠네요. 예를 들어 '최근 5년간 도자기의 판매 추세' 같은 통계를 먼저 보여주고, 제 주장을 하고, 실제 고객들의 후기를 덧붙이는 식으로요."

"바로 그거야!"

바론이 만족스럽게 말했다.

"하지만 여기서 끝이 아니야. 이제 세 번째 단계인 무의식적 글쓰기로 들어가 볼까? 이건 고객들의 심리를 이용하는 거지."

"무의식적 글쓰기는 마치 요리에 양념을 치는 것과 같아."

바론이 말을 이었다.

"논리적 글쓰기가 음식의 재료라면, 무의식적 글쓰기는 그 맛을 돋우는 양념이지. 예를 들어보자고. 같은 내용이라도 이렇게 쓰는 거야."

바론은 찰스의 글을 보며 설명했다.

"'이 꽃병은 튼튼합니다'라고 쓰는 대신, '매일 아침 창가에서 당신을 반기는 꽃이 더 오래 함께하도록 만들었습니다'라고 쓰는 거지. 어떤 차이가 느껴지나?"

"아…."

찰스의 눈이 반짝였다.

"첫 번째는 그저 사실을 전달하는 거고, 두 번째는 고객의 감정을 건드리는군요."

"정확해. 이게 바로 공감이라는 요소야. 하지만 이게 전부가 아니야. 다른 심리적 요소들도 있지."

바론은 계속해서 설명했다.

"예를 들어 '손실 회피'라는 심리가 있어. 사람들은 얻는 것보다 잃는 것을 더 두려워하지. 그래서 '이 기회를 놓치면 후회할 수 있습니다'라는 말이 '지금 구매하면 이득입니다'라는 말보다 더 효과적인 거야."

찰스는 열심히 메모했다.

"또 '사회적 증거'라는 게 있네. 다른 사람들의 경험과 후기를 보여주는 거지. '이미 수많은 플로리스트들이 선택한 꽃병'이라고 하면, 사람들은 더 신뢰하게 되거든."

"이런 요소들을 다 써도 되는 건가요?"

바론이 고개를 저었다.

"과하면 오히려 역효과야. 마치 크리스마스 트리에 장식을 너무 많이 다는 것처럼. 적절한 균형이 필요하지. 진정성은 지키면서, 독자의 마음을 움직일 수 있는 요소들을 자연스럽게 섞어 넣는 거야."

찰스는 깊이 생각에 잠겼다가 물었다.

"그럼 실제로 한번 써볼까요? 제가 새로 만든 꽃병에 대한 글을…."

"좋아."

바론이 고개를 끄덕였다.

"자네의 꽃병을 소재로 지금까지 배운 세 가지를 모두 적용해 보지."

찰스는 깊게 숨을 들이쉬고 글을 쓰기 시작했다.

'당신의 꽃이 시들기 시작했나요?'

바론이 끼어들었다.

"좋은 시작이야. 독자의 고민을 바로 건드리는군."

찰스는 계속 썼다.

'많은 분들이 비싼 꽃을 사고도 금방 시들어버려 안타까워하십니다. 특히 결혼식 부케는 평생 간직하고 싶은 소중한 추억인데, 더운 날씨에 쉽게 시들어버리죠.

지난달 저를 찾아온 웨딩플래너 공작새 윈디 님도 같은 고민을 하고 계셨습니다.

"고가의 부케가 행사 중에 시들면 신부님의 아름다운 순간이 망가져요."

제가 15년간의 연구 끝에 개발한 '생명력 꽃병'은 이런 고민을 해결해 드립니다. 특허받은 3단계 수분 공급 시스템으로, 기존 꽃병보다 꽃이 2배 이상 오래 갑니다.

다만 제가 수작업으로 만들다 보니 물량이 많지 않아 한정판으로 100개만 판매하고 있으니 빠르게 문의해주세요.'

"잠깐!"

바론이 말을 멈추게 했다.

"자네 글에서 세 가지 요소를 모두 찾을 수 있군. 첫째, 쉽고 짧은 문장으로 시작했어. 둘째, 논리적 구조를 갖추고 있지. 문제 제기, 실제 사례, 해결책 순서로. 셋째, 독자의 감정을 건드리는 무의식적 요소도 들어있어."

찰스가 궁금한 듯 물었다.

"무의식적 요소가 어디에 있나요?"

"'평생 간직하고 싶은 추억'이란 표현에서 감정을 건드렸고, 한정판매를 이야기하면서 시간한정 효과를 사용했다네."

바론이 말을 이어갔다.

"아직 마지막 단계가 남아 있네."

"제목을 말씀하시는 건가요?"

"그렇지."

바론이 고개를 끄덕였다.

"제목은 모든 글의 얼굴과 같아. 아무리 내용이 좋아도, 제목이 매력적이지 않으면 아무도 들여다보지 않지."

찰스는 자신이 써온 제목들을 떠올렸다. '봄맞이 꽃병 소개', '새로 만든 꽃병입니다', '꽃병 제작 과정'.

바론이 찰스의 생각을 읽은 듯 말했다.

"그동안 자네가 쓴 제목들은 마치 도서관 책 분류표 같았어. 정확하지만 재미는 없었지."

"그럼 어떻게 써야 할까요?"

"제목에도 법칙이 있네. 예를 들어 '공포와 손해'를 이용하는 법, '숫자'를 활용하는 법, '궁금증'을 자극하는 법 등이지. 자네의 글로 한번 예를 들어볼까?"

찰스는 귀를 기울였다.

"같은 내용의 글도 제목에 따라 클릭률이 완전히 달라져. 자네의 글에 어울리는 제목을 여러 방식으로 써보면…."

바론은 동굴 벽에 그림자로 글자를 쓰듯 하나씩 보여주었다.

"첫째, 공포와 손해를 이용한 제목 : '당신의 소중한 부케가 시들기 전에 꼭 알아야 할 것'"

"둘째, 숫자를 활용한 제목: '15년 연구로 찾아낸 꽃이 2배 오래가는 3

가지 비밀'"

"셋째, 궁금증을 자극하는 제목: '플로리스트들이 입을 모아 극찬한 이 꽃병의 정체는?'"

찰스의 눈이 커졌다.

"하지만, 이런 제목들이 너무 자극적이진 않을까요?"

바론이 의미심장한 미소를 지었다.

"중요한 건 균형이야. 제목은 독자들의 시선을 끌어야 하지만, 내용은 반드시 그만한 가치가 있어야 해. 허황된 제목으로 독자들을 속이는 게 아니라, 진짜 가치 있는 내용을 매력적으로 포장하는 거지."

찰스가 이해한 듯 고개를 끄덕였다.

"그럼 저는 이렇게 해보면 어떨까요? '어머니의 마지막 미소를 지킨 꽃병, 이제는 당신의 순간을 지키려 합니다'"

바론의 그림자가 깊이 끄덕였다.

"이제 자네는 준비가 된 것 같군. 이제 남은 게 하나 있네."

"이제 남은 건?"

바론이 말을 이었다.

"실천뿐이네. 매일 조금씩이라도 이 네 가지 단계를 생각하며 글을 써보게. 쉽고 짧게 쓰는 기본, 논리적인 구조의 뼈대, 감정을 움직이는 무의식적 요소, 그리고 매력적인 제목까지."

찰스는 자신의 노트를 바라보았다. 이제 그의 눈에는 자신감이 빛나고 있었다.

"이해했습니다. 하지만, 바론님. 한 가지 더 궁금한 게 있어요."

"무엇인가?"

"제가 쓴 글이 잘 되고 있는지, 어떻게 알 수 있을까요?"

바론이 깊이 웃었다.

"좋은 질문이군. 그건 다음 수업의 주제가 될 거야. 어떻게 데이터를 보고, 어떻게 독자의 반응을 분석하고, 어떻게 개선해 나가야 하는지, 그것도 배워야 할 테니까."

찰스는 고개를 끄덕였다. 이제 그는 단순한 도예가가 아닌, 이야기꾼이 되어가고 있었다. 그의 손끝에서 피어나는 꽃병들은 이제 더 깊은 이야기를 담게 될 것이다.

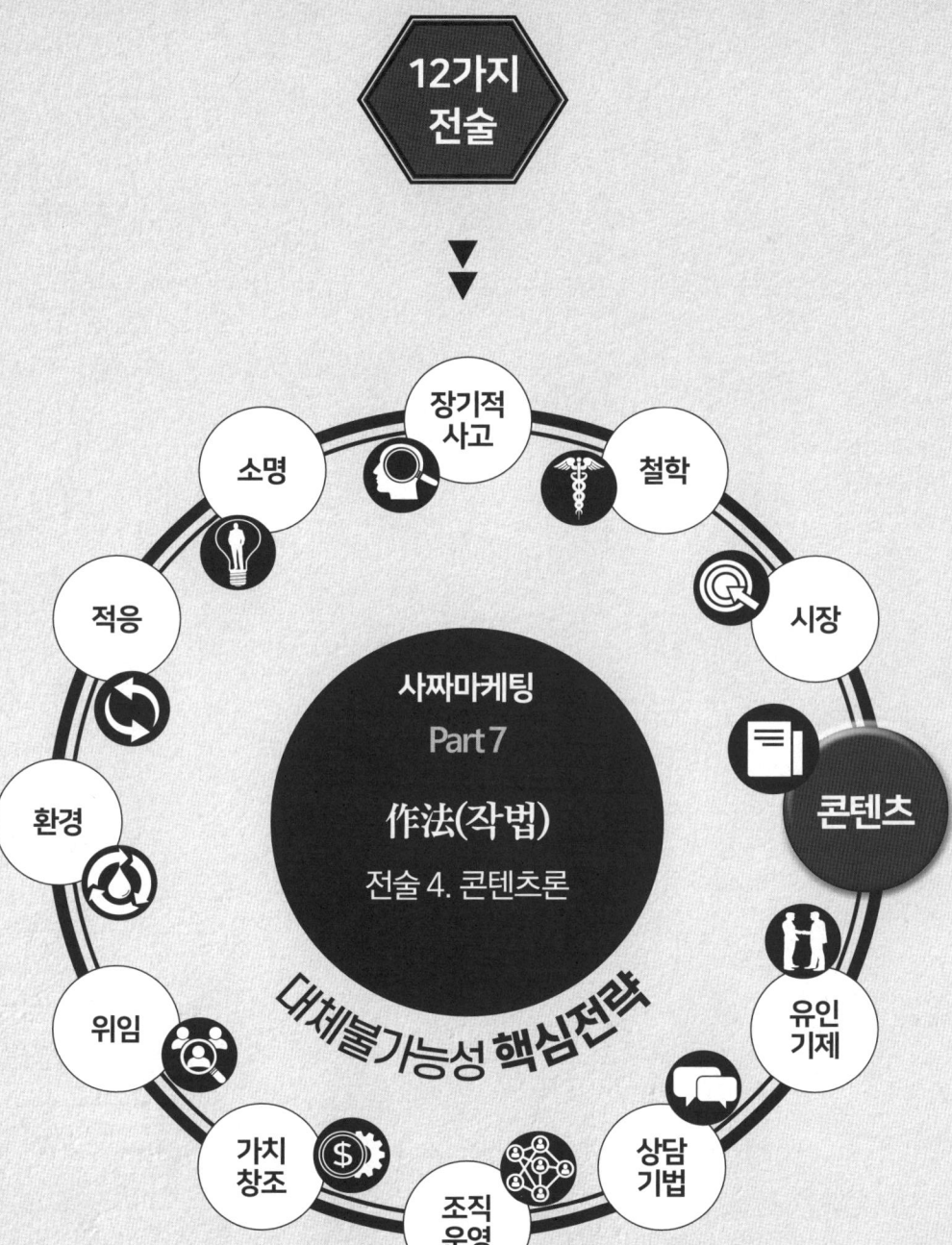

01 전문 자격사의 글쓰기론 개괄

 자 우리가 콘텐츠의 종류도 알았고, 주제도 정하는 법을 학습했으며 홍보 채널의 종류와 홍보 채널을 어떤 식으로 공략하는지도 알았다. 그렇다면 콘텐츠를 어떻게 작성하는지 그 작성법, 즉 글쓰기 방법에 대해서 설명한다.

 사실 이 강의의 대상이 되는 여러분들은 전부 논술시험을 합격하신 분들일 것이다. 그래서 글쓰기만큼은 어느 정도 자신이 있으실 거고, 필자도 충분히 인정하고 있다.

 그런데 사실 여러분이 논술시험에서 쓴 그 글 작성법은 논술이다. 그 글쓰기는 판사나 전문 기관을 설득하기 위해서 쓰는 구조이다. 그러나 우리가 작성하는 유튜브 대본이나 블로그 글은 엄밀한 의미의 논술이 아니다. 물론 주장과 그것을 뒷받침하는 판례, 근거 등이 들어가 있다는 점에서 논술적인 요소가 전혀 배제되는 것은 아니지만 기본적으로 논술보다는 인간의 본원적인 감정을 터치하는 형식이 콘텐츠 글쓰기에 해당한다.

 즉 논술적 글쓰기보다는 상품을 팔아야 하는 마케터의 글쓰기를 생각해야 한다. 물론 그렇다고 완전한 마케터 글쓰기라고 할 수도 없다. 왜냐하면 법률이나 세무 회계는 본원적으로 논리의 맛이 느껴져야 하기 때문이다. 그래서 전문 자격사의 콘텐츠 글쓰기는 논리적 글쓰기와 감성적 글쓰기를 적절하게 배합해야 하는 퓨전 요리에 가깝다는 게 필자의 지론이다.

필자가 '무의식 글쓰기'란 이름을 붙인 이유가 있다. 어쨌든 껍데기는 논리적 글쓰기에 가깝지만, 속살은 인간의 심리를 건드리는 글쓰기 즉, '마케터 글쓰기'가 숨어 있기 때문이다.

자 그렇다면 왜 이렇게 써야 하는지 관련해서 인간의 뇌 구조를 살펴본다. 인간의 좌뇌는 논리나 분석, 추리를 하는 데 사용된다. 우리가 소장을 쓰거나 청구서를 쓰거나 신청서를 쓰는 모든 행위는 논리에 기반을 두고 있다. 그래서 우리 전문 자격사들은 사실 좌뇌에 최적화돼 있는 직업을 갖고 있는 것인데, 결국 좌뇌를 기반으로 이성적인 글쓰기를 하는 것이다.

이와 달리 인간의 우뇌는 감정, 감각, 직관의 영역에 해당한다. 이는 인간의 본능의 영역에 맞닿아 있고 무의식에 뿌리를 두고 있다. 이성이 아닌 사람의 감정을 건드리는 그 무언가, 그것이 감성적 글쓰기이다. 사실 이 지점에서 우리 전문 자격사는 대부분 얼어붙는다. 안 해봤으니까. 평생 논리적인 글쓰기만 쓰다가 갑자기 인간의 감정을 터치하라니, 어렵다. 그러나 일단 지금은 이 개념만 이해를 하면 된다. 어차피 우리가 카피라이터나 드라마 스토리 작가가 되자는 게 아니니까.

기본적인 베이스는 정통적인 논리적 글쓰기를 그대로 따르고, 다만 거기에 몇 가지 핵심 요소에서 감성적인 글쓰기 방법으로 살을 붙일 것이다.

이게 무의식적 글쓰기 방법론이다.

앞으로 설명할 무의식적 글쓰기는 이제까지 출간됐던 가장 많이 팔린 50여 권의 글쓰기 서적을 참고했으며, 필자가 기자 생활을 하면서 경험했던 것들, 그리고 전문 자격사로서 12년간 콘텐츠를 만들며 스스로 깨달은 부분을 다 합쳐 유기체처럼 구조화했다. 이처럼 '무의식적 글쓰기'는 전문 자격사의 콘텐츠 제작을 위해 최적화한 글쓰기란 점에서 확실하게 다르다는 걸 자신 있게 말씀드린다.

무의식적 글쓰기는 크게 3가지 챕터로 나뉜다.

첫 번째 챕터는 '기본적인 글쓰기 방법론'이다. 이 챕터에서는 다 한 번쯤은 들어봤지만 사실 제대로 하지 않고 있는 잘못된 글쓰기 방법을 교정한다.

그 2가지는 '쉽게 쓰기'와 '짧게 쓰기'이다. 너무너무 중요한 2가지인데 전문 자격사들치고 이 2가지를 제대로 하시는 분을 거의 보지 못했다.

나머지로 부가적으로 주술호응 등에 대해서도 언급한다.

두 번째 챕터는 '논리적 글쓰기 방법론'이다. 어쨌든 전문 자격사의 글은 논리적 글쓰기가 기본 바탕이다. 세상이 변해도 변하지 않는 이성적인 글쓰기 방법은 정형화가 돼 있다.

정리를 해보면 논리적 글쓰기는 주장과 설명을 하는 본문, 통계, 사례, 전문적 코멘트, 해당 당사자 코멘트 등으로 구성돼 있다.

이 구조가 전문 자격사가 쓰는 논리적 글쓰기의 기본적 뼈대를 이룬다.

마지막 챕터는 '무의식을 건드리는 글쓰기 기법'이다.
이 지점에서는 생소하지만 효과가 입증된 마케터의 글쓰기 방식과 심리학과 뇌과학에 기반한 글쓰기 방식이 소개된다.
이미 여러분은 이 글쓰기 방식의 한 가지 요소를 학습했다. 바로 '철학 만들기'에서이다. 철학을 만드는 이유는 내가 '대체 불가능한 존재'임을 보이기 위한 것이다.

사실 챕터 2의 논리적 글쓰기를 한다고 해서 내가 경쟁자들과 다른 존재로 보이진 않는다. 누구나 다 그렇게 쓸 줄 아니까. 그렇다고 논리적 글쓰기를 무시할 순 없다. 그게 기본이 되어야 글이 글처럼 보이니까.
그래서 논리적 글쓰기는 글이 글처럼 보이게끔 하는 기본에 해당하고, 실제로 그 기본에서 나아가 내가 경쟁자들과 다른 대체 불가능성을 갖기 위해서는 반드시 인간의 무의식을 건드리는 단계인 감성적 글쓰기 방식이 필요하다.
이외에도 마지막에는 끌리는 제목 짓는 방법은 물론 각종 심리학적 기제를 활용하는 글쓰기 방법을 설명을 이어가겠다.

그럼 바로 시작.

02 기본 글쓰기 1 - 쉽게 쓰기

다음 글들은 실제로 법무법인들의 블로그에 있는 글들을 약간 각색했다. 한 번 읽어보자.

"본 사안에 있어서, 이해 당사자 간의 합의가 원만히 도출될 경우 추가적인 법적 문제가 발생하지 않을 가능성이 높으나, 만약 법적 소송 절차를 통한 분쟁 해결을 모색할 경우, 절차적 복잡성과 그에 따른 시간적 지연으로 인해 예상치 못한 추가적 불상사가 발생할 잠재성이 상당히 큽니다."

"특히, 채무자가 재산을 의도적으로 은닉하거나 사전 처분을 통해 부동산 및 기타 자산의 실질적 가치를 감소시키는 등 소송의 실효성을 저해할 행위에 나설 가능성이 현저히 증가하며, 이는 최종 판결이 확정되더라도 실질적인 권리 회복을 도모하기 어려운 상황을 초래할 수 있습니다. 이러한 법적 리스크를 사전에 차단하기 위해서는, 본격적인 소송 제기 이전에 상대방의 재산에 대한 선제적 보호조치로서 가압류 및 가처분

> 과 같은 보전처분을 신속히 강구하여, 피고의 자산이 법적 판단이 내려지기 전에 임의로 처분되는 것을 방지할 법적 안전장치를 마련하는 것이 필수적입니다."

자기 분야가 아니더라도 여러분들은 다 소양이 있기 때문에 어느 정도는 이해가 될 것이다. 그런데 이걸 중학생 2학년인 청소년이 읽었다고 생각을 해보자. 이해할까? 절대 못한다. 우리에게 의뢰하는 사람은 전문 자격사와 같은 지식 체계가 있는 게 아니다. 잘났다 못났다 이런 말을 하는 게 아니라, 그분들은 잘 모르기 때문에 우리에게 의뢰하는 것이다. 그런데 이런 말들을 써 놓으면 이해할까? 필자 같으면 바로 뒤로 가기를 누를 거 같다.

만일 법률 서류를 작성한다면 전문가들끼리 익숙한 개념이기 때문에 이렇게 써도 무방하다. 그리고 법률 용어는 제출자와 수신자 및 판단자 사이에서 어느 정도 정해진 룰(rule)이라는 점에서도 더욱 그렇다.

그러나 이렇듯 전문가들끼리 상호작용을 하는 것과 법률을 잘 모르는 사람들과 커뮤니케이션하는 것은 분명 다른 문제이다. 특히 이 경계를 구분하지 못하고 전문 자격사가 채널을 통해 자신을 홍보할 때 처음 듣는 어려운 용어를 많이 사용하는 경우가 많다. 이런 성향은 기고와 같이 좀 오피셜한 채널에 글을 쓸 때 심해진다. 신문사에 기고해야 하니 뭔가 남들이 보기에 부끄럽지 않도록 멋져 보여야 하는 거 아니냐며 굳이 어려운 용어를 남발한다. 요즘은 그런 글 아무도 읽지 않는다.

어려운 용어를 쓰니 권위 있고 멋있어 보일까? 아니다. 무슨 소린지를 알아야 멋있어 보인다.

특히 광고 대행을 맡기면 광고사 직원들이 이 용어를 풀어 쓸 수 있는 능력이 없으니 그 단어를 그대로 집어넣는 경우가 더 많다. 변호사 등 전문 자격사가 그 글을 쓴다면 용어에 대한 이해가 수반돼 있기 때문에 어떻게든 풀어 쓸 수가 있다. 그러나 그런 지식의 체계가 없는 광고 대행업체에서 글을 쓰면 당연히 그 용어 외에는 작성하지 못한다. 필자 말이 정말인지 궁금하면 한 번 경쟁사 블로그를 30개 정도만 봐보길 바란다.

사실 글을 쉽게 쓰는 건 작문 관련 책들에서도 어렵지 않게 찾아볼 수 있다. 굳이 콘텐츠를 위한 글이 아니더라도 쉽게 쓰기는 너무나 기본이기 때문이다.

■ 조지 오웰 – 〈1984〉, 〈동물농장〉 저자 :

"일상생활 용어로 대체할 수 있다면 외래어나 과학 용어, 전문 용어는 '절대' 쓰지 않는다."

■ 〈기자의 글쓰기〉 – 박종인(조선일보 기자) :

"신문 독자는 중학교 1학년이다. 중학교 1학년이 읽어서 이해가 안 되면 글이 아니다."

"많은 사람들이 의문을 가진다. 왜 글이 쉬워야 하는가. 나는 현학적이고 싶고 전문적이고 싶은데. 아인슈타인 논문 독자는 일반 대중이 아니고 그 사람의 전문 지식을 이해할 수 있는 과학자들이었다. 그래서 아인슈타인은 자기네들이 다 이해하고 있는 자기네들한테는 쉬운 그런 단어를 쓸 수 있었다. 그 '자기네들의 쉬운 단어'들을 우리들은 이해하지 못한다. 아인슈타인식으로 글을 쓰면 재미도 없고 독자들한테 이해도 안 되고 아무것도 할 수 없는 그런 글이 되어 버린다."

이렇듯 글을 쉽게 쓰는 이유는 아무도 안 읽는 글을 쓰는 것을 막기 위해서이다.

다만 궁극적으로 필자가 생각하는 글을 쉽게 써야 하는 이유는 '상대에 대한 배려' 때문이다. 그것은 글을 읽고 있는 사람에 대한 '공감'이자 '존중'이다.

반대로 중학교 1학년 수준인 독자들에게 독일식 관념론적 법률 용어를 남발하는 것은 지식을 가진 자가 휘두르는 '폭력'이다. 뭐 그렇게까지 이야기하느냐고 할 수 있지만 필자는 감히 그렇게 생각한다.

쉽게 쓰길 바란다. 콘텐츠에 써야 하는 글은 논문도 판결문도 소장이나 경정청구도 아니다. 쉽게 쓰면 독자는 마음이 열린다.

03 기본 글쓰기 2 – 짧게 쓰기

"간단하게, 명확하게 쓰세요. 어떤 것도 너무 복잡하게 만들지 마세요. 단순한 것들이 제일 훌륭합니다."

어니스트 헤밍웨이의 말이다.

짧은 글은 핵심 메시지를 명확하게 전달할 수 있다. 불필요한 내용을 제거하면 독자가 글의 중요한 부분에 집중할 수 있다. 아울러 독자는 짧은 글을 읽을 때 집중력이 높아진다. 길고 복잡한 문장은 독자의 주의를 분산시키고, 메시지를 제대로 전달하지 못할 수 있다.

그런데 판결문을 비롯해서 전문 자격사들의 글은 기본적으로 너무 긴 경우가 많다. 아래 글을 보자.

> "본 사건에서 피고의 행위가 원고에게 미친 영향을 고려할 때, 법률적 쟁점은 다층적이며, 민법 제750조에 따른 불법행위의 요건 충족 여부와 관련하여 손해배상의 범위를 산정함에 있어 그 법리적 해석이 중요하게

> 다루어져야 합니다. 이에 따라, 원고가 입은 재산적 손해뿐만 아니라, 정신적 고통에 대한 비경제적 손해에 대해서도 적절한 배상액을 산정할 필요가 있으며, 이는 본 법원이 판단함에 있어 피고의 고의 또는 과실의 정도, 그리고 그로 인한 인과관계의 명확한 규명에 따라 좌우될 것입니다."

글을 짧게 써야 하는 이유는 다음과 같다.

1. 명확성: 핵심 메시지를 빠르고 정확하게 전달할 수 있다.
2. 이해도: 복잡한 용어나 구조 없이도 독자가 내용을 쉽게 이해할 수 있다.
3. 효율성: 독자는 더 적은 시간 안에 필요한 정보를 얻을 수 있다.

■ 〈유시민의 글쓰기 특강〉 유시민

"문장을 짧게 쓰려면 복문을 피하고 단문을 써야 한다. 여기서 복문은 주술 관계가 둘 이상 있는 모든 형태의 문장이다. (중략) 글을 압축하려면 단문을 기본으로 하고 특별한 경우에 복문을 쓴다는 원칙을 견지해야 한다. 뜻과 느낌을 강하고 확실하고 깊게 전하려면 복문을 써야 한다는 판단이 들 때만 복문을 쓰는 것이다."

유시민 작가가 책에 소개한 예시를 보자.

〈원래 글〉

"인류에게 불의 저주를 퍼부은 첫 번째 제국주의 세계전쟁이 끝난 후 세계는 다시 '영원한 번영의 새로운 시대'로 접어든 것 같았다."

〈고친 글〉

"인류에게 불의 저주를 퍼부은 첫 번째 제국주의 세계전쟁이 끝났다. 세계는 다시 '영원한 번영의 새로운 시대'로 접어든 것 같았다."

다음은 짧게 쓰기의 원칙이다.

첫 번째, 가급적 단문으로 쓴다. 다만 의도가 있을 때는 단문이 아니어도 된다.
두 번째, 수식어를 줄인다.
세 번째, 관절 그러니까 쉼표 혹은 접속어미를 가급적 뺀다.

자 그러면 이제 이 강의의 처음에 나왔던 예시를 위 원칙에 따라 고쳐 보자.

〈원래 글〉

"본 사건에서 피고의 행위가 원고에게 미친 영향을 고려할 때, 법률적 쟁점은 다층적이며, 민법 제750조에 따른 불법행위의 요건 충족 여부와 관련하여 손해배상의 범위를 산정함에 있어 그 법리적 해석이 중요하게 다루어져야 합니다. 이에 따라, 원고가 입은 재산적 손해뿐만 아니라, 정신적 고통에 대한 비경제적 손해에 대해서도 적절한 배상액을 산정할 필요가 있으며, 이는 본 법원이 판단함에 있어 피고의 고의 또는 과실의 정도, 그리고 그로 인한 인과관계의 명확한 규명에 따라 좌우될 것입니다."

〈고친 글〉 (쉽게 쓰기 + 짧게 쓰기)

"이 사건에서 피고의 행동이 원고에게 미친 영향을 볼 때, 법적 문제는 복잡합니다. 피고가 불법행위를 했는지, 그리고 그로 인해 원고에게 얼마나 배상해야 하는지가 중요한 쟁점입니다. 원고가 입은 재산적 손해뿐만 아니라 정신적 고통에 대한 보상도 필요합니다. 이는 피고가 얼마나 잘못했는지와 그 잘못이 원고에게 어떤 영향을 미쳤는지에 따라 결정됩니다."

결국 가급적 글은 짧은 문장으로 리듬감 있게 쓰는 게 중요하다. 이 점을 확인하자.

04 기본 글쓰기 3 - 주술 호응

주술 호응은 문장의 주어와 서술어가 자연스럽고 일관 연결되는 것을 의미한다. 이는 문장의 기본 구조를 형성하는 중요한 요소로, 문장이 논리적으로 이해되게 만드는 핵심이다. 특히 변호사, 세무사, 회계사 등 전문직 종사자들에게는 명확하고 정확한 표현이 필수적이다. 주술 호응이 제대로 이루어지지 않으면, 문장이 어색해지거나 의미 전달이 불명확해져서 오해를 불러일으킬 수 있다.

다음 글들을 한 번 보자.

> "본 사건의 피고는 계약의 일부 조항을 위반하였으며, 이로 인해 원고가 경제적 손해를 입었으나, 법적으로 충분히 인정되지 못했습니다."

문제점은 다음과 같다.
주어는 '피고'인데, 마지막 부분의 서술어 '법적으로 충분히 인정되지 못했다'는 피고와 어울리지 않는다. 문장이 중간에 논리적으로 끊어지지 않아 주어가 바뀌지 않고 연결된 느낌을 준다.

고쳐보자.

> "본 사건의 피고는 계약의 일부 조항을 위반하였으며, 이로 인해 원고가 경제적 손해를 입었으나, 그 손해가 법적으로 충분히 인정되지 못했습니다."

'피고'와 관련된 행동을 끝낸 후, 새로운 주어 '손해'를 명시함으로써 주술 호응이 자연스럽게 이루어진다.

사실 주술 호응 문제는 기자들도 자주 틀리는 영역이다. 그러니 기자가 아닌 사람이 일상생활에서 틀리는 일은 비일비재하다.

주술 호응이 틀리는 가장 근본적인 문제는 글이 길어져서이다. 긴 문장에서는 주어와 서술어가 멀어지거나, 주어가 명확하게 바뀌지 않을 경우 주술 호응이 어긋나면서 문장의 의미가 불명확해진다.

따라서 주어와 서술어를 최대한 가까이 붙여놓거나, 문장 자체를 짧게 쓰는 연습을 해야 한다.

05 논리적 글쓰기 1 - 서두

사실 논리적 글쓰기의 구성은 전문 자격사인 여러분이 논술을 보면서 숱하게 경험했던 부분이다. 논리적 글쓰기를 하는 이유는 내 주장이 맞다는 것을 입증하기 위해서이다. 주장이 있다면 당연히 논거와 이유가 있어야 한다. 이것이 설득의 기본이다.

왜 논리적 글쓰기를 하는지는 여러분 자신이 너무 잘 알기 때문에 설명을 더 이어가지는 않겠다.

논술 고사를 보면 사안에서 무엇이 쟁점인지를 먼저 도출하고 목차를 설계한 다음에 그에 따른 대전제와 그 이유, 판례, 학설, 내 논리를 주장하고 대결론에 이르게 된다.

이것이 논리적 글쓰기의 기본 구성이다.

이에 따라서 논리적 글쓰기를 어떻게 해야 하는지 구성요소와 함께 짚어본다.

논리적 글쓰기의 구성 요소는 다음과 같다.

도입부	제목 / 문제 제기 / 목차 구성 / 핵심 주장과 이유
본론 – 논리적 증명	사례 / 조항 / 판례 / 통계
결론	결론 / 행동 투자 이끌어내기

이에 따라 3파트로 나눠서 논리적 글쓰기에 관해서 설명한다.

먼저 논리적 글쓰기를 하는 목적이다.
잠재 의뢰인이 우리가 만든 콘텐츠를 신뢰하게 만들기 위해서는 그 주장에 설득력이 있어야 한다. 이를 설득하는 요소는 이성을 터치하는 논리와 감성을 터치하는 심리기제 둘로 나뉜다. 사람은 다 다르기 때문에 이성적인 부분이 강한 사람과 감성적인 부분이 강한 사람이 존재하는데, 어느 하나의 양극단에 치우쳐 있는 경우는 거의 없기 때문에 이성적인 부분으로 뼈대를 잡고 인간 본연의 심리적인 부분에 대해 살을 붙여서 완성해가는 방식으로 만들어가는 것이 가장 좋다.

그럼 다시 돌아와서 논리적 글쓰기의 도입부 구성에 대한 설명을 이어간다.
여러 가지 제시법이 나올 수 있지만 결국 잠재 의뢰인이 자신의 사례처럼 느끼게 만드는 게 가장 중요하다. 전문 자격사 콘텐츠는 자기 사건 내지 가족이나 가까운 지인의 사건을 해결하려는 의지를 가진 사람이 본다. 교양이나 재미로, 혹은 시간을 때우기 위해 보는 경우는 없다. 물론 필자가 언급한 3가지 콘텐츠 유형 중에 대중성 콘텐츠는 흥미라는 부분이 일부 들어가긴 하나, 결과적으로 대중성 콘텐츠 자체도 P to P 콘텐츠로 이어가는 다리 역할을 하기 때문에 같은 맥락에서 설명이 가능하다.

그러므로 도입부에서 "내 사건이다"라고 느끼게 해야 한다. 어떤 방법이 가장 좋을까?

여기에는 3가지 '의뢰인 질문형'과 '글쓴이 문제 제기형' 그리고 '사례 제시형'이 있다.

먼저 의뢰인 질문형이다.
의뢰인이 실제로 물어보는 질문을 축약해서 올리면 된다. 감이 안 오거나 잘 모르겠으면, 네이버 지식in에 있는 질문을 그대로 가져와 맞춤법과 가독성을 고려해 정리해 주면 된다.

예시를 보자. 실제로 지식in에 있는 글을 그대로 가져 온 내용이다.

> "산재 신청을 늦게 해서 제가 수술비랑 입원비 통원비를 다 냈어요. 이러면 저한테 현금으로 나오나요? 아니면 지금부터 들어가는 병원비만 산재가 되는 건가요?"

이와 같이 질문형은 직관적으로 의뢰인이 물어보는 느낌이기 때문에 무난하게 쓰일 수 있다.

다음은 문제 제기형이다. 이는 화자가 의뢰인이 아니라 전문 자격사 여러분이라는 점만 다르다.

> "안녕하세요. OOO 노무사입니다. 제가 아는 분 중에 피부 관리사(테라피스트)로 현직장에서 2년 넘게 일하시는 분이 있는데요. 아파서 병원에 갔다왔는데 손 관절염이라고 진단서를 받았다고 합니다. 지금 본사에 휴직 신청은 해놓은 상태이고요. 이 경우에 산업재해랑 실업급여 신청이 가능할까요? 여러분은 어떻게 생각하시나요?"

다음은 사례 제시형이다. 앞에 2가지 유형과 결국은 동일하지만 화자가 누구이냐만 바뀐다. 사례 제시형은 뉴스 기사에서 사례를 소개하는 방법을 그대로 차용해서 쓰면 된다.

이처럼 3가지 유형으로 도입부를 쓸 수 있다. 결국 핵심은 의뢰인 자신의 사례처럼 느껴져야 한다. 방식은 약간씩 다르지만 본질은 같다.

의뢰인 김 씨는 최근 매력적인 부동산 투자 기회를 발견했습니다. 해당 부동산은 시세보다 훨씬 낮은 가격에 판매되고 있었고, 판매자는 추가 수수료를 피하기 위해 신속한 현금 거래를 제안했습니다. 판매자는 겉보기에는 정식으로 보이는 서류를 제시하며 모든 것이 문제없다고 김 씨를 안심시켰습니다. 제한된 시간 내에 결정을 내려야 한다는 압박감에 김 씨는 거래를 진행했습니다.

몇 주 후, 김 씨는 해당 부동산이 실제로는 판매자의 소유가 아니었음을 알게 되었습니다. 등기 서류는 위조된 것이었고, 판매자는 행방이 묘연했습니다. 이제 김 씨는 부동산도, 돈도 잃은 상황에서 어떤 법적 조치를 취할 수 있을지 몰라 막막해하고 있습니다.

다음은 목차 구성이다.

목차는 소제목을 통해 깔끔하게 나눠주는 게 좋다.

글 자체가 통으로 한 덩어리도 돼 있으면 읽는 사람도 핵심을 파악하기 어렵고, 쓰는 사람도 두서가 없을 가능성이 높기 때문이다.

목차 구성은 다음과 같이 하면 좋다.

```
┌─────────────────────────┐
│          제목            │
│         도입부           │
│      소제목1 – 내용      │
│      소제목2 – 내용      │
│      소제목3 – 내용      │
│          정리            │
│   투자 유인 기제 – 리드마그넷  │
└─────────────────────────┘
```

　이처럼 도입부 1개에 소제목 3개와 각 본문 내용 그리고 마지막으로 정리를 해주고, 리드마그넷을 제시하는 게 가장 일반적인 구조이다.
　이처럼 구조를 짰다면 이제 핵심주장과 이유를 쓴다. 자신의 특별한 노하우나 경력, 철학이 있다면 부각해서 쓰면 좋다.
　핵심 주장은 사례를 풀어갈 때 의뢰인 입장에서 혹은 전문 자격사 입장에서 가장 신경 써야 하는 부분을 쓰면 된다. 이때 반드시 앞서 강의했듯 '쉽게' 설명해야 한다.

◆ **핵심 주장** : 세금 문제로 다툼이 생겼을 때, 의뢰인(세금을 내는 사람)이 가장 신경 써야 할 것은 세금이 제대로 부과되었는지 꼼꼼히 확인하는 것입니다. 변호사 역시 세금 관련 법을 잘 살펴보고, 의뢰인을 위해 어떤 부분이 잘못되었는지 찾아내야 합니다.

> ◆ 이유 : 세금 문제는 법이 복잡하고 절차도 까다롭습니다. 그래서 세금을 내는 사람이 억울하게 잘못된 세금을 내야 하는 상황이 생길 수 있습니다. 이때 중요한 것은 세금을 부과한 기관(세무서 등)이 법에 맞게 처리했는지, 그리고 그 과정에서 어떤 실수가 있었는지를 따져보는 것입니다. 의뢰인은 자신의 상황에 대해 정확한 자료와 증거를 모아야 하고, 변호사는 그 자료를 법에 맞게 해석해 세금이 잘못 부과되었다면 이를 바로잡아야 합니다. 이렇게 해야 억울한 세금을 내지 않고 자신의 권리를 지킬 수 있습니다.

자 정리한다.
이번 시간에는 콘텐츠 글쓰기의 뼈대를 이루는 논리적 글쓰기 도입부에 관해서 설명했다.

첫 번째, 도입부는 '의뢰인 질문형'과 '글쓴이 문제 제기형' 그리고 '사례 제시형'이 있다. 핵심은 의뢰인 스스로 자신의 사건이라고 느끼는 것이다.

두 번째, 목차 구성을 한다. 목차 구성은 도입부 1개에 소제목 3개와 각 본문 내용 그리고 마지막으로 정리를 해주고, 리드마그넷을 제시하는 게 가장 일반적인 구조이다.

세 번째, 구조를 짰다면 이제 핵심 주장과 이유를 쓴다.

이렇게 도입부에 대해서 알아봤다.

다음 장에서는 도입부 이후에 이어지는 사례 / 조항 / 판례 / 통계에 대해서 살펴보겠다.

06 논리적 글쓰기 2 - 본론

이번에는 도입부를 작성한 후, 그에 이어지는 본론을 어떻게 효과적으로 채워 나갈 수 있는지에 관해 알아본다. 본론은 글의 핵심 주장을 뒷받침하는 가장 중요한 부분이며, 이 부분을 어떻게 구성하느냐에 따라 의뢰인의 신뢰를 얻을 수 있는지 결정된다. 본론이 탄탄해야 글이 전체적으로 설득력을 갖게 되며, 잠재 의뢰인이 실제로 도움을 받을 수 있는지를 판단하는 기준이 된다.

본론에서는 특히 의뢰인에게 설득력과 신뢰감을 줄 수 있는 다양한 근거와 자료를 활용해야 한다. 여기서 활용할 수 있는 대표적인 요소가 바로 '사례', '조항', '판례', 그리고 '통계'이다. 이 네 가지 요소는 각각 글의 주장을 강화하고, 독자들이 이해하기 쉽게 만드는 데 큰 역할을 한다. 단순히 글쓴이의 주장을 늘어놓는 것만으로는 독자에게 신뢰감을 줄 수 없다. 그 주장을 뒷받침할 수 있는 구체적이고 객관적인 근거가 필요하다.

'사례'는 독자에게 친숙한 상황을 제시하여 그들이 자신의 문제와 글의 내용을 연결할 수 있도록 돕는다. 실제로 유사한 문제를 겪고 해결한 사람들의 이야기는 독자들에게 공감과 관심을 불러일으키기 때문에 도입부에서 제시한 문제에 대해 본격적으로 접근할 때 유용하다.

다음으로 '조항'은 해당 사안에 적용되는 법적 근거를 명확히 제시함으로써 글의 논리적 근거를 확고히 해준다. 의뢰인에게 법 조항을 구체적으로 설명하면, 단순히 주관적인 의견이 아닌 법적으로 뒷받침되는 주장이란 점을 강조할 수 있다.

많은 의뢰인은 법적 분쟁에서 자신이 얼마나 법을 이해하고 있는지, 그리고 그 법을 어떻게 활용해야 할지에 대해 막연한 두려움과 의문을 갖고 있다. 이때 변호사로서 관련 법 조항을 명확하게 제시하면 의뢰인은 당신의 전문성에 신뢰를 가지게 된다.

'판례'는 글의 주장을 더욱 현실적으로 보여주는 수단이다. 법원에서 비슷한 사례에 대해 어떤 결정을 내렸는지 보여주면, 의뢰인은 자신의 상황을 예측하고, 문제 해결의 방향을 잡을 수 있게 된다. 판례를 활용함으로써 글의 논리가 실제 법적 판단에 부합한다는 점을 강조할 수 있으며, 이를 통해 의뢰인은 자신의 상황에 대해 긍정적으로 바라볼 수 있는 근거를 얻게 된다.

마지막으로 '통계'는 특정 문제의 일반적인 경향이나 중요성을 강조하는 데 유용하다. 통계 자료는 글의 객관성을 높여주며, 독자들에게 현재 자신이 겪고 있는 문제가 얼마나 흔한지, 혹은 어떤 점에서 주목할 가치가 있는지를 알려준다.

이렇게 각각의 요소를 활용하여 본론을 구성하면, 단순한 주장이나 설명에 그치지 않고, 구체적인 근거를 통해 의뢰인의 공감과 이해를 이끌어 낼 수 있다.

마약 형사 사건에 대해 '사례', '조항', '판례', 그리고 '통계' 순으로 본론을 구성해본다.

여기서 반드시 이 순서대로 하거나 4가지 요소가 모두 들어가야 하는 것은 아니라는 점을 짚는다. 순서가 바뀌어도 상관없고, 4가지 요소 중에 1~2가지만 들어가도 상관이 없다. 전문성에 신뢰도를 더하기만 하면 된다.

① 사례 제시

마약 사건에서는 의뢰인에게 일어난 실제 상황을 간략하게 소개함으로써, 독자들이 그 상황을 쉽게 이해하고 자신과 연결할 수 있도록 하는 것이 중요하다. 여기에서의 사례는 도입부에서 언급한 내용을 조금 더 추가하는 내용이다.

"의뢰인 박 씨는 최근 지인에게서 대마초를 건네받아 흡연한 혐의로 경찰에 체포되었습니다. 박 씨는 자기 행동이 얼마나 심각한지 잘 알지 못했고, 지인의 권유로 호기심에 한 번 해본 것뿐이라고 진술했습니다. 그러나 마약 관련 범죄는 법적으로 엄격하게 처벌되는 범주에 속해 있어, 그는 지금 마약류 관리에 관한 법률 위반 혐의로 검찰 조사를 받는 상황

> 에 놓여 있습니다. 박 씨는 자신이 한 번의 실수로 인생을 망치게 될까 봐 크게 불안해하고 있습니다."

이런 사례를 통해 독자들은 마약 형사 사건이 어떻게 시작되는지, 그리고 그 결과가 얼마나 심각할 수 있는지 직관적으로 이해할 수 있게 된다.

② 관련 조항 소개

사례를 제시한 후에는 사건에 적용되는 법적 근거를 소개하여 주장을 강화한다. 마약 사건의 경우, 마약류 관리에 관한 법률을 중심으로 설명할 수 있다.

> "마약 관련 형사 사건은 '마약류 관리에 관한 법률'에 의해 엄격히 규제되고 있습니다. 이 법의 제61조에서는 대마초, 필로폰 등의 마약류를 소지, 매매, 또는 흡연하는 행위를 모두 금지하고 있으며, 이를 위반할 경우 징역형이나 벌금형에 처한다고 규정하고 있습니다. 특히, 제66조에서는 마약류의 종류 및 행위에 따라 처벌의 수위가 다르게 정해져 있어, 의뢰인이 처한 상황에 따라 형량이 달라질 수 있습니다."

이렇게 관련 조항을 제시함으로써, 의뢰인은 자신의 행위가 어떤 법률에 의해 처벌받을 수 있는지 명확하게 이해하게 된다.

③ 판례 활용

관련 조항을 설명한 후에는 유사한 사건에 대한 판례를 제시하여, 실제 법원이 어떤 결정을 내렸는지 보여준다. 이는 의뢰인의 사건 해결 방향에 대한 현실적인 판단을 가능하게 한다.

> "마약 사건과 관련된 판례로, 대법원 2019도12345 사건이 있습니다. 이 사건에서 피고인은 필로폰을 일회 사용한 혐의로 재판에 넘겨졌으나, 재판부는 피고인이 초범이며 자발적으로 중독 치료를 받으려 노력했다는 점을 감안해 징역형의 집행유예를 선고했습니다. 이는 법원이 마약 사건에서 단순한 처벌보다는, 피고인의 개선 의지를 중시하는 경향을 보여주는 판례로 꼽힙니다."

판례를 인용함으로써, 의뢰인에게 그들의 상황에서도 어떤 요소들이 고려될 수 있는지를 알려줄 수 있다. 이를 통해 의뢰인은 무조건적인 처벌이 아닌, 개선과 재활에 중점을 둔 접근법이 존재할 수 있음을 이해하게 된다.

④ 통계 활용

마지막으로, 마약 사건의 현황이나 처벌 경향을 통계로 제시하여 문제의 심각성과 주장의 신뢰성을 높인다.

> "최근 경찰청 통계에 따르면, 국내 마약류 범죄는 매년 증가 추세에 있습니다. 2023년에는 마약 관련 범죄가 전년 대비 20% 이상 증가했으며, 이 중 초범의 비율이 약 60%를 차지했습니다. 그러나 이들 초범 중 30% 이상이 재활 프로그램을 통해 개선 의지를 보이고 있으며, 이를 고려해 재판부에서 집행유예나 사회봉사 명령을 내리는 사례가 늘어나고 있습니다. 이러한 통계는 마약류 범죄가 증가하고 있지만, 동시에 사법부가 범죄자의 개선 가능성을 중요하게 본다는 점을 보여줍니다."

통계 자료는 마약 사건의 일반적인 경향과 처벌 수위 등을 객관적으로 보여주기 때문에, 의뢰인에게 자신의 상황을 더 명확히 파악하고 향후 전략을 세우는 데 도움이 된다.

여기까지 '사례', '조항', '판례', '통계'가 본론을 구성하는 핵심 요소임을 자세히 설명드렸다.

먼저, 사례 제시는 독자가 글 속의 상황을 자신의 문제와 연결하여 이해할 수 있게 하는 역할을 한다.

다음으로, 관련 조항은 글의 논리적 근거를 명확히 하는 데 필수적이다.

판례 활용은 법원이 유사한 사건에서 어떤 판단을 내렸는지 보여줌으로써 독자들이 자신의 상황을 현실적으로 가늠할 수 있도록 도와준다.

마지막으로, 통계는 문제의 일반성과 중요성을 객관적으로 보여준다.

이 장에서 배운 내용을 바탕으로 여러분의 주력 분야와 관련된 주제를 선정해 본론을 작성해보길 바란다.

07 논리적 글쓰기 3 - 결론

논리적 글쓰기의 마지막 단계인 결론과 행동 유도에 대해 다뤄본다.

본론에서 충분히 논리적 증명을 했다면, 이제 글을 깔끔하게 마무리해야 할 차례이다. 결론은 그동안의 내용을 정리하고, 핵심 주장을 다시 한번 강조하는 자리이다. 결론이 명확할수록 독자들은 글의 메시지를 기억하기 쉽고, 자연스럽게 글쓴이의 전문성을 신뢰하게 된다.

결론에서 가장 중요한 것은 핵심 주장의 재확인이다. 본론을 통해 사례, 조항, 판례, 통계 등을 제시했다면, 이제 그 모든 근거를 한 문장으로 압축하여 핵심 주장을 다시 강조하는 것이 좋다. 이렇게 함으로써 독자들은 글의 흐름을 이해하고, 앞서 배운 내용을 다시 정리하게 된다.

예를 들어, 마약 형사 사건 글의 경우 결론은 이렇게 정리할 수 있다.

> "마약 사건은 단순한 호기심에서 비롯되더라도 법적으로 매우 엄격하게 다뤄지며, 초범이라도 높은 수준의 처벌을 받을 수 있는 심각한 범죄입니다. 특히, 마약류 관리에 관한 법률은 마약의 종류와 범행의 정도에 따

라 처벌 수위가 세분화되어 있기 때문에 사건마다 대응 전략이 달라져야 합니다.

그러나 최근 판례를 살펴보면, 초범인 경우 자발적인 치료 노력, 주변 환경 개선, 범행의 경위 등을 종합적으로 고려해 판결을 내리는 경향이 강화되고 있습니다. 예를 들어, 재판 과정에서 전문 변호사의 조력을 받아 중독 치료를 적극적으로 이행하고, 재범 방지를 위한 구체적인 계획을 제시한다면, 재판부가 이를 참작하여 집행유예나 사회봉사 명령과 같은 완화된 처분을 내릴 가능성이 높아집니다.

또한, 경찰 조사 단계부터 변호사와 함께 사건을 준비한다면, 불필요한 오해나 과도한 법적 불이익을 예방할 수 있습니다. 전문 변호사는 해당 사건에 적용될 수 있는 조항과 유사한 판례를 바탕으로 의뢰인의 상황을 유리하게 이끌어갈 수 있는 전략을 수립합니다. 따라서 단순히 법정에서 억울함을 호소하기보다는, 재판부가 고려할 만한 다양한 요소를 철저히 준비하고 대응하는 것이 의뢰인의 미래를 지키는 핵심입니다. 이런 과정이 의뢰인에게 불안감보다는 법적 보호와 더 나은 결과를 가져다줄 수 있습니다. 전문가의 도움을 받아야만 이처럼 복잡하고 섬세한 전략을 세워 대응할 수 있다는 점을 꼭 기억하시기를 바랍니다."

결론에서 핵심 주장을 강조했다면, 이제 마지막으로 독자에게 구체적인 행동을 유도해야 한다. 여기서 행동 유도란, 독자가 글을 읽고 난 후 무엇을 해야 하는지를 제시하는 것이다. 이는 잠재 의뢰인을 고객으로 연결하는 중요한 부분이다.

행동 유도는 크게 두 가지 방식으로 진행할 수 있다.

먼저 전문가 상담 제안이다. 글의 내용을 통해 독자가 자신의 상황을 인지했다면, 자연스럽게 전문가의 상담이나 도움을 제안해야 한다. 예를 들어, 상간남 소송에 대한 글을 작성했다면 다음과 같이 행동 유도를 할 수 있다.

> "상간남 소송은 복잡한 법률 문제를 다루기 때문에 전문가의 도움이 필요합니다. 여러분이 비슷한 상황에 처해 있다면, 지금 바로 상담을 받아 올바른 법적 대응을 준비하시기 바랍니다."

다음으로 리드마그넷 활용이다. 리드마그넷은 유인기제 파트에서 아주 자세하게 다룰 것이니 여기서는 언급만 하겠다. 독자에게 무료로 유용한 정보를 제공함으로써 연락처를 얻고, 잠재 고객을 확보하는 방법이다. 예를 들어, 마약 형사 사건에 관한 글의 끝부분에 이렇게 유도할 수 있다.

> "마약 사건에 관한 상세한 대처 방법을 담은 무료 가이드북을 준비했습니다. 아래 링크를 통해 다운로드 받으시고, 법적 대응을 위한 첫걸음을 시작해 보세요."

행동 유도는 독자가 글을 읽은 후 자연스럽게 다음 단계로 넘어갈 수 있도록 안내하는 중요한 요소이다. 이를 통해 독자와의 관계를 구축하고, 더 나아가 실제 의뢰인으로 전환할 수 있다.

한편 결론과 행동 유도를 작성할 때 몇 가지 유의해야 할 사항이 있다.

먼저 결론은 길게 늘어놓지 않아야 한다. 핵심만 간결하게 정리하고, 독자에게 분명한 메시지를 전달하는 것이 중요하다.

특히 행동 유도 부분에서는 독자에게 긍정적인 전망을 제시하는 것이 좋다. "지금 바로 상담을 받지 않으면 위험합니다"와 같은 부정적 표현보다는 "전문가의 도움으로 올바른 방향을 찾을 수 있습니다"처럼 긍정적으로 이끌어야 독자들이 행동에 옮기게 된다.

아울러 결론 부분에서도 독자의 상황에 대한 공감을 표현하는 것이 좋다. "힘든 마음 충분히 이해합니다"와 같이 독자의 감정에 다가가는 표현을 통해 글쓴이에 대한 신뢰를 높일 수 있겠다.

이 논리적 글쓰기를 하는 이유는 뼈대를 잡기 위해서이다. 이후에는 논리적 글쓰기로 잡은 뼈대에 장식을 넣어줄 수 있는 '무의식적 글쓰기' 즉 '감성적 글쓰기'에 대해서 설명한다.

08 무의식적 글쓰기 총론

무의식 글쓰기 방법론을 다시 정리한다. 기억을 가다듬기 위해서이다.

무의식 글쓰기
3단계 – 무의식적 글쓰기 방법론 -〉 우뇌 / 감정
2단계 – 논리적 글쓰기 방법론 -〉 좌뇌 / 논리
1단계 – 기본적 글쓰기 방법론 -〉 가독성

앞서 설명한 대로 무의식적 글쓰기는 크게 3가지 챕터로 나뉜다.

첫 번째 챕터는 기본적인 글쓰기 방법론이다. 이 챕터에서는 읽히는 글을 쓰는 기초를 학습한다.

두 번째 챕터는 전문 자격사 여러분이 너무나 잘 알고 있는 논증하는 글쓰기, 논리적 글쓰기에 대한 강의였다.

세 번째 챕터는 논리적 설득을 넘어서 인간의 감정을 터치하는 글쓰기, 즉 심리적으로 그리고 감정적으로 의뢰인이 빠져들게 하는 글쓰기를 학습한다.

이번 시간에는 마지막 작문법으로 무의식적 글쓰기에 관하여 설명한다. 무의식적 글쓰기는 행동경제학을 기반으로 하고 있다.

행동경제학은 사람들이 경제적 의사 결정을 할 때, 완전히 합리적으로 행동하지 않는다는 점을 연구하는 분야이다. 전통적인 경제학은 사람들이 항상 이성적이고 자신의 이익을 극대화하는 방식으로 행동한다고 가정하지만, 행동경제학은 인간이 비합리적인 선택을 자주 한다는 사실을 강조한다.

예를 들어, 사람들은 할인 쿠폰이나 제한된 시간 동안만 판매되는 상품에 쉽게 현혹되고, 당장 얻는 작은 이익을 미래에 더 큰 이익을 위해 기다리는 것보다 선호하는 경향이 있다. 또한, 손해에 더 민감하게 반응하며, 한번 가진 것을 잃는 것을 크게 두려워하는 '손실 회피' 경향도 있다. 이런 비합리적인 행동을 이해하고 설명하기 위해 행동경제학은 심리학, 인지과학 등 다양한 학문의 지식을 활용한다.

쉽게 말해, 행동경제학은 인간이 실제로 어떻게 경제적 결정을 내리는지에 대한 연구로, 사람들의 생각과 행동 패턴을 분석해 더 나은 경제 정책이나 마케팅 전략을 개발하는 데 활용된다.

행동경제학은 이렇게 심리학, 경제학, 사회학 등의 지식을 통합하여 사람들의 실제 행동을 더 잘 이해하고, 개인과 사회에 이익이 되는 방향으로 행동을 유도하는 전략을 연구하는 학문으로 자리 잡게 됐다.

노벨 경제학상 수상자 리처드 탈러(Richard H. Thaler)는 사람들이 실제로 어떻게 의사 결정을 내리는지에 대한 연구를 통해 경제적 모델에 '심리적 요인'을 도입하는 데 주력했다.

그의 대표적인 저서 〈넛지(Nudge)〉는 인간이 일상에서 어떻게 비합리적인 선택을 하는지, 그리고 그 선택에 영향을 줄 수 있는 방법을 탐구했다. 탈러는 특히, 정부나 기업이 개입하여 사람들의 선택을 개선할 수 있는 '넛지 이론'을 제시하여, 정책 설계와 마케팅 전략에 큰 영향을 미쳤다.

필자는 수년간 행동경제학에 깊이 심취해 있었다. 특히 리처드 탈러로부터 영감을 받아 전문 자격사의 콘텐츠에 행동경제학의 색깔을 입혔는데 그것이 바로 '무의식적 글쓰기'이다.

주장과 논증으로 이뤄져 있는 논리적 글쓰기가 '논리'와 '신뢰'라는 기본 뼈대를 이룬다면 무의식적 글쓰기에서 나오는 여러 심리학적 기제는 의뢰인의 행동을 유도하게 된다.

정리를 해보면 글을 쓰는 방식은 다음과 같다.

먼저 논리적 글쓰기로 기본 글을 구성한다.
그리고 그 사이 사이에 행동경제학적 심리 장치를 심어 놓게 된다.

크리스마스 트리를 장식할 때 굵은 나무라는 하나의 뼈대를 잡고 하나씩 장식을 해나간다고 생각하면 쉬울 거 같다.

논리적 글쓰기가 바로 뼈대가 되는 나무이고 보는 사람들을 유혹하는 행동경제학 기반 무의식적 글쓰기가 장식이 되겠다.

무의식적 글쓰기는 다음과 같은 핵심 요소들을 배우게 된다.

1. 공감하기
2. 철학 넣기와 빌런 설정
3. 사회적 증거(후기)
4. 손실 회피 편향(프레이밍)
5. 밴드 웨건 효과
6. 라벨링 효과
7. 동결 효과
8. 자율 동기 효과
9. 후광효과(TV 신문)
10. 밀어내기(칼리굴라 효과)
11. 시간 한정
12. 프리 셀렉션(바쁜 이미지)
13. 방어기제 언급하기
14. 포싱
15. 리드마그넷

이후 강의부터 각각의 요소에 대해서 짧게 설명을 하도록 하겠다. 중요한 것은 이 심리적 기제들을 글 하나에 3개 정도는 넣어야 한다는 점이다. 꼭 해보길 바란다.

09 무의식적 글쓰기 1 - 공감

변호사, 세무사, 회계사, 노무사, 변리사 등 전문 자격사들이 의뢰인과의 관계에서 필수적으로 갖추어야 할 요소 중 하나가 바로 '공감'이다. 공감은 단순히 상대방의 이야기를 듣고 이해하는 것을 넘어서, 그들이 느끼는 감정과 상황에 함께 반응하고 공명하는 능력이다.

그런데 변호사 등 전문 자격사들은 공통적으로 공감능력이 매우 결여돼 있는 경우가 많다. 부끄럽지만 필자도 그렇다.

MBTI를 해 보면 필자는 F가 거의 나오지 않는다. 여기서 F는 감성적이고 타인에게 공감할 수 있는 능력을 말하고, T는 이성적이고 합리적으로 판단하고 문제를 해결하는 성향을 말한다.

그래서 사실 고백하자면 초창기에는 의뢰인들과 많이 다투기도 했다. 먼저는 그들의 감정에 공감하고 나서 차근차근 이야기를 풀어나가야 했는데, 그보다는 딱딱하고 사무적으로 대화를 하는 경우가 많았다.

이런 화법은 사실 의뢰인뿐만 아니라 내 주변 사람들에게도 상처를 입히는 경우가 많다. 일단 어려움을 겪은 사람이 있다면, 공감을 해주는 게 가장 먼저여야 했다. 하지만 필자는 문제를 해결 방법을 곧바로 제시하는

데 집중했고, 그 과정에서 상대방이 느끼는 감정을 충분히 이해하지 못한 채 대화를 이어갔다.

　시간이 지나면서, 이런 방식으로는 진정한 소통이 이루어지지 않는다는 사실을 깨닫게 됐다. 특히 의뢰인들이 법적 문제나 재정적인 어려움으로 찾아왔을 때, 그들의 상황은 이미 감정적으로도 매우 취약한 상태이다. 그들은 단순히 문제를 해결해 줄 사람을 찾는 게 아니라, 자신의 이야기를 들어주고, 자신이 겪는 감정적인 고통을 이해해 주는 사람을 원한다는 것을 알게됐다.

　그래서 필자는 대화의 방식을 바꾸기 시작했다. 먼저, 의뢰인들의 이야기를 들으면서 그들이 느끼는 감정에 대해 더 깊이 공감하려고 노력했다. 예를 들어, 어떤 의뢰인이 부당해고를 당해 직장을 잃은 상태라면, "정말 힘드셨겠어요. 이 상황을 겪으면서 많이 답답하고 억울하셨을 겁니다. 저도 같은 입장이었다면 굉장히 속상했을 것 같아요."라고 먼저 그들의 감정에 공감하는 말을 건네는 것이다.

　공감을 표현하는 화법을 의식적으로 사용하기 시작한 후로, 의뢰인들과의 관계는 놀랍게도 눈에 띄게 개선됐다. 예전에는 딱딱한 상담과정에서 의뢰인들이 무언가를 숨기고 말하지 않는다는 느낌을 종종 받았지만, 공감을 통해 접근하니 그들은 자신의 진짜 고민과 걱정을 털어놓기 시작했다.

　이 지점에서 우리는 유재석 씨가 보여주는 탁월한 공감 화법을 참고할 필요가 있다.

유재석 씨의 대화 방식은 공감과 경청을 기반으로 상대방을 진정으로 이해하고, 그들의 감정을 배려하는 데서 시작된다. 그는 예능 프로그램 속에서도 출연자들의 이야기를 경청하고, 그들의 감정을 가볍게 여기지 않으며 진지하게 받아들인다. 그가 한 프로그램에서 한 대화 중 이런 말을 하는 장면이 나온다.

"아, 그런 일이 있었군요. 그럴 때 정말 속상하셨을 것 같아요. 제가 그 입장이었어도 많이 힘들었을 거예요. 그런데도 이렇게 웃으면서 이야기해 주셔서 감사합니다."

이런 말은 상대방의 감정을 진심으로 이해하고 공감하는 태도를 보여 준다. 유재석 씨는 웃음을 유도할 수 있는 상황에서도 상대방이 불편할 수 있는 감정을 인정하고, 그 감정을 먼저 수용해 준다. 이러한 공감적 대화는 변리사나 노무사들도 활용할 수 있다. 예를 들어, 특허 분쟁으로 인한 스트레스를 받고 있는 의뢰인에게 "이런 상황에서 많이 힘드셨겠네요. 정말 복잡하고 속상한 일이셨을 텐데, 제가 그 마음 충분히 이해합니다. 함께 해결해 나가봅시다."라는 식으로 공감해 준다면, 의뢰인은 자신의 감정이 존중받고 있다는 느낌을 받을 것이다.

이와 달리 형식적인 캐치프라이즈는 경계해야 한다.
이런 것들이다.

"내 가족이라 생각하고 사건을 해결합니다."

"깊은 공감과 위로로 여러분과 함께합니다."

"항상 의뢰인의 입장에서 생각합니다."

"최고의 법률 서비스로 모십니다."

"여러분의 고민, 저희가 해결해드립니다."

"전문성과 신뢰로 완벽하게 해결해 드립니다."

"고객 만족을 최우선으로 생각합니다."

이런 상투적인 표현은 의뢰인에게 피로감만 주게 된다. 이러한 표현들은 겉으로는 공감하는 듯 보이지만, 실제로는 구체적이지 않고 진정성 없이 들린다. 형식적이고 진부하게 들리며 공감과 신뢰를 형성하는 데에는 큰 도움이 되지 않는다. 공감은 말이 아니라, 구체적인 사례와 상황에 맞는 진심 어린 대응으로 나타나야 한다.

이제 실제로 변호사의 글쓰기에서 공감을 어떻게 활용할 수 있는지 예시를 통해 살펴보자.

〈변호사〉

의뢰인이 이혼 소송을 위해 상담을 받으러 왔다면, 단순히 법률적 조언만을 제공하는 것보다, 그들이 처한 감정적인 고통을 먼저 이해하는 것이 중요하다.

"이혼 결정을 내리기까지 정말 많은 고민을 하셨을 겁니다. 지금 굉장히 힘드실 텐데, 제가 법적으로 도울 수 있는 부분을 찾아드릴 테니 걱정하지 마세요."라는 말은 의뢰인에게 심리적인 안정을 줄 수 있다.

이번에는 실제로 변호사가 자신의 블로그에 글을 올린다고 가정해보자.

> 며칠 전, 한 여성 의뢰인이 제 사무실을 찾아왔습니다. 눈에 가득한 피로와 긴장된 표정에서 그녀가 얼마나 큰 결정을 앞두고 있는지 짐작할 수 있었습니다. 이혼을 결심하게 된 이유는 남편의 반복된 외도와 무관심이었습니다. 그녀는 상담실에 앉자마자 눈물을 보였고, 말을 꺼내기조차 어려워 보였습니다.
>
> "이혼을 결심하기까지 얼마나 많은 고민을 하셨을지 충분히 이해됩니다. 지금 이 순간이 참 힘드실 거라고 생각해요. 하지만 이런 중요한 결정을 내린 만큼, 법적으로도 당신의 권리가 보호될 수 있도록 최선을 다해 도와드리겠습니다."
>
> 제 말이 끝나자, 그녀는 한숨을 내쉬며 조금 더 안심하는 듯한 표정을 지었습니다. 법률적 조언을 제공하기 전에, 그녀의 감정적인 고통을 먼저 이해하고, 법적 절차를 차근차근 설명하면서도 그녀가 느끼는 불안을 덜어주는 것이 중요했습니다. 이혼 소송은 단순히 법적 문제가 아니라, 의

뢰인의 삶 전체와 관련된 일입니다. 그래서 저는 법적인 해결책을 제공하기에 앞서 그녀의 이야기를 끝까지 경청하고, 그녀의 감정을 존중하며 상담을 이어갔습니다.

앞서 본 논리적인 글쓰기에 이런 부분이 추가가 된다면 글이 확실히 달라진다.

하나 더 보자.

얼마 전, 한 남성 의뢰인이 성범죄 혐의로 조사를 받게 되어 저를 찾아왔습니다. 그는 매우 혼란스러운 표정으로 상담실에 들어왔고, 얼굴에는 두려움과 걱정이 가득했습니다. 혐의를 받게 된 것만으로도 그의 일상은 무너졌고, 더 큰 사회적 낙인과 처벌을 두려워하고 있었습니다.

"지금 고소를 당하셔서 많이 힘드실 겁니다. 조사 과정도 복잡하고, 어떤 방향으로 일이 흘러갈지 걱정이 크실 텐데요. 이 상황에서 불안하고 스트레스를 받는 건 당연합니다. 저도 같은 입장이었으면 마음이 많이 힘들었을 거예요. 하지만 우리는 법적인 절차를 통해 진실을 밝히고, 방어할 수 있는 모든 방법을 찾아낼 것입니다. 너무 걱정하지 마시고, 제가 끝까지 함께할 테니 법적인 부분은 저를 믿고 맡겨 주세요."

공감은 단순히 형식적인 캐치프레이즈나 상투적인 말로는 전달되지 않는다. 오히려 구체적인 상황에 맞춘 진심 어린 대화와 사례를 통해 의뢰인들에게 신뢰를 심어주는 것이 필수적이다. 이제 여러분도 이러한 공감의 기술을 여러분의 일상 업무에 적용해 보길 바란다.

10 무의식적 글쓰기 2 - 철학

이번 글에서는 우리가 앞에서 학습한 '철학'을 실제로 적용해본다. 세무사 사례이다.

《 세무사 사례 : 세무 조사 대응 》

얼마 전 한 중소기업 대표가 저를 찾아왔습니다. 20년 넘게 자동차 부품을 제조해온 회사였는데, 갑작스러운 세무조사 통지서를 받고 난 후 극심한 불안에 시달리고 있었습니다. '지난 달 저녁 8시쯤이었어요. 퇴근 직전에 통지서를 받았는데, 그 순간부터 가슴이 답답하고 밤잠을 이루지 못했습니다.' 대표님의 목소리에는 긴장감이 묻어났습니다.

제가 먼저 한 일은 그의 이야기를 경청하는 것이었습니다. 세무조사라는 단어가 주는 부담감, 혹시 모를 추징세액에 대한 걱정, 회사 평판에 대한 우려까지 - 그의 불안은 단순히 '세금'의 문제가 아니었습니다.

저는 먼저 지난 3년간의 장부를 함께 검토했습니다. 특히 수출용 원자재 매입과 관련된 세액 공제 부분에서 일부 보완이 필요한 부분을 발견했습니다. '대표님, 여기 2022년 3분기 수출 관련 증빙에서 보완이 필요한 부분이 보입니다. 하지만 걱정하지 마세요. 우리가 준비할 시간은 충분합니다.'

다음 날부터 일주일간, 저는 그 회사의 회계팀과 함께 모든 거래 내역을 꼼꼼히 점검했습니다. 단순히 서류를 검토하는 것이 아니라, 각 거래의 맥락과 배경까지 이해하려 노력했죠. 때로는 저녁 늦게까지 미팅을 하며 누락된 자료는 없는지, 설명이 필요한 부분은 무엇인지 꼼꼼히 체크했습니다.

특히 인상적이었던 것은, 이 과정에서 대표님의 표정이 조금씩 밝아지는 것이었습니다.

'세무사님, 이렇게 하나하나 짚어주시니 마음이 한결 놓이네요. 처음에는 정말 막막했는데….'

실제 세무조사 당일, 우리는 완벽하게 준비된 자료와 명확한 설명으로 모든 질문에 대응할 수 있었습니다. 조사관들도 우리의 체계적인 준비에 긍정적인 반응을 보였고, 결과적으로 경미한 보완 사항 외에는 큰 문제가 발견되지 않았습니다.

이 경험을 통해 저는 세무사의 진정한 역할을 새롭게 정의하게 되었습니다. 우리는 '재무적 위기관리자'입니다. 마치 의사가 정기검진을 통해 질병을 예방하고, 긴급 상황에서 생명을 구하듯이, 세무사는 기업의 재무 건강을 지키는 수호자입니다.

그날 밤 잠을 이루지 못했던 대표님의 불안한 눈빛은, 제가 왜 이 일을 하는지를 다시 한번 깨닫게 해주었습니다. 세무조사는 단순한 행정절차가 아닙니다. 그것은 20년 넘게 일궈온 한 기업가의 꿈과 직원들의 생계가 걸린 시험대와도 같습니다.

우리의 역할은 '문제를 찾아내는 것'이 아니라 '해결책을 설계하는 것' 입니다. 마치 건축가가 건물의 구조적 안정성을 확보하듯, 우리는 기업의 재무적 안정성을 설계하고 보강합니다. 때로는 밤새워 서류를 검토하고, 때로는 거래의 맥락을 이해하기 위해 현장을 방문하는 것도 이 때문입니다.

세무사는 '숫자의 전문가'가 아닌 '기업 스토리의 번역가'가 되어야 합니다. 복잡한 세무 용어와 법령을 알기 쉽게 설명하고, 기업의 거래 하나하나가 가진 고유한 맥락과 의미를 세무당국에 정확히 전달하는 것이 우리의 사명입니다.

이 지점에서 철학을 만들 때 중요한 것은 '에피소드'와 '이 사건을 바라보는 다른 시각'이다. '진심으로 대하겠다' '가족 같이 생각하겠다' '정성을 다해 최선을 다하겠다'는 뻔한 표현을 쓰지 말고 내 비전과 소명에 있어서 구체적이 내 생각의 궤적을 그려볼 수 있어야 한다.

이 글이 좋은 철학 소개글인 이유를 분석해보자.

① **구체적인 에피소드 활용**

단순히 '세무조사 사례'가 아닌, '저녁 8시 퇴근 직전에 통지서를 받았다'는 구체적 시간과 상황을 제시
'20년 넘게 자동차 부품을 제조해온 회사'라는 구체적 배경 설명
'2022년 3분기 수출 관련 증빙'과 같은 실제적 세부사항 포함

② **다양한 관점의 통합**

기업가의 관점 : 불안, 걱정, 밤잠을 설치는 심리적 상태
세무사의 관점 : 문제 해결을 위한 체계적 접근
세무당국의 관점 : 체계적 준비에 대한 긍정적 반응

③ **독창적인 비유와 메타포 사용**

'재무적 위기관리자' – 의사의 비유
'건축가' – 구조적 안정성의 비유

'기업 스토리의 번역가' – 소통자로서의 역할

④ 감정의 변화 묘사

처음의 불안과 공포

과정 중의 점진적 안도감

최종적인 해결 후의 안도

⑤ 추상적 가치의 구체화

'신뢰'라는 추상적 가치를 '밤 늦게까지 미팅'하는 구체적 행동으로 표현

'전문성'을 '거래의 맥락과 배경까지 이해'하는 실천적 모습으로 구현

⑥ 새로운 관점 제시

세무사를 단순한 세금 계산 전문가가 아닌, 기업의 파트너이자 통역가로 재정의 문제 발견자가 아닌 해결책 설계자로서의 역할 강조

⑦ 스토리텔링 구조

명확한 시작(위기 상황)

전개(문제 해결 과정)

결말(성공적 해결)

교훈(새로운 역할 정의)

이처럼 이 글은 진부한 선언이나 추상적 가치를 나열하는 대신, 구체적 경험과 다양한 관점, 새로운 비유를 통해 세무사로서의 철학을 효과적으로 전달하고 있다.

결론적으로 좋은 철학 소개글을 쓰기 위해서는 두 가지가 핵심이다.

첫째, '진심으로 하겠습니다', '최선을 다하겠습니다'와 같은 진부한 표현을 피하고, 대신 구체적인 에피소드를 활용해야 한다. 위 세무사 사례처럼 시간, 장소, 상황, 감정의 변화까지 상세히 담아내는 것이 중요하다.

둘째, 하나의 사건을 다양한 관점에서 바라보고 해석해, 자신만의 독창적인 시각을 제시해야 한다. 단순한 '세무사'가 아닌 '위기관리자', '건축가', '번역가'로 재해석한 것처럼, 자신의 역할에 대한 새로운 정의와 의미를 부여할 수 있어야 한다.

이러한 접근을 통해 우리는 진정성 있고 설득력 있는 철학을 만들어낼 수 있다.

11 무의식적 글쓰기 3 - 후기

사회적 증거로서 고객 후기는 글쓰기에서 신뢰성과 설득력을 높이는 데 매우 중요한 역할을 한다.

행동경제학에서 사회적 증거는 사람들이 어떤 선택을 할 때 다른 사람들의 행동을 참고하는 경향을 말하며, 이는 고객 후기가 강력한 설득 도구로 작용하는 이유다.

고객 후기는 실제 사용자들이 경험한 내용을 바탕으로 작성된 것이기 때문에, 독자들은 제공자의 주장보다 더 신뢰하게 된다.

이를 증명하는 사례로 '강남언니'라는 어플이 있다. 강남대로의 성형외과 거리를 지나다 보면 쉽게 광고판을 볼 수 있는데, 이 어플은 성형수술이나 피부과 시술을 받은 사람들이 후기를 올리는 플랫폼이다. 성형수술과 같은 분야는 신체에 미치는 영향이 크기 때문에 사람들은 후기를 매우 중요하게 여기고, 이를 통해 결정을 내린다. 실제로 이 앱은 2015년에 출시된 이후 국내외로 큰 성공을 거두었으며, 이는 후기가 전 세계적으로 사람들의 관심사임을 보여준다.

이와 비슷한 예로 '배달의 민족'에서의 후기 시스템도 있다. 요식업 사장들이 가장 민감하게 반응하는 것이 바로 배달의 민족의 별점 후기다. 별점 테러 하나가 매출에 직접적인 영향을 미칠 수 있기 때문이다. 후기가 매출과 신뢰에 미치는 영향은 그만큼 크다.

전문 자격사로서도 후기는 매우 중요한 사회적 증거로 작용한다. 의뢰인들은 "저와 비슷한 사건에서 승소한 사례가 있나요?", "절세한 사례가 있나요?"라고 질문한다. 이때 단순히 "있습니다"라고 말하는 것보다, 구체적인 후기를 보여주는 것이 훨씬 더 효과적이다. 성공 사례가 담긴 후기를 미리 준비해두면, 고객에게 더 큰 신뢰를 줄 수 있다. 실제로 대형 법무법인의 홈페이지를 보면, 성공 사례 후기로 가득 차 있는 것을 볼 수 있다. 이는 마케팅의 기본 중 기본이지만, 많은 전문 자격사들이 이를 제대로 활용하지 않고 있다.

후기를 잘 활용하는 것은 단순히 선택이 아닌 필수다. 후기를 효과적으로 수집하고 활용하는 방법을 살펴보자.

(1) 의뢰인에게 직접 부탁하기

의뢰인에게는 다음과 같이 구체적인 내용을 요청할 수 있다:
"어떤 사건이었는지", "어떻게 저희를 알게 되었는지", "위임 과정에서 무엇이 만족스러웠는지", "결과가 어떻게 되었는지" 등을 간단하게 적도록 안내하는 것이 좋다. 후기가 너무 길 필요는 없으며, 핵심은 해당 사례가 존재한다는 점을 전달하는 것이다.

〈변호사 사례 후기 예시〉

◆ 어떤 사건이었는지 : "저는 복잡한 부동산 분쟁으로 인해 큰 어려움을 겪고 있었습니다. 상대방과의 협상이 전혀 진행되지 않았고, 소송까지 가야 하는 상황이었습니다."

후기는 사건의 구체적인 상황을 명확히 전달하는 것이 중요하다. 여기서는 의뢰인이 부동산 분쟁이라는 구체적인 문제를 겪고 있었고, 상대방과의 협상이 실패하여 결국 소송으로 이어졌다는 상황을 설명한다. 이는 잠재 고객이 자신의 상황과 비교할 수 있게 도와준다. 후기를 읽는 잠재 고객은 자신이 처한 법적 문제가 이 의뢰인의 사례와 유사하다면, 더 큰 공감과 신뢰를 갖게 된다.

◆ 어떻게 저희를 알게 되었는지 : "인터넷에서 여러 변호사들을 찾아보던 중, 성공 사례와 후기가 많아 신뢰가 갔고, 상담을 통해 확신을 갖고 의뢰하게 되었습니다."

의뢰인이 변호사를 선택하게 된 과정에서 인터넷 검색과 후기의 역할이 강조된다. 이는 잠재 고객들이 변호사를 찾을 때 비슷한 방법을 사용하므로, 그들이 신뢰할 수 있는 후기가 있다는 것을 알게 함으로써 더 큰 신뢰를 얻게 된다. 또한, 성공 사례와 후기가 결정적인 역할을 했다는 점은, 변호사가 그동안 쌓아온 성과와 리뷰가 잠재 고객을 유인하는 데 중요한 요소임을 강조한다.

◆ 위임 과정에서 무엇이 만족스러웠는지 : "변호사님은 사건의 복잡성을 정확하게 파악해 주셨고, 그에 맞는 전략을 세워 주셨습니다. 저와의 소통도 매우 원활했고, 궁금한 점이나 걱정되는 부분에 대해서도 상세히 설명해 주셨습니다."

변호사의 전문성과 소통 능력이 구체적으로 강조된 부분이다. 특히, 사건의 복잡성을 정확히 파악하고 이에 맞는 전략을 세운 점이 강조되었으며, 의뢰인과의 소통이 원활했다는 점은 변호사에 대한 신뢰를 더욱 강화한다. 법률적인 조언을 제공하는 것뿐만 아니라, 고객이 이해하고 안심할 수 있도록 소통하는 것이 중요한 요소다.

◆ 결과가 어떻게 되었는지 : "결국 우리가 소송에서 승소했고, 내 권리를 온전히 보호받을 수 있었습니다. 처음에 예상했던 것보다 더 좋은 결과를 얻게 되어 매우 만족합니다."

이 후기는 변호사가 의뢰인의 문제를 구체적으로 해결한 과정과 결과를 명확히 전달함으로써, 잠재 고객이 비슷한 상황에서 변호사를 신뢰할 수 있도록 돕는다. 또한, 구체적이고 명확한 사례는 단순한 칭찬 이상의 의미를 가지며, 고객의 공감과 신뢰를 이끌어내고 있다.

(2) 의뢰인이 후기를 남기지 않는 경우

의뢰인이 후기를 남기지 않는 경우에는 의뢰인과의 대화나 카카오톡 대화를 요약해서 직접 후기를 작성할 수 있다. 이때는 개인정보 보호를 위해 사진이나 대화 내용을 모자이크 처리하는 것이 필수적이다. 특히 카카오톡 대화 캡처는 간편하게 활용할 수 있는 강력한 도구다. 대화 내용에는 의뢰인이 만족하는 순간을 자연스럽게 강조해 주는 것이 좋다. 예를 들어, 의뢰인이 좋은 결과를 축하하는 말을 할 때 이를 살짝 오버해서 분위기를 강조해도 좋다. 이 정도의 연출은 기만이 아니기 때문에 부담 없이 사용할 수 있다.

> 의뢰인:
> 세무사님, 법인세 신고가 잘 마무리되었다고 하니 정말 감사드려요! 제가 처음에 생각했던 것보다 세금을 더 많이 절감할 수 있게 되었네요. 정말 큰 도움이 되었습니다.
>
> 세무사:
> 만족하셨다니 다행입니다. 저희가 이번에 최대한의 절세 혜택을 받을 수 있도록 신경을 많이 썼습니다. 혹시 또 다른 궁금한 점이나 도와드릴 부분이 있으면 언제든 말씀해주세요.
>
> 의뢰인:
> 네, 나중에 다른 세무 관련 문제 있을 때도 꼭 다시 부탁드릴게요. 이번에 큰 문제를 해결해주셔서 안심이 되네요. 감사합니다!

(3) 그 외

한편 후기가 반드시 성공 사례여야만 하는 것은 아니다. 현재 진행 중인 사건이라도 충분히 유용한 후기가 될 수 있다. 중요한 것은 의뢰인이 어떤 문제로 찾아왔고, 그 문제를 해결해가는 과정을 보여주는 것이다. 잠재 의뢰인은 성공 결과만을 바라는 것이 아니라, 비슷한 문제를 어떻게 다뤄왔는지 알고 싶어 한다. 진행 중인 사건의 후기라도 결이 비슷한 성공 사례를 통해 자신감을 심어줄 수 있다.

성공 사례가 없을 때는 관련된 사례를 보여주고, "이와 비슷한 결과를 기대할 수 있다"는 메시지를 전하는 것도 좋은 방법이다. 예를 들어, "이 사건과 유사한 케이스에서 우리가 성공적인 결과를 얻은 바 있다"고 설명하면, 고객은 더 안심하게 된다.

후기는 단순한 리뷰가 아니라, 잠재 고객의 결정을 유도하는 중요한 도구다. 변호사, 세무사, 회계사, 노무사, 변리사와 같은 전문 자격사로서 후기를 활용하면 의뢰인에게 신뢰를 줄 수 있으며, 이는 마케팅에서 가장 효과적인 유인책 중 하나다. 후기를 통해 서비스가 의뢰인에게 어떤 가치를 제공했는지 구체적으로 보여주고, 더 많은 의뢰인을 확보하길 바란다.

12 무의식적 글쓰기 4 - 손실 회피 편향

손실회피편향(Prospect Theory)의 개념은 사람들이 이익을 얻는 것보다 손해를 피하는 것에 더 강하게 반응한다는 심리적 특성을 의미한다. 이를 처음 제시한 심리학자 다니엘 카너먼과 아모스 트버스키는 인간이 결정을 내릴 때 손해를 피하려는 성향이 이익을 얻으려는 성향보다 더 강하다는 것을 밝혔다. 이 경향성은 특히 법률 서비스, 세무 컨설팅, 특허 업무 등에서 고객에게 행동을 유도하는 마케팅 전략으로 매우 효과적이다.

손실회피편향을 활용하는 이유는 감정적 결정을 유도하고 즉각적인 행동을 촉진하기 때문이다. 고객이 당장 변호사를 선임하지 않거나 세무적 조치를 취하지 않으면 큰 손해를 볼 수 있다는 심리적 부담을 부각함으로써, 서비스 구매나 상담을 적극적으로 독려할 수 있다.

손실회피편향은 마케팅에서 흔히 사용되는 전략이다. 예를 들어, "보험에 가입하지 않으면 큰 의료비 부담을 감당해야 할 수 있다" "지금 운동하지 않으면, 나이가 들어서 심각한 질병에 걸릴 위험이 있다" "지금부터 재정을 관리하지 않으면, 은퇴 후 경제적 어려움에 직면할 수 있다" 같은 문구는 소비자에게 기회를 놓치면 발생할 손해를 강조하는 방식이다. 이 전략은 시간이나 기회가 제한되어 있다는 느낌을 주어 행동을 촉진하는 강력한 도구다.

자 그럼 손실회피편향을 전문 자격사 영역에 대입해보자.

〈변호사 사례〉

당장 변호사를 선임하지 않으면 시간이 지나면서 증거가 사라질 수 있습니다. 법적 소송에서 증거는 승패를 결정짓는 중요한 요소입니다. 하지만 시간이 지나면 중요한 증거들이 손실되거나, 확보가 불가능해질 수 있습니다. 예를 들어, CCTV 영상은 일정 기간 후 자동으로 삭제되고, 목격자들의 기억은 시간이 지남에 따라 흐려집니다. 변호사를 신속하게 선임하지 않으면 이 중요한 순간을 놓치고, 돌이킬 수 없게 될지도 모릅니다.

〈세무사 사례〉

세무 신고를 놓치면 막대한 벌금이 부과됩니다. 세무 신고는 마감 기한이 엄격하게 정해져 있습니다. 신고 기한을 놓치거나 하면, 추가 세금과 벌금이 부과될 가능성이 큽니다. 특히, 자영업자나 사업체의 경우, 부정확한 세무 처리는 나중에 세무 당국의 감사로 이어져 수천만 원의 손해를 입을 수 있습니다. 세무사를 빨리 선임해 조기에 대응하지 않으면 경제적 손실은 눈덩이처럼 불어나게 됩니다.

손실회피편향을 활용한 글쓰기는 단순한 위협이나 공포 조성이 아닌, 실제적이고 구체적인 위험을 제시하는 것이 핵심이다. 이는 전문 자격사의 서비스가 왜 필요한지를 설득력 있게 전달하는 효과적인 방법이다.

이를 실천하기 위해서는 다음 세 가지를 반드시 기억해야 한다.

첫째, 손실의 구체성이다. "문제가 생길 수 있다"는 모호한 표현이 아닌, "CCTV가 삭제된다" "벌금이 부과된다"와 같이 구체적인 손실을 명시한다.

둘째, 시간의 긴급성이다. 시간이 지날수록 손실이 커진다는 점을 강조하되, 과장된 공포감 조성은 피한다.

셋째, 해결책의 명확성이다. 손실을 피하기 위한 구체적인 행동 방안을 제시하고, 그 효과를 입증할 수 있는 사례를 함께 보여준다.

이러한 전략은 잠재 고객에게 전문가의 도움이 필요한 이유를 설득력 있게 전달하며, 결과적으로 더 나은 의사결정을 도울 수 있다.

13 무의식적 글쓰기 5 - 밴드웨건 효과

밴드웨건 효과(Bandwagon Effect)는 사람들이 특정 제품이나 서비스를 선택할 때, 다른 사람들이 그것을 선택했다는 이유만으로 따라 하게 되는 심리 현상을 말한다. 즉, 다수가 선택한 것을 신뢰하고, '남들이 하는 대로' 자신도 하려는 경향이 강해지는 것이다. 이 효과는 주로 대중이 쉽게 현혹되는 마케팅 전략으로 활용되며, 특히 유행을 타기 쉬운 상품이나 서비스에서 강하게 나타난다.

예를 들어, 새로운 스마트폰이나 패션 아이템이 대중적으로 유행하면 많은 사람들이 이를 구매하는 경향이 있는데, 이는 제품 자체의 품질보다도 주변 사람들이 이미 구매했기 때문에 따라가는 경우가 많다. 이러한 밴드웨건 효과는 제품의 신뢰성을 증대시키고 판매량을 급격히 증가시키는 데 기여할 수 있다.

밴드웨건 효과는 대기업들 역시 아주 많이 활용하는 심리기제다.

애플은 밴드웨건 효과를 적극적으로 활용하는 대표적인 기업이다. 매년 출시되는 아이폰 신제품은 수많은 사람이 기다리고 있으며, 출시 전부터 긴 줄을 서서 구매하려는 모습이 자주 목격된다. 이러한 현상은 마치 '모두가 가지고 있어야 하는 제품'이라는 이미지를 심어주며, 더 많은 사람들을 구매 행렬에 동참하게 만든다.

그럼 왜 전문 자격사들이 밴드웨건 효과를 활용해야 하는가?

전문 자격사, 즉 변호사, 세무사, 노무사, 변리사와 같은 직종에서는 일반 소비자가 자신에게 맞는 전문가를 선택하는 데 있어 신뢰와 안정감이 가장 중요한 요소다. 그러나 법적, 세무적 문제와 같이 전문 지식이 필요한 분야에서 잠재 고객은 종종 정보 비대칭 문제에 직면한다.

즉 고객이 스스로 어떤 전문가가 적합한지를 판단하기 어려운 상황에서, 다수가 선택한 전문가에 대한 신뢰가 더 크게 작용한다. 이른바 사람들이 많이 선택한 사람이 좋아보인다는 것이다. 이처럼 밴드웨건 효과는 고객이 다수가 이미 선택한 전문가라면 나도 그를 선택하는 것이 안전하다는 심리적 신뢰를 기반으로 형성된다.

특히 이러한 전문가들이 제공하는 서비스는 고객에게 큰 재정적, 법적 영향을 미치기 때문에, 다른 사람들이 이미 검증한 전문가를 선택하는 경향이 더욱 강해진다. 이미 많은 사람들로부터 검증됐다는 그 한마디가 주는 파급력은 어마어마하다.

그렇다면 어떻게 밴드웨건 효과를 구축해야 하는가? 밴드웨건 효과를 효과적으로 활용하려면 몇 가지 중요한 요소를 고려해야 한다.

다음 4가지다.

① 구체적인 숫자와 데이터 제시

② 성공 사례 강조

③ 동종업계에서의 평판

④ 신뢰를 기반으로 한 사회적 증거

분석해보자.

① 구체적인 숫자와 데이터 제시 : 단순히 많은 고객이 있었다는 모호한 표현보다는, 구체적인 숫자나 데이터를 제공하는 것이 훨씬 신뢰를 준다. 예를 들어, '10,000명의 고객' 또는 '지난해 처리한 500건의 사건'처럼 명확한 수치를 통해 고객이 신뢰할 수 있는 정보를 전달하는 것이 핵심이다.

② 성공 사례 강조 : 단순한 고객 수가 아니라, 실제로 어떤 문제를 해결했고, 고객에게 어떤 혜택을 제공했는지를 설명하는 것이 중요하다. 성공적인 사례와 실질적인 결과는 잠재 고객에게 전문가의 실력과 성과를 확실히 보여줄 수 있는 도구다.

③ 동종업계에서의 평판 : 고객이 속한 업계나 상황과 유사한 문제를 해결한 경험이 강조될 때, 잠재 고객은 자신에게도 해당 전문가가 적합할 것이라는 확신을 갖는다. 예를 들어, 변리사라면 기술 스타트업에 특화된 경험을 강조하는 것이 효과적이다.

④ 신뢰를 기반으로 한 사회적 증거 : 다수의 고객이 선택했다는 사실을 넘어, 해당 전문 자격사의 신뢰성과 역량을 증명하는 구체적인 후기를 제시하는 것도 중요하다. 구체적인 후기가 밴드웨건 효과를 더욱 신뢰성 있게 만들며, 고객의 결정에 도움을 준다.

변호사가 밴드웨건 효과를 활용할 때, 구체적인 수치를 사용해 신뢰성을 높일 수 있다. 예를 들어, "지난 5년 동안 우리 법무법인은 상업 분쟁 사건에서 300건 이상의 승소를 기록했고, 그로 인해 의뢰인들이 손해배상으로 받은 금액이 총 500억 원을 넘습니다"와 같은 데이터를 제시함으로써, 잠재 고객이 사건 처리 능력과 성공 가능성에 대한 확신을 가질 수 있다.

단순히 승소 건수만을 언급하는 것보다, 특정 사례를 예시로 들어 설명하는 것이 효과적이다.
"특히 최근에는 A 기업이 다른 대기업과의 계약 분쟁에서 우리가 성공적으로 방어하여, 100억 원 이상의 손실을 막아냈습니다"와 같은 구체적인 사례를 제시하면, 잠재 고객은 자신과 유사한 문제를 경험하는 상황에서 그 변호사가 적합하다고 느낄 가능성이 높아진다.

또한, 동종업계에서의 명성도 중요하다. 변호사는 자신이 어떤 업계에서 주로 활동하는지를 구체적으로 밝힐 수 있다. 예를 들어, "우리 법무법인은 서울 지역 IT 기업 50곳 이상과 법률 자문 계약을 체결하고 있으며, 이 중 많은 기업들이 계약서 검토, 특허 분쟁 해결 등을 의뢰하고 있습니다"라는 식으로, 업계 내에서의 존재감을 강조하면 비슷한 업계에 속한 고객들이 더 쉽게 신뢰할 수 있다.

신뢰를 주기 위해서는 실제 고객의 피드백이 중요하다.
"우리는 고객 설문 조사에서 97%의 의뢰인들이 '만족' 또는 '매우 만족' 한다고 응답했습니다. 그중 80% 이상이 재계약을 결정한 상태입니다"와 같은 구체적인 데이터는 사회적 증거를 강화하여 더 많은 고객을 유도할 수 있다.

이처럼 밴드웨건 효과는 소비자 심리에 깊이 뿌리내린 현상으로, 전문 자격사들도 이를 적극적으로 활용하여 자신의 서비스에 대한 신뢰를 구축할 수 있다. 많은 사람들이 선택한 전문가라는 이미지는 새로운 의뢰인에게 긍정적인 영향을 미치며, 이로 인해 더 많은 고객을 끌어들이는 강력한 도구가 될 수 있다. 따라서 밴드웨건 효과는 논리적 설득과 함께 무의식적으로 고객의 결정을 유도할 수 있는 중요한 전략이다.

14 무의식적 글쓰기 6 - 라벨링 효과

라벨링 효과(Labeling Effect)란 특정 사람에게 어떤 꼬리표(라벨)를 붙이면 그 사람이 무의식적으로 그 라벨에 걸맞은 행동을 하게 된다는 심리학 이론이다. 이 효과는 상대방의 자아 인식과 행동에 영향을 미쳐, 일종의 자기 충족적 예언(Self-fulfilling Prophecy)으로 작용한다. 예를 들어 "당신은 참 신중한 분이군요"라고 하면, 그 사람은 신중한 행동을 하려고 노력하게 된다.

이 효과는 일상 대화뿐만 아니라 비즈니스 협상, 마케팅, 교육 등 다양한 분야에서 널리 활용된다. 특히 변호사와 세무사와 같은 전문가들이 고객과 상담하거나 의견을 제시할 때, 이 라벨링 효과를 활용하면 상대방의 반응을 긍정적으로 이끌어 내는 데 도움을 줄 수 있다.

일반적으로 물건을 살 때 매장 직원이 "고객님은 정말 안목이 뛰어나신 분이시네요"라고 말하는 경우가 있다. 이 말을 들으면 고객은 자신이 안목 있는 사람이라는 인식이 생기고, 상품이나 서비스를 선택할 때 더 신중하게 행동한다.

자기계발 강사들이 자주 쓰는 단어에는 이런 것도 있다.

"제가 하나도 숨김없이 알려드립니다. 어차피 제가 이렇게 알려드려도 이대로 하실 분은 10%도 안 되는 걸 알기 때문이죠."

이렇게 의미 부여를 하게 되면 자신이 조금이라도 강사의 말대로 했을 때 10% 안에 들어갔다고 생각하게 된다. 그러면 스스로의 행동에 의미를 부여하게 됨으로써 계속 그 행동을 관성 있게 해나가게 되는 것이다. 이렇듯 라벨링 효과는 꽤 유용하다.

필자 같은 경우에는 "어차피 이렇게 제가 이야기해도 귀찮아서 자기 권리를 포기하실 분이 더 많을 것입니다. 정말 제 말을 듣고 의뢰를 하시는 분은 정말 똑똑하신 분들이죠"라는 문구를 쓰기도 한다.

이제 이것을 우리 전문 자격사 영역에서 써보자. 보통은 이 라벨링 기법은 의뢰를 하기 전에 많이 쓴다. 물론 진행 중에도 쓸 수 있는데 일종의 자격 부여 형식이다.

> "의뢰인께서 다른 변호사와도 충분히 상담해 보셨을 텐데, 저에게 연락을 주신 건 최적의 결정을 내리셨다는 뜻이겠죠. 의뢰인께서 법률적 판단에 대해 깊이 있는 안목을 가지고 계신 걸 느낄 수 있네요."

이 문장은 의뢰인이 단순히 변호사를 선택한 것이 아니라 여러 변호사의 의견을 비교하고 분석한 뒤 결정을 내렸다는 점을 강조한다. 이는 의뢰인이 안목이 높고 합리적인 선택을 했다는 라벨을 부여하고 있다. 스스로 변호사 선택에 대한 확신을 가지게 하고 이후 상담에서도 적극적인 태도를 이끌어 낸다.

> "세무 문제는 누구나 쉽게 접근할 수 있는 분야가 아닌데, 그동안 스스로 세무 관리를 해오셨다는 건 정말 대단한 안목을 가지신 거죠. 고객님께서 저를 신뢰하고 맡겨주신 만큼, 기대에 부응할 수 있도록 하겠습니다."

의뢰인이 세무 관리를 잘 해왔다고 칭찬함으로써 의뢰인이 뛰어난 안목을 가진 사람이라는 라벨을 부여한다. 이는 의뢰인이 세무사에게 기장을 맡기는 결정을 신뢰하고, 세무사의 조언을 잘 받아들이도록 유도한다.

결과적으로 느낌이 오겠지만 라벨링은 의뢰인을 칭찬하는 것이다. 다만 그 칭찬의 결과가 전문 자격사인 나에게 향해 있다는 걸 인식해야 한다.

의뢰인의 어떤 뛰어난 안목 덕에 나 같이 괜찮은 사람을 선택했다는 점을 강조하는 것이다.

결국 의뢰인과 나, 둘 다 높은 가치를 가져가는 아주 고급 기술이다.

보통 한 쪽을 낮추고 다른 쪽을 높이는 기법을 쓰는 경우가 있는데 예를 들어 "저 같이 모자란 변호사를 선택해 주시다니 역시 다르시네요"와 같은 말을 하는 건 자멸하는 행위다. 전문가는 자신감이다. 전문 자격사의 실력을 믿고 온 사람에게 자기 실력에 대한 겸손을 떨 필요는 없다.

아울러 사건 진행 중에도 다음과 같이 한 번씩 의뢰인에게 자격을 부여해주면 좋다.

> "의뢰인께서 제안하신 증거 자료 수집 방식이 매우 효과적이었어요. 의뢰인께서 사건의 주요 쟁점을 정확히 파악하고 계신 덕분에 저희도 전략을 더욱 명확하게 세울 수 있었습니다. 이처럼 사건의 본질을 보는 눈이 있으신 분과 함께 일하게 되어 든든합니다."
>
> "이번에 저희가 제시한 절세 전략의 위험성을 빠르게 파악하고, 더 나은 대안을 함께 고민해 주신 덕분에 저희도 방향을 조정할 수 있었습니다. 이처럼 복잡한 세법 내용을 깊이 이해하고 대처하시는 안목을 가진 분은 정말 드뭅니다."

이러한 칭찬은 매우 고급스러운 칭찬에 속한다. 특히 한 번 자격을 부여받은 의뢰인은 자신의 이미지를 유지하려고 하기 때문에 전문 자격사와 더 돈독한 관계를 유지하려는 관성을 갖는다.

이처럼 라벨링 효과는 단순히 상대방을 칭찬하거나 긍정적인 이미지를 부여하는 것 이상이다. 변호사와 세무사와 같은 전문 자격사가 이 효과를 효과적으로 활용하면, 고객의 신뢰를 더욱 강화하고, 협상과 상담의 성공 가능성을 높일 수 있다.

　중요한 것은 라벨링이 진정성 있게 전달되어야 하며, 상대방이 스스로 그 라벨에 걸맞은 행동을 하고자 느끼도록 만든다.

15 무의식적 글쓰기 7 - 자유의지 효과

    이번 시간에는 행동경제학 기반 무의식적 글쓰기 중 '자유의지 효과'라는 심리 기법을 소개하고, 이를 변호사, 세무사 등 전문 자격사가 실제 업무에서 어떻게 활용할 수 있는지 설명한다. 이 효과는 고객이 스스로 선택했다고 느끼게 하여, 고객의 결정을 더 확고하게 만드는 데 도움을 준다.

    자유의지 효과는 고객이 자신의 의지로 선택했다고 느끼게 하여 그 결정을 더욱 견고하게 만드는 심리 기법이다. 사람은 스스로 선택했다고 믿을 때, 그 선택에 더욱 몰입하고 책임을 느낀다. 반대로 외부의 강요나 압박을 받는다고 느끼면 심리적 저항감이 생겨 결정에 소극적이 되거나 반발하는 경향을 보인다.

    다시 말해, 고객이 자신의 자유의지로 한 선택에 스스로를 '묶어 두는' 효과를 만든다. 이를 심리학적으로 앵커링이라고 한다. 예를 들어 다음과 같은 방식을 사용한다.

"저희는 A, B, C 옵션 중 C를 추천드린다. 하지만 고객님께서 자유롭게 판단하셔서 선택해 주시면 됩니다."

이 말은 고객이 스스로 판단하고 선택할 자유가 있다고 느끼게 만들어, 추천한 옵션을 선택할 때도 자신의 의지로 결정한 것처럼 인식하게 만든다.

그럼 각 전문 자격사에게 이를 어떻게 적용할 수 있는지 살펴본다.

> "이 사건을 해결하기 위해 저희가 마련한 전략은 세 가지입니다. 저는 개인적으로 B 전략이 가장 효과적일 것이라고 생각합니다. 하지만 의뢰인께서 사건의 모든 요소를 충분히 고려하신 뒤, 어떤 전략이 가장 적합할지 자유롭게 판단해 주세요."

이러한 접근은 의뢰인에게 변호사가 제안한 전략을 스스로 선택했다고 느끼게 하여, 선택한 전략에 대한 책임감과 의욕을 높인다. 의뢰인은 변호사가 추천한 전략을 선택했더라도, 그것이 자신의 의지에 의한 결정이라고 인식하게 된다. 이때 변호사는 전략을 강요하지 않고 의뢰인의 선택권을 존중한다는 느낌을 주어, 의뢰인과의 신뢰 관계를 강화한다.

> "올해 고객님의 상황에 맞춘 절세 방안은 A와 C 두 가지가 있습니다. 저희는 C 방안을 추천드리지만, 고객님께서 직접 각 방안을 검토하시고 어떤 방법이 더 적합한지 결정해 주시면 됩니다."

이와 같은 말은 고객이 절세 방안을 선택할 때 자신의 의지로 결정했다고 느끼도록 만든다. 고객이 스스로 결정한 절세 방안이라는 인식을 갖게 된다. 이후 세무 관리 과정에서 세무사의 제안을 더 수용하고 적극적으로 협력하게 된다.

이처럼 자유의지 효과는 변호사, 세무사, 변리사 등 전문 자격사들이 고객과의 상담이나 전략 제안 과정에서 활용할 수 있는 효과적인 심리 기법이다. 고객이 자신의 의지로 선택한 것처럼 느끼도록 하면, 선택에 대한 책임감과 의욕이 강화되어 의뢰인의 참여도와 만족도를 높일 수 있다. 이를 통해 전문가와 고객 간의 관계를 더 깊이 형성하고, 상담 및 프로젝트 진행의 성공 가능성도 높아진다.

이는 단기적인 성과를 넘어, 고객이 전문가를 지속적으로 추천하거나 다시 찾아오게 하는 든든한 기반이 된다는 점도 유념해둘 필요가 있다.

16 무의식적 글쓰기 8 - 자이가르닉 효과

이번 시간에는 행동경제학 기반 무의식적 글쓰기 중 '자이가르닉 효과'에 대해 설명한다.

자이가르닉 효과(Zeigarnik Effect)는 인간의 기억과 관련한 심리적 현상으로, 완결되지 않은 과제나 미완성된 정보가 완결된 것보다 더 오래 기억에 남는 것을 의미한다. 이 효과는 1927년 러시아의 심리학자 블루마 자이가르닉(Bluma Zeigarnik)에 의해 처음 발견되었으며, 일상생활과 마케팅 등 다양한 분야에서 활용된다.

자이가르닉 효과는 미완성된 일을 떠올리게 하거나 계속 신경 쓰이게 하여 그 일에 대해 지속적인 관심을 가지도록 만든다. 예를 들어, 미완성된 과제나 해결되지 않은 문제는 끊임없이 마음속에 남아 있어 이를 해결하기 위해 다시 그 일을 생각하고 행동하게 만든다.

이 효과는 특히 마케팅, 콘텐츠 작성, 교육 등에서 사람들의 참여를 유도하고 몰입도를 높이는 데 유용하게 활용된다. 예를 들어, 블로그나 웹사이트에서 '다음 시간에 계속'과 같은 문구로 독자의 궁금증을 유발하거나, 쿠폰의 유효기간을 설정해 사용하지 않은 상태로 남아 있는 쿠폰을 계속 기억하게 하여 소비자의 구매 행동을 유도한다.

일반적으로 기업에서는 다음과 같이 자이가르닉 효과를 활용한다. 예시를 보자.

TV 드라마나 웹툰의 '클리프행어(Cliffhanger)' 기법을 사용한다. 많은 TV 드라마와 웹툰이 에피소드의 끝을 미완성된 상황으로 남겨둠으로써 자이가르닉 효과를 활용한다. 주인공이 위험한 상황에 처했거나, 중요한 사건의 결말이 공개되지 않은 채 끝나는 경우, 시청자는 다음 회차가 어떻게 이어질지 궁금해하며 다음 에피소드를 기다리게 된다. 이는 시청자의 지속적인 관심을 끌어내어 다음 회차로 이어지도록 유도하는 강력한 방법이다.

필자는 자이가르닉 효과를 다음과 같이 사용한다.
1차 무료 상담을 할 때 모든 정보를 절대 다 오픈하지 않는다.
정보만 받고 다시 자기 갈 길로 가는 사람이 많기 때문이다.
이런 경우를 막기 위해 "이렇게 이렇게 하시면 된다. 그런데 중요한 건 따로 있다" 식으로 무언가가 더 있다는 것을 흘린다.
그리고 그것은 "네이버 카페나 블로그에 정식으로 질문을 하시면 달아드리겠다"고 하면서 상담 신청자의 행동 투자를 요구한다.
이 점에서 잠재 의뢰인은 자이가르닉 효과 때문에 뒤에 이어질 말을 궁금해하며 질문을 적는 행위를 통해 행동 투자를 한다. 행동 투자를 한 이상 이는 강력한 동기가 되어 나에 대해서 각인하게 된다.

이처럼 자이가르닉 효과와 함께 의뢰인에게 일정한 행동 투자를 요구하면 상당한 효과를 거둘 수 있다. 적극 활용하기 바란다.

이제 각 전문 자격사 직군에 따라 자이가르닉 효과를 어떻게 활용할 수 있는지 예시로 설명한다.

변호사가 블로그나 상담 사이트에서 고객의 흥미를 유발하기 위해 다음과 같이 자이가르닉 효과를 활용할 수 있다.

예를 들어 "상속 문제 해결을 위한 첫 번째 단계는 유산 목록 작성입니다. 그렇다면 다음 단계는 무엇일까요? 다음 포스트에서 알려드리겠습니다"라고 글을 마무리하여 고객이 다음 글도 찾아보도록 유도한다. 정보를 일부만 제공하고 나머지를 다음 글로 넘김으로써 고객의 궁금증을 유발하고 지속적인 관심을 끌어낸다.

변리사가 발명 특허 등록을 설명할 때, "특허 등록을 위한 첫 번째 단계는 발명의 구체화를 통해 자료를 준비하는 것입니다. 그렇다면 두 번째 단계는 무엇일까요? 다음에 공개하겠습니다."라고 설명을 끊는다. 이를 통해 고객은 두 번째 단계에 대한 궁금증을 해소하기 위해 변리사와의 상담을 고려하며, 그 과정에서 자연스럽게 상담 예약으로 이어질 수 있다.

정리한다. 자이가르닉 효과는 미완성된 정보를 남겨 독자나 고객이 지속적인 관심을 가지도록 만드는 강력한 심리적 기제다. 전문 자격사(변호사, 회계사, 세무사, 변리사, 노무사, 행정사 등)는 자이가르닉 효과를 활용해 고객의 흥미를 유발하고, 지속적으로 자신들의 콘텐츠나 상담 서비스에 관심을 가지게 할 수 있다. 이를 통해 고객과의 관계를 유지하고, 상담 예약이나 구매로 이어질 가능성을 높인다.

17　무의식적 글쓰기 9 - 후광 효과

'후광 효과(Halo Effect)'는 사람이나 사물의 특정한 긍정적 혹은 부정적 특성 하나가 전체적인 인상을 결정짓는 심리적 현상이다. 이 용어는 미국의 심리학자 에드워드 손다이크(Edward Thorndike)가 1920년대에 처음 사용했으며, 개인의 첫인상이나 특정한 특성이 그 사람의 전체 성격이나 능력에 대한 평가에 영향을 미친다고 설명한다.

예를 들어, 어떤 사람이 외모가 깔끔하고 세련되어 보인다면, 그 사람을 성실하고 지적일 것이라고 쉽게 판단하는 것이 후광 효과의 대표적인 사례이다. 반대로, 특정 부정적인 특성이 있을 경우에도 후광 효과가 나타나는데, 이를 '악마 효과(Horn Effect)'라고 부른다.

후광 효과는 주로 마케팅, 인사 평가, 교육, 대인 관계 등 다양한 분야에서 사용되며, 적절하게 활용하면 긍정적인 인식을 유도하여 상대방의 행동을 원하는 방향으로 이끌 수 있다.

일반적으로 기업이나 사업자는 다음과 같이 후광 효과를 활용한다.

인플루언서를 활용한다. 많은 기업이 자사 제품이나 서비스를 홍보할 때 유명 인플루언서와 협업한다. 이때, 인플루언서의 이미지나 신뢰도가 자연스럽게 제품이나 서비스에 반영되면서 소비자는 그 제품 역시 품질이 좋고 신뢰할 수 있다고 인식한다. 예를 들어, 건강한 이미지를 가진 인플루언서가 건강식품을 홍보하면, 그 식품 역시 건강에 도움이 될 것이라는 긍정적인 인식을 형성하게 된다.

자영업자는 자신의 수상 경력을 강조한다. 예를 들어, '2024년 고객 만족 서비스 대상 수상'과 같은 경력이 있다면, 소비자는 해당 자영업자가 제공하는 서비스나 제품의 품질이 우수하다고 판단할 가능성이 높아진다. 이는 수상 경력이 곧 서비스나 제품에 대한 신뢰도를 높이는 후광 효과를 만들어낸다.

필자는 MBC, SBS, OBS, 조선일보와 인터뷰한 적이 있다. 이때 출연한 방송 영상과 사진을 캡처해 홍보하는 데 활용하며 상당한 효과를 거두었다.
방송이나 신문에 나왔다면 무조건 활용한다. 아울러 자신이 낸 서적이 있다면 그 자체로 전문성이 인정되기 때문에 반드시 서적 사진을 블로그나 유튜브 등에 게시한다.

그럼 각 전문 자격사의 직군에 따라 후광 효과를 활용하는 법을 살펴본다.

변호사는 후광 효과를 활용해 자신의 전문성을 강조할 수 있다. 예를 들어, 언론 매체에 특정 사건에 대한 의견을 개진한 사례를 블로그나 홈페이지에 게시하거나, "OO 뉴스 법률 자문 변호사"와 같은 타이틀을 적극적으로 활용한다. 또한, 법률 서적 출간이나 전문 학술지에 기고한 경력을 바탕으로 후광 효과를 발생시킨다.

세무사는 대형 세무 콘퍼런스나 포럼에서 강연하거나, 신문 또는 경제 잡지에 세무 관련 칼럼을 기고한 이력을 활용하면 좋다. 이를 통해 세무 전문성에 대한 후광 효과를 창출하고, 고객에게 더욱 신뢰감을 준다. 예를 들어, "XX 경제지 칼럼니스트"라는 타이틀을 사용하거나, 컨퍼런스 발표 사진을 블로그에 게시한다.

변리사의 경우 특허 관련 포상이나 지적재산권 보호 관련 공적을 강조한다. 예를 들어, '한국 발명진흥회 공로상 수상 변리사'라는 타이틀을 사용하면 고객에게 변리사의 지식과 경험을 강하게 각인시킬 수 있다. 또한, 해외 특허 등록 성공 사례나 기업과의 협업 사례를 소개해 긍정적인 후광 효과를 창출한다.

후광 효과는 특정한 긍정적 특성이 전체적인 평가에 큰 영향을 미치는 심리적 기제이다. 전문가들은 이 효과를 활용해 자신의 전문성을 부각하고 고객의 신뢰를 형성한다. 변호사, 세무사, 변리사, 노무사 등 다양한 전문 직업인은 후광 효과를 통해 자신의 이미지를 개선하고, 더 많은 고객과의 상담 및 계약으로 이어질 가능성을 높인다.

각자의 분야에서 후광 효과를 어떻게 활용할 수 있을지를 생각해 보고, 자신의 경력이나 성과 중 후광 효과를 유도할 수 있는 요소를 정리해보길 바란다.

18 무의식적 글쓰기 10 - 밀어내기(칼리굴라)

이번 시간에는 행동경제학 기반 무의식적 글쓰기 중에 '밀어내기 효과', 혹은 '칼리굴라 효과(Caligula Effect)'에 대해 설명한다.

칼리굴라 효과는 특정 정보를 금지하거나 제한함으로써 오히려 사람들의 관심을 끌어들이는 심리적 현상이다. 쉽게 말해, "절대 하지 마세요"라고 하면 더 하고 싶어지는 심리적 반응이다. 이는 '비싼 척'하는 전략이나, "난 아무나 상대하지 않는다"라는 태도를 통해 나타난다. 사람들은 접근이 제한될수록 그 대상이 더 희소하고 가치 있다고 느끼기 때문에 이러한 효과가 발생한다.

하지만 이 밀어내기 기법을 단순히 거만하게 행동하는 것으로 이해해서는 안 된다. 중요한 것은 자신이 정말로 희소하고 가치 있는 존재라는 사실을 스스로 인식하고, 그에 맞는 행동과 태도를 취하는 것이다. 고객과 의뢰인에게 저자세로 접근하여 무조건 맞춰주려는 사람과, 프라이드를 지키며 자신의 가치를 알고 고객을 선별하는 사람은 확연히 다른 인상을 준다. 따라서 자신을 자랑하거나 잘난 척을 하라는 게 아니라, 프라이드를 가지고 '비싼 아우라'를 풍기면서 고객에게 접근해야 한다.

이 효과의 본질은 자기 자신에 대한 확신에서 비롯된다. 스스로에게 충분한 가치를 부여하고, 자신의 전문성에 자부심을 가진다. 전문 자격사로서 몇 퍼센트의 경쟁률을 뛰어넘어 합격한 사람들이며, 이미 충분히 존경받고 희소한 사람들이다. 따라서 이 효과를 극대화하려면 고객에게 자신의 진정한 가치를 드러내면서도, 아무나 상대하지 않는다는 점을 분명히 해야 한다.

"나는 아무나 사건을 수임하지 않는다." 이 문장을 통해 "내가 원해서 당신의 사건을 수임한 것이지, 당신에게 사건을 맡아달라고 내가 애원하지는 않는다"라는 메시지를 전달한다. "난 다른 사건도 이미 많고, 아쉬울 게 없다"는 태도가 핵심이다. 물론, 지금 당장 사건이 없어서 오늘 점심값이 걱정되더라도 이렇게 한다. 지금은 허세일지 몰라도, 미래에는 허세가 아닌 진짜가 될 것이다.

나는 상담 전에 이 '밀어내기 콘텐츠'를 반드시 상담 희망 의뢰인에게 보여주고 나서 상담을 시작한다. 예를 들어, 블로그나 카페에 다음과 같은 공지를 올려둔다.

[필독] 이런 분들은 상담 신청을 하지 마시길 바랍니다.
- 쟁송에서 패소할 가능성을 전혀 고려하지 않고 상담 신청하시는 분
- 승소 확률을 퍼센트로 이야기해달라는 분
- 주위 사람들의 의견에 휘둘리시는 분

- 쟁송 비용을 몇 만 원 정도로 생각하시는 분
- 무료 상담이라서 간단히 알아보자고 생각하시는 분
- 시작하기도 전에 안 될 이유를 수십 가지 말씀하시는 분
- 시작 시점에 대해 지나치게 고집하시는 분

이처럼 밀어내기 기법을 사용하면 다음 세 가지 효과를 얻는다.

① 필터링 효과

이러한 기준을 설정하면 애초에 문제 소지가 있는 의뢰인들을 걸러낼 수 있다. 위 조건에 해당하는 분들은 상담을 해도 사건 수임 확률이 낮고, 수임하더라도 불만이 많아지거나 결과에 만족하지 않을 가능성이 높다.

② 상기시키기 효과

상담 중에 위와 같은 사례가 발생할 경우, "그래서 제가 미리 말씀드린 그 공지를 보셨나요?"라고 되묻는 것만으로도 충분히 자신의 입장을 전달할 수 있다. 고객은 "네, 맞아요. 그렇게 이야기하셨죠"라고 하며 은연중 전문 자격사의 말을 받아들이게 된다.

③ 희소성 효과

이러한 전략을 사용하면 "저 사람은 아무나 상대하지 않는다"는 이미지를 심어줄 수 있다. 마치 최고 수준의 명품이 한정된 사람들만을 대상으로

하는 것처럼, 자신을 '선택된 고객만 상대하는 전문가'로 포지셔닝한다. 물론, 이러한 전략을 사용하는 전문가는 드물고, 자칫하면 건방지게 보일 수 있지만, 실력과 신뢰가 충분히 뒷받침된다면 오히려 그만큼 희소하고 매력적인 존재로 인식된다.

〈변호사 사례〉

변호사는 밀어내기 효과를 활용하여 "제가 판단했을 때 승소 가능성이 적다면 사건을 맡지 않습니다"라는 조건을 건다. 또한, "의뢰인이 저와 같은 법적 전략을 공유하지 않는다면 사건을 수임하지 않습니다"라는 문구를 통해, 자신이 무조건 사건을 맡아 달라고 애원하지 않는다는 점을 분명히 한다.

이를 통해 변호사는 사건을 수임하기 전에 충분한 의뢰인의 성향과 의지를 확인하고, 함께 일할 만한 사람들만을 선택적으로 상대한다는 인상을 각인시킨다.

〈노무사 사례〉

노무사는 "저는 노사 협상에서 문제 해결을 위해 적극적으로 소통할 준비가 된 의뢰인만 상대합니다"라는 조건을 통해, 단순히 절차적인 자문만을 원하는 의뢰인들을 걸러낸다.

예를 들어, "노사 협상 시 협상 테이블에서 소극적인 태도를 취하는 분들은 상담하지 않습니다"라는 문구를 통해, 자신이 단순한 자문이 아닌,

고객과 깊이 있는 협력을 하는 전문가임을 강조한다.

칼리굴라 효과는 정보나 접근을 제한함으로써 사람들의 호기심을 자극하고, 관심을 끌어내는 심리적 기제다. 전문가들은 이 효과를 활용하여 자신의 전문성과 희소성을 강조하고, 고객의 관심과 신뢰를 끌어낸다. 변호사, 세무사, 변리사, 노무사 등 다양한 전문 직업인은 이 효과를 통해 자신의 전문성과 신뢰를 높이고, 더 많은 고객과의 상담 및 계약으로 이어질 가능성을 높인다.

각자의 분야에서 칼리굴라 효과를 어떻게 활용할 수 있을지를 고민하고, 자신의 정보나 서비스 중 접근을 제한하거나 감추어 고객의 관심을 끌 수 있는 요소를 정리해보자.

19 무의식적 글쓰기 11 - 시간 한정 효과

　시간 한정 효과란, '지금 아니면 못 산다'는 의미로, 제한된 시간 동안 특정 조건을 제공하여 고객의 즉각적인 결정을 유도하는 심리적 전략이다. 이 효과는 주로 대형마트나 홈쇼핑에서 자주 목격할 수 있다.
　예를 들어, 다음과 같은 멘트를 들어본 적이 있을 것이다.

"어머님, 지금 아니면 이 가격에 못 사요! 지금부터 도미 한 마리에 1만 5,000원! 선착순 4마리! 남편은 두고 빨리 뛰어오세요!"

　이와 같은 전략은 고객이 "지금이 아니면 이런 기회를 놓칠 수 있다"는 생각을 하게 만들어 구매를 유도한다. 마케팅뿐만 아니라 세일즈 현장에서도 매우 효과적으로 사용된다. 사람들이 논리적으로 생각하지 못하고 눈앞의 이득에 더 크게 반응하기 때문이다.

　그렇다면 전문 자격사들도 이러한 시간 한정 기법을 사용할 수 있을까? 당연히 가능하다.

일반적으로 전문 자격사(변호사, 회계사, 세무사, 변리사, 노무사 등)는 상품을 판매하는 것이 아니기 때문에 시간 한정 효과가 적용되기 어렵다고 생각할 수 있다. 하지만 실상은 다르다. 전문 자격사도 원래 서비스에 추가적인 서비스를 한정된 시간 내에 제공하는 방식을 통해 시간 한정 효과를 충분히 사용할 수 있다.

가령 세무 기장 서비스에서 다음과 같이 제안한다.

> "보통 매장 2개를 따로따로 기장해야 하지만, 오늘 큰 매장을 맡기시면 작은 매장도 추가로 기장을 해드리겠습니다."

이런 제안은 단순한 끼워팔기로 보이지만, 여기에 시간 한정 요소를 넣으면 고객의 반응이 달라진다.

예를 들어 "제가 원래는 이렇게 하면 다른 세무사들에게 욕을 먹습니다. 다른 곳에는 이야기하지 마시고, 만약 오늘 큰 매장을 맡기시면 작은 매장도 같이 해드릴게요. 그런데 제가 알기로 요즘 기장 수임이 많이 들어오고 있어서 내일부터는 이 조건을 유지할 수 있을지 모르겠네요. 지금 바로 맡기시면 이 조건으로 도와드리겠습니다."

이처럼 "지금이 아니면 이 조건을 유지할 수 없다"는 시간을 제한하는 메시지를 전달하면 고객은 즉각적으로 결정을 내리게 된다. 논리적으로는 설득력이 부족할지 몰라도, 사람들은 눈앞의 이득에 더 크게 반응하기 때문에 효과적인 전략이다.

변호사도 시간 한정 효과를 사용할 수 있다. 예를 들어 형사사건을 처리할 때, 일반적으로 합의 사건까지 함께 도와주는 경우는 드물다. 이때 다음과 같은 시간 한정 기법을 사용한다.

> "제가 원래 형사 사건만 처리하고 합의 사건은 별도로 도와드리지 않지만, 오늘 이 사건을 맡기시면 합의 사건까지 도와드리겠습니다. 다만, 내일부터는 제가 다른 사건들이 있어서 이 조건을 적용할 수 있을지 확실하지 않습니다. 그러니 오늘 내로 맡기시면 제가 약속한 조건을 지키겠습니다."

이처럼 시간 한정 기법을 사용하면 고객은 "지금이 아니면 이 조건을 받을 수 없다"는 인식을 하게 되어 빠른 결정을 내리게 된다.

필자는 시간 한정 효과를 종종 활용한다. 예를 들어 한 사건을 할 때 그 사건에 수반되는 업무로 A와 B를 해결해야 한다면 'A 업무를 빠른 시간 안에 맡겨준다면 B 업무는 무료로 도와준다'고 말한다. 물론 B 사건은 큰 품이 들어가선 안 된다. 배보다 배꼽이 크면 안 되기 때문이다.

사람들은 시간이 한정되었다고 느끼면 논리적인 판단보다 "지금 바로 결정을 내려야겠다"는 심리가 더 크게 작용한다. 이로 인해 신청률은 급격히 올라가게 된다.

시간 한정 효과는 고객에게 제한된 시간 내에 결정을 내리도록 유도하는 심리적 기제이다. 전문 자격사들도 이 효과를 활용하여 고객의 즉각적인 결정을 유도하고, 추가적인 서비스를 제공함으로써 자신의 가치를 높일 수 있다.

고객들이 시간 한정 조건을 보고 "지금이 아니면 기회를 놓친다"는 생각을 하게 만들어야 한다. 각자의 분야에서 시간 한정 효과를 어떻게 활용할 수 있을지 고민하고, 자신의 서비스에 시간 한정 조건을 어떻게 적용할 수 있을지 정리해보자.

20 무의식적 글쓰기 12 - 프리셀렉션 효과

이번 장에서는 행동경제학 기반 무의식적 글쓰기 중 '프리셀렉션 효과(Preselection Effect)'에 대해 설명한다.

프리셀렉션은 사전적 의미로 '이미 선택받음'을 의미한다. 이는 고객들이 이미 특정 서비스나 제품을 선택한 경험을 타인에게 노출하여 더 많은 고객의 선택을 유도하는 심리적 전략이다. 다시 말해, "-"다른 사람도 이 서비스를 선택했다면, 나도 선택해야겠다"는 심리를 자극한다.

이러한 효과는 이미 대형 성형외과나 피부과, 안과 등에서 많이 사용된다.

예를 들어, "○○님, 예약 진료되었습니다"라는 홈페이지 게시판을 본 적 있을 것이다. 비밀글로 처리되는 경우가 많지만, 굳이 그렇게 예약 진료가 되었다는 사실을 외부적으로 노출하는 이유는 무엇일까?

바로 "많은 사람이 이 병원을 선택하고 진료받고 있다"는 점을 은연중에 내보이고 있기 때문이다. 이는 마치 "당신도 그렇지만, 많은 사람이 이 병원의 진료를 원하고 있다"는 메시지를 전달하는 것이다. 홈쇼핑에서도 흔히 볼 수 있는 "○○○대 완판", "예약 주문 폭주, 지금 신청 안 하면 품절" 등의 문구가 프리셀렉션의 대표적인 예이다.

자, 그렇다면 전문 자격사들도 이러한 프리셀렉션 기법을 사용할 수 있을까?

물론 가능하다.

프리셀렉션 기법은 전문 자격사(변호사, 세무사, 노무사 등)들이 제공하는 서비스에 대해 다른 사람들이 이미 이 서비스를 선택하고 있다는 사실을 노출함으로써, 새로운 고객들이 더 쉽게 신뢰하고 선택하게 만든다. 특히, 네이버 카페와 홈페이지, 그리고 전화 상담을 통해 이를 효과적으로 사용한다.

네이버 카페의 경우, 특정 서비스(예: 리드마그넷)를 신청하는 카테고리를 따로 만든다. 이때 댓글로 신청하게 하거나 게시글로 신청할 수 있도록 설정한다. 특히 게시글 형태로 신청하게 하면 잠재 의뢰인들이 카페를 방문할 때 '전체 보기' 화면에서 여러 신청 게시글을 확인할 수 있어 프리셀렉션 효과가 극대화된다.

예를 들어, "○○ 서비스를 신청합니다"라는 게시글이 쌓이게 되면, 새로운 방문자들은 '나 말고도 이렇게 많은 사람이 신청하고 있으니, 나도 한번 신청해 볼까'라는 심리가 작용한다. 이러한 심리를 활용해 많은 사람이 이미 나를 선택하고 있다는 점을 은연중에 보여준다.

홈페이지에서도 프리셀렉션을 효과적으로 활용한다. 상담 게시판을 만들어 고객들이 남긴 상담 요청 내용이 메인 페이지에 자동으로 쌓이도록 화면을 구성한다. 예를 들어, "○○님이 상담 신청을 완료했습니다"라는 메시지를 노출하면, 신규 방문자들은 이미 여러 사람이 이곳에 상담을 요청했다는 점을 인식한다.

다만, 비밀글로 설정하되, '상담 신청 완료' 메시지는 노출되도록 하여 프리셀렉션 효과를 극대화한다. 여기에 인위적인 조작을 추가로 하지 않아도 충분히 효과를 볼 수 있으니, 자연스러운 상담 내역을 통해 신뢰를 쌓는 것이 중요하다.

또 다른 방법으로는 전화 상담 일정을 노출하는 것이다. 예를 들어, 고객 상담 일정을 정리한 뒤 다음과 같은 메시지를 보낸다.

> "홍길동님 상담 시간은 12:00입니다. 그 이전에 상담자는 민○석님 11:20분 - 이혼 소송, 김○순님 11:40분 - 개인회생 상담 이후이며, 앞 상담이 조금 길어지거나 짧아짐에 따라 약간의 시간 변동이 있을 수 있습니다. 양해 부탁드립니다."

이 문구는 단순한 안내로 보이지만 실제로는 "많은 사람이 나의 상담을 받고 있다"는 점을 은근히 알리면서 프리셀렉션 효과를 극대화하는 전략이 된다. 이 방법은 고객들에게 늦어질 수 있는 이유를 설명하며 양해를 구하는 명분도 있지만, 진짜 목적은 "다른 사람들도 나를 선택하고 있다"는 사실을 간접적으로 보여주는 것이다.

이처럼 프리셀렉션 효과는 고객에게 다른 사람들도 이미 나의 서비스를 선택하고 있다는 사실을 은연중에 전달하여, 신규 고객의 신뢰를 쌓고 결정을 유도하는 심리적 기제다. 전문 자격사들도 이 효과를 활용하여 자신들의 서비스를 더욱 효과적으로 알릴 수 있다.

각자의 분야에서 프리셀렉션 효과를 어떻게 활용할 수 있을지 고민하고, 네이버 카페, 홈페이지, 상담 일정 노출과 같은 다양한 방식으로 프리셀렉션을 적용해보자.

21 무의식적 글쓰기 13 - 방어기제 언급하기

행동경제학 기반 무의식적 글쓰기 중 '방어기제 언급하기(Defense Mechanism Mentioning)'에 대해 설명한다.

방어기제 언급하기는 상담 시 의뢰인이 가지는 불안감이나 걱정을 먼저 언급하고, 그 불안을 해소해 주면서 신뢰를 얻는 심리적 전략이다. 이 방법은 고객이 의뢰하지 못하게 만드는 장애 요소를 사전에 제거하여 의뢰인과의 신뢰 형성을 돕는다.

최근 온라인의 발달로 많은 의뢰인들이 인터넷을 통해 정보를 습득하고, 상담 전에 이미 여러 정보를 접한다. 하지만 문제는 이러한 정보들이 대체로 정확하지 않거나, 편향된 경우가 많아 불필요한 불안을 조장한다는 점이다. 의뢰인들이 수집한 정보는 대부분 '성급한 일반화의 오류'나 '잘못된 경험담'으로 이루어져 있다. 의뢰인들은 그 정보들을 바탕으로 실제 상담에서 전문가와 논쟁을 벌이거나, 아무리 정확한 정보를 제공해도 불안을 떨치지 못하는 상황에 놓이게 된다.

그렇다면, 이러한 방어기제를 전문 자격사가 어떻게 활용할 수 있을까?

방어기제 언급하기는 전문 자격사(변호사, 회계사, 세무사, 노무사, 변리사 등)가 상담을 진행할 때 의뢰인이 겪을 수 있는 불안 요소를 미리 언급하고, 그 불안을 해소해 줌으로써 의뢰인에게 신뢰를 쌓는 기법이다.

예를 들어, 이혼 소송 상담 시 의뢰인이 재산분할에만 초점을 맞추고 있다면, 전문 자격사가 먼저 양육권 문제를 언급하며 "아이의 양육권이 걱정되진 않으세요?"라고 묻는다.

이런 방식으로 의뢰인이 마음속에 가지고 있던 불안을 전문가가 먼저 짚어주면, 의뢰인은 "이 사람이 내 마음을 이해하고 있구나"라는 생각을 하며 신뢰를 쌓게 된다.

여기서 중요한 점은 '불안에 대한 합리적인 해결책'을 함께 제시해야 한다는 것이다. 예를 들어, "아이 양육권 문제에 대해서는 현재 법적 근거와 사례를 바탕으로 볼 때, 상대방에게 양육권을 빼앗길 가능성이 크지 않습니다"와 같은 구체적인 정보를 제시한다.

예를 들어 이혼소송 상담 시 의뢰인이 재산분할에만 집중하고 있는 경우, 양육권 문제를 먼저 꺼내며 의뢰인의 방어기제를 해소한다.

> "재산분할 외에도 아이의 양육권 문제에 대해서 고민하고 계시진 않나요? 제가 보통 상담을 진행하다 보면, 많은 분이 양육권 문제로 고민을 많이 하십니다. 하지만 현재 법적 상황을 볼 때, 의뢰인의 경우는 상대방에게 양육권을 빼앗길 가능성은 높지 않으니 너무 걱정하지 않으셔도 됩니다."

이와 같이 의뢰인이 가지고 있을 수 있는 불안을 사전에 해소하면, 고객은 더 편안하게 상담을 진행할 수 있다.

세무 상담에서는 의뢰인들이 인터넷을 통해 세금 관련 정보를 많이 접한 경우, 그 내용의 정확성에 대한 불안을 먼저 언급한다.

> "최근 여기저기서 '사업소득을 줄이기 위해 임대 소득을 배우자 명의로 이전하면 절세가 된다'는 정보를 많이 접하셨을 텐데요. 그러나 이 방법은 경우에 따라 배우자 증여세 문제가 발생할 수 있고, 또 다른 세금 리스크를 초래할 가능성이 큽니다. 저희가 직접 확인한 사례를 바탕으로, 실제 상황에 맞는 절세 방법을 안내해 드리겠습니다. 이 방법은 인터넷 정보와 다소 차이가 있으니까, 정확한 내용을 상담으로 확인하시기를 권장드립니다."

이런 언급을 통해 세무사로서의 전문성과 신뢰를 높이고, 의뢰인의 불안을 해소할 수 있다.

이처럼 방어기제 언급하기는 의뢰인이 상담 시 겪을 수 있는 불안을 사전에 인지하고, 그 불안에 대한 명확한 설명과 해소 방안을 제시함으로써 고객의 신뢰를 얻는 심리적 기법이다. 전문 자격사들도 이 기법을 활용하여 의뢰인과의 상담에서 더 높은 신뢰도를 형성하고, 수임률을 높일 수 있다.

각자의 분야에서 방어기제 언급하기 기법을 어떻게 활용할 수 있을지 고민하고, 상담 시 의뢰인의 불안을 해소하는 방법을 미리 준비해 보자.

22 무의식적 글쓰기 14 - 포싱(Forcing) 기법

포싱 기법은 '촉진'을 의미하며, 의뢰인이 스스로 전문 자격사에 대해 가지는 신뢰도를 자각하게 만드는 심리적 전략이다. 이 기법은 상담 과정에서 고객이 자신이 왜 이 전문가를 신뢰하는지 스스로 생각하게 하여 신뢰를 강화하는 데 목적이 있다. 이를 통해 상담자는 의뢰인과 더 깊은 신뢰 관계를 형성할 수 있다.

포싱 기법의 핵심은 상대방이 무의식적으로 자신이 왜 특정 사람이나 상황을 신뢰하는지 자각하게 하는 것이다.

예를 들어, 교수와 학생 간의 대화를 생각해 본다.

학생 : "교수님, 저는 당신이 존경스럽습니다."
교수 : "학생, 내가 왜 존경스러운지 이유를 설명해 줄 수 있나?"

이 대화에서 학생은 교수에 대해 존경하는 이유를 생각하게 된다. 이는 단순히 자신의 느낌을 표현한 것에서 더 나아가, 그 존경심의 이유를 찾게 되는 과정이다. 이렇게 이유를 찾는 과정에서 학생은 스스로 교수에 대한 존경심이 더욱 강해졌다고 느끼게 된다.

이것이 포싱의 핵심이며, 상담에서도 이러한 기법을 통해 의뢰인이 상담사를 더 신뢰하게 만든다.

필자는 이러한 포싱 기법을 상담에서 DB 수집(데이터베이스 수집) 시점에 활용한다. 의뢰인이 사건과 관련된 정보를 설문지 형태로 작성하게 할 때, 맨 마지막에 "어떤 점이 신뢰감이 들어 저를 찾아오셨나요?"라고 질문을 추가한다. 이 질문을 통해 의뢰인은 스스로 상담사에 대한 신뢰의 이유를 생각하게 되고, 이 과정에서 상담사에 대한 신뢰가 더욱 강화된다.

대부분의 의뢰인은 "그냥 알아보려고 눌렀는데 광고에 보였어요"라고 이야기하지 않는다. 아주 소수만 그렇게 대답할 뿐, 대부분은 "신뢰감이 있어서", "열심히 하는 것 같아서", "내 사례 같아서" 등과 같은 구체적인 이유를 찾게 된다.

이러한 자기 합리화는 의뢰인 스스로 '나는 합리적인 선택을 한 사람'이라는 이미지를 강화하며, 상담사에 대한 신뢰감을 더욱 깊게 만든다.

포싱 기법을 적용하는 방법은 간단하다. 다음의 질문을 통해 의뢰인이 스스로 상담사에 대해 신뢰감을 자각하게 만든다.

상담 시작 전 : "저를 찾아오신 특별한 이유가 있으신가요?"
상담 진행 중 : "어떤 점에서 저를 신뢰할 수 있다고 생각하시나요?"
상담 마무리 시 : "오늘 상담을 통해 어떤 부분이 도움이 되었나요?"

이 질문들을 통해 의뢰인은 스스로 상담사에 대한 신뢰의 이유를 명확히 하게 되며, 상담이 끝난 후에도 그 신뢰감이 지속된다.

포싱 기법은 단순히 고객이 신뢰를 표현하게 만드는 것을 넘어, 그 신뢰의 이유를 스스로 자각하게 함으로써 '설득 없는 상담'을 가능하게 한다. 이는 곧 상담사의 권위를 더욱 높이고, 고객이 스스로 상담사를 선택하게 만드는 심리적 유도 기법이다.

또한, 포싱 기법을 활용하여 상담 후에도 리마인드 문자나 이메일을 통해 의뢰인에게 신뢰감을 지속적으로 상기시킬 수 있다. 예를 들어, 통화 후 자동으로 발송되는 문자를 설정하여 "오늘 상담이 도움이 되셨나요? 앞으로도 귀하의 사건에 도움이 되도록 최선을 다하겠습니다"와 같은 메시지를 발송한다. 이는 의뢰인에게 상담사와의 긍정적 경험을 다시 한번 떠올리게 하여, 추가적인 상담이나 의뢰를 유도한다.

① 이혼 소송 상담을 진행할 때 :

의뢰인에게 "왜 저를 선택하셨나요?"라고 질문하여 그 이유를 듣고, 그 이유에 기반하여 상담을 이어 나가며 신뢰를 강화한다.

② 세금 관련 정보를 설명한 뒤 :

"지금까지 제가 설명드린 부분에서 가장 신뢰가 가는 부분은 무엇인가요?"라고 질문하여 세무사의 전문성을 강조한다.

③ 근로자와의 분쟁 상담을 마친 뒤 :

"어떤 점이 가장 도움되었나요?"라고 물어 의뢰인이 상담의 효용성을 자각하게 만든다.

포싱 기법을 단순 상담뿐만 아니라, 마케팅 전략에 접목할 수 있다. 상담이 끝난 후, 자동으로 리마인드 문자를 전송하여 신뢰를 상기시키거나, 블로그나 SNS 게시물에 고객들이 왜 특정 전문가를 신뢰하는지에 대한 사례를 올리는 것도 좋은 방법이다.

예를 들어, 무료 상담 후 자동 발송되는 문자를 통해 "상담이 만족스러우셨나요? 추가적인 문의사항이 있으면 언제든지 연락 주세요."와 같은 메시지를 보낸다. 이는 의뢰인이 상담사와의 긍정적 경험을 기억하고, 추후 의뢰 시에도 좋은 인상을 갖도록 만든다.

이처럼 포싱 기법은 의뢰인이 스스로 자신이 왜 상담사를 신뢰하게 되었는지 자각하게 만들어, 의뢰인의 신뢰도를 높이고 수임률을 증가시키는 효과적인 심리적 전략이다.

각자의 분야에서 포싱 기법을 어떻게 활용할 수 있을지 고민하고, 상담 시 의뢰인의 신뢰감을 높이는 질문을 준비해보자.

23 무의식적 글쓰기 15 - 리드마그넷

리드마그넷을 만드는 방법은 다음 파트에서 자세히 다룰 예정이기 때문에 이번 강의에서는 이 전략의 필요성만 짚고 넘어간다.

리드마그넷은 무료 소책자를 말한다. 잠재 의뢰인에게 도움이 될 만한 무료 소책자를 만들어 제공하고, 의뢰인에게 다른 행동의 투자를 유도한다.

행동경제학적으로 리드마그넷은 네 가지 심리기제와 관련이 있다.

먼저 '문간에 발 들여놓기 기법'과 연관된다. 상대방에게 처음에는 작은 요청을 하여 이를 수락하게 하고, 이후 더 큰 요청을 하게 만드는 전략이다. 무료 소책자 제공은 잠재 의뢰인에게 작은 요청을 하는 것과 같다. 즉, "이 소책자를 한 번 받아 보시겠어요?"라는 작은 부탁을 통해 잠재 의뢰인이 이를 받아들이면, 그다음에는 자연스럽게 "상담을 받아 보지 않으시겠어요?"라는 더 큰 요청을 수용할 가능성이 커진다.

이는 소비자심리학적으로 '초기 관여'(initial commitment)를 이끌어내는 전략이다. 소책자를 받는 행위 자체가 일종의 관여로 작용하여, 이후의 상담 제안에 대해서도 수용할 가능성을 높인다. 실제로 초기 관여가 이루어진 사람들은 그렇지 않은 사람들보다 이후 요청을 수락할 가능성이 훨씬 높다는 연구 결과도 있다.

두 번째는 탐색 비용 절감이다. 소책자를 제공함으로써 잠재 의뢰인들이 필요한 정보를 한 번에 얻을 수 있게 된다. 이는 의뢰인이 여러 경로를 통해 정보를 수집해야 하는 탐색 비용(search cost)을 크게 줄여준다. 소비자심리학적으로 탐색 비용이 줄어들면, 의뢰인들은 제공된 정보를 바탕으로 더 빠르게 결정을 내릴 수 있으며, 다른 경쟁자를 탐색하기보다 무료 소책자를 제공한 상담사에게 문의하고 상담을 받는 쪽으로 방향이 정해질 가능성이 높다.

쉽게 말해, 구글링이나 네이버, 유튜브를 통해 많은 시간을 투자해야 얻을 수 있는 정보를 전문가가 잘 편집하고 직접 작성한 자료를 제공하면, 받는 사람 입장에서는 시간을 크게 절약할 수 있다.

이처럼 탐색 비용이 감소하면, 의뢰인은 더욱 편리하게 전문가와 접촉할 수 있게 되고, 이는 수임 확률을 높이는 데 중요한 역할을 한다.

다음은 전문가 효과다. 무료 소책자는 상담사나 전문가가 자신의 분야에서 깊은 지식과 통찰력을 가지고 있다는 것을 보여줄 수 있는 기회다. 소책자에 포함된 고급 정보와 사례는 상담사의 전문성을 강조하고, 이를 통해 상담사에 대한 신뢰도를 높이는 효과를 가져온다. 행동경제학에서는 이러한 전문가 효과가 의뢰인의 의사결정에 큰 영향을 미친다고 설명한다.

소책자를 통해 상담사가 해당 분야의 전문가로 인식되면, 의뢰인은 해당 전문가의 의견과 조언에 더욱 귀 기울이게 되고, 결국 상담사의 제안을 수용할 가능성이 많아진다.

마지막으로 가장 중요한 것은 행동 투자 효과다. 행동 투자는 소비자가 어떤 행동에 자신의 시간과 노력을 투자하는 것을 의미한다. 댓글을 남기는 것은 간단한 행동일 수 있지만, 이 과정에서 잠재 의뢰인은 최소한의 시간과 노력을 들이게 된다. 이는 단순히 '무료'로 제공되는 소책자와는 다른 의미를 가진다.

사람들은 자신이 시간이나 노력을 들여 얻은 것에 대해 더 높은 가치를 부여하는 경향이 있다. 이는 행동경제학에서 자주 언급되는 '행동 투자 효과'(Behavioral Investment Effect)로, 자신이 시간과 노력을 들여 얻은 결과물에 대해 더 큰 애착을 가지게 되는 심리를 말한다.

예를 들어, 의뢰인이 "저도 소책자를 받아 보고 싶습니다!"라고 댓글을 남기면, 그 자체로 소책자를 얻기 위해 행동을 취한 것이 된다. 단순히 정보를 얻는 것을 넘어, 자신의 행동을 통해 소책자를 받은 것이라고 생각하게 되고, 이로 인해 소책자에 대한 애착이 더욱 높아진다.

특히 의뢰인이 댓글을 남기는 순간, 그는 자신의 행동을 정당화하려는 심리를 가지게 된다. 이는 행동경제학에서 '인지적 일관성(Cognitive Consistency)'이라고 부른다.

이 같은 효과가 있기 때문에 리드마그넷은 반드시 제공해야 한다.

따라서 이제부터 쓰는 모든 글의 맨 하단부에는 리드마그넷을 제공하는 글이나 대본을 넣는다.

다음 강의에서는 전문 자격사가 자주 쓰는 논리적 글쓰기와 행동경제학 기반 무의식적 글쓰기를 함께 활용해 하나의 글을 완성하는 과정을 진행한다.

이 과정에서는 빠지지 말아야 할 요소로 내 철학과 리드마그넷 문구를 포함한다.

내용을 정리하면, 리드마그넷 전략은 반드시 활용해야 하며, 그 효과는 '문간에 발 들여놓기', '탐색 비용 절감', '전문가 효과', '행동 투자 효과' 등이라는 점이다.

24 논리적 글쓰기 + 무의식적 글쓰기 : 실제 연습

이번 지면에서는 실제로 이제까지 배운 논리적 글쓰기와 무의식적 글쓰기를 합쳐서 글을 써보도록 한다.

논리적 글쓰기에 해당하는 요소는 뼈대를 이루는 것이기 때문에 적어도 3개 이상의 요소를 써주시면 된다. 사례, 조항, 판례, 통계 중에 3개 이상이다.

그 다음에 무의식적 글쓰기의 영역은 철학과 리드마그넷 유도는 반드시 기본값으로 담겨야 하며, 그 외에 2~3가지 정도의 요소를 추출해서 쓰면 된다.

글을 쓸 때는 먼저 논리적 글쓰기부터 진행한다.

교통사고 손해배상 전문 변호사로 가정하고 글을 써본다.

(1) 논리적 글쓰기 – 도입부

> "교통사고는 예기치 않게 찾아오는 불행입니다. 사고의 충격도 크지만, 이후의 법적 절차와 복잡한 손해배상 문제 역시 큰 부담으로 다가옵니다."
>
> "이번 글에서는 횡단보도 교통사고로 인해 민사 손해배상 청구를 고민하고 계신 분들이 꼭 알아두셔야 할 핵심적인 내용들을 설명드리겠습니다. 실제 사례와 관련 법 조항, 그리고 판례 등을 통해 교통사고 피해자가 어떻게 손해배상을 청구해야 하는지, 어떤 점들을 신경 써야 하는지 궁금하실 텐데요. 그 부분을 알려드릴게요."

여러분이 도입부를 작성할 때는 의뢰인 질문형, 글쓴이 문제 제기형, 사례 제시형 중 어떤 방식을 활용해도 좋다. 중요한 것은 "이 글이 내 문제를 다루고 있구나"라는 생각을 독자에게 심어주는 것. 이 글은 문제 제기형으로 진행했다.

(2) 논리적 글쓰기 - 본론 : 사례

"먼저, 실제로 교통사고 피해자가 손해배상 청구를 어떻게 진행했는지 간단한 사례를 보겠습니다.

의뢰인 A 씨는 횡단보도를 건너던 중 신호를 무시하고 진입한 차량과 충돌하여 부상을 입었습니다. 사고 직후 A 씨는 병원에 입원해 장기간 치료를 받아야 했고, 이로 인해 상당한 치료비와 일을 하지 못한 기간 동안의 수입 손실이 발생했습니다. 그런데 가해자 측 보험사에서는 A 씨의 과실을 문제 삼아 손해배상액을 낮추려 했습니다. 결국 A 씨는 민사 소송을 통해 손해배상을 청구하게 됐는데요. 다행히 제 조력을 통해 교통사고 발생 경위와 과실 비율을 증명하여 결국 가해자 측 보험사로부터 충분한 손해배상을 받을 수 있었습니다."

"여러분 교통사고 발생 후, 피해자가 정당한 보상을 받기 위해서 뭐가 중요할까요? 반드시 해야 할 첫 단계는 바로 자신의 피해를 구체적으로 입증하는 부분입니다. 사고 직후의 사진, 진단서, 치료비 영수증 등을 꼼꼼히 모아두고, 변호사와 함께 손해배상 청구를 준비하는 것이 중요합니다."

사례는 여러분이 직접 경험한 사례가 가장 좋지만 비슷한 사례가 없다면 다른 사례를 차용해와서 이런 이런 사례가 있더라 식으로 이야기해도 충분하다. 사례를 통해 독자가 자신의 상황과 글의 내용을 연결하여 몰입감을 높일 수 있다.

(3) 논리적 글쓰기 - 본론 : 법적 근거

사례를 통해 독자의 관심을 끌었다면, 그 다음에는 해당 사례에 적용할 수 있는 법적 근거를 제시해야 한다. 법적 근거는 글의 논리적 체계를 세우고, 변호사로서의 전문성을 보여주는 데 중요한 역할을 한다.

> "교통사고 손해배상 청구는 '민법 제750조(불법행위로 인한 손해배상)'와 '자동차손해배상보장법'을 근거로 이루어집니다.
>
> 민법 제750조는 〈고의 또는 과실로 타인에게 손해를 가한 자는 그 손해를 배상할 책임이 있다〉라고 규정하고 있어, 교통사고의 가해자는 피해자에게 손해를 배상할 책임이 있습니다."
>
> "또한 자동차손해배상보장법에서는 교통사고로 인한 손해배상 범위와

보험사의 책임 등을 명시하고 있어, 교통사고 피해자들이 손해배상을 청구할 수 있는 법적 근거를 제공합니다.

교통사고 손해배상 청구 시 중요한 것은 가해자의 과실을 얼마나 입증할 수 있는지, 그리고 피해자가 입은 손해를 얼마나 명확하게 증명할 수 있는지에 따라 배상액이 결정된다는 점입니다."

법률 조항은 글의 논리적 체계를 잡아주고, 독자가 "이 변호사의 주장은 법적 근거에 기반하고 있구나"라고 인식하게 한다.

(4) 논리적 글쓰기 – 본론 : 판례

판례는 법적 근거와 함께 독자에게 신뢰를 줄 수 있는 또 다른 중요한 요소이다. 유사한 사건에서 법원이 어떤 결정을 내렸는지를 보여주면, 독자는 본인의 사건에서도 어떤 결과를 기대할 수 있을지 예측할 수 있다.

"대법원 2018다27304 판결에서는 "피해자가 횡단보도에서 신호를 위반한 차량과의 충돌로 인해 부상을 입은 경우, 운전자가 사고 발생을 충분히 예측할 수 있었음에도 불구하고 안전하게 주행하지 않은 점을 고려

> 하여, 피해자에게 과실이 일부 있더라도 운전자의 책임이 더 크다고 판단하여 높은 배상액을 인정했다"고 명시하고 있습니다."

(5) 논리적 글쓰기 – 본론 : 통계 / 경향

통계 자료는 글의 객관성을 높여준다. 또한 독자가 자신의 사건이 얼마나 흔한지 또는 중요한지를 이해하는 데 도움이 된다. 예를 들어, 교통사고 손해배상 청구 건수와 그중 변호사의 도움을 받아 성공적으로 배상을 받은 사례를 제시하면, 독자는 변호사의 도움을 받아야 할 필요성을 느끼게 된다.

> "OO에서 조사한 2024년 교통사고 손해배상 현황 자료에 따르면, 교통사고 손해배상 청구 중 약 70%가 합의에 도달하기 전에 민사 소송으로 이어집니다. 이 중 60% 이상이 가해자 측 보험사와의 과실 비율 다툼으로 인해 합의가 지연되거나 피해자가 불리한 조건으로 합의하는 경우가 많습니다.
>
> 또한, 교통사고 민사 소송을 통해 손해배상을 받은 피해자의 80% 이상이 변호사의 조력을 받은 경우였습니다. 이는 손해배상 청구 시 변호사

> 의 역할이 매우 중요하며, 전문가의 도움을 받는 것이 성공적인 배상 청구의 지름길이라는 점을 보여줍니다."

여기서 주의할 점은 통계를 넣을 때에는 어디에서 나온 데이터인지를 명시해주어야 한다는 것이다. '최근 통계에 따르면'이라고만 하면 어디서 그 통계가 나왔는지 불확실하기 때문에 의문이 들기 때문이다. 통계는 통계청 내지 인터넷에서 쉽게 찾아볼 수 있고 챗GPT에게 물어봐도 되니까 너무 어렵게 생각하지 않아도 된다.

본론을 이렇게 사례, 법적 근거, 판례, 통계의 순서로 작성하고 각각의 요소를 왜 활용해야 하는지 이해하면, 독자에게 더 강력한 설득력을 가진 글을 쓸 수 있다.

자 이제 정리 및 결론이다.

(6) 논리적 글쓰기 – 결론

결론에서는 앞서 본론에서 다룬 내용을 간결하게 정리하고, 핵심 주장을 다시 한번 강조해 주어야 한다. 본론에서 충분히 사례와 근거를 제시했다. 따라서 결론에서는 "교통사고 민사 손해배상은 단순한 금전적 문제를 넘어서 피해자의 권리를 보호하고 정당한 보상을 받기 위한 중요한 법적 대응입니다"와 같이 피해자의 권리를 되새겨 주고, 변호사의 역할이 얼마나 중요한지 다시 한번 언급해 주어야 한다.

> "교통사고 민사 손해배상은 단순한 금전적 문제를 넘어서, 피해자의 권리를 보호하고 정당한 보상을 받기 위한 중요한 법적 대응입니다. 교통사고가 발생하면 피해자는 자신의 피해를 최대한 구체적으로 입증하고, 가해자의 과실을 명확히 밝혀야 합니다. 하지만 이러한 과정은 혼자서 진행하기에 매우 복잡하고 까다롭기 때문에, 전문가의 도움을 받는 것이 필요합니다.
>
> 교통사고로 인한 민사 손해배상을 고민하고 계시다면, 지금 바로 무료 상담을 받아보시기 바랍니다. 변호사와 함께 하시면 법적 절차를 체계적으로 준비하고, 손해배상 청구를 성공적으로 이끌어 갈 수 있습니다. 교통사고로부터 올바른 보상을 받기 위해 지금 상담을 통해 첫걸음을 내딛어 보세요."

자 여기까지가 논리적 글쓰기였다. 이제는 디폴트값으로 쓰는 철학 넣기와 리드마그넷 넣기를 만들겠다.

(7) 철학 넣기

"교통사고는 피해자에게 단순한 사고 그 이상을 의미합니다. 사고의 충격도 크지만, 그 이후의 법적 절차와 복잡한 손해배상 문제는 피해자에게 또 다른 고통을 안겨줍니다. 저는 그동안 많은 교통사고 피해자들과 만나면서, 그들이 겪는 심리적 고통과 경제적 어려움을 직접적으로 느꼈습니다. 피해자들이 억울함을 호소해도, 복잡한 법적 절차 속에서 제대로 된 보상을 받지 못하는 모습을 보며 안타까움을 많이 느꼈습니다.

그래서 저는 '피해자의 목소리를 제대로 전달하는 것'을 제 일의 핵심으로 삼고 있습니다. 단순히 법적 절차를 대리하는 변호사가 아니라, 피해자가 겪고 있는 어려움을 세심하게 이해하고, 그들이 처한 상황을 법적으로 충분히 설명하는 데 주력하고 있습니다. 피해자의 입장에서 최대한 공감하고, 그들이 겪는 고통과 어려움을 법정에서도 진정성 있게 전달하는 변호사가 되고 싶습니다.

제가 가장 보람을 느끼는 순간은, 피해자들이 저를 통해 자신의 억울함을 제대로 표현할 수 있었을 때입니다. 교통사고 피해자들이 정당한 보상을 받고, 억울함을 풀어가는 과정을 지켜보면서, 그들에게 조금이라도 힘이 될 수 있었다는 생각이 들 때가 가장 행복합니다.

> 교통사고 사건은 단순한 금전적 손해배상을 넘어서, 피해자가 잃어버린 신체적, 정신적 건강을 회복할 수 있도록 돕는 과정이라고 생각합니다. 변호사로서 피해자들이 사고 이전의 삶으로 돌아갈 수 있도록 함께하겠습니다. 교통사고 피해자들의 권리를 끝까지 지켜드리는 든든한 지원군이 되겠습니다."

이런 식으로 철학을 꼭 담아주길 바라고 글은 이보다 좀 더 짧아도 된다.

(8) 리드마그넷 심기

다음은 리드마그넷 심기이다. 이건 "무료소책자 받아가세요"라는 말보다는 "어떤 어떤 내용이 있으니까 받아가라", "어떤 도움이 된다"는 걸 말해주는 게 좋다.

> "사건을 혼자 해결하시기 어려운 분들을 위해 제가 '보행자 교통사고 제대로 보상받기'라는 이북 소책자를 직접 제작해서 무료로 원하시는 분들에게 드리고 있습니다. 여기에는 횡단보도 교통사고와 관련된 사안은 물론, 횡단보도가 아닌 곳에서 발생한 사람 대 차량의 사건에 대한 배상

> 방안도 다 들어가 있고요. 특히 민사합의에 있어 가장 중요한 과실비율을 어떻게 책정하는지에 대한 구체적인 예시가 수록돼 있으니, 횡단보도 교통사고로 고민이 많다면 꼭 받아사시길 바랍니다. 관련 링크에 이메일 주소를 적어주시면 보내드리고 있으니 링크를 클릭해서 꼭 신청해주세요."

리드마그넷에서 가장 중요한 건 무료 소책자를 받으려면 신청을 해야 한다는 점이다. 무료로 다운로드를 받아가게끔하면 안 되고, 적어도 신청이라는 행동을 하게끔 유도를 해야 한다. 이 부분은 앞서 길게 설명했다.

자 그러면 지금 논리적 글쓰기로 뼈대는 잡았고 기본으로 들어가는 철학과 리드마그넷은 다 작성했다. 이제 무의식적 글쓰기 요소를 3개만 넣도록 하겠다. 무의식적 글쓰기 요소를 넣는 것은 논리적 글쓰기만으로는 인간의 잠재의식을 건드리기가 어렵기 때문이다. 무의식적 글쓰기로 감정적인 부분까지 터치해서 사건을 맡길 수 있도록 유도하는 기제이다.

이제 3개를 넣을 것인데, 공감하기, 사회적증거, 손실회피편향 3개이다.

(9) 무의식적 글쓰기 - 공감하기

먼저 공감하기이다.

> "많은 피해자들이 이런 질문을 하며 혼란스러워합니다.
>
> - 내가 받을 수 있는 보상은 어느 정도일까?
> - 상대방 보험사에서 제시하는 금액이 정말 합리적인 걸까?
> - 합의를 해야 할지, 소송으로 가야 할지 모르겠어요.
>
> 이러한 고민을 하게 되는 이유는, 교통사고 피해자들이 법적 지식이 부족해서가 아니라, 사고로 인해 정신적 여유가 부족해지고 법적 대응이 너무나 낯설기 때문입니다. 더군다나, 상대방 보험사와의 과실 비율 다툼이나 보상금 산정 과정에서는 피해자들이 불리한 입장에 처할 때가 많습니다. 피해자 입장에서 제대로 된 법적 대응을 하지 못해 억울한 상황이 발생하는 것을 보면서, 변호사로서 이들의 권리를 보호해야 한다는 책임감을 느낍니다.
>
> 교통사고를 당하고 나면 누구나 큰 혼란과 어려움을 겪게 됩니다. 하지만 그 과정에서 누군가가 나의 상황을 이해하고, 내 편이 되어 준다면 그 자체만으로도 큰 위로가 될 수 있습니다."

(10) 무의식적 글쓰기 – 사회적 증거 (후기)

다음은 사회적 증거.

"먼저, 실제로 교통사고 피해자가 손해배상 청구를 어떻게 진행했는지 간단한 사례를 보겠습니다. 제가 맡았던 사건입니다.

의뢰인 A 씨는 횡단보도를 건너던 중 신호를 무시하고 진입한 차량과 충돌하여 다리와 허리 부분에 큰 부상을 입었습니다. 사고 직후 A 씨는 병원에 입원하여 3개월 이상 치료를 받아야 했고, 그로 인해 치료비가 크게 늘어나고 일을 하지 못한 기간 동안의 수입 손실도 상당했습니다. 이에 A 씨는 가해자 측 보험사를 통해 손해배상을 청구하려 했으나, 보험사 측에서는 A 씨가 횡단보도 진입 시 차량을 충분히 주의하지 않았다는 이유로 과실 비율을 높게 산정하여 보상액을 낮추려 했습니다.

A 씨는 불합리한 손해배상 금액 제시에 억울함을 느껴 결국 민사 소송을 통해 정당한 손해배상을 청구하기로 결심하게 되었고, 저희 사무소를 찾아오셨습니다. 저는 사건의 경위를 철저하게 분석하고, 현장 CCTV 영상과 목격자 진술, 사고 직후의 사진 등을 통해 A 씨의 과실 비율이 높게 책정된 것이 부당함을 증명했습니다. 또한, A 씨가 입은 경제적 손실과 정신적 피해에 대해 구체적인 증거 자료를 수집하여 제출했습니다.

그 결과, 법원은 A 씨가 과실이 거의 없는 상황에서 피해를 입은 점을 인정하고, 가해자 측의 보험사에 기존보다 두 배 이상의 손해배상액을 지급하라는 판결을 내렸습니다. A 씨는 그동안의 억울함을 풀 수 있게 되었고, 예상보다 훨씬 좋은 결과를 얻을 수 있었습니다."

A○○

처음에는 보험사와의 과실 비율 다툼 때문에 너무 힘들었습니다. 아무리 억울함을 호소해도 받아들여지지 않는 것 같아 지치고 불안했는데, 변호사님께서 교통사고 상황을 철저히 분석해 주시고, 보험사와의 협상에서도 저를 대신해 당당히 맞서 주셔서 정말 감사했습니다. 덕분에 예상보다 훨씬 좋은 조건으로 손해배상을 받을 수 있었고, 심적으로도 큰 위로가 되었습니다. 앞으로 주변에 교통사고로 고민하는 분들이 있다면 꼭 추천드리고 싶습니다.

(11) 무의식적 글쓰기 – 손실회피 편향

"교통사고 발생 후 피해자가 가장 많이 놓치는 부분은, 신속한 대응을 하지 않았을 때 발생할 수 있는 법적 손실입니다. 많은 분들이 사고 직후의 정신적 충격과 혼란 속에서 대응을 미루거나, 혼자 해결해보려다 결국 더 큰 손해를 입는 경우가 많습니다. 이러한 상황은 피해자에게 금전적인 손해뿐만 아니라, 상황이 불리해지는 심각한 결과를 초래할 수 있습니다.

만약 사고 후 바로 변호사를 선임하지 않는다면 어떻게 될까요? 사고 현장의 CCTV 영상은 일정 기간이 지나면 자동으로 삭제되거나, 목격자의 기억도 점차 희미해지면서, 중요한 증거가 사라질 위험이 있습니다. 이는 결국 법적 다툼에서 불리한 위치에 서게 만들고, 피해자가 정당한 보상을 받기 어렵게 만듭니다. 특히, 상대방 보험사는 경험이 풍부한 법무팀을 구성하여 신속하게 대응하는데, 변호사 없이 홀로 대응하게 된다면, 피해자는 충분한 보상을 받지 못하고 보험사 측의 전략에 밀릴 수 있습니다.

또한 초기 대응이 늦어질수록 사건이 복잡해져, 변호사 선임 비용과 소송 진행 비용이 증가하는 악순환이 생깁니다. 변호사 선임 시기를 놓치

> 면, 나중에 더 많은 금전적 손해를 감당해야 할 수 있습니다. 따라서 변호사 선임은 빠르게 하시는 게 좋습니다."

(12) 종합

자 이제 재료가 다 모였다. 하나로 묶어 보자.
이렇게 구조를 짜겠다.

1. 뼈대 : 도입부
2. 감정 : 공감하기
3. 기본구성 : 철학
4. 뼈대 : 사례
5. 뼈대 : 법적근거
6. 뼈대 : 판례
7. 뼈대 : 통계
8. 감정 : 손실회피편향
9. 감정 : 사회적 증거
10. 뼈대 : 결론
11. 기본구성 : 리드마그넷

(13) 완성글

이제 모인 재료들로 글을 써보겠다. 보면서 무슨 요소에 해당이 되는지를 복기해보길 바란다.

*　*　*

교통사고는 예기치 않게 찾아오는 불행입니다. 사고의 충격도 크지만, 이후의 법적 절차와 복잡한 손해배상 문제 역시 큰 부담으로 다가옵니다.

이번 글에서는 횡단보도 교통사고로 인해 민사 손해배상 청구를 고민하고 계신 분들이 꼭 알아두셔야 할 핵심적인 내용들을 설명드리겠습니다. 실제 사례와 관련 법 조항, 그리고 판례 등을 통해 교통사고 피해자가 어떻게 손해배상을 청구해야 하는지, 어떤 점들을 신경 써야 하는지 궁금하실 텐데요. 그 부분을 알려드릴게요.

많은 피해자들이 이런 질문을 하며 혼란스러워합니다.

- 내가 받을 수 있는 보상은 어느 정도일까?
- 상대방 보험사에서 제시하는 금액이 정말 합리적인 걸까?
- 합의를 해야 할지, 소송으로 가야 할지 모르겠어요.

이러한 고민을 하게 되는 이유는, 교통사고 피해자들이 법적 지식이 부족해서가 아니라, 사고로 인해 정신적 여유가 부족해지고 법적 대응이 너무나 낯설기 때문입니다. 더군다나, 상대방 보험사와의 과실 비율 다툼이나 보상금 산정 과정에서는 피해자들이 불리한 입장에 처할 때가 많습니다. 피해자 입장에서 제대로 된 법적 대응을 하지 못해 억울한 상황이 발생하는 것을 보면서, 변호사로서 이들의 권리를 보호해야 한다는 책임감을 느낍니다.

교통사고를 당하고 나면 누구나 큰 혼란과 어려움을 겪게 됩니다. 하지만 그 과정에서 누군가가 나의 상황을 이해하고, 내 편이 되어 준다면 그 자체만으로도 큰 위로가 될 수 있습니다.

교통사고는 피해자에게 단순한 사고 그 이상을 의미합니다. 사고의 충격도 크지만, 그 이후의 법적 절차와 복잡한 손해배상 문제는 피해자에게 또 다른 고통을 안겨줍니다. 저는 그동안 많은 교통사고 피해자들과 만나면서, 그들이 겪는 심리적 고통과 경제적 어려움을 직접적으로 느꼈습니다. 피해자들이 억울함을 호소해도, 복잡한 법적 절차 속에서 제대로 된 보상을 받지 못하는 모습을 보며 안타까움을 많이 느꼈습니다.

그래서 저는 '피해자의 목소리를 제대로 전달하는 것'을 제 일의 핵심으로 삼고 있습니다. 단순히 법적 절차를 대리하는 변호사가 아니라, 피해자가 겪고 있는 어려움을 세심하게 이해하고, 그들이 처한 상황을 법적으로 충분히 설명하는 데 주력하고 있습니다. 피해자의 입장에서 최대한 공감하고, 그들이 겪는 고통과 어려움을 법정에서도 진정성 있게 전달하는 변호사가 되고 싶습니다.

제가 가장 보람을 느끼는 순간은, 피해자들이 저를 통해 자신의 억울함을 제대로 표현할 수 있었을 때입니다. 교통사고 피해자들이 정당한 보상을 받고, 억울함을 풀어가는 과정을 지켜보면서, 그들에게 조금이라도 힘이 될 수 있었다는 생각이 들 때가 가장 행복합니다.

교통사고 사건은 단순한 금전적 손해배상을 넘어서, 피해자가 잃어버린 신체적, 정신적 건강을 회복할 수 있도록 돕는 과정이라고 생각합니다. 변호사로서 피해자들이 사고 이전의 삶으로 돌아갈 수 있도록 함께하겠습니다. 교통사고 피해자들의 권리를 끝까지 지켜드리는 든든한 지원군이 되겠습니다.

그럼 먼저, 실제로 교통사고 피해자가 손해배상 청구를 어떻게 진행했는지 간단한 사례를 보겠습니다.

> 의뢰인 A 씨는 횡단보도를 건너던 중 신호를 무시하고 진입한 차량과 충돌하여 부상을 입었습니다. 사고 직후 A 씨는 병원에 입원해 장기간 치료를 받아야 했고, 이로 인해 상당한 치료비와 일을 하지

못한 기간 동안의 수입 손실이 발생했습니다. 그런데 가해자 측 보험사에서는 A 씨의 과실을 문제 삼아 손해배상액을 낮추려 했습니다. 결국 A 씨는 민사 소송을 통해 손해배상을 청구하게 됐는데요. 다행히 제 조력을 통해 교통사고 발생 경위와 과실 비율을 증명하여 결국 가해자 측 보험사로부터 충분한 손해배상을 받을 수 있었습니다.

여러분 교통사고 발생 후, 피해자가 정당한 보상을 받기 위해서 뭐가 중요할까요? 반드시 해야 할 첫 단계는 바로 자신의 피해를 구체적으로 입증하는 부분입니다. 사고 직후의 사진, 진단서, 치료비 영수증 등을 꼼꼼히 모아두고, 변호사와 함께 손해배상 청구를 준비하는 것이 중요합니다.

교통사고 손해배상 청구는 '민법 제750조(불법행위로 인한 손해배상)'와 '자동차손해배상보장법'을 근거로 이루어집니다.
민법 제750조는 <고의 또는 과실로 타인에게 손해를 가한 자는 그 손해를 배상할 책임이 있다>라고 규정하고 있어, 교통사고의 가해자는 피해자에게 손해를 배상할 책임이 있습니다.

또한 자동차손해배상보장법에서는 교통사고로 인한 손해배상 범위와 보험사의 책임 등을 명시하고 있어, 교통사고 피해자들이 손해배상을 청구할 수 있는 법적 근거를 제공합니다.

교통사고 손해배상 청구 시 중요한 것은 가해자의 과실을 얼마나 입증할 수 있는지, 그리고 피해자가 입은 손해를 얼마나 명확하게 증명할 수 있는지에 따라 배상액이 결정된다는 점입니다.

대법원 2018다27304 판결에서는 <피해자가 횡단보도에서 신호를 위반한 차량과의 충돌로 인해 부상을 입은 경우, 운전자가 사고 발생을 충분히 예측할 수 있었음에도 불구하고 안전하게 주행하지 않은 점을 고려하여, 피해자에게 과실이 일부 있더라도 운전자의 책임이 더 크다고 판단하여 높은 배상액을 인정했다>고 명시하고 있습니다.

OO에서 조사한 2024년 교통사고 손해배상 현황 자료에 따르면, 교통사고 손해배상 청구 중 약 70%가 합의에 도달하기 전에 민사 소송으로 이어집니다. 이 중 60% 이상이 가해자 측 보험사와의 과실 비율 다툼으로 인해 합의가 지연되거나 피해자가 불리한 조건으로 합의하는 경우가 많습니다.

또한, 교통사고 민사 소송을 통해 손해배상을 받은 피해자의 80% 이상이 변호사의 조력을 받은 경우였습니다. 이는 손해배상 청구 시 변호사의 역할이 매우 중요하며, 전문가의 도움을 받는 것이 성공적인 배상 청구의 지름길이라는 점을 보여줍니다.

이와 관련해 실제로 교통사고 피해자가 손해배상 청구를 어떻게 진행했는지 간단한 사례를 보겠습니다. 제가 맡았던 사건입니다.

의뢰인 A 씨는 횡단보도를 건너던 중 신호를 무시하고 진입한 차량과 충돌하여 다리와 허리 부분에 큰 부상을 입었습니다. 사고 직후 A 씨는 병원에 입원하여 3개월 이상 치료를 받아야 했고, 그로 인해 치료비가 크게 늘어나고 일을 하지 못한 기간 동안의 수입 손실도 상당했습니다. 이에 A 씨는 가해자 측 보험사를 통해 손해배상을 청구하려 했으나, 보험사 측에서는 A 씨가 횡단보도 진입 시 차량을 충분히 주의하지 않았다는 이유로 과실 비율을 높게 산정하여 보상액을 낮추려 했습니다.

A 씨는 불합리한 손해배상 금액 제시에 억울함을 느껴 결국 민사 소송을 통해 정당한 손해배상을 청구하기로 결심하게 되었고, 저희 사무소를 찾아오셨습니다. 저는 사건의 경위를 철저하게 분석하고, 현장 CCTV 영상과 목격자 진술, 사고 직후의 사진 등을 통해 A 씨의 과실 비율이 높게 책정된 것이 부당함을 증명했습니다. 또한, A 씨가 입은 경제적 손실과 정신적 피해에 대해 구체적인 증거 자료를 수집하여 제출했습니다.

그 결과, 법원은 A 씨가 과실이 거의 없는 상황에서 피해를 입은 점을 인정하고, 가해자 측의 보험사에 기존보다 두 배 이상의 손해배상액을 지급하라는 판결을 내렸습니다. A 씨는 그동안의 억울함을 풀 수 있게 되었고, 예상보다 훨씬 좋은 결과를 얻을 수 있었습니다.

 A○○

처음에는 보험사와의 과실 비율 다툼 때문에 너무 힘들었습니다. 아무리 억울함을 호소해도 받아들여지지 않는 것 같아 지치고 불안했는데, 변호사님께서 교통사고 상황을 철저히 분석해 주시고, 보험사와의 협상에서도 저를 대신해 당당히 맞서 주셔서 정말 감사했습니다. 덕분에 예상보다 훨씬 좋은 조건으로 손해배상을 받을 수 있었고, 심적으로도 큰 위로가 되었습니다. 앞으로 주변에 교통사고로 고민하는 분들이 있다면 꼭 추천드리고 싶습니다.

교통사고 민사 손해배상은 단순한 금전적 문제를 넘어서, 피해자의 권리를 보호하고 정당한 보상을 받기 위한 중요한 법적 대응입니다. 교통사고가 발생하면 피해자는 자신의 피해를 최대한 구체적으로 입증하고, 가해자의 과실을 명확히 밝혀야 합니다. 하지만 이러한 과정은 혼자서 진행하기에 매우 복잡하고 까다롭습니다.

교통사고 발생 후 피해자가 가장 많이 놓치는 부분은, 신속한 대응을 하지 않았을 때 발생할 수 있는 법적 손실입니다. 많은 분들이 사고 직후의 정신적 충격과 혼란 속에서 대응을 미루거나, 혼자 해결해보려다 결국 더 큰 손해를 입는 경우가 많습니다. 이러한 상황은 피해자에게 금전적인 손해뿐만 아니라, 상황이 불리해지는 심각한 결과를 초래할 수 있습니다.

만약 사고 후 바로 변호사를 선임하지 않는다면 어떻게 될까요? 사고 현장의 CCTV 영상은 일정 기간이 지나면 자동으로 삭제되거나, 목격자의 기억도 점차 희미해지면서, 중요한 증거가 사라질 위험이 있습니다. 이는 결국 법적 다툼에서 불리한 위치에 서게 만들고, 피해자가 정당한 보상을 받기 어렵게 만듭니다. 특히, 상대방 보험사는 경험이 풍부한 법무팀을 구성하여 신속하게 대응하는데, 변호사 없이 홀로 대응하게 된다면, 피해자는 충분한 보상을 받지 못하고 보험사 측의 전략에 밀릴 수 있습니다.

또한 초기 대응이 늦어질수록 사건이 복잡해져, 변호사 선임 비용과 소송 진행 비용이 증가하는 악순환이 생깁니다. 변호사 선임 시기를 놓치면, 나중에 더 많은 금전적 손해를 감당해야 할 수 있습니다. 따라서 변호사 선임은 빠르게 하시는 게 좋습니다.

사건을 혼자 해결하시기 어려운 분들을 위해 제가 '보행자 교통사고 제대로 보상받기'라는 이북 소책자를 직접 제작해서 무료로 원하시는 분들에게 드리고 있습니다. 여기에는 횡단보도 교통사고와 관련된 사안은 물론, 횡단보도가 아닌 곳에서 발생한 사람 대 차량의 사건에 대한 배상방안도 다 들어가 있고요. 특히 민사합의에 있어 가장 중요한 과실 비율을 어떻게 책정하는지에 대한 구체적인 예시가 수록돼 있으니, 횡단보도 교통사고로 고민이 많다면 꼭 받아가시길 바랍니다. 관련 링크에 이메일 주소를 적어주시면 보내드리고 있으니 링크를 클릭해서 꼭 신청해주세요.

***

다시 한번 구조를 보자.

1. 뼈대 : 도입부
2. 감정 : 공감하기
3. 기본구성 : 철학
4. 뼈대 : 사례
5. 뼈대 : 법적근거
6. 뼈대 : 판례
7. 뼈대 : 통계
8. 감정 : 손실회피편향
9. 감정 : 사회적 증거
10. 뼈대 : 결론
11. 기본구성 : 리드마그넷

결국 순서는 논리적 글쓰기가 먼저 그리고 무의식적 글쓰기 요소 3개를 넣고, 철학과 리드마그넷은 기본값으로 별도로 매번 넣는 것이다.

    이것이 구조이다.

    꾸준히 써보자. 확실히 달라진 것을 느낄 것이다. 나도, 이 글을 읽고 오는 잠재 의뢰인도.

25 제목 달기

제목은 본문 글쓰기를 끝낸 후에 다는 것이 일반적이므로, 이제 이에 관한 이야기를 시작한다.

이미 알고 있겠지만, 제목은 매우 중요한 요소이다.

제목만 보고 클릭 여부를 결정하기 때문이다. 따라서 제목을 통해 잠재 의뢰인을 확 끌지 못하면, 본문 글을 읽을 기회조차 얻지 못하게 된다.

제목이 강렬하지 않으면 바로 버려지니, 이를 반드시 인식해야 한다.

이 점은 신문사 사례에서도 드러난다. 신문사에서는 본문 글을 작성한 취재 기자가 제목을 다는 경우가 거의 없다. 제목 달기는 편집 기자의 몫이다. 아무리 훌륭한 취재를 했더라도 제목이 매력적이지 않으면 독자들이 읽지 않기 때문이다. 이 때문에 신문사는 분업을 통해 제목 짓는 작업을 따로 맡기며, 제목을 잘 단 편집 기자에게 주는 기자상이 따로 있을 정도로 제목의 중요성을 강조한다.

그렇다면 이렇게 중요한 제목, 어떻게 지어야 할까?

당연히 법칙이 있다. 이 법칙을 따르면 유튜브 영상 제목이나 블로그 글 제목 모두 쉽게 작성할 수 있다.

참고할 만한 서적으로는 마틴 린드스트롬의 〈브랜드의 거짓말〉이 있다. 이 책에는 제목 짓기에 대한 내용은 없지만, 사람들이 어떤 요소에 끌리는지가 나와 있다. 이를 기반으로 제목을 지을 수 있다는 것이 내 지론이다.

책에서는 대물림, 공포, 도파민, 성적 매력, 군중심리, 레트로, 인플루언서, 희망, 데이터마이닝 등 9가지를 사람들을 유혹하는 요소로 제시한다.

이 책을 통해 인간의 욕망과 사람들이 어떤 요소에 끌리는지를 엿볼 수 있다. 기회가 된다면 한 번 읽어보길 추천한다. 또한 매일경제신문사 신익수 기자의 〈100만 클릭 터지는 독한 필살기〉도 참고할 만하다.

물론 이 두 책 모두 전문 자격사를 위한 제목 짓기를 다루진 않는다.

따라서 필자의 오랜 경험과 이 두 책의 내용을 토대로, 여러분에게 실질적으로 적용 가능한 강의를 이어가겠다.

먼저 제목을 지을 때 기본 공식은 다음 9가지다.

1. 공포 및 손해
2. 네거티브
3. 숫자
4. 돈
5. 군중심리
6. 비틀기
7. 궁금하게 만들기
8. 인플루언서
9. 불만과 욕망

(1) 공포 및 손해에 대한 키워드

공포와 손해는 인간의 원초적인 본능을 자극한다. 기업과 마케팅에 있어 공포와 손해는 아주 자주 등장하는 키워드이다.

공포 손해 마케팅은 소비자에게 위험을 회피하려는 본능적인 욕구를 자극하는 방식이다. 예를 들어, 보안 소프트웨어 회사는 해킹의 위험성을 강조하며 자사 제품이 이를 효과적으로 막아줄 수 있음을 내세운다.

또한, 건강 관련 제품들은 질병의 위협을 부각시키며, 특정 제품을 사용해야 건강을 지킬 수 있다는 메시지를 전달한다.

이러한 접근은 소비자에게 다가오는 위협을 부각시켜 공포를 자극하고, 즉각적인 결정을 내리도록 유도하는 데 효과적이다.

《 예시 》

"이혼 합의, 안 하고 버티면 재산 절반 날아갑니다!"

"한순간 실수로 10년형? 미리 준비 안 하면 답 없습니다"

"상속 안 챙기면 유산 다 남의 손에 넘어갑니다"

"평생 모아 장만한 1주택인데 5억 세금 폭탄 나왔습니다"

"2024년 NEW 근로계약서 미작성 시 사업주 벌금 500만 원! 전과 기록!"

(2) 네거티브 키워드

네거티브는 '꼭 해야 할 것'보다 '절대 하지 말아야 할 것'을 강조하는 방식이다. 공포 손해 키워드와 마찬가지로 인간의 손실 회피 편향에 기인한 것이다.

"절대 하지 말아야 할 최악의 세금 신고" 등과 같이 "하지 말라" 또는 "하면 안 된다" 등의 키워드가 주로 들어간다.

이때 '절대'나 '최악', '폭망' 같은 단어를 같이 넣어주면 좋다.

《 예시 》

"이혼 소송에서 절대 이런 증거는 제출하지 마세요! 역효과 납니다"

"형사 사건에서 인생 망하는 3가지 방법"

"나홀로 소송에서 절대 하지 말아야 할 3가지"

"사업자가 하면 안되는 1가지 금기사항, 하면 반드시 망한다"

"퇴사할 때 절대 하면 안 되는 실수"

(3) 숫자 키워드

숫자는 정보를 명확하게 전달하는 데 큰 도움이 된다. 독자들이 어떤 내용을 기대할 수 있는지를 구체적으로 알 수 있기 때문에 클릭률을 높이는 데 효과적이다. 예를 들어 "10가지 세금 신고 실수"라는 제목은 독자에게 명확한 수치와 범위를 제공해, 내용이 구체적이고 실질적이라는 느낌을 준다.

또한 숫자가 포함된 제목은 독자들의 호기심을 자극한다. 예를 들어 "5가지 절대 놓치지 말아야 할 법률상식"이라는 제목은 사람들에게 "과연 이 5가지가 무엇일까?"라는 생각을 하게 만들어 클릭을 유도한다. 특히, 리스트 형식은 사람들이 빠르게 정보를 소비하는 데도 적합하기 때문에 더 많은 관심을 끈다.

《 예시 》

"이혼 소송에서 절대 하지 말아야 할 5가지 실수"

"변호사가 말하는 형사 사건에서 이기는 7가지 비법"

"세금 폭탄을 피하는 5가지 절세 전략"

"세무조사에서 절대 하면 안 되는 7가지 행동"

"지적 재산권 보호를 위한 3가지 필수 단계"

(4) 돈 키워드

돈은 사람들의 즉각적인 관심을 끌 수 있는 강력한 요소이다.

대부분의 사람은 금전적인 이득과 손실에 매우 민감하며, 이를 통해 행동을 유도할 수 있다.

제목에서 금전적인 메시지를 전면에 내세우면 독자의 주의를 사로잡고, "나도 이득을 볼 수 있다"는 기대감을 심어줄 수 있다.

《예시》

"이혼 소송에서 1억 더 받는 법"

"민사소송 이기면 변호사비 얼마 돌려받나요?"

"교통사고 소송비용 얼마나 나올까요?"

"절세 전략으로 500만 원 돌려받는 방법, 지금 확인하세요!"

"근로계약서 작성으로 1,000만 원 보상 받는 비법!"

(5) 군중심리 키워드

군중심리를 활용한 제목은 '다른 사람들도 하고 있다'는 심리적 메시지를 통해 독자가 마치 그 대열에 합류해야만 한다는 느낌을 주는 방식이다. 이 방식은 밴드웨건 효과(Bandwagon Effect)를 기반으로, 사람들이 다른 사람들의 선택을 따라가는 성향을 이용한다. 이는 특히 대중적인 트렌드나 사회적 인정 욕구가 강한 경우에 효과적이다.

《 예시 》

"이혼 소송, 다들 이렇게 해야 승소합니다. 따라오세요!"

"모두가 이기는 소송 준비법, 왜 당신만 모르고 있나요?"

"당신만 모르는 손해배상 소송의 모든 것"

"2024년, 모두가 절세를 위해 이 방법을 씁니다. 당신만 몰라?"

"근로계약서 이렇게 작성하는 게 대세! 다들 하고 있어요."

(6) 비틀기 키워드

비틀기는 예상치 못한 상황이나 황당한 내용을 제목에 담아 독자의 호기심을 자극하는 방법이다. 일반적으로 사람들은 자주 본 주제와 제목에 덜 흥미를 느끼기 때문에, 독특하고 충격적인 제목을 통해 흥미를 유발한다. 이러한 비틀기는 상상 초월의 상황을 제시해 독자가 '이게 정말 사실일까?'라는 생각이 들도록 유도한다.

《 예시 》

"이혼 소송 중, 신발 한 켤레가 판결을 바꾼 사연!"

"재산분할 협상에서 상대 배우자가 갑자기 '눈물 연기'를? 결과는 충격!"

"양육권 싸움에서 배우자가 피자 한 조각을 선택한 이유는?"

"공무원이 연말정산 도중 갑자기 '요가'를 시작한 사연은?"

"지적 재산권 소송 중 상대가 피로회복제를 제출한 이유는?"

(7) 궁금하게 만들기 키워드

7번은 궁금하게 만들기이다. '자이가르닉 효과'라고도 한다. 자이가르닉 효과는 사람들이 완료되지 않은 작업이나 해결되지 않은 문제에 대해 더 오랫동안 기억하고 관심을 갖는 심리를 말한다. 이 효과를 이용해 제목에서 궁금증을 유발하면, 독자들이 그 답을 찾기 위해 클릭하도록 유도할 수 있다. 제목에서 '미완성된 정보'나 '알고 싶은 내용의 일부'를 제시해 사람들의 호기심을 자극하는 것이 핵심이다.

《 예시 》

"이혼 소송에서 가장 중요한 '이것', 대부분 모릅니다!"

"절세 전략에서 다들 놓치는 결정적 한 가지, 당신만 알아두세요!"

"세금 신고 시 실수 없이 절세하는 '비밀의 기술', 확인해 보세요!"

"퇴사 시 직원들이 요구할 수 있는 '숨겨진 권리', 지금 확인하세요!"

"특허 출원 시 다들 모르는 필수 조건, 이거 하나로 성공률이 확 바뀝니다!"

(8) 인플루언서 키워드

인플루언서의 영향력을 활용한 제목은 신뢰성을 확보하는 동시에 호기심을 자극하는 데 매우 효과적입이다. 유명한 사람이나 권위 있는 전문가의 경험이나 조언을 담은 제목은 독자들이 '나도 저 사람처럼 되고 싶다'는 심리를 자극해 콘텐츠를 클릭하게 만들게 된다.

《 예시 》

"배우 OOO가 이혼 소송에서 사용한 법적 전략, 당신도 따라 해보세요!"

"OOO가 겪은 이혼 소송의 진실, 그가 선택한 법적 조언은?"

"유재석이 추천한 절세 전문가의 비법, 이렇게 해야 세금 폭탄 피합니다!"

"백종원도 함께하는 근로계약서 작성법"

"방탄소년단(BTS)이 지적 재산권을 관리하는 방법"

(9) 불만과 욕망 키워드

불만과 욕망은 사람들이 가장 강하게 반응하는 감정이다. 제목에서 독자가 가지고 있을 법한 불만이나 욕망을 구체적으로 언급하면, 그 감정을 해결하거나 욕구를 충족시키기 위해 클릭할 확률이 높아진다.

《 예시 》

"순간의 실수로 감옥행? 무죄 판결 받을 수 있는 '비장의 무기' 공개!"

"세금 폭탄 맞을까 봐 불안하다면? 부자들만 아는 '비밀' 절세법 대공개!"

"근로계약서 작성 때문에 골치 아픈가요?"

"지적 재산권 놓쳐서 아이디어 빼앗길까 걱정되나요? 이렇게 대비하세요!"

"특허 없이 사업하다 아이디어 도둑맞은 사례들"

한편 제목은 20자 이내에서 지어주는 게 가독성이 좋다. 상황에 따라 좀 길어질 수도 있기 때문에 참고만 하길 바란다. 아울러 이 9가지 유형대로만 하시면 지금보다 클릭율이 대폭 상승할 것이다. 꼭 9가지 방법으로 제목을 지어주길 바란다.

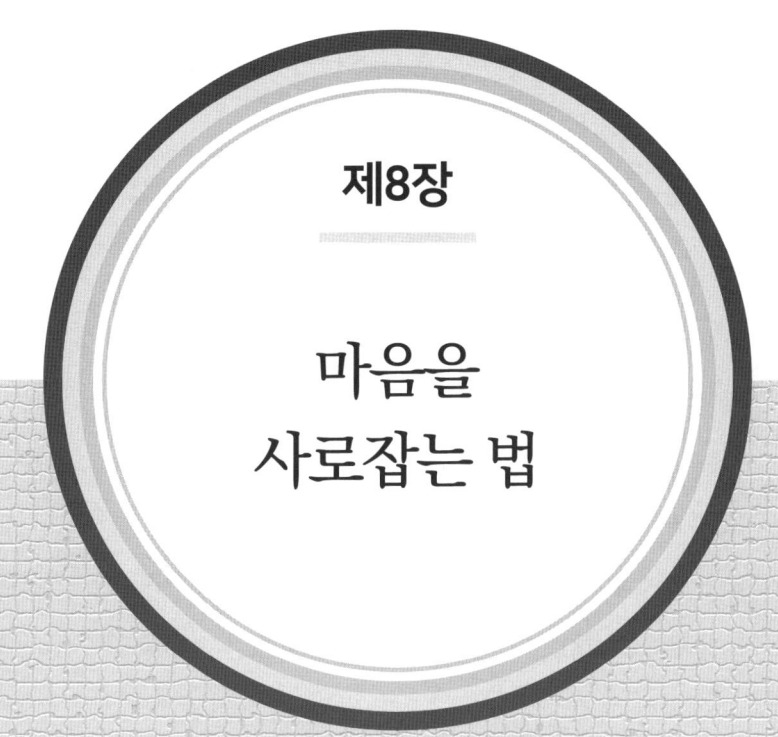

제8장

마음을 사로잡는 법

사짜마케팅 Part 8

유인(誘引)

▼
▼

전술 5
유인기제
(리드마그넷)

마음을 사로잡는 법

동굴 깊숙한 곳에서 바론의 목소리가 울렸다.

"이제 자네의 이야기를 세상에 전하는 법은 어느 정도 익혔군. 하지만 아직 몇 가지가 더 남았네."

찰스는 물레를 멈추고 귀를 기울였다. 최근 그의 꽃병 이야기는 조금씩 사람들의 관심을 끌기 시작했다. 하지만 여전히 실제 구매로 이어지는 경우는 드물었다.

"무엇인가요?"

"사람의 마음을 사로잡는 법일세. 단순히 이야기를 전하는 것과 마음을 움직이는 것은 다르니까."

바론의 그림자가 동굴 벽면에서 천천히 움직였다.

"예를 들어보지. 어떤 플로리스트가 꽃병을 사려고 할 때, 그는 어떤 선택을 하게 될까?"

찰스는 잠시 생각에 잠겼다.

"A라는 도예가의 꽃병은 가격이 저렴하고, B라는 도예가의 꽃병은 유명하고, 제 꽃병은…."

"그래, 자네의 꽃병은 뭐가 다른가?"

"저는 꽃이 더 오래 싱싱하게 유지되도록 특별한 구조를 연구했어요."

"좋아. 하지만 그걸 어떻게 전달하고 있지?"

찰스는 자신의 블로그 글들을 떠올렸다.

"매일 꽃병 만드는 과정을 올리고, 특징을 설명하고…."

바론이 말을 자르며 물었다.

"그럼 플로리스트들은 자네의 글을 끝까지 읽나?"

찰스는 고개를 숙였다.

"아니요…. 대부분 중간에 나가버리더군요."

"테이커(Taker)와 기버(Giver). 대부분의 도예가들은 테이커야. '내 제품을 사라', '내가 최고다', '이것이 특징이다' 하면서 끊임없이 무언가를 요구하지. 하지만 진정한 신뢰는 먼저 주는 데서 시작되네."

찰스는 귀를 기울였다.

"찰스, 자네의 수분 공급 시스템이나 특별한 구조. 이런 기술적 노하우를 왜 굳이 무료로 공개해야 한다고 생각하나?"

"그건 제 경쟁력 아닌가요? 오히려 숨겨야 하는 거 아닌가요?"

바론이 깊이 웃었다.

"보통은 그렇게 생각하지. 하지만 역설적이게도, 자네가 가진 것을 먼저 나눌 때 사람들은 더 큰 가치를 느끼네. 플로리스트들이 정말 원하는 건 뭘까? 결혼식장에서 부케가 시들까 봐 가슴 졸이지 않는 것. 자네가 그 해결책을 먼저 내어준다면, 그들은 자네를 단순한 판매자가 아닌 진정한 조력자로 보게 될 걸세."

찰스의 눈이 반짝였다.

"아… 제가 먼저 가치를 전달할 때, 그들도 마음을 열게 된다는 말씀이시군요?"

"그렇지. 세상의 모든 깊은 관계는 누군가의 첫 번째 선의에서 시작되네. 자네가 먼저 손을 내밀 때, 그들도 자네를 특별한 존재로 기억하게 되는 법이야."

바론의 목소리가 더욱 깊어졌다.

"이제부터 특별한 것을 하나 만들어보도록. '소책자'야."

"소책자요?"

"그래. 하지만 그냥 정보를 담은 책자가 아니야. 이건 마음을 사로잡는 '유인'이 되어야 해. 자네 주변의 다른 도예가들은 이런 걸 하고 있나?"

찰스는 고개를 저었다.

"아니요. 대부분 그냥 주로그나 SNS에 사진만 올리고 전화번호를 남기더군요."

"바로 그거야."

바론의 목소리가 깊어졌다.

"사람의 마음은 참 흥미로운 법이야. 예를 들어 자네가 꽃집에 갔다고 해보지. 두 명의 꽃집 주인이 있어. 한 명은 '우리 꽃이 제일 좋아요'라고만 하고, 다른 한 명은 '꽃을 오래 피우는 특별한 방법을 정리한 무료 책자가 있는데 한번 보시겠어요?'라고 한다면 누구를 더 신뢰하겠나?"

찰스의 눈이 반짝였다.

"당연히 책자를 주시는 분이요. 그만큼 전문성이 있다는 뜻이니까요."

"정확해. 이건 단순한 정보 제공 이상의 의미가 있네. 고객의 심리에는 몇 가지 특별한 기제가 있거든. 첫째는 '초기 관여'야. 책자를 받는 순간, 잠재 고객은 이미 자네와 관계를 맺기 시작한 거지. 둘째는 '탐색 비용 절감'이야. 고객이 이곳저곳 정보를 찾아다닐 필요 없이, 자네가 정리해서 제공하니 그만큼 고맙게 여기는 법이지."

바론은 잠시 말을 멈추었다가 이어갔다.

"그리고 가장 중요한 건 '전문가 효과'야. 책자를 만들어 무료로 제공할 수 있다는 건, 그만큼 자네가 이 분야에서 깊이 있는 전문가라는 걸 증명하는 거니까. 경쟁자들이 이걸 모르는 건 자네에겐 오히려 기회일세. 그들이 여전히 '우리가 최고'라고 외치고 있을 때, 자네는 실제적인 가치를 전달하는 거지."

찰스는 고개를 갸웃거렸다.

"어떻게 하면 되나요?"

"먼저 플로리스트들이 가장 고민하는 것이 뭔지 생각해보게. 꽃이 빨리 시들어서 걱정이라든가, 결혼식 도중 부케가 축 처진다든가 하는 것 말이야."

찰스의 눈이 반짝였다.

"아! 맞아요. 지난번에 한 웨딩플래너가 그런 걱정을 하더군요."

"그래, 바로 그거야. 그들의 고민을 정확히 짚어내는 것부터 시작하는 거지. 이제 소책자를 어떻게 구성할지 알려주겠네."

바론은 그림자로 벽에 글씨를 쓰듯 설명했다.

"첫 페이지는 그들의 고민을 정확히 짚어주는 거야. '결혼식 중에 부케가 시들까 걱정되시나요?' 같은 식으로 말이야."

찰스는 고개를 끄덕이며 메모했다.

"두 번째는 그들이 이미 시도해봤을 만한 해결책들을 언급하는 거지. '물을 자주 갈아준다거나, 시중에 파는 영양제를 써봤지만 여전히 걱정이 된다' 이런 식으로."

"아!"

찰스의 눈이 점점 커졌다.

"그 다음엔 실제로 자네가 해결한 사례를 보여주고, 그 뒤에 자네만의 특별한 해결책을 제시하는 거야. 하지만 모든 것을 다 알려줄 필요는 없어. 가장 핵심적인 부분은 상담을 통해 알려준다고 하면 되지."

"하지만 그냥 무료로 나눠주면 될 것 같은데요?"

찰스가 조심스레 말했다.

바론이 고개를 저었다.

"그게 바로 많은 이들이 저지르는 실수야. 사람들은 쉽게 얻은 것의 가치를 낮게 평가하지. 소책자를 받으려면 뭔가 작은 행동이라도 하게 만들어야 해. 예를 들어 이메일 주소를 남긴다든가, 간단한 설문에 답한다든가."

"아, 제가 들인 시간과 노력에 대한 가치를 느끼게 하는 거군요?"

"정확해. 이걸 '행동 투자'라고 하지. 사람은 자신이 노력을 들인 것에 더 큰 의미를 부여하거든. 마치 자네가 도자기를 만들 때 온 정성을 다하는 것처럼, 그들도 작은 노력이라도 들였다면 그만큼 소책자의 가치를 더 인정하게 될 거야."

찰스는 이제 이해가 되기 시작했다.

"그럼 소책자는 어떤 내용으로 채우면 좋을까요?"

"먼저 목차부터 정해보지."

바론은 다시 벽에 그림자로 글씨를 썼다.

<결혼식 꽃의 싱싱함을 지키는 비밀>
왜 기존의 방법들은 실패하는가?
실제 성공 사례
꼭 피해야 할 5가지 실수
특별한 해결책 미리보기
무료 상담 신청 방법

"이렇게 구성하면 되겠군."

찰스는 열심히 메모하면서 물었다.

"소책자를 받으러 오는 사람들에게는 어떻게 해야 하나요?"

"좋은 질문이야. 여기서 또 하나의 비밀이 있지. 바로 '칼리굴라 효과'라는 거야. 소책자를 모든 사람에게 주는 게 아니라는 걸 분명히 해야 해. '정말 필요한 분들에게만 드립니다'라는 식으로 말이야. 이렇게 하면 사람들은 오히려 더 받고 싶어지지."

"아, 희소성의 가치를 만드는 거군요?"

"그렇지. 너무 쉽게 얻을 수 있는 것은 그만큼 가치가 떨어져 보이니까. 자네의 도자기처럼, 정성과 노력이 들어간 것처럼 보여야 해."

찰스는 이제 전체적인 그림이 보이기 시작했다.

"이제 이해가 됐습니다. 하지만 고객들이 책자를 받고 나서도 제 도자기를 선택할까요?"

바론의 그림자가 미세하게 흔들렸다.

"글쎄, 책자를 받아본 사람이 모두 구매자가 될까? 당연히 아니지. 하지만 그게 중요한 게 아니야. 자네가 전문가로서 신뢰를 쌓았다는 게 중요하네. 신뢰는 시간이 걸리는 법이야. 마치 도자기가 가마에서 천천히 구어지듯이 말이야."

찰스는 고개를 갸웃거렸다.

"시간이 걸리면, 그동안 매출은요?"

바론이 낮게 웃었다.

"자네처럼 생각하는 이들이 많아. 그래서 대부분 이런 전략을 포기하고 당장의 판매에만 집중하지. 하지만 생각해보게. 자네가 도자기를 구매할 때, 처음 보는 가게와 이미 여러 번 좋은 정보를 받아본 가게 중 어디를 선택할 건가?"

"아…."

"그뿐이 아니야. 소책자를 받으러 온 사람들의 연락처도 자연스럽게 얻을 수 있지. 이건 마치 씨앗을 심는 것과 같아. 지금은 보이지 않지만, 때가 되면 싹을 틔우게 될 거야."

바론의 목소리가 더욱 깊어졌다.

"사람들은 선택의 기로에 설 때마다 '불안'을 느끼지. 특히 결혼식처럼 중요한 순간에 쓰일 물건을 고를 때는 더욱 그렇지. 자네의 소책자는 그 불안을 덜어주는 역할을 하는 거야. '이 사람은 정말 전문가구나' 하는 확신. 그게 바로 자네가 심어야 할 씨앗이지."

찰스는 깊이 고개를 끄덕였다. 그는 자신의 작업실을 떠올렸다. 진열장에 가지런히 놓인 꽃병들이 아름답긴 했지만, 그것만으로는 부족했다. 이제는 그 꽃병들에 담긴 이야기와 가치를 전하는 법을 배워야 할 때였다.

"어떻게 시작하면 좋을까요?"

"우선은 웨딩플래너들을 위한 책자부터 만들어보지. 자, 같이 구성을 짜보자고."

바론은 그림자로 벽에 글씨를 쓰듯 설명했다.

<제목 : 완벽한 웨딩을 위한 부케 보관의 비밀>

도입 : 결혼식 중 부케가 시들까 걱정되는 상황 묘사

기존 해결책들의 한계점

찰스의 특별한 해결 방법 소개 (하지만 모든 것을 공개하진 않음)

실제 성공 사례들

무료 상담 신청 방법

"이렇게 하면 되겠군."

찰스는 열심히 메모하면서 물었다.

"상담은 어떻게 진행하면 좋을까요?"

"그들이 먼저 연락하게 만들어야 해. 소책자 마지막에 '더 자세한 내용이 궁금하시다면 상담을 신청해주세요'라고 쓰는 거지. 하지만 중요한 건…."

"네?"

"너무 쉽게 상담을 해주진 말게. '현재 상담이 많아 일정 조율이 필요합니다'라든가, '웨딩 플래너님들을 위한 특별 상담만 진행하고 있습니다' 같은 식으로. 사람은 쉽게 얻을 수 있는 것보다 어렵게 얻는 것에 더 가치를 두거든."

찰스의 눈이 반짝였다. 그는 이제 이해했다. 이것은 단순한 판매 전략이 아니었다. 신뢰를 쌓고, 전문성을 인정받고, 궁극적으로는 그의 도자기가 가진 진정한 가치를 전하는 방법이었다.

그날 밤, 찰스는 평소보다 더 늦게까지 작업실에 남았다. 물레를 돌리며 새로운 꽃병을 만들면서도, 그의 머릿속에서는 소책자에 담을 내용들이 계속해서 떠올랐다.

'꽃이 시들 때의 안타까움', '결혼식 날 완벽해야 하는 순간', '플로리스트들의 고민' 이런 이야기들이 하나둘 모여 책자의 형태를 갖추기 시작했다.

2주 후.

그의 첫 번째 소책자 〈웨딩 부케를 위한 완벽한 꽃병의 비밀〉이 완성됐다. 마지막 페이지를 편집하면서 찰스는 바론의 가르침을 하나하나 되새겼다. 표지에는 그가 가장 자신 있는 웨딩 부케용 꽃병 사진을, 첫 장에는 웨딩플래너들의 고민을 적었다.

소책자의 내용은 생각보다 빠르게 퍼져나갔다. 처음에는 웨딩플래너 두세 명이 문의를 해왔고, 그들을 통해 입소문이 나기 시작했다. 더 놀라운 것은 소책자를 본 사람들의 반응이었다.

"이런 고민을 정확히 알고 계셨네요."

"다른 도예가들은 그저 '좋은 제품'이라고만 하는데, 이렇게 구체적으로 설명해주시니 신뢰가 갑니다."

"실제 사례들이 너무 도움이 됐어요."

특히 인상적인 반응은 15년 경력의 베테랑 웨딩플래너인 백조 '그레이스'에게서 왔다. 우아한 자태로 유명한 그레이스는 도시에서 가장 큰 웨딩홀 세 곳의 플래너를 담당하고 있었다.

"찰스 씨, 솔직히 말씀드리면 전에도 비슷한 꽃병들을 많이 봤어요. 하지만 이렇게 플래너의 입장에서 고민하고 연구한 도예가는 처음 봅니다. 가격이 조금 비싸도 괜찮아요. 이제 저는 찰스 씨의 꽃병만 쓸 거예요."

바론이 말한 대로였다. 사람들은 단순히 제품을 사는 게 아니었다. 그들은 생산자의 철학과 콘텐츠에 대한 신뢰를 통해 제품을 사고 있었다. 그리고 그 신뢰는 소책자를 통해 자연스럽게 쌓여가고 있었다.

"이제 좀 알겠어요."

어느 날 찰스가 바론을 찾아와 말했다.

"처음엔 제가 가진 기술과 노하우를 무료로 공개하는 게 손해라고 생각했는데… 오히려 그게 저를 다른 도예가들과 구분 짓는 강점이 됐더군요."

바론의 그림자가 미소 짓는 듯했다.

"이제 진짜 공부가 시작된 거야. 다음은 플라워숍 전용 진열 꽃병에 대한 소책자를 준비해보는 건 어떨까? 물론 이번엔 조금 다른 접근이 필요하겠지만."

찰스는 이미 머릿속으로 다음 소책자의 구성을 그리고 있었다. 이제 그의 꽃병은 단순한 도자기가 아니었다. 그것은 하나의 해결책이자, 이야기였고, 신뢰의 증표였다.

<플라워숍의 매출을 높이는 진열의 비밀>

그가 다음 소책자의 제목을 적어내려가기 시작했다.

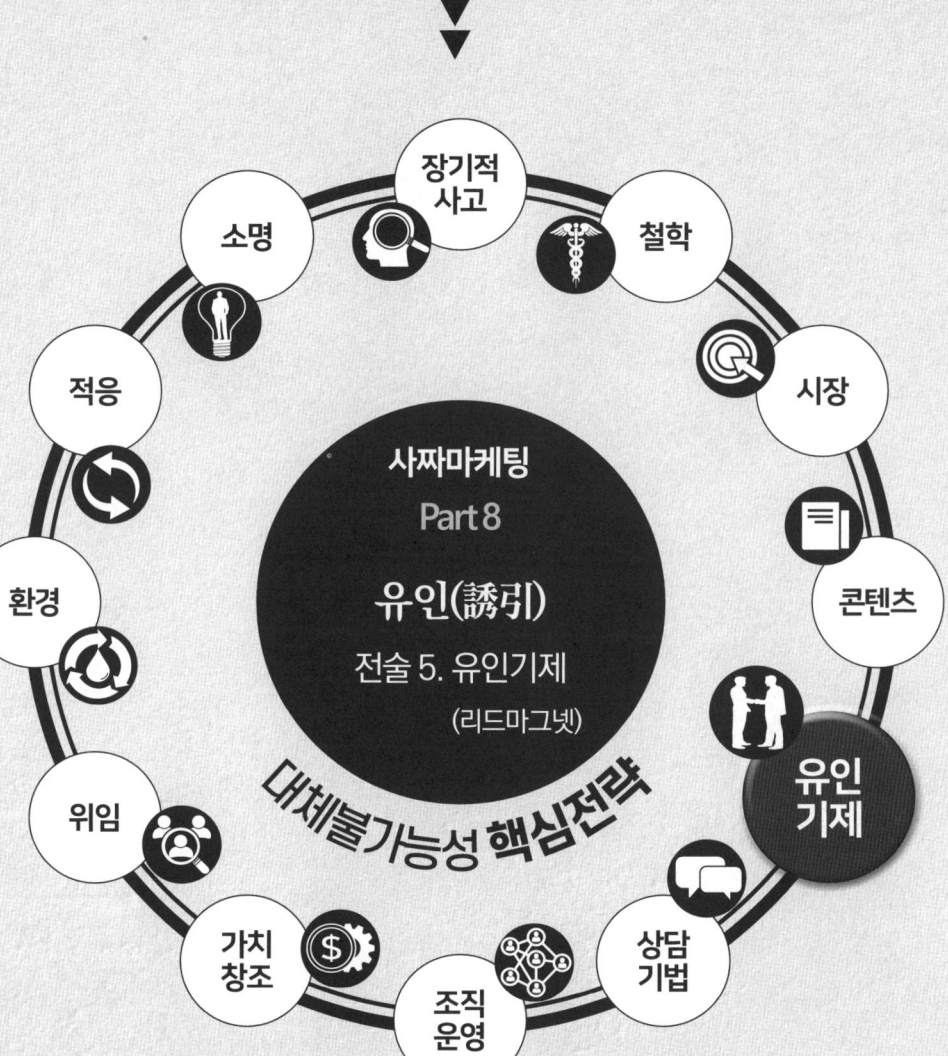

01 리드마그넷

먼저 '유인 기제'의 개념을 설명한다. 어떤 잠재 의뢰인이 내 콘텐츠를 시청하고 있다고 가정해 보자. 이 잠재 의뢰인은 A, B, C 변호사의 블로그를 순서대로 보고 있다.

A 변호사가 운영하는 블로그는 1페이지 1순위에 올라와 있다. 그러나 블로그 내용은 "최고의 전문가"라는 식상한 문구와 함께 일방적으로 정보를 전달하고 있을 뿐이다. 결국 이 블로그는 평범하고, 전화번호가 적혀 있지만 별다른 끌림 없이 뒤로 가기를 누르게 된다.

이제 B 변호사의 블로그를 클릭한다. 유튜브와 연계도 잘되어 있고, 언론에도 자주 노출되는 느낌이다. 하지만 그 이상은 없어서 A 변호사보다는 낫다는 생각만 들 뿐이다. 마지막으로 C 변호사의 블로그를 클릭한다.

C 변호사의 블로그는 순위는 조금 뒤처져 있지만, 뭔가 다르다는 느낌을 준다. 자기 철학과 소신이 적혀 있고, 잠재 의뢰인의 마음을 움직이는

콘텐츠가 있다. 다른 변호사는 사례를 뭉뚱그려 소개했지만, C 변호사는 사례를 세밀하게 나누어 보여주고, 특히 잠재 의뢰인과 유사한 사례를 담아 인상을 남긴다.

또한 블로그 말미에는 잠재 의뢰인을 위한 무료 소책자를 제공한다는 안내가 있다. 신청 과정이 간단해서 1분 정도 폼을 작성하고 신청하게 된다.

이후 잠재 의뢰인은 소책자 관련 알림을 받고 내용을 확인한다. 비록 소책자 내용이 인터넷에서 얻을 수 있는 정보일 수 있지만, 변호사가 직접 감수한 내용이라는 점에서 더 신뢰가 간다. 또한, 인터넷에서 찾아보는 시간을 절약해 준다는 점에서도 감사함을 느낀다.

그 뒤 문자로 "상담을 받아보겠느냐"는 내용이 왔고 그래서 상담을 받게 됐다.

결국 이 잠재 의뢰인은 누구에게 사건을 맡겼을까?
리드마그넷을 무료로 배포하는 행위는 잠재 의뢰인이 선택할 수 있는 여러 대안 중 우리가 그 중 하나일 뿐이라는 현실에 맞닿아 있다.

법률, 세무, 노무 시장에는 많은 전문가들이 있고, 이들을 비교하고 탐색전을 벌이는 것은 소비자 입장에서 당연하다.
이때 일방적인 방향으로 정보만 제공하는 경우를 떠올려 보자.
블로그나 유튜브 콘텐츠를 통해 정보를 제공했다면, 운이 좋게도 그 정보가 딱 그 '잠재 의뢰인'의 사례와 부합한다면 바로 전화를 걸 수도 있다.

그러나 대다수의 경우 글 또는 영상 하나만으로 완전히 의뢰인의 마음을 사로잡긴 어렵고, 이렇게 되면 잠재 의뢰인에게 나라는 존재는 수많은 탐색 대안 중 하나로 잔상에 남을 뿐이다.

여기에 리드마그넷을 추가하면 판도가 달라진다.
일단 확실한 정보를 더 알고 싶은 잠재 의뢰인 입장에서는 의외로 인터넷에는 양질의 정보를 찾기 힘들고 잘 정리된 정보를 찾으려면 많은 시간이 소요되기 때문에 신청만 하면 무료로 주는 리드마그넷의 존재는 반갑기 그지없다.
이때에는 '탐색'에서 끝나지 않고 잠재고객의 '행동'이 추가된다. 즉 리드마그넷을 신청하기 위해서 댓글을 다는 행위를 해야 하기에 이는 '투자'로 이어지고 자신의 투자가 들어간 이상, 그 전문 자격사는 이제 '다른 존재'로 각인된다.
자신이 투자한 대상과 투자를 하지 않은 대상은 심리적으로 큰 차이를 보일 수밖에 없다.

여기서 그치지 않고 리드마그넷은 더 깊숙이 잠재 의뢰인의 판단에 침투한다.
리드마그넷 곳곳에 관련 영상, 관련 추가 정보의 링크를 삽입해서 잠재 의뢰인의 클릭을 유도하고 더 많은 학습 작용을 일으킨다. 이 학습 작용은 결국 그 리드마그넷을 만든 사람의 신뢰로 이어진다.
추가로 리드마그넷에서는 그 전문가를 신뢰하게끔 하는 심리학적인 기제들, 방송 출연이나 신문 기고 또는 전문성이 입증될 수 있는 자료들을 곳곳에 삽입함으로써 신뢰를 극대화하는 효과가 있다.

맨 마지막 장에는 상담 코너로 연결되는 링크를 넣어서 자연스럽게 DB를 획득하고 상담으로 이끌 수도 있다.

이 리드마그넷 전략의 개념을 모르는 사람은 없다. 그러나 이 전략을 사용하는 사람은 거의 없다. 별것 아니라고 생각해서 그렇고, 귀찮아서 그렇고, 시간이 없어서 그렇다.

사실 세상에 '별것'은 없다. 고만고만한 사람들 사이에서 조금씩 기본기를 다지고 차별화하고 성장해 나가는 과정을 통해 '별것'으로 성장하는 것이다.

김연아 선수가 다른 피겨 선수들보다 뛰어난 이유가 무엇일까. 한 끗이 차이가 났기 때문이다. 두 발로 빙판 위에서 연기를 하는 것 자체는 다 비슷비슷하지만, 조금씩 남다른 그 한 끗이 쌓이고 쌓여서 독보적인 존재로 자리매김한 것이다.

리드마그넷은 누구나 다 생각할 수 있지만, 잘 하지 않는 전술이다.

성공하는 가장 확실한 방법은 특별한 걸 하는 게 아니라 필요한 걸 필요할 때 꾸준히 하는 것이다.

리드마그넷은 어마어마한 위력을 가지고 있다.

02 리드마그넷의 2가지 종류

리드마그넷을 제작하는 방법에 관해 알아보자.

먼저 리드마그넷의 종류를 세분화해야 한다.
리드마그넷은 필자 기준으로 2가지 종류가 있다.

(1) 기본형 리드마그넷

이는 콘텐츠 유형 중 대중적 콘텐츠에 해당한다. 수임에 직결하지는 않지만 많은 사람이 관심을 갖고 받아보길 원하는 유형이다.

예를 들어 '이혼 소송 시 챙겨야 할 서류 5가지'라든지 '산재를 당했을 때 대처 방법'이라든지 '특허 신청의 A부터 Z까지'라든지 포괄적이면서도 대중이 많이 볼 만한 넓은 주제로 리드마그넷을 제작하면 된다.

(2) 세부형 리드마그넷

이는 콘텐츠 유형 중 P to P 콘텐츠에 해당이 되며 다만 P to P 콘텐츠는 매우 지엽적이고 세밀한 주제까지 파고드는 대신, 리드마그넷은 어느 정도 대중성은 담보가 되어야 하므로, 너무 세밀한 주제나 지엽적인 주제는 파고들지 않아야 한다. 왜냐하면 모든 P to P 주제로 리드마그넷을 만들 수 없기 때문이다. 따라서 세부형 리드마그넷은 비슷한 종류의 P to P 콘텐츠의 주제를 몇 가지 모아서 만들고, 리드마그넷의 제목은 좀 더 대중적으로 짓는 게 유리하다.

가령 P to P 콘텐츠에서는 '전업주부 아내의 이혼 재산분할 기여도'라는 주제처럼 아주 지엽적이고 세밀한 사례형 주제를 다룬다면 세부형 리드마그넷에서는 그보다는 대중적인 '이혼 시 재산 분할 기여도 - 10가지 케이스'와 같은 제목으로 약간은 더 포괄적인 포지션을 유지해야 한다. 너무 어렵게 생각하지 말고 기본형 리드마그넷보다는 좀 더 지엽적인 부분을 다루되 너무 한정적인 주제는 다루지 않는다는 걸 기억하면 된다.

정리하자면 대중적인 유형의 기본형 리드마그넷과 약간은 더 세밀한 부분을 포괄하는 세부형 리드마그넷이 있다는 것.

또한 리드마그넷은 매년 리뉴얼 하기를 추천한다. 특히 리드마그넷은 많으면 많을수록 좋다. 이는 전쟁 시 무기가 다양하고 많은 것과 유리한 것과 동일하다.

(3) 리드마그넷의 목차

1페이지	표지 및 잘 나온 사진 * 저작권에 대한 고지할 것
2페이지	목차
3페이지	왜 이 리드마그넷을 만들었는지에 대한 자신의 철학과 자기 소개
4페이지	본문 시작
5페이지	홈페이지 및 네이버 카페 안내 및 아카이브 및 후기 소개 사이트 연결. * 이때 마지막 페이지에는 전화번호를 남겨야 한다.

리드마그넷은 그 자체로 완벽할 필요는 없다. 리드마그넷을 주는 행위 자체가 '내가 이 분야의 전문가'라는 걸 충분히 어필하는 것이기 때문이다.

리드마그넷을 작성할 때 글자 포인트는 가급적 크게 하길 바란다. 대부분 휴대폰으로 받아 PDF 파일을 열어보는 경우가 많다. 20포인트 이상으로 설정해야 휴대폰에서 겨우 보이기 때문에 그 이상은 설정을 해야 한다.

아울러 글을 작성한 뒤 맨 아랫단에는 관련 영상이나 글이 있으면 링크를 활성화해서 첨부하면 좋다. 여기서 '활성화'라는 것은 PDF 화면에서 클릭을 하면 그 링크로 들어갈 수 있는 요소를 말한다.

(4) 리드마그넷을 만드는 주기

매달 만들길 바라고 그게 힘에 부친다면 분기마다 하나씩 만드시길 바란다.

의뢰인이 궁금해하는 것은 상당히 많고 찾아보면 1,000가지가 넘을 수도 있다.

한 가지 궁금한 점을 테마로 자세하게 만들어도 되고, 한 가지 분야에서 파생되는 여러 질문을 묶어서 한 권으로 만들어도 된다.

중요한 것은 최대 매달 혹은 최소 분기마다 만들어야 한다는 것이다.

그리고 디자인에 많은 시간을 쏟지 마시길 바란다.

디자인은 볼 수 있을 정도면 된다. 귀찮으면 그냥 PDF로 변환하기를 눌러서 디자인 자체를 건너뛰어도 된다. 의뢰인은 디자인을 평가하는 게 아니라, 그 전문 자격사가 내 업무를 잘 해결해 줄 수 있는 경험과 신뢰가 있는지를 평가한다. 그런 부분은 디자인이 아니라 글에 녹아 있는 것이다. 부디 본질이 아닌 곳에 힘을 쏟지 말길 바란다.

리드마그넷이 완성됐다면 유튜브와 블로그, 카페, 리드페이지 등을 통해 적극적으로 홍보해야 한다.

그리고 반드시 리드마그넷을 받는 사람에게 '특정한 행동'을 요구해야 한다.

예를 들어 댓글 달기나, 등업하기, 신청하는 게시글 쓰기 등 다양하다.

잠재 의뢰인에게 부담스럽지 않은 정도의 행동이 요구돼야 자신이 어렵게 구한 리드마그넷에 의미가 부여된다. 공짜로 마구 뿌려지는 티슈와 응모를 해서 어렵게 받은 한정판 인형 중에 무엇이 더 소중하겠나. 인간은 자신의 노력이 투여된 만큼 소중하게 여기도록 설계가 돼 있다.

특별히 리드마그넷을 신청하는 사람이 많다는 것을 여러 사람이 볼 수 있도록 카테고리나 댓글창을 설치해 둬야 한다. 남들이 탐내는 것은 내 눈에도 좋아 보이기 마련이기 때문이다.

《 예시 : 의료 과실 소송 전문 변호사의 기본형 리드마그넷 》

표지

목차

① 철학

② 의료 과실 소송, 절대 패소하지 않는 방법 3가지!

③ 승소하려면 꼭 갖춰야 할 필수 체크리스트!

④ 승소의 비결, 실제 사례 속으로!

⑤ 승소를 위한 결정적 증거 이렇게 모으자!

⑥ 성공적인 상담을 위한 준비물 리스트 3가지

⑦ 대표 성공 사례

⑧ 언론 및 출간 서적 / 전화번호

03 리드페이지

이제 리드마그넷이 준비가 됐다면 리드페이지를 셋팅해야 한다.

리드페이지는 리드마그넷을 받아가게끔 유도하는 긴 글을 의미한다.

상품으로 따지면 상세페이지라고 이해하면 쉽다. 랜딩페이지와 혼동할 수 있지만 랜딩페이지는 일회성 이벤트성으로 운영이 되는 경우가 많기 때문에 개념이 다르다.

리드페이지를 어느 플랫폼에다가 안착시킬지는 관계가 없다.

네이버 블로그도 되고 네이버 카페도 되며, 유튜브도 상관없다. 긴 글을 쓸 수 있는 플랫폼이면 다 관계가 없다. 요즈음은 '노션'을 많이 활용하는데, 노션의 활용이 범용성이 좋고 인터페이스가 쉽기 때문이다. 그러나 어떤 플랫폼도 관계는 없다. 그저 "당신에게 필요한 이 리드마그넷을 꼭 받아가길 바란다"는 내용이 들어가면 되고 종국적으로 그 글이나 영상을 보고 리드마그넷을 받아갈 수 있는 일정한 행동의 투자를 이끌어 내면 된다.

한편 리드페이지는 2가지 종류가 있다.

일반 리드페이지와 그림자 리드페이지이다. 일반 리드페이지는 전문 자격사의 정체를 밝히고 소책자를 배부하는 방식을 말하고, 그림자 리드페이지는 전문 자격사의 정체를 밝히지 않고 소책자를 배부하는 방식이다. 그림자 리드페이지는 광고처럼 느껴지지 않게 하기 위해서 일부러 전문 자격사의 정체를 숨기고 일반적인 정보를 공유하는 느낌으로 다가가는 형태이다.

그런데 필자가 매일 작성해야 하는 블로그 글이나 유튜브 대본 맨 하단에도 분명 리드마그넷을 받아가게끔 유도를 하라고 했었다.
그런 개념이라면 매일 쓰는 블로그글도 리드페이지이고 지금부터 작성법을 설명하는 것도 리드페이지인데 뭐가 다른지 개념이 헷갈릴 수가 있다.
그래서 정리를 하자면, 매일 쓰는 블로그글이나 유튜브 대본도 넓은 의미에서는 리드페이지의 일종일 수 있지만, 필자가 이 지면에서 작성법을 설명하는 일반 리드페이지나 그림자 리드페이지는 '별개'라고 생각하면 되겠다. 일반 리드페이지와 그림자 리드페이지는 리드마그넷을 받아가라는 용도로만 작성이 되는 것이고, 그 외 콘텐츠가 빼곡히 기록돼 있는 블로그글과 달리 다른 정보는 거의 들어가 있지 않기 때문이다. 그래서 큰 틀에서는 매일 쓰는 블로그 글이나 유튜브 대본도 리드페이지 역할을 일부 수용하지만 그 기능보다는 콘텐츠로서의 기능이 더 크고, 본연의 리드페이지라고 할 수 있는 것은 일반 리드페이지와 그림자 리드페이지라는 점 다시 정리한다.
리드페이지의 공통 목차는 다음과 같다.

(1) 잠재 의뢰인의 고민이나 불편사항, 궁금한 사항을 먼저 언급한다.

(2) 잠재 의뢰인이 이미 정보를 많이 알아보려고 노력했는데 답이 나오지 않은 부분을 짚는다.

(3) 실제 해결했던 사례를 언급하거나 그것을 해결할 수 있는 방법을 언급하면서 이 리드마그넷을 받아 가면 쉽게 해결이 가능할 수도 있다고 제시한다.

(4) 리드마그넷 내용을 목차와 함께 간단히 소개한다.

(5) 자기 PR

(6) 밀어내기

(7) 링크 설정

한 개씩 뜯어 보자.

(1) 잠재 의뢰인의 고민이나 불편사항을 먼저 언급한다. 즉 궁금해 할 만한 내용을 먼저 언급한다.

이 단계는 잠재 의뢰인에게 "내 상황을 제대로 이해하고 있다"는 인상을 줌으로써 신뢰를 쌓고, 리드페이지 내용에 대한 흥미를 유도한다.

성범죄 전문 변호사의 경우를 예시로 들어보자.

> **성범죄 전문 변호사** : 지하철 성추행으로 억울한 혐의를 받고 있는데 창피해서 알아볼 곳도 없고 막막한 의뢰인의 고충을 공감한다.
>
> 《작성 예시》
> 출근길 지하철에서 억울한 성추행 혐의를 받고 막막한 상태이신가요? 이 문제로 곤란하고 당혹스러울 수 있지만, 여러분은 결코 혼자가 아닙니다. 이러한 상황에서 어떻게 대응할지 알려드릴 방법이 있습니다.

이처럼 잠재 의뢰인의 고민과 불편사항을 리드페이지에서 처음으로 언급하는 이유는 고객의 공감을 얻고, 신뢰를 쌓기 위해서이다. 잠재 의뢰인은 자신이 처한 상황이 복잡하고 고유한 문제로 인식되기를 원하며, 전문가가 본인 상황을 깊이 이해한다고 느낄 때 더 큰 신뢰감을 가진다.

(2) 잠재 의뢰인이 이미 정보를 많이 알아보려고 노력했는데 답이 나오지 않은 부분을 짚는다.

잠재 의뢰인은 자신이 정보를 찾다가 답이 안 나왔으니 이 페이지를 보고 있는 것이다. 잠재 의뢰인은 이미 여러 곳에서 정보를 찾아보며 문제 해결을 시도했을 가능성이 높다. 그러나 불확실한 정보로 인해 만족스러운 답을 얻지 못했기 때문에 전문가의 도움을 구할 가능성이 크다. 이때 그들이 얻지 못한 답을 짚어주면, 전문가가 문제의 핵심을 꿰뚫고 있다는 신뢰감을 줄 수 있다.

산업재해 전문 노무사 : 소음성난청이 업무상 질병이 인정되는 방법을 알아보기 위해서 관계 부서에 알아봤는데, 연속으로 85데시벨 이상의 소음에 3년 이상 노출이 되어야 한다고 하는데, 입증하기가 너무 어려운데 어떻게 해야 할지

《 작성 예시 》

소음성 난청으로 고통을 겪고 계신가요? 근무 중 지속적인 소음 노출로 인해 건강을 잃었다고 생각하지만, 입증 과정이 너무나도 어렵게 느껴지시죠? 여러 부서에 문의해도 '3년 이상 85데시벨 이상'이라는 조건을 들었지만, 그 외에는 구체적인 도움을 받기 어려우셨을 겁니다. 지금 이 글을 통해, 필요한 정보를 어떻게 준비해야 할지 알려드리겠습니다.

(3) 실제 해결했던 사례를 언급하거나 그것을 해결할 수 있는 방법을 언급하면서 이 리드마그넷을 받아 가면 쉽게 해결이 가능할 수도 있다고 제시

잠재 의뢰인은 일반적인 정보보다 실제 사례와 구체적인 해결 방법에

더 큰 흥미를 느끼고, 자신의 상황에도 적용 가능하다고 믿게 된다. 이로써 리드마그넷을 받아가려는 강한 동기가 생기게 된다. 실제 해결 사례나 방법을 제시하면, "이 전문가가 나의 문제를 실제로 해결할 수 있는 사람이다"라는 신뢰가 강화된다. 이는 리드페이지가 단순한 정보 제공을 넘어 실제 문제 해결에 도움을 줄 것이라는 확신을 심어준다.

세무사 : 잠재 의뢰인 - 세금 부담이 큰 자영업자

《 작성 예시 》

자영업자 A씨는 세금 부담이 매년 커져 고민이 깊었습니다. 그러던 중, 세무사를 통해 실질적인 절세 방법을 도입하게 되었는데요. 매출과 지출의 구조를 분석하고, 적용 가능한 다양한 세금 공제 혜택을 적극 활용하여 연간 수백만 원의 세금을 줄일 수 있었습니다. 이러한 절세는 단순히 소득의 일부를 아끼는 것을 넘어, 사업 운영에 큰 도움이 되었죠. 이 리드마그넷을 통해 '사업자가 꼭 알아야 할 절세 방법'에 대한 구체적인 정보를 얻으실 수 있습니다. 이 자료를 통해 추가적인 절세 방안을 마련하고, 세무 전략을 세우는 데 필요한 필수 가이드를 받아 가세요."

(4) 리드마그넷에 대한 간단한 소개

내용을 어느 정도 미리 알려준다. 책자를 받아가게 만드는 게 목적이므로 너무 구체적인 내용은 언급할 필요가 없다. 자이가르닉 효과(궁금증 유발)를 일으켜서 최대한 궁금하게 만들어야 한다.

《 예시: 의료 사고 손해배상 무료 소책자 》

여러분이 받아볼 소책자에는 이런 내용이 들어가 있습니다.

① 한눈에 살펴보는 의료과실 소송 진행(요약본)

② 의료 과실 소송, 절대 패소하지 않는 방법 3가지!
  의료 과실 소송에서 이기려면 법률 지식만으로는 부족합니다. 의료 과정에 대한 이해가 선행되고 법률 지식이 함께 필요하죠. 소송을 진행하면서 많은 의뢰인들이 복잡한 절차와 불안감 속에서 힘들어하는 모습을 보아왔습니다. 그래서 저는 의뢰인들이 신뢰할 수 있도록, 세 가지 핵심 원칙을 지키고 있습니다.

③ 승소하려면 꼭 갖춰야 할 필수 체크리스트!
  의료 과실 사건에서 손해배상을 받으려면 몇 가지 중요한 조건들을 충족해야 합니다. 피해를 입었다는 것만으로는 손해배상이 보장되지 않기 때문에, 이 체크리스트에 따라 하나하나 꼼꼼히 준비하는 것이

필요합니다. 실제 사례와 함께 설명드립니다.

④ 승소의 비결, 실제 사례 속으로!

안타깝게도 일부 비도덕적인 의료인들은 자신들의 잘못을 인정하지 않고 은폐하려는 행동을 보이기도 합니다. 실제로 이런 일부 잘못된 의료인들을 상대로 어떻게 소송에서 승소했는지 사례를 소개합니다.

⑤ 승소를 위한 결정적 증거 이렇게 모으자!

의료 과실을 입증하기 위해서는 단순한 진술이나 주장만으로는 부족합니다. 명확한 증거를 통해 병원의 과실을 입증하고, 피해가 실제로 발생했음을 법적으로 설득력 있게 보여줘야 합니다. 그렇다면, 의료 과실 사건에서 결정적인 증거는 어떻게 모아야 할까요? 몇 가지 구체적인 방법과 예시를 살펴봅니다.

⑥ 성공적인 상담을 위한 준비물 리스트 3가지

성공적인 상담을 위해 반드시 챙겨야 할 준비물 세 가지를 예시와 함께 설명드립니다.

⑦ 대표 성공 사례

⑧ 언론 및 출간 서적 / 전화번호

한편 이러한 리드페이지와 같은 상세페이지가 있고, 그것을 특정해서 소개를 하고 있다는 것은 전문성이 있다는 것을 보는 사람은 누구나 알 수 있다. 따라서 이 지점에서 "내가 무슨 일을 했다. 내가 뭐했다." 이런 과한 전문성 홍보는 지양해야 한다. 간단하게 경력과 전문성을 입증할 수 있는 부분만 밑 부분에 수록하고, 리드마그넷을 받아가는 행동을 투자할 수 있도록 유도해야 한다. 이 부분에 내 철학을 적어주는 것도 좋다.

(5) 자기 PR

《 예시: 마약 전문 변호사 》

저는 10년 이상 마약 사건 전문 변호사로 활동하며, 마약 범죄와 관련된 다양한 유형의 사건을 해결해 왔습니다. 서울지방변호사회 마약 범죄 특별 위원회에서 활동하며 다수의 경찰 조사 및 검찰 수사를 지원해왔으며, 특히 무혐의 처분을 이끌어낸 사례와 형량 감경을 성사시킨 사건을 다수 기록했습니다. 이러한 경험을 통해 마약 사건의 특성과 법적 절차를 누구보다 깊이 이해하고 있습니다.

제 철학은 '의뢰인의 권리를 끝까지 지킨다'는 신념을 바탕으로 하고 있습니다. 마약 사건은 특히 초기 대응이 중요한데, 의뢰인이 초기 진술에서 실수하거나 불리한 정보를 제공하면 이후 재판 과정에서도 큰 불이익을 겪을 수 있기 때문입니다.

예를 들어, 작년에 맡았던 한 사건에서 의뢰인은 처음 경찰 조사에 출석했을 때, 혼란과 두려움 속에서 무심코 사실과 다른 진술을 했습니다. 경찰은 이를 토대로 의뢰인을 주범으로 의심하기 시작했고, 사건은 점차 불리하게 흘러갔습니다. 의뢰인은 초기에 대처할 변호사의 도움 없이 혼자 출석했기 때문에 이러한 불리한 상황이 발생한 것입니다.

사건을 맡은 후, 저는 의뢰인의 첫 진술 내용을 재검토하고, 사건 당시의 주변 인물과 CCTV 기록 등 새로운 증거를 확보해 진술을 보완하는 작업을 시작했습니다. 추가 조사를 통해 의뢰인의 진술이 오해를 불러일으킬 수 있었던 상황을 상세히 설명하고, 검찰과 경찰에게 신뢰할 수 있는 증거 자료와 보강된 진술서를 제출했습니다. 이를 통해, 의뢰인은 최종적으로 무혐의 처분을 받아 형사처벌을 피할 수 있었습니다.

이 리드마그넷에는 이러한 경험을 바탕으로, 경찰 및 검찰 조사 과정에서 의뢰인이 반드시 숙지하고 지켜야 할 대응 전략과 주의사항을 정리했습니다. 지금 바로 받아가셔서 조사 과정에서 불필요한 실수를 방지하고, 권리를 지킬 수 있는 확실한 대비책을 마련해 보시기 바랍니다.

(6) 칼리굴라 효과, 밀어내기

리드마그넷을 신청한다고 해서 다 주는 것은 아니라는 점을 명시해야 한다. 가령 이런이런 잠재 의뢰인에게는 거저 줄 수 없고, 당신이 받기 위해서는 당신도 간절함이 있어야 한다는 것을 은연 중 느끼게 해야 한다.

특히 제한된 사람에게만 제공된다는 점을 명시하면, 그 정보가 가치 있는 것으로 인식된다. 잠재의뢰인은 리드마그넷이 누구에게나 쉽게 주어지지 않는다는 점에서 더 큰 호기심을 느끼고, 그 가치를 높이 평가하게 된다.

《 예시: 특허 전문 변리사 》

특허 출원은 누구나 시도할 수 있지만, 모든 특허가 성공하는 것은 아닙니다. 이번에 준비한 '특허 출원 성공 전략 가이드'는 저희가 직접 경험을 통해 쌓은 노하우와 성공 사례를 바탕으로 제작된 자료입니다. 그러나 이 자료는 아무나 받아볼 수 있는 것이 아닙니다.

이 자료는 꼭 필요한 사람들에게만 제한적으로 제공되며, 특허를 통해 확실한 성과를 이루고자 하시는 분들께만 드립니다. 준비가 되셨다면 신청해 주세요. 이 자료가 여러분의 특허 성공에 큰 도움이 될 것입니다.

(7) 링크 설정

리드마그넷을 받기 위해선 개인정보동의 및 간단한 DB를 남겨야 한다고 유도한다. DB가 결국 사건 수임의 초석이기 때문이다. 또한 행동투자 효과를 일으키기 위해서이다. 사람은 자신이 행동을 투자한 대상에 대해 더 애착을 갖게 된다. 일단 DB를 남기는 행위는 단순히 댓글을 단 행위보다 훨씬 강한 투자 강도가 들어간다. 전화번호와 궁금한 점 등 최대한 간단하게 DB를 적을 수 있도록 하고 '구글폼'을 활용하면 좋다. 아울러 궁금한 점을 해결해드리기 위해서 전화를 드린다는 말도 명시해서 전화를 걸게 되는 '명분'을 만들어둬야 한다.

이렇게 특정 행위를 하고 리드마그넷을 신청한 사람에게 리드마그넷을 이메일이나 카카오톡으로 전송하고 이후에 잠재 의뢰인이 원하는 시간에 전화통화를 하면 된다.

리드페이지는 리드마그넷과 함께 사용할 때 최적의 효과를 발휘한다. 잠재 의뢰인이 당신의 리드페이지를 통해 리드마그넷을 신청하고, 이 과정에서 신뢰와 연결을 형성하게 된다면, 그들은 단순히 정보를 제공받은 방문자가 아닌 충성도 높은 잠재 의뢰인으로 자리매김하게 될 것이다.

제9장

마음을 열어주다

사짜마케팅 Part 9

相談(상담)

▼
▼

**전술 6
상담기법론**

마음을 열어주다

"찰스, 오늘은 웨딩플래너 열 명과 약속이 잡혀있군."

바론의 목소리가 동굴 깊숙이 울렸다. 찰스는 고개를 끄덕였다. 소책자와 콘텐츠가 입소문을 타면서 상담 요청이 쏟아지고 있었다.

"네. 모두 직접 만나기로 했어요. 제 꽃병의 특별한 점을 설명하고, 가격도 이야기하고요."

"잠깐."

바론이 말을 자르며 물었다.

"왜 굳이 만나야 하지?"

찰스는 당황했다.

"당연히 만나야, 아니, 만나야 하지 않나요? 제 꽃병을 직접 보여주고 설명도 하고…."

바론은 천천히 고개를 저었다.

"자네의 소책자를 읽은 사람들은 이미 자네의 꽃병에 대해 잘 알고 있을 텐데. 오히려 직접 만나는 게 그들의 기대를 깰 수도 있어."

찰스는 고개를 갸웃거렸다.

"하지만 대면해야 신뢰가…."

"신뢰라…."

바론의 그림자가 벽에서 천천히 움직였다.

"잘 생각해보게. 누군가 자네의 꽃병에 관심을 갖게 된 이유가 뭘까? 콘텐츠와 소책자를 통해 자네의 전문성과 진심을 느꼈기 때문 아닌가? 그런데 막상 만나서 자네가 열심히 설명하려 들면, 그들은 오히려 '이 사람, 영업을 하려나?' 하고 경계하게 될 수도 있어."

"아…."

"게다가 생각해보게. 백조 그레이스는 자네를 만나기도 전에 이미 마음을 정하지 않았나? 자네의 콘텐츠와 소책자가 이미 그들의 마음을 움직인 거야."

찰스는 깊이 생각에 잠겼다. 그레이스뿐만 아니라 다른 웨딩플래너들도 소책자를 보고 연락을 해왔다. 그들은 이미 그의 전문성을 인정하고 있었다.

"그럼 어떻게 해야 할까요?"

바론이 미소 지었다.

"자네가 해야 할 일은 설득이 아니야. 그들이 이미 스스로를 설득했거든. 이제는 그저 그들의 결정을 도와주면 돼."

"어떻게요?"

"먼저 전화로 이야기를 나눠보게. 자네의 소책자를 읽고 어떤 점이 와닿았는지, 어떤 고민이 있는지 들어보는 거야. 대부분은 그 대화만으로도 충분할 걸세. 하지만 더 중요한 건 그 다음이야."

"그 다음이요?"

바론이 말했다.

"요즘 세상에 주톡(Zoo Talk)을 모르는 동물이 있나? 전화 통화가 끝나면 주톡방을 열어주는 거야. 거기에 자네의 핵심 콘텐츠들을 하나씩 공유하면서, 그들이 스스로 결정할 수 있게 돕는 거지."

찰스는 고개를 갸웃거렸다.

"주톡으로요?"

"생각해보게. 사람들은 왜 대면 상담을 원할까? 불안하기 때문이야. 하지만 자네의 소책자를 읽고, 전화로 이야기를 나누고, 주톡으로 더 자세한 정보를 받아본다면? 그 불안은 자연스럽게 해소될 거야."

바론은 잠시 말을 멈추었다가 이어갔다.

"자네가 만든 세계로 그들을 초대하는 거야. 소책자는 초대장이고, 주톡방은 그들이 머무를 수 있는 공간이 되는 거지. 거기서 자네의 이야기를 더 깊이 나누면 돼."

찰스는 천천히 고개를 끄덕였다. 매번 직접 만나서 설명하느라 시간과 에너지를 쏟아붓는 대신, 이미 준비된 콘텐츠로 그들의 마음을 열 수 있다면. 문득 그의 눈이 반짝였다.

"아! 제가 찍어둔 꽃병 제작 과정 영상도 있고, 실제 사용 후기도 있잖아요. 이런 것들을 주톡으로 공유하면 되겠네요?"

"그렇지. 하지만 주의할 점이 있어."

바론의 목소리가 깊어졌다.

"모든 걸 한 번에 쏟아부으면 안 돼. 마치 도자기를 빚을 때처럼, 하나하나 천천히 쌓아가야 해. 오늘은 제작 과정을, 내일은 후기를, 모레는 특별한 기술에 대해, 이렇게 조금씩 공유하면서 그들의 궁금증이 자연스럽게 해소되도록 하는 거지."

찰스는 메모를 하기 시작했다.

"그럼 이렇게 하면 될까요? 먼저 전화로 이야기를 나누고, 주톡방을 열어서 거기에 매일 새로운 정보를 공유하고."

"잠깐, 그전에 한 가지 더. 고객의 유형은 네 그룹으로 나눌 수 있다네. 직접 전화하는 동물들, 소책자를 보고 연락처를 남기는 동물들, 메시지로 문의하시는 동물들, 그리고 지인 소개로 오는 동물들. 각각의 경우에 따라 접근 방식도 달라져야 하지. 직접 전화한 사람은 이미 어느 정도 마음의 준비가 된 거고, 소책자를 보고 연락처를 남긴 사람은 더 많은 정보를 원하는 거야. 메시지로 문의하는 사람은 아직 조심스러운 단계고."

찰스는 계속해서 메모했다.

"그럼 직접 전화하신 분들께는 바로 주톡방으로 초대해서 자세한 정보를 드리고, 소책자를 보고 연락처를 남기신 분들께는 제가 먼저 전화를 드린 다음에…."

바론이 만족스럽게 고개를 끄덕였다.

"이제 좀 감이 잡히는군. 하지만 가장 중요한 건…."

"네?"

"모든 소통에서 자네가 '영업'을 하는 게 아니라는 거야. 자네는 그저 그들의 고민을 해결해줄 수 있는 방법을 안내하는 것뿐이야. 마치 소책자에서 했던 것처럼."

그때였다. 찰스의 휴대폰이 울렸다. 디스플레이에는 '웨딩플래너 토끼 - 리나'라고 떴다.

찰스는 바론을 바라보았다. 바론이 고개를 끄덕이자, 그는 깊은 숨을 들이쉬고 전화를 받았다.

"안녕하세요, 꽃병 만드는 거북이 찰스입니다."

"안녕하세요? 저는 '러블리 웨딩'의 리나라고 합니다. 찰스님의 소책자를 받아보고 연락드렸어요. 특히 수분 공급 시스템 부분이 정말 인상적이었어요."

찰스는 메모장을 펼쳤다. 이제 그는 설득하려 들지 않았다. 그저 리나의 이야기를 경청하면서, 그녀가 진정으로 원하는 것이 무엇인지 파악하는 데 집중했다.

통화가 끝나고 주톡방을 열자, 리나는 먼저 소책자에서 읽은 내용에 대해 더 자세히 물어보기 시작했다. 찰스는 준비해둔 영상들과 후기들을 차근차근 공유했다.

다음 날 아침, 바론이 물었다.

"어제 리나와는 잘 상담했나?"

"네."

찰스가 밝게 웃었다.

"놀라운 일이 있었어요. 제가 주톡으로 실제 사례들을 보내줬더니, 다음 날 아침 '계좌번호를 보내주세요'라고 하더군요. 제가 가격도 말하기 전이었는데 말이에요."

"그게 바로 '싸우지 않고 이기는 것'이야."

바론의 목소리가 부드러웠다.

며칠이 지나자 변화가 눈에 띄기 시작했다. 더 이상 찰스는 하루 종일 이곳저곳을 뛰어다닐 필요가 없었다. 대부분의 상담은 전화와 주톡으로 이루어졌고, 놀랍게도 대면 상담보다 더 높은 성과를 보였다.

"신기하네요."

찰스가 작업대를 정리하며 말했다.

"예전에는 한 명이라도 더 만나려고 애썼는데, 이제는 제가 만들어둔 콘텐츠가 저 대신 일하고 있어요."

바론이 고개를 끄덕였다.

"이제 그들은 자네를 '영업하는 도예가'가 아닌 '문제를 해결해주는 전문가'로 보고 있네. 하지만 아직 배울 게 하나 더 남았어."

"무엇인가요?"

"모든 잠재 고객이 같은 건 아니야. 어떤 이는 빠르게 결정하고, 어떤 이는 천천히 고민하지. 이들을 어떻게 대하느냐에 따라 결과가 완전히 달라질 수 있어."

찰스는 귀를 기울였다. 그동안 그는 모든 문의에 똑같이 대응하고 있었다는 걸 깨달았다.

"예를 들어보지."

바론이 계속했다.

"백조 그레이스처럼 경험 많은 웨딩플래너는 빠른 결정을 내리지. 하지만 이제 막 시작한 초보 플래너는 더 많은 정보와 시간이 필요해. 상황에 따라 다른 접근이 필요하다는 거야."

바론은 그림자로 벽에 원을 그리듯 설명했다.

"자네에게 연락하는 동물들은 크게 네 부류로 나눌 수 있네. 첫째는 그레이스처럼 이미 결정을 하고 온 '결정자', 둘째는 관심은 있지만 망설이는 '고민자', 셋째는 여러 곳을 알아보는 '비교자', 그리고 마지막은 단순히 정보만 얻으려는 '탐색자'지."

찰스는 이해가 되기 시작했다.

"아…. 그동안은 모두에게 같은 방식으로 설명을 했는데."

"그게 바로 실수였어. '결정자'에게는 빠르게 구매 절차를 안내하고, '고민자'에게는 더 많은 정보와 시간을 줘야 해. '비교자'에게는 자네만의 차별점을 보여주고, '탐색자'는, 글쎄, 이들은 당장의 고객이 아닐 수 있어. 하지만 미래의 고객이 될 수 있지."

바론은 잠시 말을 멈추었다가 이어갔다.

"예를 들어보지. 주톡으로 '꽃병 가격이 궁금합니다'라고 문의가 왔다고 해보자. 어떻게 대응할 건가?"

찰스는 잠시 생각했다.

"음…. 예전에는 바로 가격표를 보내드렸는데."

"그게 최선일까? 가격만 물어보는 동물은 대부분 '비교자'나 '탐색자'일 가능성이 높아. 이들에게는 먼저 소책자를 보내주는 게 어떨까? 가격을 물어본 이유가 뭔지, 어떤 고민이 있는지 알아본 후에 가격을 제시해도 늦지 않지."

찰스의 눈이 반짝였다.

"아! 먼저는 그들의 진짜 고민을 알아야 제가 도움을 줄 수 있겠네요."

"그렇지. 하지만 더 중요한 게 있지."

바론의 그림자가 커졌다.

"자네가 '파는 자'가 아닌 '돕는 자'가 되어야 한다는 거야. 누군가 가격만 물어볼 때, 대부분의 도예가들은 어떻게 하지?"

"아마도 저처럼 바로 가격을 알려주거나, 아니면 빨리 방문해달라고 할 것 같아요."

"맞아. 하지만 자네는 달라져야 해. '어떤 용도로 사용하실 예정인가요?', '기존에 어떤 어려움이 있으셨나요?' 이런 질문으로 시작하는 거야. 그들의 이야기를 먼저 들어주는 거지."

찰스는 고개를 끄덕이며 메모했다. 문득 그는 예전 자신의 모습이 떠올랐다. 항상 자신의 꽃병이 얼마나 좋은지 설명하기 바빴던 모습.

"이제 이해가 됐어요. 제가 먼저 이야기하는 게 아니라, 그들의 이야기를 듣고 적절한 해결책을 제시하는 거군요."

바론이 만족스럽게 웃었다.

"그리고 한 가지 더. 주톡방을 어떻게 활용할지도 생각해봐야 해."

"주톡방이요?"

"그래. 지금 자네는 개별 방에서 그저 대화만 하고 있지? 하지만 이걸 좀 더 전략적으로 활용할 수 있어."

바론은 다시 벽에 그림자로 그림을 그리듯 설명했다.

"잠재 고객이 자네에게 연락을 했다는 건, 이미 어느 정도 관심이 있다는 뜻이야. 이때 주톡방을 통해 그들의 관심을 신뢰로 바꿀 수 있지. 자네가 준비해둔 영상들, 성공 사례들, 그리고 자네만의 철학이 담긴 이야기들. 이걸 그들의 상황에 맞춰 하나씩 보여주는 거야."

"중요한 건 학습 설계야."

바론이 강조했다.

"학습 설계요?"

"그래. 자네에게 관심을 보인 이들을 어떻게 진정한 고객으로 만들 것인가, 그 여정을 설계하는 거지. 예를 들어보지."

바론은 그림자로 벽에 세 개의 원을 그렸다.

"여기 '가격이 궁금합니다'라는 탐색자가 있다고 하자. 그냥 가격을 알려주면 끝일까? 아니야. 먼저 자네가 연구한 수분 공급 시스템 영상을 보여주고, 다음은 실제 웨딩플래너들의 사용 후기, 그리고 마지막으로 자네만의 꽃병 철학이 담긴 이야기. 이렇게 단계별로 설득력 있는 콘텐츠를 보여주는 거야."

찰스는 눈을 크게 떴다.

"아. 그들에게 계속 알리고 스스로 결정하게 만드는 거군요?"

"정확해. 비교자라면 더 세밀한 설계가 필요하지. 먼저 일반 꽃병과의 차이점을 보여주는 실험 영상, 그 다음은 실제 결혼식장에서의 비교 사진, 마지막으로 자네만의 특허 기술. 이런 식으로 말이야."

바론의 그림자가 더 커졌다.

"가장 중요한 건 타이밍이야. 한 번에 모든 정보를 주면 안 돼. 하나의 콘텐츠가 충분히 각인될 시간을 줘야 해. 마치 도자기 유약이 충분히 스며들도록 기다리듯이."

찰스는 고개를 끄덕이며 메모했다.

"주톡방에 각각의 단계마다 가장 효과적인 콘텐츠를 만든다!"

"그리고 잊지 말게. 이건 그저 정보 전달이 아니야. 각 단계를 거칠 때마다 그들은 자네의 전문성을 더 깊이 이해하게 되고, 결국 스스로 결정을 내리게 되는 거지. 그게 바로 진정한 설득이야."

며칠 후, 찰스는 다시 바론을 찾았다.

"신기한 경험을 했어요. 처음에는 '가격만 알고 싶다'던 비교자가, 제가 준비한 콘텐츠를 하나씩 본 뒤에는 직접 주문을 하더군요."

"그래서 이제는 알겠나? 주톡방이 단순한 대화창이 아니라는 걸."

바론의 목소리가 깊어졌다.

"고객의 여정은 처음부터 끝까지 설계되어야 해. 첫째 마디에는 기술 영상, 둘째 마디에는 실제 사례, 셋째 마디에는 후기. 이런 식으로 말이야. 각 단계마다 그들의 이해가 깊어지고, 신뢰가 쌓이도록 만드는 거지."

"주톡방이 마치 '작은 학교'가 된 것 같아요."

"그래. 하지만 잊지 말게. 이 모든 과정은 '개인화'되어야 해. 탐색자에게는 기초부터, 비교자에게는 차별점부터, 고민자에게는 해결책부터. 상황에 맞는 맞춤 설계가 필요하네."

바론은 마지막으로 말했다.

"영업은 더 이상 설득이 아니야. 그들이 스스로 깨달음을 얻도록 돕는 것, 그것이 진정한 전문가의 길이지."

찰스는 이제 이해했다. 그의 주톡방은 단순한 메시지 창이 아니었다. 그곳은 잠재 고객이 스스로 전문가를 발견하고, 신뢰를 쌓아가는 여정의 장이었다. 마치 도자기가 가마에서 천천히 완성되어 가듯이.

그는 자신의 도자기폰을 열어 오늘의 학습 설계를 시작했다. 이제 그의 이야기는 더 깊이 있게, 더 체계적으로 전해질 것이다.

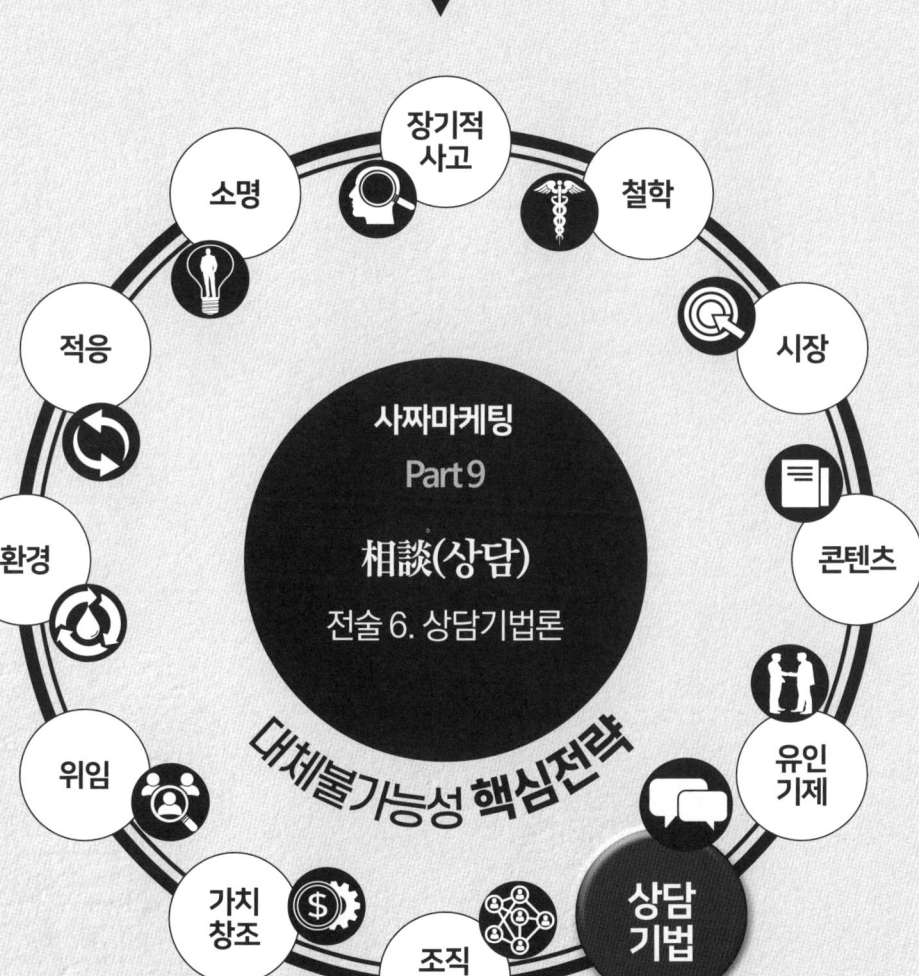

01 대면 상담을 꼭 해야 하는가?

잠재 의뢰인을 콘텐츠와 유인기제로 끌어 당겼다면 이제는 상담을 해야 한다. 상담은 기본적으로 전문 자격사 본인이 하는 것을 원칙으로 한다. 중간에 사무장급을 거친다 해도 결국에는 종국적인 사건 수임에 대한 상담은 일을 처리하는 전문 자격사 대표 자신이 해야 한다는 건 누구나 공감할 부분일 것이다.

그렇다면 상담을 할 때 반드시 대면 상담을 해야 하는지를 질문하는 분들이 더러 있다.

필자가 생각하는 결론은, '대면 상담은 하지 않으면 않을수록 좋다'는 것이다.

사람들이 대면 상담을 요청하는 이유는 결국 신뢰 때문이다. 사건을 맡기고자 하는데 좀 만나서 사연도 이야기를 하고 싶고, 또 믿을 만한 사람인지도 대면을 통해 파악하고 싶어서이다.

반대로 말하면 내 사연을 이미 충분히 전문 자격사가 알고 있고, 또 전문 자격사에 대한 신뢰 검증이 끝나 있어서, 대면을 할 필요가 없다면 굳이 만날 이유도 없다.

결국 어떤 미사여구와 명분을 갖다 대더라도 의뢰인이 우리를 만나고자 하는 것은 전문 자격사가 못 미덥기 때문이다.

사실 의뢰인의 상담을 전화통화만으로 끝내고 대면을 하지 않음으로써 얻는 이득은 무궁무진하다.

첫째, '시간의 절약'이다. 상담을 한 번 하면 준비시간도 부담이 되고 실제 상담시간도 전화보다는 훨씬 길어지기 마련이다. 또한 사무실을 그 시각까지 지키고 있어야 하기 때문에 그에 따른 기회비용도 발생한다.

둘째, 에너지의 절약이다. 사람의 에너지는 한정이 돼 있다. 전화상담과 대면상담 중 어느 쪽이 에너지 효율이 좋을까.

이 2가지 이유만으로도 대면상담을 하지 않을 수만 있다면 하지 않는 게 훨씬 낫다는 걸 다 인정할 것이다.
그런데 이런 반문을 할 것이다.
"그래도 사람 얼굴을 보고 설득을 해야 설득이 더 잘 되지 않느냐"는 것이다. 맞다. 확실히 전화통화보다는 얼굴과 얼굴을 마주보고 상호 소통을 하는 게 설득이 더 잘 된다.
그러나 우리 솔직히 이야기해보자. 그럼 여러분이 대면상담만 하면 모든 사람이 다 사건이나 기장을 맡기던가? 사실 객관적으로 비교해보면 전화상담에서의 수임 성공률과 별반 차이가 없다. 대면상담이 약간은 수임 성공률이 높을 수 있지만, 그렇다고 큰 차이가 있는 건 아니다.

결국 우리는 꼭 대면상담을 해야 한다는 그 프레임에 갇혀서 하지 않아도 되는 대면상담까지 억지로 하고 있는 게 아닌지 곱씹어 봐야 한다. 사무실을 꾸려가는 전문 자격사가 해야 할 일은 너무 많고, 시간은 한정적이기 때문이다.

이제 필자 이야기를 해보자.

필자가 마지막으로 의뢰인을 직접 만난 게 2017년이다. 그 뒤로는 성공사례 인터뷰를 위해서 만난 일을 제외하고는 의뢰인과의 대면상담은 한 번도 해본 적이 없다.

이게 가능한 이유는 무엇일까? 믿기 때문이다. 의뢰인들은 필자를 믿는다. 유튜브에도 필자가 있고, 블로그에도 필자가 있고, 네이버 카페에도 필자가 있기 때문이다. 콘텐츠 하나하나가 필자의 분신이고 그 분신이 늘 의뢰인들과 대화하고 소통하고 있다. 내가 잠자고 있는 순간에도 말이다.

이미 내 '분신'들이 24시간 대면을 하고 있는데 굳이 또 만나야 할 이유가 있을까?

그럼에도 반드시 '대면'을 해야 한다고 생각하는 의뢰인들도 분명히 있다. "사무실에서 만나서 이야기할 수 있을까요?"라는 질문을 하는 이들이다.

그러나 생각해 볼 문제가 있다. 물론 이 중에서는 사무실에서 직접 얼굴을 보게 되면 확실히 신뢰하고 사건을 맡길 사람도 있을 것이다. 그러나 대부분은 사무실에서 보든 인터넷에서 보든 결국은 '확실치 않아서 생각해 보겠다'고 할 사람들이다. 콘텐츠와 유인기제가 확실해지면 굳이 이런 의뢰인들을 만날 이유는 없다. 그 사람들이 없어도 얼마든지 사건은 넘치기 때문이다.

물론 자신의 콘텐츠가 안정적으로 쌓이기 전에는 의뢰인을 만나는 게 맞다.

나 역시도 2017년 전까지는 콘텐츠의 힘이 부족했기 때문에 직접 의뢰인이 있는 곳에 출장을 가거나 하루를 몰아서 출장 사무소를 빌려 의뢰인을 만나기도 했다.

결론적으로 필자가 권고하는 방식은 이렇다.

1) 콘텐츠가 완벽하게 쌓이기 전까지는 대면상담을 한다.

2) 그러나 대면 없이 해결할 수 있다면 비대면으로 업무를 해결하려고 노력은 해야 한다.

3) 콘텐츠가 쌓이고 신뢰를 확보할 수단이 보증된다면 완전히 비대면으로 할 것인지, 아니면 비대면과 대면을 섞어서 할 것인지를 결정해 운용하면 된다. 단, 가급적 만나지 않고도 설득을 끝낼 수 있는 방법으로 진행한다.

물론 어쩔 수 없이 대면상담을 해야 하는 업무도 있다. 고액 소송 건이라면 사실 대면을 하지 않고는 의뢰인을 안심시키기가 어렵기도 하다. 수임료가 높을수록 대면을 해야 할 이유도 많아지기 때문이다. 다만 수임료 400만 원 미만 사건은 충분히 비대면으로 진행이 가능하다고 나는 감히 생각한다. 계속적 위임계약인 기장도 마찬가지 맥락이다. 신뢰가 충분하다면 대면상담을 하지 않고 기장 수임을 하면 된다.

무엇보다도 비대면으로도 충분히 수임을 할 수 있다는 걸 믿길 바란다. 우리가 쿠팡에서 LG 세탁기를 사는 메커니즘을 생각해보자. 여기에는 쿠팡에 대한 신뢰와 LG 가전에 대한 신뢰가 작용하고 있다. 신뢰만 있으면 뭐든 가능하다. 금융 거래에서 '신용'이 자본이라는 이야기가 참으로 맞다. 신뢰 그 자체가 돈인 셈이다. 그리고 그 신뢰를 쌓는 방법은 '상위노출' 따위가 아니다. 그것은 '신기루'이다. 계절이 바뀌거나, 온도가 변하면, 순식간에 사라져 버리는 허상이다.

그래서 필요한 것은 '콘텐츠'이다. 콘텐츠를 하나하나 정성스럽게 오랜 기간 쌓아가야 하는 이유가 바로 여기에 있다.

결국 의뢰인을 설득하지 않아도 수임이 되는 것. 궁극적으로 필자가 지향하는 지점이다. 의뢰인을 많이 설득해야 한다는 건 의뢰인이 우리를 믿지 못하기 때문이다. 설득의 주체는 전문 자격사인 우리가 되어서는 안 된다. 설득의 주체는 의뢰인 자기 자신이어야 한다.

수많은 콘텐츠와 유인기제, 그리고 학습경로를 통해 의뢰인 스스로가 자기 자신을 설득했다면 전문 자격사가 할 일은 딱 하나이다.

"계좌번호 드리겠습니다."

물론 필자라고 해도 모든 의뢰인이 "믿고 맡기겠습니다"라고 하진 않는다. 그럼에도 최대한 양질의 콘텐츠를 만들고, 홍보 테크트리를 구축해서 의뢰인과 맞닿는 면적을 확장하고, 유인기제의 행동투자를 이끌어 내 최대한 수임 확률을 올리려고 노력한다. 그게 중요하다.

수임이라는 것은 합리적인 의사 결정으로 이뤄지지 않는다. 잠재 의뢰인이 아무리 생각하고 비교한다 해도 결국에는 인간의 보편적인 심리기제와 순간적인 감정에 의해서 위임하게 돼 있다. 따라서 그 확률을 1%라도 올릴 수 있도록 하는 도구들, 즉 콘텐츠와 유인기제를 점검해야 한다.

이렇게 하다 보면 어느 지점에 가서는 굳이 설득하지 않아도 의뢰인이 "계좌번호 부탁드립니다"라고 하는 순간이 오게 된다. 그 순간을 맞이하는 횟수가 100명 중에 100명일 순 없으나, 그런 순간을 최대한 많이 만들어 가는 것, 그것이 영업의 시작과 끝이다.

여러분이 수없이 들은 이야기겠지만 〈손자병법〉의 문장을 슬그머니 꺼내 본다. 알다시피 기업 경영가들의 자서전에 〈손자병법〉이 늘 단골로 등장하는 건 사실 우연이 아닐 것이다. 〈손자〉는 이렇게 이야기한다.

"백 번 싸워 백 번 이기는 것이 최선이 아니라 싸우지 않고 이기는 것이 최선이다."

여러분이 대면상담을 100번 해서 현란한 설득 기술로 100번 다 수임 성공을 한다면 정말 대단한 일이긴 하다. 그러나 이미 콘텐츠와 유인기제를 통해 자기 자신에 대한 설득이 끝나 있는 의뢰인을 100명 만나는 게 훨씬 더 상책이다.

설득 없는 영업, 그것을 지향하길 바란다.

02 DB 수집 경로와 상담 기법

상담 파트를 본격적으로 들어가기 전에 의뢰인의 유형을 나누는 상담기법부터 익혀둘 필요가 있다. 궁극적으로 여러분의 시간을 절약하기 위해서이다. 가장 중요한 재화는 돈이 아니다. 여러분의 '시간'이다. 따라서 DB 획득 유형에 따라서 어떻게 대응을 해야 시간을 효율적으로 활용하고 나아가 수임 성공률을 높일 수 있는지 설명하고자 한다.

이 부분은 2025년 기준으로 12년간 필자가 해왔던 제 방법을 그대로 녹여낸 것이니 분명 도움이 될 것이다.

콘텐츠와 유인기제를 통해 잠재 의뢰인의 DB를 확보하게 되면 직원이나 대표가 전화를 걸면 된다.

이 경우에 DB를 획득하는 과정은 다음 3가지이다.

1) 대표 번호로 전화가 직접 오는 경우

2) 지인 혹은 다른 매체 수단을 통해 자신의 연락처를 남긴 경우

3) 연락처를 알 수 없지만 메신저나 댓글을 통해 문의가 오는 경우

자 어떤 경우이든 여러분이 명심해야 할 것은 의뢰인을 내가 만든 세계 안으로 빨아 들여야 한다는 점이다.

그러기 위해서 가장 좋은 것은 대한민국 모든 국민이 쓰고 있는 카카오톡을 활용하는 것이다.

카카오톡을 활용하면 실시간 소통은 물론, 의뢰인에 대한 학습 설계, 계약서 전달, 자료 전달이 다 가능하다.

사실 이런 말을 하지 않더라도 대부분이 의뢰인과의 소통에서 카카오톡을 활용하고 있을 것이다. 다만 그 한계를 넘어서지 못하는 경우가 대부분이다. 단순히 사건 수임 후에 소통에서 활용을 그칠 게 아니라, 여기서 더 나아가 첫 전화 상담 전부터 카카오톡을 활용해 의뢰인이 자기 자신을 설득할 수 있는 토양을 설계해야 한다는 점이다. 이를 학습 설계 나아가 UX(User Experience) 학습 경로라고도 한다.

필자가 설계한 설득 포지션의 가장 최선은 카카오톡방을 열기 전에 이미 의뢰인이 콘텐츠나 유인기제에 매료돼 "상담 이전에 이미 사건을 맡겨야겠다"고 생각하는 경우이다. 손자병법에서 말하는 '싸우지 않고 이긴다'는 게 이 개념이다.

하지만 모든 잠재 의뢰인이 다 그럴 순 없다. 사람마다 성향과 상황이 다르니까. 그렇다면 차선책은 결국 설득이다. 이 경우 말로 설득을 하는 것

은 하수이다. 싸우지 않고 이기는 것의 차선책은 상담하기 전에 열어 둔 카카오톡 방에 핵심 콘텐츠를 배치해 의뢰인을 재설득하는 것이다. 따라서 카카오톡을 단순히 수임 이후에 자료나 제공하고, 의뢰인 궁금증에 답을 주는 소통 창구로 활용하는 걸 넘어서, 애초에 의뢰인이 자기 스스로를 설득할 수 있는 공간으로 적극적으로 활용해야 한다.

이것을 포지셔닝하는 방법을 지금부터 설명한다.
결국에는 카카오톡 방을 개설하는 게 일차 목적이라고 했다. 그럼 각 DB 획득 유형에 따라 어떻게 카카오톡방을 개설해야 하는지 설명하겠다.

첫 번째, 대표 번호로 전화가 직접 오는 경우이다. 이 경우에는 전화 통화를 바로 하는데, 대표 전문 자격사 본인이 하든 직원이 하든 관계는 없다.
전화는 대표가 직접 받아도 되고, 아니면 직원이 받아도 된다. 또는 대표의 휴대폰으로 전화가 오게 한 다음 직접 받지 않고 "지금 전화통화가 곤란하니 직원이 통화를 드리겠습니다"는 문자 메시지를 전송한 다음에 직원이 통화를 하는 방법이 있다. 직원이 전화를 걸었는데 안 받는 경우에는 대표가 그때 다시 한번 남겨진 번호로 전화를 거는 걸 추천한다. 나 같은 경우에는 직원이 시간차로 2번 전화를 걸고, 그래도 안 받으면 3번째에는 내가 직접 전화를 건다. 그래도 안 받으면 일단 문자만 남겨둔다. 잠재 의뢰인이 전화를 받지 않을 경우 문자 내용은 "OOO 사무소인데 전화를 드렸으나 닿지 못했습니다. 통화가 가능하실 때 메시지를 남겨주세요"라고 하면 된다.

한편 잠재 의뢰인으로부터 전화가 올 때 필자는 일단 직접 받지 않고 부재 중 문자를 남겨둔 뒤 직원이 통화를 하는 방법을 주로 쓰는데, 여유가 있을 때는 바로 직접 전화를 받는 방법도 사용한다. 역시 가장 좋은 방법은 대표가 직접 전화를 받는 것이지만 그건 어디까지나 시간의 여유가 있다는 전제이다. 한편 전화가 걸려오는 전화번호를 직원이 관리하는 경우에는 직원이 직접 전화를 받아서 대표가 자유롭다는 장점은 있으나 결국 대표가 전화 오는 걸 카운팅을 해야 하고, 직원의 일처리 방임 문제, 그리고 주말이나 저녁에는 결국 대표가 전화를 받아야 하기 때문에 별로 추천하고 싶지는 않다.

저 역시 업을 하는 동안에는 걸려 오는 전화는 대표 본인이 받아야 한다는 명제에서 자유롭지 못하다. 그러나 이건 소규모 사무소 대표의 숙명이라고 생각한다. 이것마저 부담스러워한다면 소규모 사무소의 대표가 아니라 대형 법인의 오너가 되는 길밖에 없다.

자 다음이다.

대표 번호로 연락이 와서 대표가 직접 받거나, 대표가 한 번 전화를 흘리고 직원이 통화를 한 경우에 잠재 의뢰인의 말을 어느 정도 경청한 뒤 양해를 구하고 바로 카카오톡방을 열면 된다.

멘트는 다음과 같다.

"보다 정확한 의뢰인의 승소 가능성을 보기 위해서 카카오톡 방을 열어서 설문지를 드려도 괜찮을까요? 그래야 상담의 정확성이 있습니다."

일단은 다 수락을 했다는 전제에서 이야기를 이어간다. 카카오톡방을 여는 것을 동의하지 않거나, 계속 전화통화로 하고 싶은 말을 들어달라고 하는 유형은 차후 지면에서 다룰 것이다. 지금은 일단 카카오톡방 개설을 수락을 했다는 전제이다.

한편 카카오톡방에는 담당 직원들과 대표 그리고 잠재 의뢰인까지 여러 명이 들어가기 때문에 자칫 잠재 의뢰인이 사람이 많은 점에 대해서 방어 기제를 가질 수 있다. 그래서 이 부분을 반드시 먼저 언급하고 개설해야 한다. 멘트는 다음과 같다.

"저희가 규모가 있는 사무소이다보니까 더 잘 살펴드리기 위해서 저 말고도 직원 몇 명이 카카오톡방에 같이 들어갈 건데요. 다 저희 직원이고 개인신원이나 개인정보는 확실하게 지켜드리니까, 걱정하지 마시길 바랍니다."

그리고 다시 돌아와서 전화가 직접 온 게 아니라 '지인 혹은 다른 매체 수단을 통해 연락처를 남긴 경우'이다.
이 경우에도 1차 목적은 카카오톡방 개설이다. 일단 이 목적만 이루면 된다.
직원이나 대표가 남겨진 연락처로 전화를 걸면 먼저 자신의 신원을 밝혀야 한다. 그래야 경계를 푸니까.

"안녕하세요. OOO 법률 사무소입니다. 전에 저희 사무소에 연락처를 남겨주셔서 더 궁금하신 점이 있는지 살피려고 연락을 드렸습니다."

여기서 중요한 멘트는 "상담을 하겠다", "수임을 하겠다"가 아니라 "더 궁금하신 점이 있는지 살핀다"는 표현이다. 방어기제를 낮추면서도 더 궁금한 점이 있을 것이기 때문에 잠재 의뢰인도 흥미를 갖기 마련이다.

지인의 소개로 전화 번호를 획득한 경우에는 사실 방어기제가 낮다. 보다 단도직입적으로 이야기해도 된다.

"안녕하세요. OOO 법률 사무소입니다. 이둘리님이 선생님께 연락을 드리라고 하셔서 연락을 드립니다. 어떤 점이 궁금하신가요?"

그 뒤에 잠재 의뢰인이 호의적이면 앞에 언급한 방법대로 멘트를 하고 카카오톡 방을 개설하면 된다.

마지막 경우이다. 연락처는 모르고 네이버 톡톡, 카카오채널, 카카오톡 등 메신저를 통해 문의가 온 케이스.

이 경우에는 첫 번째 메신저를 통해 카카오톡방 개설에 대해서 설명을 하고 개설하는 방식이 있고, 두 번째로 전화번호를 물어봐서 전화를 통해 동일한 흐름으로 진행하는 방식이 있다.

메신저를 통해 카카오톡방 개설을 하는 경우에는 "먼저 무엇이 궁금하신지요?"라고 간단하게 묻고 그 뒤에 적당히 질문을 듣고 전화통화와 같은 멘트를 텍스트로 보내면 된다. 다음과 같이 말이다.

"안녕하세요. 유튜브 보고 질문이 있어서 문의 드립니다."
- "네, 반갑습니다. 무엇이 궁금하신지요?"

"이혼을 고민 중인데 혹시 이 경우에 재산 분할이 얼마가 나올까 궁금해서요. (의뢰인 사연~~~~ : 중략) 어떻게 될까요?"
- "네 고민이 많으시겠네요. 보다 정확한 의뢰인의 재산분할 산정을 알아보기 위해서 카카오톡 방을 열어서 설문지를 드려도 괜찮을까요? 그래야 상담의 정확성이 있습니다."

"네, 알겠습니다."
- "저희가 규모가 있는 사무소이다보니까 더 잘 살펴드리기 위해서 저 말고도 직원 몇 명이 카카오톡방에 같이 들어갈 건데요. 다 저희 직원이고 개인신원이나 개인정보는 확실하게 지켜드리니까, 걱정하지 마시길 바랍니다. 카카오톡방을 열 수 있도록 전화번호 부탁드립니다."

이처럼 수락을 한 뒤 카카오톡방이 개설이 됐다면 1단계는 성공이다.

정리를 하자면 DB수집 경로는 세 가지가 있다.

1) 대표 번호로 전화가 직접 오는 경우

2) 지인 혹은 다른 매체 수단을 통해 자신의 연락처를 남긴 경우

3) 연락처를 알 수 없지만 메신저나 댓글을 통해 문의가 오는 경우

결국에는 의뢰인의 방어기제를 낮추면서 카카오톡방을 열면 된다.

멘트들을 자신의 상황에 맞게 변경해도 되지만 큰틀에서는 저대로 하면 된다.

03 카카오톡 개설을 거부하는 의뢰인의 경우

카카오톡방 개설 명분을 말하고 요청까지 했는데도, 방어기제나 다른 이유로 카카오톡방 참여를 거부하는 경우에는 어떻게 해야 할까? 이 경우에는 그 잠재 의뢰인과 더 상담을 하면 안 된다. 대신 그 잠재 의뢰인을 다른 방법으로 내 세계관 안으로 끌어들여야 한다.

따라서 DB를 확보한 뒤 의뢰인과 첫 접점에서 의뢰인의 니즈를 파악하고 이를 빠르게 분류하는 게 가장 중요하다. 즉 카카오톡방 개설을 원하는 사람은 적극적으로 사건 의뢰 의향이 있는 사람이며, 그렇지 않은 사람은 정보만 알고 싶어하는 경우이다. 따라서 이 분류를 먼저 빠르게 해야 내 에너지와 시간을 절약할 수 있다.

이 경우 카카오톡 참여 의사를 거절한 잠재 의뢰인에게 블로그나, 네이버 카페, 또는 홈페이지에 댓글로 질문을 하게끔 만든다. 여기에 더해 유료상담을 원하는 경우도 꽤 많기 때문에 그것도 같이 안내를 하면 된다.

이때 유료상담을 원한다고 하면 유료상담을 하면 되고, 무료상담을 하겠다면 이제 블로그나 카페 게시판을 안내하고 질문 글을 적는 예시까지 주면 좋다.

이때 유료상담이나 무료 질문 게시판에 대해서 쓰는 멘트는 이렇다. 잠재 의뢰인의 기분이 상하지 않게 제안하는 게 핵심이다.

의뢰인님. 상담은 2가지가 있습니다.
먼저 대표님과 유료상담입니다. 유료상담의 경우에는 대표님과 직접 전화 통화를 하실 수 있습니다. 00분에 00만 원의 비용이 들어갑니다. 바로 답변을 들을 수 있다는 장점이 있습니다.
다만 이 비용이 부담이 되시면 무료 상담도 있습니다.
무료 상담의 경우에는 저희 네이버 카페에 질문을 올려주시면 대표님이 최대한 빠르게 유튜브 영상을 찍어서 질문에 대해 답변을 드리는 방식입니다.
어느 것으로 안내를 해드릴까요?

여기서 흔히 저지르는 실수가 있다.
"이 사람은 나중에 나한테 사건을 맡길 수 있을 거 같은데, 좀 자세하고 친절하게 설명해 주면 나를 고맙게 여겨서 기억해 뒀다가 나중에 사건을 맡기거나 혹은 다른 사람을 소개해 주지 않을까"라는 생각을 했다면 너무 순진하다.
질문에 대한 답을 줘서 해결되면 대다수는 자세히 설명해 줬던 전문 자격사 이름도 기억하지 못한다.
그래서 여러분의 시간을 아끼기 위해서라도 질문자가 질문을 남길 수 있는 코너를 남겨서 지속적인 '라인'을 하나 만들어두는 게 필요하다. 말로

만 설명하면 모든 관계의 끈이 전화를 끊는 순간 증발하지만, 여러분이 운영하는 게시판에 질문이라도 하나 남기고 그에 대한 답을 전문 자격사 대표이든 다른 사람이 달아줬다면 관계의 끈은 유지가 된다.

"내가 이 카페에 예전에 질문을 남겼었지. 한 번 그 카페를 찾아보자"라는 생각이 드는데 이는 투자 역학에 따른 것이다.

따라서 설명만 필요한 사람이라고 판단되면 절대로 설명을 길게 하지 말고 친절하게 유료 상담이나 무료 게시판을 안내해야 한다. 그리고 그 무료 게시판의 질문에 대표 외에는 답을 달아줄 사람이 없다면 여러분이 이것만큼은 꼭 달아줘야 한다.

텍스트로 달기 때문에 전화보다는 훨씬 시간이 절약될 것이고, 이미 '질문하기'라는 프로세스를 거친 이상 이 의뢰인은 장래에 같은 사건이 발생하면 나를 찾아올 확률이 매우 커진다. 또한 질문하기에 대한 답을 달아주면 그것 또한 하나의 콘텐츠가 되기 때문에 다른 잠재 의뢰인이 그 질문과 답글을 볼 때에 상당한 호감을 갖게 된다.

아울러 간단한 상담 후에는 반드시 유인기제 핵심인 리드 마그넷을 같이 보내주시길 바란다. "당신에게 필요한 사례"라는 이득을 제시하고 이메일 주소나 카카오톡으로 PDF 형식으로 보내주면 된다. 이것을 통해 '앵커링(anchoring)' 효과, 즉 닻을 내린 효과가 생겨서 비슷한 사건이 발생했을 때 떠올리게 된다.

04 개인정보 보호 고지

카카오톡방을 개설한 뒤 카카오톡방에서 이뤄지는 흐름과 루틴에 대한 설명이다.

먼저는 관계 직원과 대표 그리고 해당 의뢰인을 다 카카오톡 방에 초대한다. 간혹 전화번호로 검색하는 것이 막혀 있어서 카카오톡 아이디가 안 뜨는 경우가 있는데 이 경우에는 카카오톡 아이디로 검색을 하거나, 검색 방지 모드를 해제해달라고 잠재 의뢰인에게 말을 해야 한다.

그 다음에 가장 먼저 동의를 받아야 하는 것은 개인정보보호에 대한 부분이다. 개인정보보호법 때문에 개인정보 활용 동의를 받지 않으면 추후 곤란한 일이 발생할 수 있어서 처음 시작은 다음 동의를 받는 것으로 시작한다.

> 여기 있는 사람은 전부 저희 직원입니다.
> 모든 대화내용은 변호사법 제26조에 따라 절대적으로 비밀이 지켜지오니 걱정마시고 적어주시면 되겠습니다.

> 변호사법 제26조 (비밀유지의무 등) 변호사 또는 변호사이었던 자는 그 직무상 알게 된 비밀을 누설하여서는 아니 된다. 다만, 법률에 특별한 규정이 있는 경우에는 그러하지 아니하다.
>
> 당해 개인정보는 당해 사건 상담 목적 외에는 활용되지 않습니다. 개인정보 처리 등에 동의하지 않으시는 분은 이 방에서 퇴장하시면 됩니다. 계속 상담을 진행하시고자 하는 분은 이 방에 남아 계시면 되며, 이 경우 개인정보처리 등에 묵시적 동의가 있는 것으로 의제됩니다.
>
> [개인정보 처리 범위 : 당해 사건과 관련된 범위 한정 / 외부 유출 절대 엄금]

이 경우 대부분은 동의를 하고 다음 단계로 나아간다. 그런데 여기서 몇 가지 문제점이 발생하게 되는데 그에 대해 설명을 한다.

(1) 여러 사람이 갑자기 한 카카오톡 방에 들어와서 잠재 의뢰인이 놀라서 방을 나가는 경우

필자는 12년 이상 전문 자격사로서 업무를 하면서 참 인간이 다양한 종류가 있구나 하는 걸 상담을 통해 늘 느끼고 있다. 사람마다 가치관과 방어기제가 전부 다 다르기 때문에 다원주의 입장에서 이해를 하는 게 선행되어야 한다.

일단 첫 번째로 요즘 주식리딩 홍보방처럼 동의도 구하지 않고 무작위로 초대가 되는 경우가 많다 보니 사람들이 단체방에 갑자기 초대가 되면 방어기제가 나오는 경우가 많다. 아울러 개인정보를 적어야 하는데 이렇게 많은 사람이 있을 필요가 있는가 라는 생각도 하는 분도 분명 있다.

그래서 처음 카카오톡방 개설을 하기 전에 "직원 여러 명이 한 방에 들어간다"는 것을 분명하게 고지를 하라고 한 것이다. 그러나 이렇게 듣고 나서도 여전히 방어기제가 나와서 방을 이탈해버리는 경우가 분명 있다.

이때에는 일단 전화나 메시지 소통 채널을 통해 재차 설득을 하길 바란다. 특히 여러 사람이 있는 이유는 "전문적인 직원들이 각자의 분야에서 의뢰인을 충실히 돕기 위해 들어와 있다"는 것과 "한 사람의 수술도 의사와 간호사 여러 명이 들어가지 않느냐"는 명분 정도면 충분하다.

그렇게 설득을 해도 안 된다면, 블로그나 카페 게시판으로 보내서 행동투자를 유도하면 된다. 모든 사람을 다 설득할 수는 없다.

결국에는 내 콘텐츠가 쌓이고 인지도가 높아질수록 반대로 이런 상황은 더 적어진다는 걸 명심하라.

(2) 귀찮으니까 전화 통화를 하면 안 되느냐고 계속 핀잔을 주는 경우

이런 경우는 둘 중 하나인데, 귀찮거나 아니면 연세가 많은 어르신이라 카카오톡에 익숙하지 않아서이다.

이런 때에는 맞춰줘야 한다. 일단 전화로 하고 카카오톡방으로 오게끔 설득을 하던지 정 어려우면 문자 메시지로만 진행을 해도 된다. 실제로 상담 시 카카오톡 자체가 없는 사람들이 간혹 있는데 이 경우에는 전화로 계약을 체결하고 입금을 받은 뒤 직접 문자 메시지로 진행을 한다. 하지만 결국 파일 전송이나 실시간 대화에 있어 문자 메시지가 카카오톡의 편리성을 따라올 리가 만무하기 때문에 가급적이면 카카오톡으로 유도하는 게 좋다.

(3) 동의를 하지 않고 계속 기다리는 경우

동의를 하지 않고 가만히 카카오톡방에 잔류하는 경우의 대부분은 잠재의뢰인이 바빠서 그렇다. 일단 방은 열었는데 볼 틈이 없기 때문에 동의를 못하고 있는 것인데, 이 경우에는 먼저 카카오톡에다가 한두 번 정도 "개인정보 동의를 해주셔야 다음 단계로 나아갈 수 있다"는 걸 메시지로 넣어주시길 바란다. 만일 다음 날까지 잔류하고 아무 반응이 없다면 전화를 직접 해보셔서 상담 의사가 있는지를 물어보는 게 좋다.

이어서 본격적으로 구글폼을 통해 설문지를 받고 그 전에 1차로 내 콘텐츠를 심어두는 방법을 설명한다.

05 첫째 마디

이 지면에서는 개인정보처리 고지 및 동의 이후에 어떻게 카카오톡방을 설계해야 하는지 그 첫 번째 흐름을 살펴보자. 이를 부르기 쉽게 지칭대명사로 '첫째 마디'라고 앞으로 지칭한다.

개인정보 처리 동의를 받은 후에는 드디어 설문지를 주게 된다.

여기서 2가지 경우의 수로 나뉜다. 설문지를 기존에 작성한 적이 없는 사람과 이미 작성한 사람이다.

만일 간단한 전화번호만 남겨놓은 사람이라면 당연히 설문지를 통해서 다시 자세한 정보를 받아야 한다. 그러나 카카오톡방 개설 이전에 이미 설문지를 다 적었다면 굳이 다시 설문지를 줄 필요가 없다는 것이다. 그래서 두 번째의 경우에는 설문지 링크를 넘어가도 된다.

이 경우 먼저 구글폼의 설문지 종류를 나눠 두는 게 좋다.

가령 이혼 전문 변호사의 경우에 위자료 사건이나, 재산분할 사건, 친권 관련된 사안에 대한 질문은 분명 다를 것이다.

세무사도 마찬가지이다. 제조업 분야를 상담할 때와 쇼핑몰을 상담할 때는 확실히 질문이 다르다.

물론 기본 틀에서는 큰 차이는 없겠으나, 이런 부분을 세세하게 분류해서 용도에 맞게 설문지를 여러 개 만들어 두는 게 좋다.

구글폼 셋팅은 유튜브 관련 영상을 찾아보길 바란다. 한정된 지면에서 필자만이 할 수 있는 이야기를 하고 싶기 때문에 생략한다.

자 이제 설문지 구글폼 셋팅이 다 완성됐다는 전제에서 이야기를 이어간다.

카카오톡방 개설 후 개인정보처리 동의를 받은 후 첫째 마디에는 4가지 글이 들어간다.

(1) 먼저 구글폼 링크

(2) 그 다음에는 "위 링크에 접속하셔서 질문지 작성하신 후 제출해 주시면 전화상담 도와드리도록 하겠습니다. 답변이 곤란한 부분은 그냥 넘어가도 상관없습니다."라는 글을 넣는다.

(3) 다음은 상담 전 필독 글이나 영상 콘텐츠이다. 이걸 '콘텐츠 A'라고 부르기로 한다. 여기에는 전문 자격사 자신이 사건 수임에 있어서 꼭 하고 싶은 말을 담은 한 가지 영상이나 글을 넣어주면 된다.

나에 대해서 잘 모르는 잠재 의뢰인은 물론, 나를 잘 알고 들어온 잠재 의뢰인에게 나를 소개하고 신뢰를 강화할 기회이다.

이 지점에서는 주로 철학을 넣어주면 좋다. 또는 관련 사건에 대한 핵심 안내를 일목요연하게 만들어 놓은 부분이 있다면 그것을 넣어주어도 좋다.

여기서 중요한 것은 첫 마디 영상이나 글은 잠재 의뢰인이 보면 좋고 보지 않아도 상관없다는 것이다. 앞으로 둘째 마디나 셋째 마디에서는 필독 영상이나 글이 나오기 때문에 첫째 마디에서는 일단 잠재 의뢰인에게 가볍게 "이런 영상이나 글을 봐주시면 어떤가요?"라고 살짝 손짓하는 단계이다. 의뢰인의 행동 투자가 아직은 크지 않기 때문에 너무 강하게 영상이나 글을 봐달라고 강요를 하면 튕겨져 나갈 수가 있기 때문에 보면 좋고 안 봐도 상관없는 정도로 첫 마디 콘텐츠를 배치한다.

(4) 다음은 질문지를 작성했는지 작성하지 않았는지 수시로 계속 볼 수가 없기 때문에 질문지를 적은 후에는 전화번호를 남겨달라는 메시지를 카카오톡에 남긴다.

여기까지가 첫째 마디이다.

06 둘째 마디

첫째 마디 이후 의뢰인이 설문지를 다 적었다면 "다 적었습니다" 또는 "전화번호"나 "성함"을 카카오톡에 남길 것이다. 이 중 하나를 적어주면 그때 구글폼에 가서 관리자 모드로 들어가서 설문지에 대한 답을 카카오톡에 복사 붙여넣기 하면 된다.

설정 아이디로 구글폼에 들어가면 오른쪽 하단에 연필 모양으로 관리자 엑셀 시트가 뜨기 때문에 어렵지 않게 찾을 수 있다.

그럼 의뢰인의 정보가 카카오톡에 수록된다. 앞으로도 의뢰인의 정보가 잘 기억이 안 나면 카카오톡을 통해서 바로 확인하면 된다.

만일 설문지를 계속 작성하지 않는 경우에는 카카오톡이나 전화 등을 통해 설문지를 작성해달라고 몇 번은 이야기를 해보는 게 좋다. 그럼에도 작성을 하지 않는다면 사실상 사건 의뢰에 대한 의지가 없는 것으로 보는 게 맞다. 설문지조차 적지 않는 사람에게 어떠한 의지도 있다고 보기가 어렵기 때문이다.

이제 개인정보 설문지에 대한 답지를 복사 붙여넣기를 했다면 '킬링 콘텐츠'를 잠재 의뢰인에게 보내줘야 한다.

킬링 콘텐츠는 딱 한마디로 "아 이거 내 사건인데"라는 생각이 들게 하는 콘텐츠이다. 이걸 '콘텐츠 B'라고 부른다. 영상이 될 수도 있고 글이 될 수도 있다.

미리 만들어 놓은 유튜브 영상이나 네이버 블로그 글의 링크를 올려주고 그것을 반드시 시청할 수 있도록 유도해야 한다.

첫째 마디에서는 내 철학처럼 봐도 되고 안 봐도 되는 콘텐츠를 상담 예정 의뢰인에게 소개했다면 이제는 보지 않으면 상담이 안 되는 강요성 있는 콘텐츠 시청을 요구하는 것이다.

예를 들어, 가상의 인물 이배상 변호사에게 상담 질문지를 작성한 상담 예정 의뢰인이 "교통사고로 남은 흉터, 즉 추상장해" 때문에 문의를 했다고 하자. 그런데 기존에 이미 이배상 변호사는 "교통사고 추상장해 인정 여부와 합의금 1억을 받은 실제 사례"라는 영상을 유튜브에 올린 적이 있다고 가정해보자. 그러면 이 영상의 링크를 카카오톡방에 걸어주는 것이다.

이것이 콘텐츠의 성을 쌓아가는 이유 중 하나이다. 내 영역에서는 어떤 문의가 와도 빈틈없이 영상을 보여줄 수 있도록 노력을 해야 한다.

이때 카카오톡 문구는 다음과 같이 작성하면 된다. 너무 강압적이지 않으면서도 꼭 보셔야 한다는 말을 해야 하며 시청 시간과 시청을 하지 않으면 안타깝지만 상담이 어려울 수도 있다는 문구를 넣어야 한다.

 이배상

의뢰인님. 아래 콘텐츠를 시청하는 데에는 5분 정도의 시간이 걸립니다. 이것을 확인해 주셔야 설명을 드릴 때 훨씬 더 이해가 쉽습니다. 이 콘텐츠는 의뢰인과 가장 비슷한 사례로, 이 영상이나 글만 보셔도 어떻게 사건을 해결해야 할지 방향이 잡히실 겁니다. 따라서 이 영상(글)을 보시지 않는다면 상담이 어려울 수도 있기 때문에 반드시 시청해주시길 부탁드립니다.

[교통사고 추상장해 실제 합의 사례 유튜브 링크]

콘텐츠 링크를 카카오톡에 올린 뒤에는 잠시 이후에 실제로 콘텐츠를 시청했는지를 확인하고 콘텐츠를 본 경우에만 상담을 하도록 한다. "말씀 드린 영상이나 글을 확인하시고 난 후, 말씀 남겨 주시면 상담 시간 잡아드리겠습니다"라는 문구면 충분하다.

강제로 봐야 하는 콘텐츠는 이것 하나이기 때문에 의뢰인의 반발심이 나오는 경우는 거의 없다. 걱정하지 않아도 된다.

이배상

말씀드린 영상이나 글을 확인하시고 난 후, 말씀 남겨 주시면 상담 시간 잡아드리겠습니다

시청했다는 상담 예정 의뢰인의 카톡이 올라오면 상담 시간대를 잡는다. 자신이 여유가 있다면 정시에 전화상담을 하면 되고 안 된다면 1시간 정도 텀을 두고 몇시에서 몇시 사이에 드린다고 해도 무방하다. 의뢰인과 내 시간에 맞추시면 된다.

둘째 마디까지 완료이다.

07 셋째 마디

셋째 마디에서는 실제로 상담을 하고 상담 후에 의뢰인에게 필요한 텍스트 및 콘텐츠 링크를 안내한다. 마지막으로 시간 한정 기법을 활용한다. 사실상 여기서 첫 상담은 마무리가 된다. 여기서 잠재 의뢰인이 위임 의뢰를 하지 않는다면 다음 날 한 번 더 '후속 리마인더'를 하게 된다.

현재 필자가 만들고 실제로 저도 운용하고 있는 이 카카오톡방 설계의 핵심은 '심플함'이다. 애플의 철학을 만든 스티브 잡스는 "단순함은 궁극의 세련됨이다"고 했다. 할 수만 있다면 가급적 카카오톡방의 설계를 단순하게 하시는 게 가장 좋다.

따라서 반드시 봐야 하는 킬링 콘텐츠 B를 제외하고 콘텐츠 A와 C는 넣어도 되고 안 넣어도 된다.

그러나 필자가 10년 이상 이 방식으로 운용해본 결과 잠재 의뢰인도 자신의 사연이라고 생각하면 3가지 정도의 콘텐츠는 인내심 또는 호기심을 가지고 본다는 점을 여실히 확인했다.

다만 셋째 마디 이상의 다른 플로우를 추가하게 될 경우에는 너무 복잡해지는 설계가 되기 때문에 상담은 이 셋째 마디 안에서 끝낼 수 있도록 해야 한다.

셋째 마디의 시작은 약속된 시간에 상담을 하는 것이다.

전화 상담 이후에는 핵심 안내를 한다.

여기에는 위임을 맡길 경우 업무의 흐름, 부가세를 포함한 자세한 비용 안내, 카드 결제 가능 안내 등이 들어간다. 비용 중에 송달료, 인지세 및 기타 세금은 잠재 의뢰인이 "진행하겠다"는 의사 결정이 나온 뒤 계좌 안내를 할 때 안내하는 게 좋다. 미리 모든 걸 안내하게 되면 텍스트가 너무 길어지기 때문이다.

현금 분납 여부에 대해서는 가급적 안내를 하지 않는 것을 추천한다. 현금 분납으로 받을 경우 카드사가 책임지는 카드 결제와는 완전히 결이 다르다. 끝까지 약속을 안 지키는 경우가 많기 때문에 먼저 언급하지는 말고 잠재 의뢰인이 먼저 이야기를 꺼내면 그때 분납 상담을 하는 걸 추천한다. 그러나 리스크를 담보하더라도 일단 분납이라도 받고 시작하는 게 좋다고 생각하는 사람도 분명 있기 때문에 아래 예시에는 해당 문구를 넣도록 한다.

다시 강조하지만 최대한 핵심은 담되 '간략하게'가 중요하다.

텍스트 외에 사진으로 올리고 싶은 자료가 있다면 사진으로 만들어서 카카오톡방에 올려도 된다. 다만 카카오톡방이 너무 난잡하게 되면 안 된다.

> **비용 안내**
>
> ★카드 결제 무이자 할부 6개월 가능합니다★
>
> 300만 원(부가세 30만 원 별도/총액 330만 원)
>
> ★ 현금 분납 여부에 대해서 말씀 주시면 사무장이 통화드리겠습니다 ★

다음으로 상담 후 핵심 콘텐츠 C를 시청하게 유도하면 된다.

이 대목에서는 의뢰인들이 가장 많이 묻는 질문과 그 답, 그리고 실제 성공사례 또는 실제 성공후기 링크 등을 올려주는 게 좋다.

필자가 앞서 성공후기들을 한 곳에 잘 모아서 리스트업을 하라고 했는데 이런 용도로 쓰기 위해서이다. 이미 상담이 끝났기 때문에 콘텐츠 B처럼 시청을 했는지 일일이 확인할 필요는 없다. 관심이 있는 사람이라면 보기 마련이므로 흘러가는 대로 놔두면 된다.

결국 반드시 확인을 해야 할 것은 콘텐츠 B뿐이고 나머지는 잠재 의뢰인의 자유이다.

> **★ 이배상 변호사 사무소의 정당한 보험금 수령 성공 사례 ★**
>
> 다음 링크를 클릭하시면 이배상 변호사가 의뢰인을 대신해 보험사로부터 정당한 보험금을 수령한 실제 사례를 보실 수 있습니다.
>
> (네이버 블로그 링크)

마지막은 시간 한정이다.

이것은 콘텐츠론 무의식적 글쓰기에서도 한 번 다뤘던 내용이다.

의뢰비를 깎아 주는 건 아니다. 자신이 해줄 수 있는 서비스 중에 노동력이 많이 투입되지 않으면서도 의뢰인을 만족시킬 수 있는 무료 서비스를 같이 제공하면 된다.

> ★ 우편물 방어 안내(선착순 2명)★
>
> 의뢰인들께서 가장 고통스러워 하시는 부분 중 하나가 집으로 수사기관이나 법원의 우편물이 송달되는 것입니다. 가장 가까운 사람이 내 치부를 들여다보기 때문입니다. 그래서 저희 법률 사무소는 변호인 대리권을 활용해 의뢰인의 우편물 수령을 당 변호사 사무소로 하실 수 있게끔 서비스를 제공하고 있습니다. 다만 등기를 받는 것도 작은 일 같지만 조금이라도 저희가 신경을 써야 하는 일인만큼 모든 의뢰인에게 다 이 무료 서비스를 제공해드릴 순 없습니다. 그래서 늘 20명 정도의 의뢰인의 우편물만 관리해드리고 있습니다. 현재 이 무료 서비스의 남은 자리가 몇 자리 없기 때문에 의뢰에 대한 의사결정이 늦어지시면 그때는 안타깝지만 이 무료 서비스를 제공해드리기가 어려울 수 있습니다. 이런 이유로 위임에 대한 빠른 의사결정을 해주시면 감사하겠습니다.

여기까지가 셋째 마디 플로우이다.

08 계약서 및 후속 리마인더

이제 상담 당일 수임이 안 된 경우 다시 한번 의뢰인의 수임을 자연스럽게 독려하는 '후속 리마인더'를 알아보자. 더불어 잠재 의뢰인이 의사결정에 따라 입금을 하겠다고 한 경우 계좌 정보를 주는 과정과 카드 결제 안내 그리고 계약서 안내 및 계약서 이후에 꼭 들어가야 하는 사항들에 대해서 세세하게 설명한다.

먼저 당일 수임 결정이 안 된 경우, 그 바로 영업일 기준 다음날에 후속 리마인더를 해야 한다. 계속 자신의 물건을 사라고 강요하는 것만큼 없어 보이는 일이 없다. 딱 한 번, 깔끔하게 다음날에만 의뢰인에게 자연스러운 권유를 하고 그래도 수임의사를 밝히지 않으면 가만히 여유를 가지고 기다려야 한다.

명심할 것은 모든 잠재 의뢰인이 다 결제를 하진 않는다는 점이다. 따라서 최대한 많은 DB를 확보해 최대한 수임 확률을 높여가는 것, 그것이 우리가 할 수 있는 최선이다. 그렇게 했는데도 안 된다면, 낙담하지 말고 여전히 남은 더 많은 잠재 의뢰인 확보를 위해서 콘텐츠의 성을 묵묵히 쌓아가면 된다.

후속 리마인더의 예시는 다음과 같다. 문구는 변형해도 된다. 다만 "잠재 의뢰인의 고민과 궁금증을 풀어드리고자 1회에 한해서 마지막으로 상담을 더 해드린다. 그러나 저도 바쁘니까 시간은 정해야 한다. 그리고 너무 정보만 얻어갈 생각은 하지 말고 어느 정도 의뢰를 할 의지가 있는 분만 상담을 신청해주길 바란다"는 내용을 기분 나쁘지 않게 잘 돌려서 전달하는 게 핵심이다.

《 예시 – 이배상 변호사 사례 》

★진행하실 의향이 있거나 1차 상담 이후 추가적인 질문사항이 있으신 분만 말씀해주시면 감사하겠습니다.★

의뢰인님 안녕하세요.
오늘 저희 대표님께서 강의 일정이 많으셔서 상담 시간을 잡기가 어려울 거 같아, 상담 시간을 조율하고자 합니다.
상담을 원하실 경우, 오늘 중 시간이 언제가 괜찮으신지 말씀해주시면 교통사고 손해배상 절차에 대한 궁금증을 풀어드리기 위하여 대표님께서 직접 전화를 드릴 예정입니다.
단, 시간이 너무 많이 소요되는 질문은 이번 추가 상담 시에는 답변을 드리기가 어려우며 정식 위임계약 후 상세히 설명을 드리고 있는 점 양해

> 구합니다.
> 시간을 말씀해주시면 감사하겠습니다.(12~14시 제외하고, 18시 이전으로)
> 그리고 조금이라도 위임 의사결정이 어려우신 분이 계시다면 아래를 클릭해주세요.
> 〈대표의 영상편지 링크〉

하나씩 살펴보자.

★진행하실 의향이 있거나 1차 상담 이후 추가적인 질문사항이 있으신 분만 말씀해주시면 감사하겠습니다★

이 부분은 전혀 의뢰를 할 생각이 없는데 정보만 빼가는 사람들을 미리 걸러내기 위함이다. 이런 사람들은 어차피 의뢰를 맡길 생각이 없기 때문에 소중한 우리의 시간을 지켜야 한다.

두 번째.

"오늘 저희 대표님께서 강의 일정이 많으셔서 상담 시간을 잡기가 어려울 거 같아, 상담 시간을 조율하고자 합니다. 상담을 원하실 경우, 오늘 중 시간이 언제가 괜찮으신지 말씀해주시면 교통사고 손해배상 절차에 대한 궁금증을 풀어드리기 위하여 대표님께서 직접 전화를 드릴 예정입니다."

이 부분은 직원 버전으로 해도 되고, 대표가 직접 보내는 버전으로 해도 된다. 결론적으로 "궁금한 점이 있다면 대표가 시간을 정해서 상담을 해주겠다"는 내용이다. 여기서 대표는 바쁜 면모를 보여야 한다. 바쁘다는 건 이미 인기가 많다는 뜻이고 이는 이미 대중에게 선택받은 사람 즉 프리셀렉션으로 작용하기 때문이다.

따라서 바쁘지만 잠재 의뢰인을 위해서 시간을 빼서 상담을 해준다는 내용으로 텍스트를 쓰면 된다.

"단, 시간이 너무 많이 소요되는 질문은 이번 추가 상담 시에는 답변을 드리기가 어려우며 정식 위임계약 후 상세히 설명을 드리고 있는 점 양해구합니다."

이 부분도 시간을 아끼기 위해서이다. 유료 상담급의 질문을 하는 사람들이 있을 수 있고, 그럴 경우에는 유료 상담을 하든 정식 위임을 하든 해야 한다는 취지로 텍스트를 남기면 된다. 밑도 끝도 없이 여러분의 소중한 시간을, "혹시나 정성을 들이면 의뢰할지도 몰라서"라는 헛된 소망에 걸지 말라. 우리가 정성스럽게 상담을 해준다고 해서 감격한 나머지 의뢰를 맡기는 의뢰인은 거의 없다.

이 마지막 상담은 이미 의뢰를 해야겠다는 생각을 90% 정도 하고 있는 상황에서 마지막 쐐기를 박는 용도일 뿐이다.

우리가 깔아놓은 콘텐츠와 첫째, 둘째, 셋째 마디를 보고 잠재 의뢰인 스스로가 자신을 설득하는 과정이 마무리가 돼 있어야 한다.

마지막이다.

"그리고 조금이라도 위임 의사결정이 어려우신 분이 계시다면 아래를 클릭해주세요."
〈대표의 영상편지〉

이 부분은 넣어도 되고 안 넣어도 된다. 아주 감정적인 부분으로 의뢰인에게 전하는 진실한 마음의 편지를 영상이나 글로 남겨두는 것이다. 내용은 자유. 수임 확률을 1%라도 올리기 위해서 마지막으로 장치를 넣어두는 것이다.

자 다음으로는 당일이든 그 이후라도 입금이 된 이후에 진행 방법을 설명한다.

먼저 위임 계약서를 송부한다. 전문 자격사라 다 알겠지만 위임 계약은 '낙성 불요식' 계약이다. 위임인과 수임인의 쌍방 간의 의사표시의 합치가 객관적으로 분명하면 종이에 적든 카톡에 적든 전자문서에 적든 심지어 녹음을 해도 아무 문제가 없다.

카카오톡에 계약서를 넣어두는 이유는 향후 분쟁 시에 그 계약 내용을 바로 꺼내볼 수 있도록 하기 위해서이다. 기존 카톡 자체를 캡처를 하면 되기 때문에 용이하다. 카카오톡방은 가급적 사건 종결 후 1년 정도는 유지하고, 카카오톡 대화 내용을 복원할 수 있는 '톡서랍'을 유료 결제해서 반드시 사용하길 바란다.

계약서를 봐야 하는 때는 당연히 분쟁 시이다. 계약서 내용까지 필자가 어떻게 쓰라고 설명 하는 것은 강의의 내용으로서는 부적절하다고 생각해서 그럼 어떤 요소가 들어가야 하는지만 언급한다.

계약서에 들어가야 하는 내용

1. 계약의 내용
2. 위수임의 범위
3. 의뢰인의 자료 제출 의무
4. 수임인의 비밀누설금지 의무
5. 개인정보 수집과 처리에 대한 동의
6. 문의 전화 번호
7. 환불 규정
8. 모든 계약사항에 대한 동의

등이다.

계약서를 카카오톡에 넣을 때에는 문서파일로 넣지 말고 카카오톡 창에서 그대로 보이게끔 해줘야 나중에 계약 내용을 따질 때 편리하다.

한글파일 같은 문서로 넣게 되면 다시 다운을 받아서 진위 여부를 따지는 과정을 거쳐야 하는 반면, 카카오톡 창 자체에 기입을 하게 되면 직관적으로 바로 확인이 가능하기 때문이다. 같은 맥락에서 글이 길어져서 전체보기로 누르면 직관성이 떨어지기 때문에 가급적 계약서가 길면 부분별로 잘라서 전체보기로 보지 않을 수 있도록 하면 된다.

그리고 마지막에는 다음과 같은 문구를 넣어줘야 한다.

소장 작성 시 주민번호 등 개인정보 처리를 해야 하므로 동의를 부탁드립니다. 카카오톡에 "동의합니다"라고 써주시면 됩니다.

계약의 쌍무적 관계에서 청약에 따른 승낙에 해당이 된다. 이 승낙이 서명과 같은 효과가 있기 때문에 반드시 의뢰인의 '동의합니다'라는 글자를 카카오톡에 받아야 한다.

이 동의가 없으면 승낙을 했다는 증거가 없기 때문에 반드시 동의를 받아야 하고 만일 카카오톡을 이용하지 못하는 사람이라면 전화 녹음 또는 문자 메시지로 같은 과정을 거쳐도 된다.

09 계약 후 안내사항

이번 지면에서는 계약 이후 필수적으로 안내해야 할 부분을 설명한다.

(1) 근무시간, (2) 담당자 전화번호, (3) 소통방식, (4) 절차도, (5) 취합 서류 설명집 등이 그것이다.

먼저 계약서 작성 이후에 안내사항은 블로그 글 링크로 줘도 되고 유튜브 영상 링크로 보내도 되고, PDF 파일 또는 카카오톡 내 사진으로 줘도 된다. 어떤 방식이든 관계 없다. 나 역시 여러 가지를 혼용해서 사용하고 있다.

(1) 근무시간

이것은 편의적 수단이다기보다 일종의 방어적 수단이다. 이것을 명확하게 해두지 않으면 밤이고 새벽이고 의뢰인에게 전화가 온다. 뭐든 처음 시작할 때 명확하게 해두지 않아서이다. 사람마다 상식이 다른데, 어떤 사람은 저녁 8시쯤 전화하는 게 그들의 상식일 수 있다.

일단 자신이 소화할 수 있는 근무시간을 정해두고 그 안에만 소통이 가능하다는 것을 반드시 명백하게 못 박아 둬야 한다.

(2) 담당자 전화번호

담당자 전화번호는 개인번호가 아닌 사무실 번호 또는 업무폰으로 지정을 해둔다. 각 담당자를 지정하는 이유는 대표에게 직접 전화가 오는 걸 막기 위해서이다.

물론 대표가 직접 처리해야 할 일은 대표가 처리를 해야 하지만 사소한 것 하나하나까지 대표가 처리하다가는 시간과 에너지가 다 소진될 수밖에 없다.

일을 못하는 분들의 특징을 보면 마땅히 위임을 해야 하는 것을 위임하지 않고 혼자 다 끌어안다가 하루 종일 생산적인 일은 아무것도 하지 못하는 경우가 많다.

따라서 "이런 간단한 업무들은 직원들과 상의를 하시면 된다"는 것을 명확하게 의뢰인과 정해놓는 게 좋다.

다만 사업 초창기에 직원이 없어서 혼자 해야 할 경우에는 당연히 이 안내는 제외이다.

(3) 소통방식

필자가 설계해 놓은 소통방식의 기본은 '시스테미컬' 소통방식이다. 이후 지면에 자세히 나올 예정이니 내용은 생략한다.

(4) 절차도

의뢰인은 보통 처음 겪는 일이기 때문에 어떻게 사건이 흘러가는지 잘 모른다. 궁금할 때마다 물어볼 수도 있지만, 그보다는 먼저 의뢰인이 전체적으로 사건을 조감할 수 있도록 조감도나 흐름도를 만들어 두는 게 좋다.

가령 형사사건이라면 경찰 출석 이후에 검찰 송치가 될 때 어떤 문서가 오며, 그리고 송치의 의미가 무엇인지, 그리고 검찰에서 다시 법원으로 약식기소가 된다면 그때에는 어떤 문서가 오고 약식기소에 대해서 정식재판을 청구하려면 어떻게 해야 하는지 등 이런 일련의 흐름표를 만들어 두시면 상당히 큰 도움이 된다.

의뢰인들이 "지금 제가 어떤 단계이고, 얼마나 남았죠"라는 말을 굉장히 많이 물어보는데 이때 이 자료를 활용하면 큰 도움이 된다.

아울러 단순히 흐름표만 만들지 말고 각 단계에서 오는 문자나 등기 서류에 대한 안내도 실제 샘플을 넣어서 같이 해주는 게 좋다.

(5) 취합서류 안내

보통 취합서류 목록을 텍스트로만 주는 경우가 많다.

이렇게 주면 질문이 나올 수밖에 없다.

가령 '세목별과세증명서'를 발급받아야 한다면, 이게 왜 필요한지, 세목별과세증명서를 대면으로 발급 받는다면 어디서 발급을 받아야 하는지, 인터넷은 되는지, 된다면 어떻게 받아야 하는지, 그리고 지역을 설정해야 하는데 그건 또 뭔지, 세목별과세증명서의 연도는 언제로 해야 하는지, 몇 부를 받아야 하는지 등등 디테일하게 안내를 해줘야 한다.

아마추어와 프로의 차이는 디테일에 있다.

디자인을 현란하게 하라는 게 아니라, 이처럼 세세하게 정리를 해서 주면 좋다. 필자만 해도 제가 위임을 맡긴 세무사 사무소에서 이런 세세한 정리를 한 번도 받아본 적이 없다. 아마 대부분 비슷할 것이다.

이런 거 하나에 의뢰인은 차별화를 느끼게 된다.

다시 정리하자면 취합목록을 하나하나 세분화해서 그 자료가 필요한 이유와 실제 샘플 그리고 받는 방법, 발급받을 때 유의사항 등을 적어두면 된다. 여기까지 계약 이후 안내 사항이다.

잠재 의뢰인의 DB 수집 경로

1. 대표 번호로 전화가 직접 오는 경우
2. 지인 혹은 다른 매체 수단을 통해 자신의 연락처를 남긴 경우
3. 연락처를 알 수 없지만 메신저나 댓글을 통해 문의가 오는 경우

↓

전화나 메신저 텍스트를 통해서 카카오톡방 참여 의사를 물어봄

카카오톡방 참여 수락	카카오톡방 참여 거부
↓	↓
카카오톡방 학습 및 상담	
↓	
개인정보 고지 및 동의	
↓	행동 투자 유도 및 앵커링 또는 유료상담
첫째 마디 (1) 설문지 링크 O or X (2) 링크 작성 안내문 (3) 상담 전 핵심 글 A (4) 연락처 기재 요청	
↓	
둘째 마디 (1) 의뢰인 설문지 확인 (2) 상담 전 핵심 콘텐츠 B (3) 글 읽었는지 확인 (4) 상담시간 정하기	
↓	
셋째 마디 (1) 상담시간에 전화 상담하기 (2) 상담 후 핵심 안내 (3) 상담 후 핵심 콘텐츠 C (4) 시간 한정 걸기	

↓

당일 위임 의사 결정	
O	X
계약서 송부	후속 리마인더

10 시스테미컬 소통법

우리가 맥도널드나 스타벅스를 갈 때를 생각해 보자. 식음료를 카운터에서 고객인 우리가 받아오고 나갈 때에도 남은 식음료와 포장지를 우리가 직접 정해진 장소에 버리고 온다. 그때 매장 직원이 해주는 게 아니라 직접 날라야 한다. 그런데 여러분 지금은 당연하다고 생각하는 이 모습이 어떤 법률이나 규칙에 따라 이뤄지고 있는 게 아니라는 걸 떠올려본 적이 있나?

너무나 당연한 모습이지만 사실 이건 매장 측에서 만든 룰일 뿐이지 그에 꼭 따라야 하는 강제성은 없다. 반려견 동반 출입이 안 되는 곳에 반려견과 같이 출입하는 것은 애초에 입구에서부터 들어갈 수가 없기 때문에 지금 이 경우와는 다르다.

만일 "나는 매장의 룰에 따를 수 없다. 왜 내 돈 내고 내가 서빙까지 하느냐"고 생각하고 그냥 나간다 해도, 매장 직원이 툴툴대면서 트레이를 치울 뿐이지 사실 아무런 제재도 받지 않는다.

필자가 이 지점에서 말하고 싶은 것은, 암묵적으로 그 매장에 들어간 이상 설령 자신의 생각과 다르더라도 그 매장이 정해놓은 규칙에 따라야 한다는 점이다.

이게 중요하다. 여러분이 여러분의 편의를 위해 만든 그 룰이 의뢰인에게 해가 되지만 않는다면 대부분 의뢰인들을 그 룰을 따르게 된다.

필자의 시그니처인 시스테미컬 소통법도 이에 기반한다.

시스테미컬 소통법은 다음 5단계로 운용이 된다.

1) 질문을 하게 되면 직원은 매뉴얼대로만 답을 한다. 재량에 의한 대답은 최소한으로 한다.

2) 이때 매뉴얼 활용법은 대표가 지정한 영상, 글을 그림자분신술로 사용하는 것이다.

3) 만일 매뉴얼을 봤는데도 이해가 안 된다고 의뢰인이 이야기를 하면 그때에는 담당 직원이 먼저 통화를 한다.

4) 그럼에도 문제가 풀리지 않는다면 대표가 직접 통화를 한다. 이때 대표와는 시간을 잡고 통화를 하게 해야 한다.

5) 1~4단계에 대해서 애초에 불만을 가진 의뢰인에 대해서는 특별하게 관리를 해서 대표와 직접 시간을 정해서 통화를 하게 한다.

여기서 의뢰인의 방어기제가 나올 수 있는 부분은 '복사 붙여넣기 챗봇이냐'는 점이다.

이러한 불만을 미리 잠재우기 위해서 나는 사건을 시작하고 난 뒤 안내 글을 통해 아래와 같은 글을 의뢰인들에게 제시하고 있다.

저희 사무소의 소통 시스템은 1. 카카오톡(주) 2. 전화(부) 3. 팩스 및 이메일 및 등기로 이뤄져 있습니다.

먼저 무엇이든 궁금한 점이 있으신 경우,

(1) 카카오톡으로 문의를 주시면 직원이 대답을 드립니다. 이때 직원의 대답은 '챗봇 시스템'을 그대로 따르고 있습니다.
즉 대표가 직접 만든 매뉴얼 대로만 복사 붙여넣기 방식으로 답변을 드리고 있습니다.
이렇게 하는 이유는 직원의 자의적인 판단과 답변에서 오는 혼동을 미연에 방지하기 위함입니다.
이런 방식을 '챗봇 시스템' 또는 '시스테미컬 소통'이라고도 하는데 장점은 신속하고 정확한 답변이라는 점이지만 단점은 자칫 로봇이 답을 다는 거 같고 형식적이라는 생각이 드실 수도 있습니다.
그러나 정책상 다소 로봇 같이 보일지라도 신속하고 정확한 답변을 드리는 게 낫다고 판단해 챗봇 시스템을 원칙으로 하고 있으니 이 점은 꼭 양해를 구합니다. 왜냐하면 직원이 아무리 잘 알아도 대표만큼 잘 알 수는 없고, 결국 대표가 직접 만든 매뉴얼이 가장 정확하기 때문입니다.

(2) 그리하여 만일 직원의 매뉴얼적 대답으로도 해결되지 않는 사안이라

면 언제든 "담당자 전화주세요" 또는 "대표님 전화주세요"라고 외치시면 제가 전화를 드려 모든 사안을 해결하고 있습니다.

(3) 결국 카카오톡에서 1차 챗봇 시스템의 매뉴얼적 상담을 들으시고 그걸로 해결이 안 되면 2차적으로 전화를 드리고 있습니다.

(4) 이렇게 설명을 미리 설명을 드리는 이유는 이 같은 소통 시스템의 호불호가 있기 때문입니다.
매뉴얼 작성 방식이 형식적일지언정 시스템적으로 효율적이기 때문에 이 방식을 채택했고, 전화 통화를 통해 그 단점을 보완하고 있으므로 이 같은 방식으로 계속 진행이 된다는 점 미리 언지드립니다.
끝까지 함께하겠습니다.

대표 드림.

이처럼 의뢰인의 방어기제를 먼저 언급하고, 왜 이렇게 시스템을 만들었는지 명분을 제시하고, 불편사항을 해결할 수 있는 방법까지 제시하면 된다.
이 글을 읽은 후에는 명분이 서기 때문에 다 이 룰에 따르게 된다.
맥도널드 매장에 들어갔으면 고객이 트레이를 직접 날라야 하는 것과 같은 이치이다.

세상에 당연한 것은 없다. 명분을 만들었기 때문에 당연하게 느껴지는 것이다. 이 시스테미컬 소통방식을 하는 이유는 직원과 대표의 시간을 벌어주기 위해서이다. 질문 하나하나에 매번 생각해서 대답을 하고, 또 직원이 바뀌면 대표가 다시 가르쳐야 하는 경우에 소요되는 에너지와 시간을 생각해보길 바란다.

이 시스테미컬 소통법을 활용하면 가장 효율적으로 인력을 운용할 수 있을뿐더러, 대표의 분신과 같은 콘텐츠가 대답을 해주기 때문에 의뢰인의 만족도도 높고, 대표 역시 많은 시간을 벌 수 있다.
꼭 활용해보길 바란다.

11 '도른자' 대처법

상담기법 파트는 카카오톡방 운영뿐만 아니라 실제 대면 및 전화 상담을 하는 전반적인 내용을 다 담고 있고, 지금 강의도 그에 해당이 된다는 점을 먼저 설명드린다.

블랙컨슈머, 즉 '진상 고객'에 대해서는 어떻게 대응해야 할까?
먼저 양해를 구할 것은 필자도 의뢰인 중 99%는 선량하다고 생각한다. 그리고 다소 관계가 삐걱거려도 어디까지나 그것은 문제 해결을 위해서 서로 노를 저어가는 과정 중에 노젓기가 잘 되지 않는 것이라고 생각할 뿐이지 일부러 배에다가 구멍을 내거나 배가 침몰하는 걸 원하는 사람은 의뢰인 중에 거의 없다고 생각한다. 그래서 대다수 의뢰인과 지금 설명하는 진상 고객 대응 방안은 관계가 없을 수도 있다.
다만 필자가 지금 설명하는 대상은 이른바 자기의 비합리적인 요구를 들어주지 않으면 뭐든 하는 사람들을 지칭하고 이들은 사실 1%도 되지 않지만, 분명 존재한다.
그래서 먼저 이에 대한 매뉴얼을 미리 준비해둬야 한다.

사실 '진상 고객'은 어느 시대, 어느 공간에나 존재한다. '돌아이 보존의 법칙'에 따라 특이한 사람은 늘 우리 주변에 일정 % 이상으로 존재하고 이 사람들의 공통점은 '사회성'이 '제로'에 수렴한다는 것이다. 즉 자기가 옳고 다른 사람은 항상 잘못됐다는 전제에서 말이 시작된다. 그래서 이들을 설득하려고 하면 안 된다. 설득될 수도 없고 설령 설득해도 그 순간뿐이지 나아지지 않을 것이다.

원래 용어대로라면 '블랙컨슈머'는 악의적으로 머리카락이나 바퀴벌레를 음식에 집어넣고 매장에 금전을 요구하는 소비자나, 의도적으로 서비스에 대한 불편 사항을 늘어놓으며 보상을 요구하는 소비자를 말한다. 그러나 법률로 무장한 전문 자격사에게 처음부터 '보상'을 요구할 목적으로 접근하는 소비자는 없기 때문에 사건을 수임한 후 이런저런 이유로 업무가 불가능할 정도로 전문 자격사와 그 직원을 괴롭히는 사람이라고 먼저 개념을 잡겠다.

그렇다면 어디까지를 '정상 의뢰인'으로 보고 어디서부터 '진상 의뢰인'으로 봐야 할까?

직원과 대표 자신의 에너지 소모에 눈길을 돌려야 한다. 즉 그 사람을 한 명 해결하려고 구성원이 넌더리가 날 정도로 시달리고 있다면 이는 진상 고객이 맞다. 그렇지 않고 적정한 선에서 타협과 해결이 가능해서 사건이나 기장의 마무리까지 이어갈 수 있다면 '정상'으로 보고 '내 그릇을 키우는 과정'이라고 생각하고 진행하면 된다.

앞서 설명한 대로 '진상'의 가장 큰 문제는 그가 소문을 내거나 송사를 걸어서가 아니다. 신경이 쓰이고 그 때문에 다른 일을 진행하지 못하는 '업무방해'로 이어지기 때문이다. 따라서 이 사람을 기분 나쁘지 않게 내보내는 것이 내 업무에 장기적으로 도움이 될 거 같다면, 멀리 보는 관점에서 전액 환불을 해주고 내보내는 것을 추천한다. 진상이라도 일단 서비스를 받았는데 전액 환불을 해주면 특별히 불만이 없다. 전액이기 때문에 초기에 결단이 필요하고, 처음 사건 수임 시 '진상의 촉'이 온다면 두 번만 생각해 보고 빨리 처리해야 한다.

필자는 돈보다 감정 소모가 훨씬 중요하다. 따라서 심각하게 감정을 소모할 상황이라면 의뢰인과 정중하게 계약 철회를 한다. 요즘은 그 촉이 발달해서 처음에 상담할 때 어조만 들어봐도 정확하게 맞다. 다만 '좀 깐깐하지만 말은 잘 알아듣는 의뢰인'까지 계약 철회할 필요는 없다. 좀 세심하다고 생각하고 좀 더 챙겨주면 문제가 생기지 않기 때문이다.

특히 하루하루 고통에 사는 의뢰인의 경우에는 어디 하소연할 때가 없어 병적으로 전문 자격사와 통화를 요청하는 경우가 있다. 이혼 소송 변호사들이 하는 일이 사건 처리가 아니라 '하소연 들어주기'라는 우스갯소리처럼 그런 일이 정말 많다. 이때에는 한 번 정도는 진심으로 들어주길 바란다. 그러나 이런 하소연이 거듭되면 전문 자격사가 정작 해야 할 일을 못하게 된다. 이때에는 단호하게 말하기보다 관련해 미리 만들어 놓은 그림자 분신술 영상을 틀어주길 바란다.

이 영상을 요약하면 "언제까지 하소연만 하고 있을 것이냐. 당장 나가서 운동이라도 해라. 그렇게 한다고 뭐가 달라지겠느냐. 사건은 내가 잘 처리할 테니, 뭐라도 해라. 인생 끝났느냐"라는 강한 어조가 담겨 있다. 조용히 들어주면 다음부터는 신기하게도 하소연이 없어진다.

무엇보다도 직원들이 감정적으로 상처를 입지 않도록 보듬어야 한다. 2018년 10월 18일 감정노동자보호법이 시행됐고, 사업주는 직원의 감정노동이 발생하지 않도록 보호할 책임이 있다. 고객이 직원에게 폭행이나 폭언을 한다면 반드시 제재해야 한다. 형사처벌도 가능하다. 고객이 직원의 태도에 불만이 있다면 대표가 양쪽 입장을 다 들어보고 '사실'과 '감정'을 분리해서 '사실'만 놓고 판단을 해야 한다. 아울러 잠재 의뢰인이 아직도 "내가 돈을 내고 서비스를 이용하고 있는데 이럴 수 있느냐"고 이야기하면 "저희는 동등한 입장에서 민법상 위임 계약 관계로 진행하고 있는 것입니다"라는 말을 당당하게 해야 한다. 의뢰인과 전문 자격사 간에는 갑도 을도 없다. 서로 동등하다.

아울러 모든 대화나 통화는 녹음이 필수이다. 필자도 12년 이상 온갖 일을 겪었다. 매뉴얼을 하나하나 세부적으로 만들어 '룰'을 적용한 뒤인 최근 5년간 큰 사건은 전혀 없었지만, 그 전에는 말도 못 할 일이 많았다. 쟁송에서 패소할 수 있다는 이야기를 충분히 하고 진행해도 "언제 그런 말을 했느냐"는 반문은 일상이고, "당신이 분명 다 이길 수 있다고 했지 않느냐"는 말을 지어내기도 한다. 그래서 녹음본을 틀어서 들려주면 그때부터 하소연을 시작한다. "어머니가 아프고, 자식이 장애가 있다"고 하면서 사건을 다 마친 뒤 환불을 요구한다.

　사람은 극한 상황에 몰리면 염치라는 걸 잊기 마련이다. 사람을 믿지 말고 상황을 믿을 수 있도록 하고, 늘 녹음을 해두길 바란다.

12 의뢰인과의 상담 태도

필자는 10년 이상 전문 자격사 업무를 하면서 스스로 캐릭터를 여러 번 바꿨다. 캐릭터 때문에 수임이 안 되는 것인가 하는 의심 때문이었다. 그러나 캐릭터는 타고난 사람의 기질에 해당이 되고 그걸 바꾸는 건 불가능하다는 결론에 다다랐다. 연기자처럼 그 순간만 연기를 하면 되는 게 아니기 때문이다. 평생을 내가 아닌 다른 존재로 연기를 하는 건 불가능하다. 그래서 자신의 성격이 있다며 그대로 가는 게 맞다고 생각한다.

예를 들어 나처럼 좀 말투가 강하고 리드하는 스타일이라면 그것의 장점을 살리면 되고, 차분하고 공감을 잘하는 타입이라면 그건 그것대로 장점을 살려가면 된다.

어떤 캐릭터가 더 낫다는 것은 없지만 단점을 극복하려고 하지 말고 단점은 욕을 먹지 않을 정도로만 선을 지키되 장점을 극대화하는 게 정답이다.

오히려 더 중요한 것은 '태도'이다.
가장 중요한 태도는 '자신감'이다. 자신감은 '내가 할 수 있다는 믿음'에서 기인한다. 그리고 이 믿음은 '내가 과거에도 해냈다'는 점에 뿌리를 내리고 있다. 그렇다면 동종 사건을 한 번도 처리해보지 못한 경우는 어떻게 자신감을 가져야 할까? '결이 비슷한 사건을 잘 처리했던 경험'을 떠올리길 바란다. 그것조차 없다면 '내가 어려운 시험을 합격해서 어엿한 전문 자격사가 됐다'는 점을 상기하길 바란다. 여러분은 정말 대단한 사람들이다. 주눅들 필요가 전혀 없다. 진심이다.

   자신감을 내재한 사람의 말본새와 아우라는 그렇지 않은 사람과 확실히 다르다. 풍기는 분위기에서 압도적인 차이가 난다. 근거 없는 자신감이 아니기 때문에 반드시 '과거의 성공'을 떠올려 보길 바란다.

   이처럼 자신감을 가졌다면 당당함이 나올 것이다. 그러나 거만하게 굴지는 말아야 한다. 거만함과 자신감은 한끗 차이이다. 양자를 구분하는 방법은 내 말이 상대방에게 '모멸감' 또는 '상대적 박탈감'을 주는지를 보면 안다.

   사람의 가장 고차원적인 욕구는 '존중받고 관심받고 싶어하는 욕구' 즉 '사회적 명예욕'이다. 이 욕구가 파괴되면 그 파괴를 한 상대방에게 적개심을 품는 게 인간의 본성이다. 따라서 절대로 자신감을 갖되 절대로 상대방이 모멸감을 느낄 만한 행동을 하지 말아야 한다.

   전문가 중에 성질이 급한 사람은 "당신이 뭘 알아. 나 전문가야"라고 하는 경우가 더러 있다. 이 경우 당장에 자신의 권위로 상대방을 누를 수는 있겠으나 끝은 좋지 않다. 모멸감을 느낀 상대방은 반드시 어떤 식으로든 적개심을 품기 마련이다.

이보다 더 조심해야 할 것이 '상대적 박탈감'이다. '나는 의도를 하지 않았는데 상대방이 박탈감을 느껴서 적개심이 충만해지는 경우'가 이에 해당한다. '시기'라고도 하고 '질투'라고 표현해도 되겠다. 이건 사실 의뢰인들이 아니라 같은 전문 자격사 간의 문제일 때가 많다.

필자만 해도 4번이나 홍보 관련으로 고발을 당했다. 3번은 동종업계 1번은 타 전문 자격사 협회 차원이었다. 모두 무혐의가 나왔지만 스트레스는 이만저만이 아니었다. 물론 이 경우에는 내가 선을 넘거나 다른 사람을 깔보고 경멸해서 당한 고발은 아니다. 전부 경쟁자들의 상대적 박탈감이 큰 작용을 했다고 생각될 수밖에 없는 일이었다. 필자 자신의 홍보에 대한 문제였지 그들에게 피해를 준 게 전혀 없기 때문이다. 이것이 인간사가 돌아가는 패턴이다. 미리미리 조심을 하는 수밖에 없다. 사람이 한 분야에서 두각을 나타내면 어쩔 수 없이 당하는 애매한 고난이 있다는 것도 알고 있어야 흔들리지 않는다.

그러나 이건 내가 잘 나가게 되면 어쩔 수 없이 반드시 발생하는 일이니, 그러려니 하고 방어적인 입장에서 법적으로 문제가 될 일은 하지 않는 게 가장 좋다.

다른 맥락에서 뻔한 이야기이지만 일단 의뢰인이 하는 말은 같은 이야기를 계속 반복하지 않는 이상은 '경청'을 해주시는 게 맞다. 의뢰인은 잘 들어주기만 해도 마음이 열리는 경우가 대부분이다. 그러나 사건과 전혀 관계가 없는 사안을 30분째 이야기를 한다거나, 같은 이야기를 감정적으로 반복하며 하소연을 하는 것은 분명 짚어줘야 한다. 내 시간도 소중하기 때문이다.

    이런 경우가 아니라면 진심으로 의뢰인의 말을 경청해주시고 공감해주시길 바란다. 그 분들에게는 여러분의 도움이 진심으로 필요하기 때문이다. 필자가 돈벌이에 대해서 설명을 하고 있다고 해서 사람을 정말 돈으로만 보기 시작하면 결국 돈으로만 보이게 된다. 그 끝은 분명 좋지 않을 것이다. 결과가 제일 중요하지만 경청은 의뢰인을 대하는 최소한의 예의이다.

    마지막으로 '친절함'에 대해서 이야기하고자 한다. 사실 친절하다는 게 어느 정도에서 어느 정도까지를 이야기하는지는 굉장히 애매하다. 다만 필자가 생각하는 친절함의 정도는 '은행 직원' 정도의 응대이다. 딱 그 정도. 너무 과한 친절도 아니고 너무 덜한 친절도 아닌 딱 행원의 친절이 좋다.

13 고객의 니즈부터 파악하라

고객이 원하는 게 무엇인지 알아차리는 것은 사실 '눈치'의 영역에 가깝다. 심리학적 용어로 '서브 텍스트(sub-text)'를 파악하라는 말로 이어진다. 이를 하지 못해서 굳이 만들지 않아도 될 의뢰인의 불만을 조성하는 경우가 참 많다.

예를 들어 "지금 이 서류를 등기로 보내면 되나요?"라는 말에는 여러 가지 의미가 있을 수 있다.

"이 서류를 꼭 등기로 보내야 하느냐"는 말일 수도 있고 "이 서류를 지금 시점에 바로 보내야 하느냐"는 의미일 수도 있다.

이것의 숨은 의미를 파악하지 못해 '시점'을 물은 질문에 대해서 '수단'으로 답을 하는 경우를 생각해 보자.

"이 서류를 (꼭) 등기로 보내야 합니까?"
- "네. 지금 보내주셔야 합니다."

"아니, 그러니까 등기로 보내야 하냐고요?"

- "네. 지금 보내주셔야 저희가 바로 접수가 가능합니다."

"바로 전화 좀 주세요."

이런 식이다. 필자와 일한 지 꽤 시간이 흐른 직원들도 사실 사실 이런 일을 저지르는 경우가 많다. 이를 해결하려고 교육하려고 해도 사실 이건 '센스'의 영역이라 교육으로 해결될 문제가 아닌 것 같다는 결론에 다다랐다. 그러니 전문 자격사인 대표라도 이런 능력을 키워야 한다. 사실 필자도 원래는 '센스'가 없는 사람이었다. 사회성이 별로 없어서 사람 대하는 게 매우 어려운 부류였다.

남의 감정을 못 읽는 독불장군의 전형인 테슬라의 일론 머스크가 INTJ 성향인데, 내가 딱 그렇다. 다행인 건 필자는 자신이 뭐가 부족한지 아는 메타인지라도 있었고, 그래서 노력이라도 했다. 물론 지금도 많이 부족하지만 적어도 의뢰인이 원하는 게 무엇인지는 느낌상 알게 됐다.

보통 전문 자격사들 중에 '사회성'이 남다른 사람을 찾아보기는 쉽지 않다. 있긴 하지만 타고난 경우가 대부분이다. 특히 공부를 혼자 오래 하다 보니 사회성이 없는 경향이 심화된 경우가 많다.

다행인 것은 '사업'은 사람과 사람이 부대끼는 일이고 그 와중에 사회성은 자라난다. 다만 그 사회성이 자라나는 걸 막아서는 안 된다. 자기 생각만 떠올리지 말고 감정이 올라오더라도 의뢰인이 원하는 게 무엇인지를 먼저 헤아리길 바란다. 이 한 번의 센스가 의뢰인을 편안하게 만들어 줄 것이다.

설령 직원이 이런 센스가 없더라도 최후의 보루인 대표만큼은 파악이 되어야 한다. 그래서 카카오톡 창을 보다가 직원과 의뢰인의 대화가 산으로 가고 있는데, 대표가 보고 있었다면 반드시 개입해서 니즈를 해결해 줘야 한다.

의뢰인이 요청할 때마다 의뢰인이 원하는 것을 먼저 통찰해 보길 바란다.

14 스타벅스에서 고객 이름을 불러주는 이유

　스타벅스에서는 커피나 음료를 시키면 그 주문자명을 불러준다. 사실 다른 커피 매장처럼 전광 번호판으로 순번을 알려주면 될 일인데, 바리스타들이 일일이 목청을 높여 주문자명을 부르는 게 비효율적이라고 생각이 들 수도 있다.

　그런데 여기에서 스타벅스를 일으킨 CEO '하워드 슐츠'의 철학을 엿볼 수 있다.

　스타벅스가 고객 이름을 부르는 것은 하워드 슐츠가 강조한 '사람과의 연결'을 실현하는 방법 중 하나이다. 이는 고객과 직원 간의 소통을 원활히 하고 친근함을 느끼게 하려는 스타벅스의 문화와 맞닿아 있다는 것이다.

　또한 고객의 이름을 불러주는 것은 개인적인 접촉을 만들어 고객이 특별한 대우를 받는 느낌을 주게 된다. 이는 고객 만족도를 높이고 브랜드 충성도를 강화하는 데 기여한다.

　필자 역시 의뢰인들과 상담을 할 때에는 그 의뢰인의 이름을 꼭 불러주곤 한다. 들어보면 전문 자격사가 의뢰인을 '선생님'이라고 하는 경우 많은

데 이보다는 '이현주 의뢰인'이라고 정확하게 이름을 불러주는 게 좋다. 의뢰인에게 '날 기억해주는구나'라는 느낌을 줄 수 있기 때문이다.

아울러 만일 의뢰인이 사회적으로 인정받는 전문직이라면 그 직함을 불러주는 것도 좋다. 교수님, 원장님, 관장님, 기장님 등등이다. 필자 업무 특성상 세무사나 부동산중개사도 많이 의뢰를 하는데, 이 경우에는 대표님이라고 부르거나 아니면 세무사님, 중개사님이라고 부르기도 한다.

이보다 더 중요한 것은 의뢰인과 상담을 하기 전에 그 의뢰인의 히스토리를 잘 파악하고 있어야 한다는 점이다. 현실상 우리가 수많은 의뢰인의 모든 것을 다 기억할 순 없다. 그러나 적어도 카카오톡 소통방에서 이뤄지고 있는 현재 이슈와 의뢰인의 형편 등은 반드시 상담 5분 전에 숙지를 하고 상담에 임해야 한다.

가령 결혼도 안 한 사람인데, "사모님은 어떠신가요?"라고 하거나, 지병이 있어서 그걸 상담지에 적었는데, 그 병명을 모르고 상담을 했다던가 하는 실수를 범해서는 안 된다.

이런 실수는 치명적이다. "이 사람은 그냥 나를 돈으로 보는구나"라는 생각이 바로 들게 되기 때문이다. 한 명 한 명을 다 기억할 순 없어도 적어도 상담 전 5분 동안에는 집중해서 그 의뢰인의 히스토리를 반드시 숙지하시고 상담에 임하시길 바란다.

제10장

조력자들과 함께 가는 길

사짜마케팅 Part 10

協力(협력)

▼
▼

전술 7
조직운영론

조력자들과 함께 가는 길

"스킵, 다시 한번 생각해보지 않을래?"

찰스는 예전의 영업직원이었던 토끼 스킵에게 조심스레 말을 꺼냈다. 바론과의 첫 만남 이후 8개월, 이제 그의 공방은 주문이 끊이지 않는 곳이 되어있었다.

"찰스. 정말 많이 바뀌셨네요."

스킵은 찰스의 주톡방을 보여주며 말했다. 플로리스트들과의 대화, 웨딩플래너들의 후기, 그리고 체계적으로 정리된 콘텐츠들.

"맞아, 그래서 네가 필요해. 이제는."

"알겠습니다. 다시 돌아오겠습니다."

스킵의 대답에 찰스는 안도의 한숨을 내쉬었다. 이어서 성실한 문어 오토도, 예술적 감각이 뛰어난 딱따구리 팻치도 하나둘 복귀를 결정했다.

주문이 늘어나면서 공방도 빠르게 커져갔다. 물레를 돌리는 세 마리의 젊은 비버들은 손재주가 좋아 금세 기본적인 도자기 성형을 익혔고, 유약을 담당하는 다람쥐 자매는 섬세한 작업으로 정평이 났다. 포장과 배송을 맡은 토끼 가족은 빠른 발로 당일 배송을 가능하게 했다. 꼼꼼한 고슴도치는 품질 검수를 맡았고, 날렵한 청솔모는 창고 관리를, 힘 좋은 멧돼지는 가마 작업을 도맡았다.

어느새 스무 마리가 넘는 동물들이 바쁘게 움직이는 큰 공방이 되었다. 새로 들어온 직원들은 대부분 도예 경험이 없었지만, 성실하고 열정 넘치는 젊은 동물들이었다. 찰스의 꽃병에 매료되어 먼 곳에서부터 일하러 온 이들도 있었다.

하지만 기쁨도 잠시, 예상치 못한 문제가 발생하기 시작했다.

"대표님, 이렇게 하면 더 예쁠 것 같아서…."

팻치가 자신만의 방식으로 꽃병을 수정하고 있었다. 분명 아름다웠지만, 찰스가 개발한 수분 공급 시스템의 효율은 반으로 떨어지고 말았다.

"고객님, 저희는 이렇게 하는 게 더 좋을 것 같은데요?"

스킵은 여전히 자신만의 방식으로 고객을 설득하려 들었다. 찰스가 만들어놓은 학습 설계는 무시된 채였다.

문어 오토는 꼼꼼했지만, 오히려 그 꼼꼼함이 문제가 되었다. 모든 상담 내용을 일일이 찰스에게 물어보려 들었고, 결국 업무는 지연되기 시작했다.

"이래선 안 되겠어…."

찰스는 고민에 빠졌다. 직원들은 분명 각자의 장점이 있었다. 하지만 그들의 자율성을 인정하자니 품질이 흔들렸고, 통제하자니 직원들의 불만이 쌓였다.

결국 그는 바론을 찾아갔다.

"바론님, 도움이 필요합니다."

바론의 그림자가 동굴 벽면에서 천천히 움직였다.

"그래, 직원들과 문제가 있는 모양이군."

"네…. 다들 돌아왔지만, 제가 이제까지 해온 방식을 이해하지 못하는 것 같아요. 각자 자기 방식대로만 하려고 하고…."

"그럴 만도 하지."

바론이 차분히 말을 이었다.

"자네는 8개월 동안 끊임없이 배우고 성장했어. 하지만 그들은 그 과정을 함께하지 않았잖나? 자네의 머릿속에 있는 것들을 그들은 알 수가 없지."

찰스는 고개를 끄덕였다.

"그럼 어떻게 해야 할까요?"

"이제는 '체계'를 만들 때가 됐네. 자네가 알고 있는 모든 것을 누구나 이해할 수 있는 형태로 정리해야 해."

"체계라면?"

"그래, '매뉴얼'을 만드는 거야. 꽃병을 어떻게 만들어야 하는지, 고객과는 어떻게 소통해야 하는지, 품질은 어떻게 관리해야 하는지, 모든 것을 문서화하는 거지."

"매뉴얼이라…. 하지만 그걸 만드는 시간에 차라리 제가 직접…."

"그래서 자네가 지금 이 고민을 하고 있는 거야."

바론이 말을 잘랐다.

"매뉴얼이 없으니 모든 게 자네 어깨에 달려있지. 자네가 없으면 공방이 돌아가지 않아. 이래서는 더 큰 성장은 불가능해."

"어떻게 시작하면 좋을까요?"

"세 가지로 나누어 시작하게. 첫째는 제작 매뉴얼이야. 꽃병의 모든 제작 과정, 특히 자네가 개발한 수분 공급 시스템이 제대로 작동하기 위한 모든 조건을 상세히 기록하는 거지."

찰스는 고개를 끄덕이며 메모했다.

"둘째는 고객 응대 매뉴얼이네. 자네가 지금까지 개발한 주톡방의 학습 설계, 각 상황별 대응 방법, 모든 걸 정리해야 해. 마지막으로 품질 관리 매뉴얼. 완성된 제품이 기준에 맞는지 확인하는 체크리스트지."

"하지만 이걸 다 만들려면 시간이 없는데요…."

"시간이 없다고? 지금 자네가 낭비하는 시간은 생각해 봤나? 팻치의 꽃병을 다시 만들고, 스킵의 실수를 바로잡고, 오토의 질문에 일일이 답하는 시간은?"

한 달이 지났다.

매일 밤 두 시간씩 매뉴얼을 만들었다. 처음에는 막막했지만, 하나씩 정리하다 보니 오히려 그동안 자신이 놓치고 있던 부분들도 발견할 수 있었다. 문서에 모든 과정을 담고, 각 직원의 이니셜로 워터마크를 넣어 배포했다. 외부 유출을 막기 위해서였다.

변화는 생각보다 빨리 찾아왔다.

"여기 보세요, 수분 공급 시스템의 핵심이 바로 이 각도예요. 1도만 어긋나도 효율이 30% 떨어진다구요."

팻치가 새로 들어온 비버들을 가르치고 있었다. 더 이상 자신만의 방식을 고집하지 않았다. 대신 정해진 틀 안에서 더 아름다운 디자인을 연구했다.

"고객님, 지금 보내드린 영상은 저희 꽃병의 특별한 점을 보여드립니다. 혹시 더 궁금하신 점 있으시다면…."

스킵도 달라졌다. 주톡방의 학습 설계 순서를 따르자, 오히려 고객들의 반응이 더 좋아졌다. 그의 밝은 성격은 이제 정해진 틀 안에서 빛을 발했다.

"3-2 매뉴얼에 따르면, 아, 이 경우는 이렇게 처리하면 되겠네요!"

오토는 더 이상 모든 걸 물어보지 않았다. 대신 매뉴얼을 꼼꼼히 읽고 확인하는 습관이 생겼다. 그의 꼼꼼함은 이제 매뉴얼을 개선하는 제안으로 이어졌다.

매뉴얼이 자리를 잡아가면서 공방은 눈에 띄게 달라졌다. 찰스가 없어도 모든 것이 체계적으로 돌아갔고, 직원들도 각자의 역할을 완벽히 해내기 시작했다.

하지만 성공은 새로운 고민을 가져왔다. 주문이 폭발적으로 늘어난 것이다. 현재의 인원으로는 감당하기 어려울 만큼 많은 주문이 들어오기 시작했고, 자연스럽게 더 많은 직원이 필요해졌다.

"직원을 더 뽑아야 할 것 같아요."

찰스가 바론을 찾아와 고민을 털어놓았다.

"벌써 면접만 스무 번은 본 것 같은데, 누구를 뽑아야 할지 모르겠어요.

도자기를 잘 만드는 비버도 있었고, 영업을 잘할 것 같은 토끼도 있었죠. 하지만….”

바론의 그림자가 동굴 벽면에서 천천히 움직였다.

"어떤 기준으로 면접을 보고 있나?"

"실력이요!"

"틀렸어."

바론이 말을 자르며 되물었다.

"자네가 매뉴얼을 만든 이유가 뭐였지?"

찰스는 잠시 생각에 잠겼다가 대답했다.

"이해했습니다. 매뉴얼이 있으니 굳이 처음부터 모든 걸 완벽하게 할 줄 아는 직원이 필요한 건 아니군요."

"그렇지. 직원은 크게 네 부류로 나눌 수 있네. 일도 잘하고 태도도 좋은 사람, 일은 못하지만 태도가 좋은 사람, 일은 잘하지만 태도가 좋지 않은 사람, 그리고 둘 다 안 되는 사람."

바론의 목소리가 깊어졌다.

"자네라면 누구를 선택하겠나?"

찰스는 잠시 고민하다가 대답했다.

"솔직히… 예전의 저였다면 일 잘하는 사람을 뽑았을 것 같아요. 하지만 지금은 태도가 좋은 사람을 뽑고 싶습니다. 매뉴얼이 있으니 천천히 가르치면 되니까요."

"좋아. 이제 깨달았군."

바론이 만족스럽게 말했다.

"기술은 가르칠 수 있지만, 태도는 바꾸기 어려워. 자네도 8개월 동안 얼마나 많이 배웠나? 하지만 그 과정에서 자네의 성실함과 배우려는 태도가 있었기에 가능했던 거야."

찰스는 고개를 끄덕였다. 그리고 문득 떠오르는 게 있었다.

"그러고 보니 작은 일에도 불평하는 직원이 있었네요. 실력은 좋았지만…."

"자네 말이 맞아. 태도가 좋지 않은 사람은 아무리 실력이 좋아도 결국 조직을 힘들게 만들어. 특히 자네처럼 성장하는 단계에서는 더욱 그렇지."

바론의 목소리가 더욱 깊어졌다.

"하지만 더 중요한 게 있네."

"무엇인가요?"

"이미 검증된 사람을 찾는 거야. 면접에서 보여주는 모습은 가면일 수 있어. 하지만 이미 알고 지낸 사람이라면, 그의 진짜 모습을 알 수 있지."

찰스는 문득 예전 기억이 떠올랐다.

"아! 제가 예전에 도예 학교에서 만났던 고슴도치가 있어요. 실력은 평범했지만, 늘 성실했고 다른 이들을 돕는 걸 좋아했죠."

"그래, 바로 그런 사람이야. 이미 그의 진짜 모습을 알고 있으니까."

찰스의 고민은 여기서 끝나지 않았다. 얼마 지나지 않아 더 큰 문제가 찾아왔다.

"바론님, 이번엔 다른 고민이 있습니다."

"음?"

"요즘 들어 동업 제안이 많이 들어와요. 큰 자본을 가진 사자도 있고, 화려한 인맥을 가진 공작새도 있어요. 심지어 도예계의 유명 인사들도 편지를 보냈어요."

바론의 그림자가 벽면에서 크게 일렁였다.

"자네는 어떻게 생각하나?"

"솔직히 고민됩니다. 더 큰 성장을 위해서는 자본도, 인맥도 필요할 것 같은데…."

"잠깐 생각해보게. 동업이란 건 단순히 사업의 규모를 키우는 게 아니야. 영혼의 동반자를 찾는 거지."

찰스는 귀를 기울였다.

"동업자는 서로를 보완할 수 있어야 해. 마치 퍼즐 조각처럼. 자네가 이야기한 사자를 예로 들어보자. 자본은 있지만, 그는 자네의 철학을 이해하고 있나?"

"아니요. 오히려 제 꽃병을 대량 생산하자고 하더군요."

"그런 사람과 동업을 한다면 어떻게 될까? 자네의 철학은 점점 희미해질 거야. 결국 자네는 그저 자본의 하인이 되고 말 걸세."

바론의 목소리가 더욱 진지해졌다.

"동업자를 고를 때는 네 가지를 봐야 해. 첫째는 상호 보완성이야. 서로의 부족한 점을 채워줄 수 있어야 하지. 둘째는 서로에 대한 존중이고. 셋째는 현재 시점의 경제적 안정성, 마지막으로는 명확한 역할 분담이야."

찰스는 고개를 끄덕이며 메모했다.

"그리고 무엇보다 중요한 건, 반드시 피해야 할 사람들이야."

"어떤 사람들인가요?"

"자네의 단점을 그대로 가진 사람은 피해야 해. 신중하지 못한 자네가 또 다른 신중하지 못한 사람을 만나면 어떻게 될까? 잘 모르는 분야라고 해서 전문가라는 말만 믿고 따라가서도 안 되고. 타인의 감정에 공감하지 못하는 사람이나, 성실하지 못한 사람도 피해야 하고."

찰스는 문득 깨달았다.

"그러고 보니 제게 동업을 제안한 사람들, 모두 제 부족한 점을 채워주는 게 아니라 제가 가진 것을 가져가려고만 하더군요."

"그렇지. 진정한 동업자는 서로의 가치를 높여주는 사람이야. 혼자서는 빨리 갈 수 있지만, 함께라면 더 멀리 갈 수 있다고 하지 않나."

바론의 목소리가 부드러워졌다.

"자네에게 맞는 사람이 나타날 거야. 서두르지 말게. 마치 도자기가 가마에서 천천히 완성되듯, 좋은 인연도 때가 되면 자연스럽게 찾아오는 법이니."

찰스는 깊이 생각에 잠겼다. 문득 8개월 전 자신의 모습이 떠올랐다. 당시의 그는 기술만 있으면 된다고 생각했다. 하지만 바론을 만나고 깨달았다. 도자기처럼 사람도 정성과 시간을 들여야 진정한 가치가 만들어진다는 것을. 직원도, 동업자도 마찬가지였다. 단순히 당장의 실력이나 자본이 아니라, 시간이 지나도 변치 않을 태도와 진정성을 보아야 했다.

"오늘도 중요한 걸 배운 것 같습니다."

그가 고개를 들어 바론을 바라보았다. 어둠 속에서도 그의 눈은 이제 확신으로 빛나고 있었다.

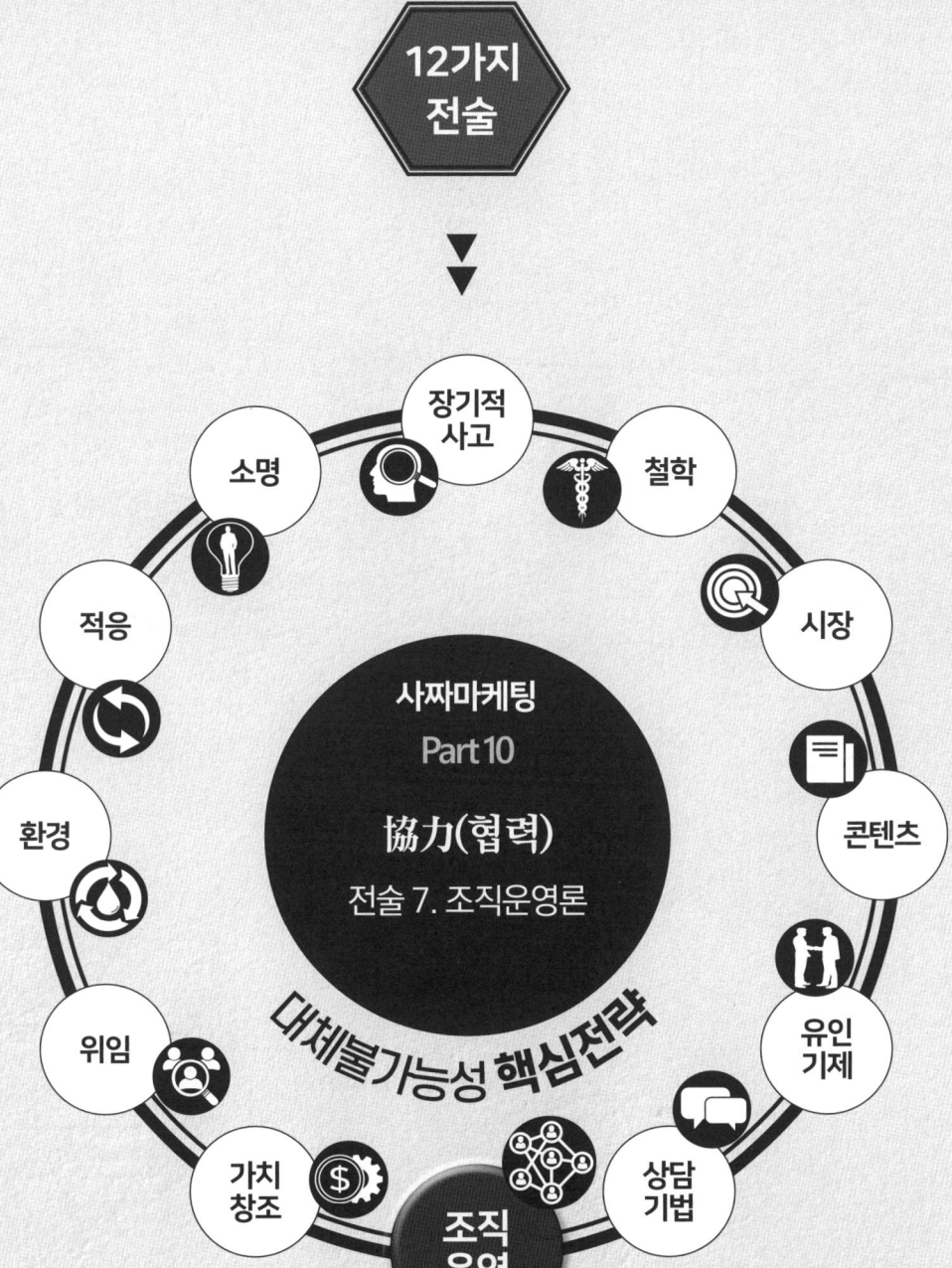

01 매뉴얼로 시스템화하라

전문 자격사 사무소를 개소한 지 5년이 지나도 다음과 같은 문제가 있다면 매뉴얼이 없어서 발생하는 문제점이라는 걸 곱씹어 봐야 한다.

1) 직원이 바뀔 때마다 매번 사무실 체계가 뒤집혀서 스트레스가 크다.

2) 직원이 본인(직원 자신)이 없으면 사무실이 안 돌아간다고 생각한다.

3) 대표가 6시간 이상 자리를 비우면 사무실이 난리가 난다.

이렇게 되는 이유는 '매뉴얼'이 결국 없기 때문이다.
요식업 '프랜차이즈'가 쉽게 운영이 가능한 이유는 본사의 매뉴얼이 있기 때문이다. 프랜차이즈는 가맹점주가 하루 이틀만 익히면 충분히 본사 방침에 따라 충분히 일을 할 수 있다.

개소하고 난 뒤 어느 정도 체계가 잡히면 바로 매뉴얼을 만들어야 한다. 매뉴얼은 구체적이면 구체적일수록 좋고 점진적 개선 방식으로 업을 그만두는 그 순간까지 개선한다고 생각하면 된다. 처음에는 대표가 만들어야 하지만, 이후에는 그 업무를 맡고 있는 직원이 현직에 있을 때 틈틈이 제작할 것을 지시하고 그것을 컨펌만 하면 된다.

매뉴얼만 있으면 직원에게 휘둘릴 일이 없다. 매뉴얼이 없는 상태는 '암묵지(자기만 알고 있는 체계화 되지 않은 내심의 지식)' 상태이기 때문에 그 지식을 머리로 알고 있는 사람이 권력을 획득하게 된다.

영화를 보면 어떤 기술을 가지고 있거나 보물이 있는 위치를 알고 있는 사람을 악당이 쉽게 죽이지 못하는 이유도 이에 해당된다. 또 중화요리점 주방장이 자기 실력으로 대표를 휘두르는 사례도 심심치 않게 보는데, 그것도 이 일화에 부합한다.

매뉴얼이 계속 만들어지지 않는다면 그 직원의 태도에 따라 대표가 휘둘릴 수도 있다. 물론 그 직원이 나간다고 해도 대표가 있는 이상 다시 정상화는 된다. 그러나 스트레스가 이만저만이 아니기 때문에 미리 직원이 나가더라도 바로 다른 직원이 그 업무를 대체할 수 있는 매뉴얼을 만들어 놓으라는 것이다.

매뉴얼은 직원의 업무별로 세분화해 만들고 일련번호를 매겨서 대표가 보관하면 된다.

한편 매뉴얼은 크게 3가지로 나뉘는데 첫 번째는 위에서 언급했듯 직원이 퇴사하거나 부재 시에 그 업무를 대체할 수 있게끔 하는 매뉴얼이다.

매뉴얼은 비밀번호를 걸어둔 PDF파일로 만드는 걸 추천한다. 노션이나 네이버 카페 같은 공개용 플랫폼으로 만들 경우에 보안이 문제가 될 수도 있기 때문이다. 물론 PDF 파일이 유출이 되는 것은 어쩔 수 없지만, 이런 경우를 미연에 방지하기 위해서 PDF 파일에 그 PDF 파일을 수령한 직원의 이니셜을 워터마크로 새겨두고 보안을 철저하게 지켜줄 것을 수시로 이야기해야 한다. 그리고 애초에 그 PDF파일이 유출이 되더라도 문제가 될 만한 문구나 시스템은 기록해두지 않는 게 좋다.

두 번째는 기존에 언급했던 '그림자 분신술'과 관련이 있다. 즉 의뢰인이 어떤 질문을 했을 때 그에 대해서 매뉴얼에 있는 대로만 답을 하게끔 정하는 것이다. 이 부분은 그림자 분신술을 만든 이유를 상기해서 보길 바란다.

이 오토매틱 시스템의 장점으로는 먼저 대표가 직접 만드는 콘텐츠를 의뢰인에게 전달하므로 답이 정확하다. 직원이 대답하지 못하게 하는 이유는 정확하게 몰라서 틀리는 경우가 있을 수 있고, 답이 틀리게 되면 대표가 책임을 져야 하기 때문이다. 또한 직원이 답을 하고 나면 2차, 3차 질문이 이어지므로 답을 제대로 했다고 하더라도 일이 더 많아진다.

따라서 영상이나 글을 보고 추가 질문이 있으면 대표가 직접 시간이 날 때 답을 하거나 경력이 있는 직원이 답을 하는 방식을 취하길 바란다.

부작용은 딱 하나이다. '기계적'이라고 느끼는 의뢰인의 생각인데, 이 점은 미리 사건이나 기장을 수임할 때 양해를 구하고 출발하면 된다. 전혀 문제가 되지 않는다. 명심할 것은 문제가 있다면 반드시 그걸 해결하는 방법도 있다는 사고체계이다. 이 부분은 앞선 강의에서도 언급한 바 있다.

세 번째는 카카오톡방 소통 흐름에 대한 것이다. 카카오톡방에서 질문지를 주고, 맞춤형 사례를 제공하고 계약서 등을 제공하는 일련의 플로우이다. 이것도 미리 매뉴얼화해야 한다. 이것도 앞에서 설명을 했다.

마지막으로 매뉴얼은 지속적으로 점검해서 버전업해 나간다는 것을 잊지 말아야 한다.

매뉴얼 제작은 몇 번을 강조해도 모자란다. 그럼에도 시간이 없다는 이유로 매뉴얼 만드는 걸 대표 전문 자격사들이 어려워 하는 경우가 많다. 단 하루에 10분씩이라도 조금씩 매뉴얼을 만들어가시길 바란다.

02 어떤 직원을 뽑아야 할까?

1인 사무소일 때에는 문제가 없지만 직원이 늘어나면 직원 때문에 머리 아픈 일이 많아진다. 채용할 때 면접이나 이력서만으로는 절대로 이 직원이 어떤지 알 수가 없다는 것이 참 명제이다. 따라서 수습 기간에 일을 시켜보고 태도를 보는 수밖에 없다.

필자는 개인적으로 직원 채용 시 가장 중요하게 여기는 걸 그 직원의 '태도'라고 생각한다. 내가 대표로 있는 곳에서만 200명 정도의 직원이 입사와 퇴사로 다녀간 거 같은데, '실력은 좋은데 사회성이 모자란 직원', '실력도 없고 인성도 안 되는 직원', '애초에 일이 안 되는 직원', '모든 게 완벽한 직원' 등 참 다양한 인간 유형을 마주할 수 있었다.

일단 거두절미하고 직원을 4가지 유형으로 나눈다.

1) 일도 잘하고 태도도 좋은 유형
2) 일은 못하지만 태도가 좋은 유형
3) 일은 잘하는데 태도가 불량한 유형
4) 일도 못하고 태도도 불량한 유형

4번 유형은 일단 무조건 탈락. 1번 유형은 아주 보기 드물지만 있긴 하다. 그러나 1번 유형은 애초에 희소하기에 있을 거라는 기대를 많이 안 하는 게 좋다. 기대치가 없으면 실망감도 없는 법이다.

채용에 있어 스티브 잡스의 경우에는 더 극단적이었다. 그는 직원을 '세상이 자신을 따르게 만드는 위대한 직원'과 반대로 '지금 당장 내쫓아야 할 능력 없는 직원'이라는 이분법으로 따졌다. 실제로 잡스와 일했던 직원들의 사후 인터뷰를 보면 그에 대한 평가가 극명하게 갈리는데, '비록 언행은 거칠었지만 그가 일을 합리적이고 엄청나게 잘해서 좋았다'는 직원이 있는가 하면 '완전한 사이코패스'라고 비난하는 직원도 있었다. 잡스는 본인이 천재형 인간에 속해서 능력 위주로만 사람을 평가했고, 이것이 원칙적으로는 맞다.

그러나 현실을 직시해야 한다. 애플은 누구나 다 가고 싶어 하는 선망의 기업이고, 따라서 능력 위주의 인사를 결정해도, 얼마든지 대체할 사람이 있으니 그렇게 평가해도 된다. 그러나 우리 전문 자격사 사무실은 비록 일반 중소기업보다는 구직자들에게 이미지는 좋지만, 중소기업과 비슷한 수준의 처우를 해줄 수밖에 사업체이다.

따라서 애플이나, 구글, 삼성 같은 곳에 들어갈 인재를 바랄 순 없다.

그래서 양보한 것이 능력보다는 '태도'이다.

다행인 것은 매뉴얼만 잘 만들어 놓으면 직원 개개인의 능력은 크게 상관이 없고, 결국 대표를 중심으로 돌아가기 때문에 이를 커버할 수 있다는 점이다.

그렇다면 이 논지에서 '일은 못하지만 태도가 좋은 유형'과 '일은 잘하지만 태도가 좋지 않은 유형' 중 누구를 택해야 할까?

맞다. 일은 못하지만 태도가 좋은 유형은 성장 가능성이 있기에 그를 보듬어야 한다. 태도가 좋다는 것은 성실하다는 것이고 비록 더딜지라도 반드시 시키는 것만큼은 잘하게 될 가능성이 높다. 어쩌면 그 이상의 역할도 조금은 더 해줄 수 있다.

잔인하게 들리겠으나 1인 전문 자격사 사무실의 현실상 '시키는 것만 제대로 하고 어쩌면 그보다 좀 더 잘해줄 수 있는 정도의 직원'이 최고의 직원이다.

따라서 태도를 중요하게 보길 바란다. 이 역시 제가 거듭 강조해 드리는 '장기적 사고'와 관련이 있다. 당장 일머리가 있는 직원이 좋아 보이지만 인성이 안 좋으면 반드시 내부적으로 분란을 일으키게 된다. 이런 직원을 몇 번이나 봤다.

특히 이런 직원의 경우 대표조차 안하무인의 태도로 대하는 사람도 있고, 대표한테만 잘 보이려는 경우도 있다. 결국 조직 화합에는 지장이 가는 사람이기 때문에 빨리 잘라내야 한다.

다만 현실적으로 가장 좋은 방법이 있다. 이미 알고 있었던 검증되고 믿을 만한 사람을 직원으로 채용하는 것이다. 이때 '가족'은 안 된다. 가족이 핵심 역할을 하게 되면 문제가 생긴다. 그럼에도 가족을 채용하거나 그와 비슷한 지인을 채용할 때는 공과 사를 확실히 지킬 수 있는 선에 놓여 있는 사람이어야 한다.

한 가지 좋은 사례를 소개한다. 필자가 고안한 시스템을 처음으로 이식했던 친구 변호사의 일화이다. 나와 친구가 법학과 학생회일 때 오랫동안 같이 지켜본 여후배가 있었다. S라고 해두자. S는 선배 눈치도 보지 않고 자기 할 일을 묵묵히 하고 할 말은 다 하던 당찬 후배였다. 일머리도 좋아서 굉장히 처리가 깔끔했다. 이후 학생회 조직 안에 문제가 보였고, 그걸 고쳐 달라고 건의했는데 받아들여지지 않자 "나는 여기서 일을 못하겠다"고 하며 학생회를 그만뒀다.

참 그 모습이 멋있었다. 그와 연락이 닿지 않는데도 저와 친구는 당시의 그 '태도'를 늘 칭찬했고 10여 년이 지나 친구인 변호사가 전라남도에 있는 S를 자기 교대 사무실로 모시고(?) 와 집까지 구해주고 사무장으로 채용했다. 참 어렵게 데려왔는데, 필자가 봐도 정말 잘한 결정이었다. 지금은 S가 없는 친구 사무실은 상상 못할 정도이다. S를 보며 사람의 태도는 역시 안 바뀐다는 말을 다시 한번 반추해 본다.

좋은 직원 한 명은 대표의 부재 시 회사를 이끌어간다. 그러나 나쁜 직원 한 명은 대표가 있는 순간조차 그 회사를 좀 먹는다. 태도가 좋은 직원을 채용하길 바란다.

03 재택근무를 해야 하는 이유

    필자는 전문 자격사로서 1인 대표 사무소를 2025년 기준 12년째 운영하고 있다. 현재 직원들 중 80%는 재택근무를 하고 있다. 그리고 애초에 나도 재택근무에 가깝다. '대면하지 않고 영업하는 방법' 콘텐츠에서 이야기했지만 필자는 수년간 한 번도 의뢰인을 직접 만난 적이 없다.

    물론 업무 특성도 관련이 있다. 필자 업무는 서류 업무가 주이기 때문에 의뢰인이 나에 대한 신뢰가 있다면 만날 이유가 없기 때문에 가능한 일이긴 하다. 소송과 관련된 고액 의뢰인의 경우에는 한 번쯤은 만나야 할 수도 있기 때문에 100% 필자처럼 할 수는 없다는 걸 전제로 이 글을 쓴다.

    다만 요지는 '할 수만 있다면 재택으로 돌리라'는 것이다. 굳이 사무실에 있을 필요가 없는 인원인데 좁은 사무실을 더 비좁게 할 이유도 없고, 운영비도 대폭 절감된다. 재택근무를 하는 직원 입장에서도 출퇴근이나 눈치를 볼 필요가 없어서 더 좋다.

    재택근무를 하게 할 때 가장 염려가 되는 것은 '과연 직원이 일을 제대로 할 것인가'이다. 이 걱정은 '할당량'으로 해결하면 된다. 즉 할당량을 주로 그 과업을 수행했으면 일을 한 것이고, 못했으면 일을 안 한 것이다. 따라서 매시간 눈에 불을 켜고 감시할 필요가 없다. 그리고 실시간으로 정해진 시간을 채워야 하는 직군과 시간 관계 없이 할당량을 채워야 하는 직군으로 나누길 바란다.

구체적으로 내 경우에는 다음과 같이 운용하고 있다.

(1) 카카오톡방 소통팀

시간이 딱 정해져 있다. 근무 시간 내에 의뢰인들의 상담 보조 및 질문에 대한 답, 계약, 서류 안내, 청구서 작성 후 내용 송부 등 의뢰인들과의 소통을 책임진다. 이 팀은 정규시간(9시부터 18시까지) 내내 일을 해야 한다. 의뢰인과 소통하는 업무이기 때문이다. 이외에 필요한 경우에는 저녁 직원을 따로 둘 수도 있다. 필자는 18부터 22시까지 일하는 평일 직원 1명과 토, 일 9시부터 18시까지 일하는 주말 직원을 따로 각각 두고 있다. 정규시간 외에는 신규 의뢰인 상담만 가능하기 때문에 업무가 많지는 않다. 카카오톡방이나 전화로만 업무가 진행되므로 당연히 재택근무팀이다.

(2) 서류팀

대표인 필자를 도와 서류를 작성하는 직원들이다. 일을 하는 데 정해진 시간이 없다. 할당량만 채우면 되고 당연히 재택이다. 디자인 업무를 하는 사람도 이 직역에 속한다. 즉 재택에 일하는 시간도 정해지지 않은 100% 과업 달성형이다. 다만 근무 시간을 오버하지 않도록 촘촘하게 할당량을 주고 조율하는 과정은 필요하다.

(3) 비서 업무

대표가 그때그때 지시하는 비정형적 업무를 수행한다. 정규시간 외까지 업무를 맡길 수는 없기 때문에 재택근무이자 정규 시간직이다. 실제로 차를 몰거나 수행하는 게 아니라, 비정형적 업무를 빠르게 수행하는 직군이라고 보면 된다.

(4) 퀀텀스텝스 사짜마케팅팀 = 영상팀

법인 소속 영상팀 중에 간단한 편집팀이나 카페 관리 직군의 경우에는 재택이 가능하지만, 그 외에는 촬영과 제대로 편집을 하기 위해 다 고급 장비와 소통이 필요하다. 특히 촬영할 때는 장비가 있는 곳에서 일을 해야 하기 때문이다. 다만 이건 사짜마케팅 운영을 위해 영상팀 인원이 제법 많은 법인의 경우이고, 외주를 맡기는 경우에는 고려하지 않아도 되는 부분이다.

이처럼 직군을 나눠서 재택을 시켜야 할 사람과 시키지 않아야 할 사람을 구분하길 바란다. 내 구상에서는 변호사 사무소의 경우에도 그 변호사가 신뢰 자본만 축적한다면 작은 사무실에 사무장 한 명과 문서 보조 한 명만 두고 나머지는 재택으로 돌리는 방법도 가능할 것으로 보인다. 이 부분은 상황에 맞게 구체적으로 풀어가면 좋겠다.

어쨌든 필자가 하고 싶은 말은, 반드시 사무소 상근 근무를 원칙으로 할 필요가 없다는 것이다. 유연하게 생각하고 상황에 맞게 재택이든, 근무시간 탄력제이든 선택적으로 적용하면 된다.

04 크로스체크

필자는 직원들에게 화를 잘 내지 않는다. 직원 채용 편에서 이야기했듯이 딱 '시키는 일만 잘하고 어쩌면 가끔은 그 이상 해주면 좋겠다'는 생각으로 직원들을 대하기 때문이다. 물론 귀한 인격체인 직원들에게 걸핏하면 화를 내선 안 되는 것이 기본 전제이기도 하다.

다만 내가 가장 크게 화를 내는 때도 있는데 딱 한 가지 있다. 기한을 깜빡 잊고 못 맞춘 경우이다. 신고든 쟁송이든 다 기한이 있다. 이 기한을 깜빡하고 놓쳐서 넘기게 되면 도저히 방법이 없다. 각하 사유이다. 의뢰인이 손해배상을 건다고 해도 받아들일 수밖에 없다. 필자도 이런 경우가 있었다. 물론 의뢰인도 귀책 사유가 있어서 잘 넘어가긴 했지만 정말 아찔했다.

그리고 필자가 의뢰인의 입장에서 이를 당한 경우도 있었다. 과거 내가 거쳐 갔던 세무사 중 한 명이었는데 당시 세무사 사무소 직원과 필자가 통화를 해보면 직원이 그렇게 똘똘하지 못한 인상을 받았다.

아니나 다를까 역시 사고를 쳤다. 부가세액의 마지막에 '0'을 하나 더 넣은 것이다. 그래서 부가세가 10배 정도 더 나왔다. 당시 나는 세금을 잘 몰라서 그게 맞는 줄 알고 다 냈다. 그러고 나서 다른 세무사한테 옮겼을 때 다른 세무사가 그것을 발견했고 다행히 경정청구를 해서 돌려받을 수 있었다. 그러나 화가 나는 건 어쩔 수 없었다. 부가세를 10배를 더 내게 하는 게 무슨 일 처리인지 따지고 싶었지만 경정청구가 되어서 그냥 넘어간 적이 있었다.

이런 최악의 사태는 막아야 한다. 한 번 터지면 되돌릴 수 없는 일들이다. 기장이었다면 당장 신뢰를 잃고 이를 사유로 세무사나 노무사를 바꿀 게 뻔하다. 쟁송이나 인허가였다면 손해배상 청구 대상이다. 이를 막는 방법은 '크로스 체크'뿐이다.

한 명이 아니라 2명 혹은 3명이 번갈아서 체크를 하는 것이다. 기한과 최종 금액만 체크하는 것이기 때문에 시스템만 안착시킨다면 그렇게 번거롭지 않다.

필자가 대표로 있는 사무실 역시 기한을 꼭 맞춰야 하는 서류는 2명이 중복으로 체크하고 매일 단체톡방에 보고하게끔 하고 있다.

꼭 크로스체크를 활용하길 바란다.

05 보고 전달 의사소통의 3원칙

직원이 대표에게 보고를 할 때 또는 대표가 직원에게 지시를 할 때, 혹은 직원과 직원 간의 의사소통은 물론이고 의뢰인과의 대화, 그리고 비즈니스 파트너와의 대화에 이르기까지 의사소통을 할 때 생산성을 저해하는 요소가 몇 가지 있다.

이 장애 요소를 제거하면 화자에게 다시 의미를 물어보는 일이 틀림없이 줄어든다. 내 경우에는 이 3가지 요소를 신입직원이 들어오면 꼭 교육하고 있다.

보고와 전달 등 의사소통의 3원칙이라고 부른다.

(1) 주어를 생략하지 말라

한국어는 영어와 다르게 주어를 생략하는 경우가 굉장히 많다.

우리가 식사했냐는 말을 친구한테 물어볼 때 "철수야 밥 먹었어?"라고 하지 않는다. 남성 간이라면 "밥 먹었냐?"라고 물어보는 게 일반적이다.

이때 주어를 생략하려면 듣는 상대방이 주어를 생략해도 명확하게 주어가 무엇인지를 알 수 있는 경우에 한정해야 한다. 그런데 내가 파악하고 있는 주어를 상대방은 당연히 알고 있을 거라고 착각하는 경우가 굉장히 많다. 특히 업무를 하면 한 사람과만 소통을 하는 게 아니기 때문에 대뜸 "처리했습니다"라고 직원으로부터 보고를 받는다면 "뭘 처리했다는 거야?"라고 물어볼 수밖에 없다.

대표가 직원에게 지시를 하는 것도 마찬가지이다. 아무 맥락도 없이 "2개씩 모아서 주세요"라고 지시를 한다면 "대표님 무엇을 2개씩 모아서 드려야 한다는 말씀이세요?"라고 묻게 된다. 이 대목에서 또 감정적인 대표라면 "그, 내 말을 아직도 못 알아들어요? 척하면 척이지"라고 직원에게 핀잔을 주는데, 꾸지람을 들어야 할 것은 명백하게 대표 자신이다.

계속 그 주제에 대한 의사소통이 이어지다가 직후 나온 지시나 보고라면 당연히 주어를 생략할 수 있겠다. 그러나 보통은 이 일 저 일을 처리하다가 보고나 지시를 하는 경우가 더 많다. 따라서 조금이라도 시간 격차가 벌어진다면 주어를 명확하게 써줘야 한다.

"그때 의뢰인 홍길동 씨 자료 취합하라고 하신 거 방금 다 완료했습니다."
"워크샵 장소 예약 어제 마무리했습니다."

식이다. 직원들도 꼭 이렇게 하도록 사전 교육을 해야 나중에 문제가 안 생긴다.

(2) 자기만 아는 지칭대명사를 쓰면 안 된다

같은 맥락이다. 전에 팀장급 직원이 '2차 발송 메일'이라는 표현을 한 적이 있다. 당시 메일을 보내는 대상이 여러 명이어서 보고를 받는 필자는 너무 헷갈렸다. 2차 발송 메일이 '2차로 동일인에게 발송을 하는 중복 메일'이라는 건지, 아니면 여러 사람이 있기 때문에 다 보내지 못하고 대상을 1차, 2차, 3차로 나눠서 1차를 보내고 난 뒤 남은 '2차 대상에게 발송하는 게' 2차 메일이라는 건지 혼동이 된 것이다.

그래서 그때 명확하게 해달라고 해당 팀장에게 이런 부분을 지적했던 적이 있다.

지칭대명사는 축약을 하면 언어의 소모를 줄일 수 있지만, 그 지칭 대명사를 상대방이 명확하게 무엇인지 알고 있을 때 의사소통이 가능하다.

(3) 마감시한이나 약속을 잡을 때는 '요일'로 지정하지 말라

나는 몸이 안 좋을 때 한의원을 자주가는데 워낙 오래 다니다 보니 화요일에 치료를 받고 간호사에게 "목요일에 올게요"라고 툭 던져놓고 돌아왔다. 필자는 그 목요일이 이틀 뒤인 목요일을 의미한 것인데, 간호사는 매주

1번씩 한의원에 왔던 내 패턴을 알고 있던 나머지 다음 주 목요일로 생각을 했다. 결국 진료는 그 다음 주 목요일에 받게 됐다. 이도 전달하는 사람이 잘못 전달해서 발생한 문제점이다.

자기가 편하다고 '목요일', 이런 식으로 이야기하지 말고 '1월 14일 목요일 오후 2시'라고 정확하게 이야기를 해야 한다. 마감시한도 마찬가지이다. "화요일까지 마감하라"는 말은 다음 주 화요일인지 이번 주 화요일인지 모호하다.

이 3가지만 대표가 확실히 하고 직원들과 공유한다면 헷갈려서 다시 되묻는 경우는 없을 것이다.

사소하지만 조직운영에 정말 큰 도움이 되는 부분이니 꼭 활용하시길 권한다.

06 짧은 지시어로 오더를 내리라

필자는 20대 시절 이곳 저곳에서 여러 종류의 아르바이트를 많이 했었다. 20년도 더 된 일이긴 하지만 특히 20살에 일했던 롯데리아가 기억에 많이 남는다.

20년 전이니 지금은 좀 시스템이나 용어가 바뀌었을지 모르지만, 당시에는 포스에서 주문을 받게 되면 육성으로 주방에 있는 직원들에게 마이크로 오더를 내렸다. 오더를 받은 직원은 오더를 받았다는 걸 대답으로 확인시켜주고 조리에 들어가는 시스템이었다.

그때 육성으로 받았던, 아직도 기억이 생생히 나는 용어 중 하나가 '낫싱'이다. 포스에서 '양파 낫싱'이라고 오더를 내리면 '양파를 빼고 조리해주세요'라는 말로 이해하고 조리를 시작하면 됐다.

'양파 빼고 주세요'를 그냥 '양파 낫싱'이라는 간단한 단어로 줄였는데, 패스트푸드점 특성상 주로 효율성과 속도를 중시하기 때문에 간단하고 직관적인 표현들이 많이 사용됐다.

경험이 중요하다는 말이 있다. 이때 숙지했던 것들을 제 전문직 시스템에도 많이 투영하게 됐다.

　필자 역시 효율화를 위해서, 의뢰인들에게 자주 제공되는 정보들과 내부 소통 언어는 '초성'으로만 지시를 내리고 있다.

　가령 제가 사용하는 효율화 초성은 다음과 같다.

'이 사람한테 전화 거세요.' = 'ㅈㅎ' (전화의 약자)

'전화 걸지 말고 바로 카카오톡 방을 여세요' = 'ㅅㄱ' (신규개설의 약자)

'그림자분신술(아카이브) 영상 B6을 의뢰인께 링크로 보내드리세요' = 'B6'

'OOO님 입금 됐습니다' = 'OOO님 ㅇㄱ'

'자세한 비용 안내' = '자세한 비용'

'상담 끝났으니까 나머지 안내해드리세요' = '이하'

등이다.

　이를 통해 팀원들이 서로의 업무를 더 빠르게 이해하고 실행할 수 있도록 돕고, 의사소통 과정에서 발생할 수 있는 혼란을 최소화할 수 있다.

　여러분도 팀 내에서 혹은 상담 과정에서 짧고 명확한 커뮤니케이션 방식을 시도해 보길 바란다.

07 영혼의 파트너를 만나는 방법

성공을 향한 여정에서 우리는 종종 혼자만의 한계를 마주하게 된다. 특히 변호사, 세무사, 회계사, 변리사, 노무사와 같은 전문 자격사들은 더 큰 꿈을 실현하기 위해 동업이라는 선택을 하게 된다. 이는 단순히 업무를 나누는 차원을 넘어, 각자의 전문성을 발휘하며 시너지를 창출하는 협력의 장으로 자리매김한다. 하지만 이 과정에서 잘못된 선택은 오히려 독이 될 수 있다.

그렇다면 어떻게 해야 올바른 동업자를 만나고, 또 건강한 관계를 유지할 수 있을까?

(1) 상호 보완적 관계의 힘

가장 이상적인 동업자는 서로의 부족함을 채워줄 수 있는 사람이다. 이는 단순히 성격의 차이를 넘어, 업무 영역과 전문성에서도 적용된다. 마치 퍼즐 조각이 서로를 완성하듯, 한 사람의 진취적이고 도전적인 성향은 다른 사람의 신중하고 분석적인 면모와 만나 완벽한 균형을 이룰 수 있다.

역사적으로 가장 성공적인 동업 사례를 살펴보면, 이러한 상호 보완성이 두드러진다. 삼국지의 유비와 제갈공명은 그 대표적 예시이다. 대중을 이끄는 카리스마와 뛰어난 통찰력을 가진 유비, 그리고 치밀한 전략과 냉철한 판단력을 지닌 제갈공명. 이들의 조화는 촉한이라는 거대한 꿈을 현실로 만들었다.

현대에 들어서도 이러한 예는 쉽게 찾아볼 수 있다. 애플의 스티브 잡스와 스티브 워즈니악의 관계가 그렇다. 혁신적 비전과 탁월한 마케팅 감각의 소유자 잡스, 그리고 뛰어난 기술력으로 그 비전을 현실화한 워즈니악. 이들의 만남은 세계를 바꾸는 기업의 탄생으로 이어졌다.

잡스와 그 뒤를 이은 애플의 CEO 팀 쿡의 조합도 좋았다. 창의적 혁신을 추구하는 잡스와, 안정적 운영과 효율적 관리를 중시하는 쿡. 이 두 사람의 협력은 애플을 세계 최고의 기업으로 성장시키는 원동력이 됐다.

쿡은 사실 '혁신가'가 아니었다. 쿡의 전문 분야는 운영 관리와 공급망 최적화였다. 쿡은 글로벌 제조 및 공급망 관리에서 탁월한 능력을 발휘했다. 그는 애플의 제품이 적시에, 최적의 비용으로 생산되고 전 세계에 배송될 수 있도록 공급망을 혁신했다. 특히, 제조업체와의 관계를 최적화하고, 재고 관리를 최소화하면서도 효율성을 극대화하는 데 성공했다.

잡스는 지극히 창의적이지만 동시에 현실적인 인물이기도 했다. 자신

같은 폭발적인 리더십과 창의적인 인물을 후임에 두지 않고, 지속가능하고 안정적인 운영가에게 애플의 미래를 맡겼다는 점에서 알 수 있다. 애플의 성공을 지속적으로 이어갈 수 있는 적임자가 쿡이라고 그는 확신했다. 잡스는 자신의 철학을 이어받고 동시에 새로운 방식으로 회사의 성장을 도모할 수 있는 인물로 쿡을 선택한 것이다. 그간 쿡은 감정적이기보다 논리적이고 신중한 의사결정을 내리는 스타일로, 조직 내에서 신뢰와 안정감을 제공할 수 있는 인물로 평가받았기 때문이다.

이것이 바로 가장 좋은 협력자 관계이다.

워런 버핏을 보자. 그에게 찰리 멍거가 없었다면 지금의 워런 버핏은 없었을 것이다.

필자가 파트너인 워너와 같이 일하는 것도 이 지점에 있다.

나는 추진력이 강하고 체계화를 잘하며 글쓰기에 강점이 있다. 이에 반해 빈번한 사람과의 만남에 극심한 피로도를 느끼는 타입이다. 회사 규모가 커지면서 내부 결속이나 사원 관리에도 분명 문제가 생기고 있었다.

이걸 해결해준 게 워너였다. 워너는 체계화나 글쓰기 능력은 분명 필자보다 떨어지지만 내가 불도저 같이 밀고 나갈 때 그걸 제지할 수 있는 유일한 사람이기도 하다. 그리고 그의 인적 관리 능력과 사람을 대하는 능력은 확실히 재능이 크다. 나와는 찰떡궁합인 셈이다.

물론 모든 면에서 맞을 순 없다. 오히려 모든 면에서 맞으면 조금만 엇나가도 '사람이 변했다'는 생각이 들기 마련이다. 자신에게 부족한 면을 파트너가 가지고 있고 서로 바라보는 지점이 같다면 그가 바로 영혼의 파트너이다.

(2) 상호 존중

동업 관계에서 가장 중요하면서도 쉽게 간과되는 것이 바로 '존중'이다. 특히 한국 사회에서는 친밀감이 깊어지며 말을 놓기 시작할 때, 미묘한 관계의 변화가 시작된다. 때로는 이러한 변화가 감정적 갈등의 시발점이 되기도 한다. 그래서 학창시절에 만난 사람이 아니라면 가급적 말을 놓지 말길 바란다. 사회에서 만났으면서도 급작스럽게 '형' '동생' 하자는 사람은 분명 어딘가 문제가 있을 가능성이 높다.

(3) 각자의 경제적 여유가 만드는 안정성

성공적인 동업을 위해서는 '경제적 여유'라는 완충제가 필요하다. 각자가 동업 외의 안정적인 수입원을 가지고 있다면, 사업 초기의 불가피한 어려움이나 예상치 못한 손실도 여유롭게 대처할 수 있다. 이는 마치 안전망과 같아서, 동업 관계가 경제적 압박으로 인해 흔들리는 것을 방지한다. 만일 한쪽만 안정적인 수익원이 있고 다른 한쪽은 동업으로 생긴 수익으로 사활을 걸어야 한다면 안정적인 수익원이 있는 한쪽이 조금은 양보를 해야 한다. 그래야 그 관계가 오래간다.

(4) 명확한 경계 및 분배 설정의 중요성

동업관계의 성패는 세부적인 약속에서 갈린다. 누가 어떤 역할을 맡을 것인지, 수익은 어떤 기준으로 나눌 것인지, 이러한 기본적인 사항들을 명확히 문서화하는 것이 중요하다. 분배에서도 마찬가지이다. 나누는 것에 있어 서운함이 들면 그 관계는 지속되지 못한다.

결국 동업을 하는 이유는 더 큰 세계로 나아가기 위해서이다.

혼자만의 힘으로는 분명한 한계가 있다. 하지만 여러 전문가들이 모여 법인이나 합동사무소를 설립하고 협력할 때, 그 잠재력은 기하급수적으로 증가한다. 특히 법률, 세무, 회계와 같은 전문 분야에서는 이러한 시너지 효과가 더욱 뚜렷하게 나타난다.

하지만 규모를 생각 이상으로 키우고 싶지 않을 때에는 동업을 하지 않아도 된다.

필자만 해도 〈사짜마케팅〉은 규모를 키워야 하기 때문에 파트너 구조이지만, 본업인 전문 자격사 운영은 12년째 혼자 하고 있다.

자신이 생각하는 방향에 따라 정하면 되고 다만 동업을 하기로 했다면 그 파트너는 위의 기준에 따라 찾아야 한다.

이 지점에서 내 경험상 절대로 함께 해서는 안 되는 동업자를 설명한다.

(1) 자신의 단점을 고스란히 갖고 있는 동업자

필자는 어리석게도 7~8년 전에 요식업 동업 사업을 한 적이 있다. 한 번도 안 해본 사업이었는데 우연히 고객으로 만나 알게 된 사람과 '형' '동생'을 할 정도로 급격하게 친해져서 같이 동업을 하게 된 것이다. 문제는 이 사람도 신중한 타입이 아니라는 것이다. 나는 이 사람이 오랫동안 음식점을 경영해서 그 분야를 믿고 맡기려고 투자를 한 것인데, 결국 둘 다 신중하지 못한 의사결정으로 급하게 일을 처리하다가 손실을 봤다. 둘 중에 한 명만 신중했어도 의사결정 과정 자체는 삐걱거렸겠으나 의사결정은 제대로 했을 것이다.

(2) 잘 모르는 분야는 동업자가 잘 안다고 해도 피하라

위 동업자 사례뿐만 아니라 필자는 어리석게도 잘 모르는 분야인 요식업 분야에 또 투자를 했다가 손실을 본 적이 있다. 물론 지금의 나에게 큰돈은 아니지만 요식업을 한 번도 해보지 않은 사람이 투자를 한 것 자체를 생각해보면 참 바보같은 짓이었다. 자신이 모르는 분야는 컨트롤을 할 수가 없을 뿐더러 경영자에게 어떤 조언도 불가하다. 종국에는 동업자가 수익 지출에 대해 거짓보고를 해도 알 길이 없다. 소프트 뱅크처럼 전문 기업을 설립해 투자할 게 아니라면 개인신분으로 절대로 잘 모르는 분야에는 투자를 해선 안 된다.

(3) 타인의 감정에 공감하지 못하는 사람을 피하라

동업자가 사람이 좋게 보이더라도 그 사람을 면밀하게 관찰해야 한다. 무엇보다도 처음부터 나를 띄어주는 사람을 경계해야 한다. 알고 지낸 지 몇 달 되지도 않았는데 계속 나를 칭찬하고 비행기를 태우는 건 뭔가 의도가 있다고 봐도 무방하다.

어리석게도 나는 그 어설픈 칭찬에 같이 춤추고 말았다. 아울러 타인의 괴로움에 공감을 하지 못하는 사람만큼은 절대적으로 피해야 한다.

특히 분수에 맞지 않게 겉멋을 부리는 사람을 피해야 한다. 만일 분수에 맞지 않게 허세를 위해서 소비를 하는 사람이라면 반드시 끊어내야 한다.

또한 말이 진실되고 진실되지 못하고를 떠나서 억지를 쓰는 사람도 멀리해야 한다. 이런 사람들은 항상 이런 식이다. 내가 논리로 물으면 비논리로 말을 돌리든지 감정적으로 대답을 하고, 결국에 말이 막히면 화를 낸다. 또한 말을 해보면 주제가 항상 A에서 B로 넘어갔다가 C로 넘어가 갈피를 잡지 못한다. 이런 사람을 만나게 되면 바로 손절하길 바란다.

정리하면 겉멋이 들어서 소득보다 큰 지출을 하는 사람, 나를 이유 없이 띄워주는 사람, 말의 논리가 없는 빈껍데기인 사람, 타인의 고통에 공감하지 못하는 사람, 추궁하면 화를 내며 감정적으로 대응하는 사람은 반드시 당신의 뒷통수를 칠 것이다.

(4) 사람은 좋지만 성실하지 못한 사람은 피하라

이번 이야기는 두 번째 동업자이야기이다. 이 친구는 7살 어린 동생인데 지금도 필자와 사이는 좋다. 비록 내 돈은 첫 번째 동업자보다 더 많이 까먹었지만, 속은 게 아니라 내 자신의 바보 같은 의사결정으로 투자한 것이라 내 책임이라 생각하고 있다.

그는 사람한테 잘하고 재밌기도 해서 인기가 좋지만 놀기 좋아하고 일찍 요식업으로 성공한 적이 있어서 은근히 겉멋이 들었던 친구이다. 사람은 좋지만 성실하지 못한 타입이 있을 것이다. 주변에 보면 은근히 꼭 한 명 있다. 그는 그런 타입이다.

우직하게 공부하고 꾸준히 자신을 갈고 닦았으면 성공을 했을지도 모르는 친구인데, 어쨌든 나도 사람 보는 눈이 일찍이 없었다.

배신 행위는 절대 안 할 친구라 믿고 또 한 번 정도 요식업으로 성공한 적이 있던 경험이 있던 녀석이라 투자를 했다. 그러나 결국 그 과거의 그 성공이 운이었다는 게 드러나는 데는 시간이 얼마 걸리지 않았다.

안타깝지만 사람이 좋다고 해서 동업을 해선 안 된다. 사업은 전쟁이다.

한편 필자는 큰 투자 사기를 한 번 당했고, 그 에피소드도 지금은 웃고 넘길 정도라 후에 다루기로 한다. 여러분이 내가 말한 대로 해서 열심히 돈을 모았는데 그 돈을 날리면 안 되기 때문이다.

결론은 사업체의 규모를 크게 가져가려면 동업자가 필요하고 동업자는 반드시 잘 선별해야 한다는 것이다.

아프리카 속담처럼 '혼자서는 빨리 갈 수 있지만, 함께라면 더 멀리 갈 수 있을 것'이라는 말을 기억하고 동업자를 신중하게 선택하시길 바란다.

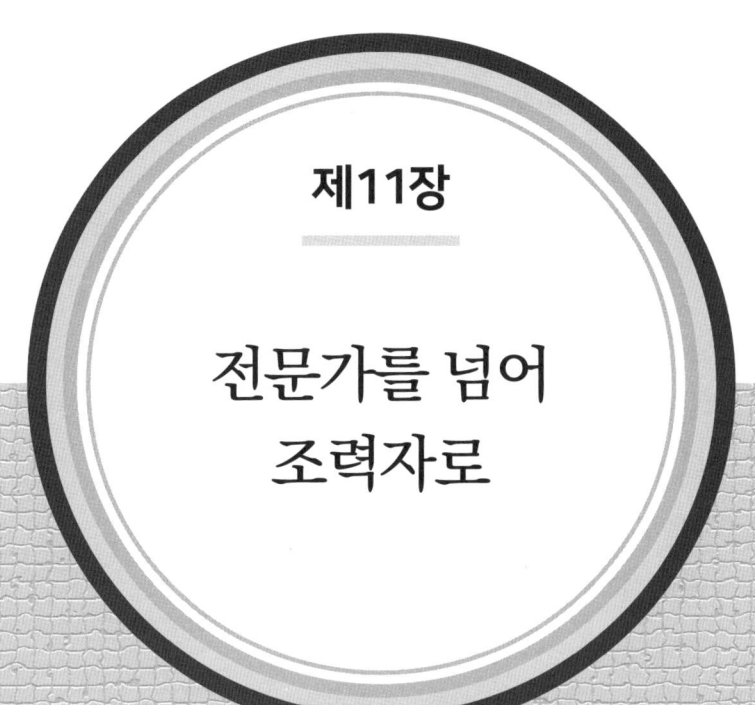

제11장

전문가를 넘어 조력자로

사짜마케팅 Part 11

創新(창신)

전술 8
가치창조

전문가를 넘어 조력자로

찰스는 밤늦도록 자신의 공책을 들여다보고 있었다. 그동안 상담했던 고객들의 이야기를 하나하나 되짚어보고 있었다.

"뭔가 놓치고 있는 게 있을 텐데…."

그는 천천히 메모를 해나갔다.

'플로리스트 A - 튼튼하고 아름다운 꽃병을 원함'
- 실제로는 매장의 분위기를 바꾸고 싶어 하는 눈빛
- 매출보다는 자부심을 가지고 일하고 싶다는 말투

'웨딩플래너 B - 부케 보관용 특수 꽃병을 찾는다고 말함'
- "신부님의 가장 행복한 순간을 영원히"라는 말을 여러 번 강조
- 가격보다는 의미를 더 중요하게 여기는 태도

'호텔 VIP 라운지 - 고급스러운 장식용 꽃병을 원한다고 함'
- 실제로는 "투숙객들이 이곳에서만 느낄 수 있는 특별함"을 자주 언급
- 단순한 장식이 아닌 경험을 만들고 싶어하는 마음

찰스는 자신이 쓴 메모를 다시 읽어보았다. 무언가가 보이기 시작했다.

"이제 좀 알 것 같아."

그는 새로운 페이지를 펼쳤다.

[표면적으로 바라는 것]
- 튼튼한 꽃병
- 아름다운 디자인
- 합리적인 가격

[진정으로 원하는 것]
- 자부심을 가질 수 있는 공간
- 영원히 간직하고 싶은 순간
- 특별한 경험

찰스는 바론을 찾아갔다.

"제가 지금까지 너무 겉모습만 봤던 것 같아요. 고객들이 말하는 것과 진정으로 원하는 것. 이 둘이 다를 수 있다는 걸 이제야 깨달았어요."

바론의 그림자가 미소 짓는 듯했다.

"그래, 모든 요구사항에는 두 개의 층이 있지. 겉으로 드러나는 표면적인 필요와, 그 속에 숨겨진 진정한 바람. 이제 그걸 보기 시작한 거야."

"한 걸음 더 나아가야겠죠?"

"그렇지. 이제 그들의 진정한 바람을 실현시켜줄 방법을 찾아야 해."

"하지만 이걸 알았다고 해서, 제가 뭘 더 해줄 수 있을까요?"

찰스가 고민스럽게 물었다.

바론의 그림자가 벽에서 천천히 움직였다.

"자네가 발견한 그들의 진정한 바람, 그걸 실현하기 위해서는 단순히 '이해'하는 것만으로는 부족해. 이제는 그들을 '이끌어주어야' 해."

"이끌어준다는 게 무슨 의미인가요?"

"자네의 화병 클래스를 생각해보게. 수강생들에게 흙을 던져주기만 하나? 아니면 천천히 형태를 잡아가도록 도와주나?"

찰스의 눈이 반짝였다.

"코칭이군요. 하지만 제가 꽃집 운영이나 호텔 사업을 어떻게 코칭할 수 있죠?"

"자네의 전문성을 바탕으로 시작하면 돼. 꽃병 하나로도 매장의 전체적인 분위기가 바뀔 수 있다는 걸 자네는 알고 있지 않나? 거기서부터 시작하는 거야."

찰스는 깊이 생각에 잠겼다. 그리고 천천히 고개를 끄덕였다.

다음 날 아침, 찰스는 평소보다 일찍 작업실에 나왔다. 그의 손에는 어젯밤 늦게까지 정리한 노트가 들려있었다.

"플로리스트를 위한 매장 컨설팅 프로그램."

그는 천천히 새로운 프로그램의 윤곽을 그려나갔다. 단순히 꽃병을 만들어 납품하는 것이 아닌, 매장의 전체적인 분위기를 고려한 맞춤형 도자기 프로그램이었다. 진열대의 높이부터 조명의 각도까지, 꽃과 도자기가 만들어내는 조화로운 공간을 설계하는 것이었다.

"〈플라워 스페이스 프로그램〉이라고 하면 어떨까요?"

찰스가 바론에게 물었다.

"흠. 이름도 좋고 내용도 좋아. 하지만 뭔가 빠진 게 있어."

"무엇인가요?"

"실제로 매장을 운영하는 플로리스트의 고민 말일세. 꽃병과 공간 디자인도 중요하지만, 그들에겐 더 현실적인 문제가 있을 텐데."

찰스는 잠시 생각에 잠겼다. 그동안 플로리스트들과 나눴던 대화들이 떠올랐다.

"아! 알겠어요. 재고 관리죠. 시들기 쉬운 꽃을 얼마나 들여놓아야 할지, 성수기와 비수기의 매출 차이를 어떻게 극복할지. 이런 고민들이요."

바론이 고개를 끄덕였다.

"그렇지. 진정한 코칭은 그들의 실질적인 문제까지 해결해주는 거야. 자네의 프로그램에 그런 내용도 포함시켜 보게."

찰스는 다시 프로그램을 수정했다.

1단계: 매장 공간 분석 및 최적 디스플레이 설계
2단계: 시즌별 맞춤형 꽃병 제작 및 스타일링 교육
3단계: 재고 관리 시스템 구축 - 시즌별 수요 예측
4단계: 마케팅 전략 수립 - SNS 활용법, 고객 관리 노하우
5단계: 장기적 성장을 위한 브랜딩 컨설팅

"이제야 좀 제대로 된 것 같군."

바론이 말했다.

"자네가 제공하는 건 단순한 꽃병이 아닌 '성공을 위한 토탈 솔루션'이야. 이게 바로 코칭의 핵심이지."

찰스는 웨딩플래너들을 위한 프로그램도 만들었다. 〈웨딩 메모리 프로그램〉이라 이름 붙인 이 서비스는 결혼식 당일의 부케를 영구히 보존할 수 있는 특수 꽃병뿐만 아니라, 신혼집 인테리어 제안, 기념일별 도자기 컬렉션 계획까지 포함했다.

호텔을 위한 〈VIP 라운지 프로그램〉도 준비했다. 계절마다 바뀌는 도자기 작품들, 티 세트와 화병의 조화, 그리고 투숙객들을 위한 도자기 클래스까지 기획했다.

하지만 여기서 새로운 문제가 생겼다.

"아무리 좋은 프로그램을 만들어도 제 능력만으로는 한계가 있어요."

찰스가 한숨을 쉬며 말했다.

"웨딩플래너들을 위해서는 보존 화학에 대한 지식이 필요하고, 호텔 라운지 프로그램을 위해서는 인테리어 전문가의 조언이 필요하고…. 제가 이 모든 걸 어떻게 해낼 수 있을까요?"

바론의 그림자가 벽면에서 천천히 움직였다.

"그래서 '코디네이션'이 필요한 거야. 자네 혼자서 모든 걸 할 필요는 없어. 각 분야의 전문가들과 협력하면 되지."

찰스가 망설였다.

"좋은 전문가를 어떻게 찾죠? 잘못 선택했다가 고객들에게 피해를 주면 안 되잖아요."

"그래서 준비 과정이 필요해. 자네도 도예가로서 수많은 시행착오를 겪었잖나? 다른 전문가들도 마찬가지야. 그들의 작품과 평판, 고객 후기를 꼼꼼히 살펴보고 신중하게 선택해야지."

찰스는 메모를 하기 시작했다. 꽃의 보존 처리를 위한 식물학 전문가, 인테리어 디자이너, 조명 전문가, 한 명 한 명 찾아가며 만났다. 그들의 작업실을 방문하고, 포트폴리오를 검토하고, 실제 작업 과정을 지켜보았다.

처음에는 실수도 있었다. 화려한 경력을 내세웠지만 실제로는 성의 없는 작업을 하는 전문가도 있었고, 반대로 겸손해 보였지만 놀라운 실력을 가진 이들도 있었다.

"전문가 명단을 만들어봤어요."

어느 날 찰스가 바론에게 보여준 목록에는 각 분야별로 2~3명의 전문가들이 적혀 있었다. 그들의 특징과 장단점, 비용, 작업 스타일까지 세세하게 정리되어 있었다.

"보존 화학 전문가 박사님은 꼼꼼하시고 연구 경력이 풍부하시지만 시간이 좀 걸리시고, 젊은 연구원 선생님은 창의적인 해결책을 잘 찾으시지만 아직 경험이 부족하고…."

바론이 만족스럽게 고개를 끄덕였다.

"좋아. 이제 진짜 코디네이션을 시작할 수 있겠어."

"하지만 이렇게 많은 전문가들과 일하려면 비용이 들지 않을까요?"

"그래서 자네가 해야 할 일이 있지."

바론이 말했다.

"각 분야 전문가들의 장단점을 정확히 파악하고, 고객의 상황과 예산에 맞는 최적의 조합을 찾아내는 거야. 때로는 고비용의 전문가가 필요할 수도 있고, 때로는 신진 전문가의 열정이 더 적합할 수도 있지."

찰스는 고개를 끄덕였다. 그의 역할은 단순히 전문가들을 소개하는 것이 아니라, 고객에게 가장 적합한 해결책을 찾아주는 것이었다.

며칠 후, 한 플로리스트가 찾아왔다.

"제 가게가 좀 특별해요. 오래된 참나무 안에 있는 꽃집이거든요."

플로리스트 다람쥐 '헤이즐'이 찰스를 찾아와 말했다. 그녀의 목소리에는 자부심과 걱정이 섞여 있었다.

"참나무의 자연스러운 분위기가 우리 매장의 가장 큰 장점이에요. 하지만 요즘은 매출이 점점 떨어지고 있어요. 젊은 손님들이 자연스러운 꽃꽂이는 촌스럽다고 생각하시나 봐요."

찰스는 귀를 기울였다. 표면적인 고민은 매출 감소였지만, 그 이면에는 자연과 현대적 감각을 조화시키고 싶은 간절한 바람이 있었다.

"헤이즐 님의 매장을 한 번 방문해도 될까요?"

다음 날, 찰스는 헤이즐의 참나무 꽃집을 찾았다. 나무줄기를 따라 난 자연스러운 선반들 위로 꽃들이 아름답게 피어있었다. 하지만 어딘가 어색했다. 현대식 화병들이 나무의 자연스러운 분위기와 조화를 이루지 못하고 있었다.

"제가 도와드리고 싶은데, 혼자서는 부족할 것 같네요. 제가 아는 분들을 몇 분 소개해도 될까요?"

찰스는 자신의 네트워크를 활용했다. 나무 건축을 전공한 비버는 자연스러운 선반 배치를 조언했고, 색채 감각이 뛰어난 앵무새는 꽃과 도자기의 색 조화를 도왔다. 반딧불이 가족은 은은한 자연광 연출법을 제안했다.

찰스는 이들의 조언을 바탕으로 특별한 꽃병 시리즈를 만들었다. 나무의 결을 닮은 질감을 도자기에 새기고, 자연스러운 곡선을 살리면서도 세련된 디자인을 입혔다. 찰스가 헤이즐에게 설명했다.

"나무의 자연스러움을 살리면서도 현대적 감각을 더한 작품입니다. 매장의 각 층마다 다른 디자인의 꽃병을 배치하고, 계절마다 새로운 작품으로 교체하면서 변화를 줄 수 있어요."

헤이즐의 눈이 반짝였다.

"게다가 이 꽃병들은 단순한 장식이 아니에요. 각각의 작품에는 이야기가 담겨 있죠. 봄의 새싹을 형상화한 이 곡선, 여름 폭풍우를 이겨낸 나무의 강인함을 표현한 이 질감, 손님들에게 자연의 아름다움과 그 속에 담긴 이야기를 들려주실 수 있을 거예요."

3개월 후, 헤이즐의 가게는 완전히 달라져 있었다. 동물들 사이에서는 '참나무 속 작은 정원'이라는 소문이 퍼져나갔다. 젊은 다람쥐들은 물론, 새들과 토끼들까지 찾아왔다. 매출은 두 배로 뛰었다.

"찰스 씨."

헤이즐이 어느 날 찾아와 말했다.

"처음에는 그저 예쁜 꽃병을 찾아왔을 뿐인데, 이제는 제가 꿈꾸던 공간을 만든 것 같아요. 자연과 예술이 조화를 이루는 곳이요. 감사합니다."

찰스는 미소를 지었다. 그는 이제 알았다. 자신이 만드는 것은 단순한 도자기가 아니었다. 누군가의 꿈과 이야기를 담는 그릇이었다.

그날 저녁, 찰스는 바론을 찾아갔다.

"이제 조금은 알 것 같아요. 케어링으로 진정한 니즈를 발견하고, 코칭으로 해결책을 제시하고, 코디네이션으로 전문가들과 협력하는 것. 이 모든 게 결국은…."

"그래?"

바론이 물었다.

"결국은 '가치'를 만드는 일이었네요. 도자기를 만드는 게 아니라, 누군가의 삶에 특별한 가치를 더하는 일이었어요."

바론의 그림자가 따뜻하게 미소 지었다.

"이제 진정한 여정이 시작된 거야. 자네는 더 이상 도예가가 아닌, 가치를 만드는 조력자가 된 거지."

밤이 깊어갔다. 동굴 밖으로 달빛이 스며들었다. 찰스의 등껍질에 달빛이 비치자, 마치 오래된 도자기처럼 은은한 광채를 띠었다. 그것은 더 이상 단순한 도자기의 빛이 아닌, 누군가의 삶을 밝히는 등불 같았다.

12가지 전술

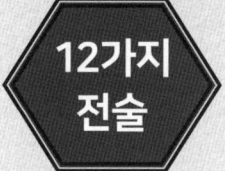

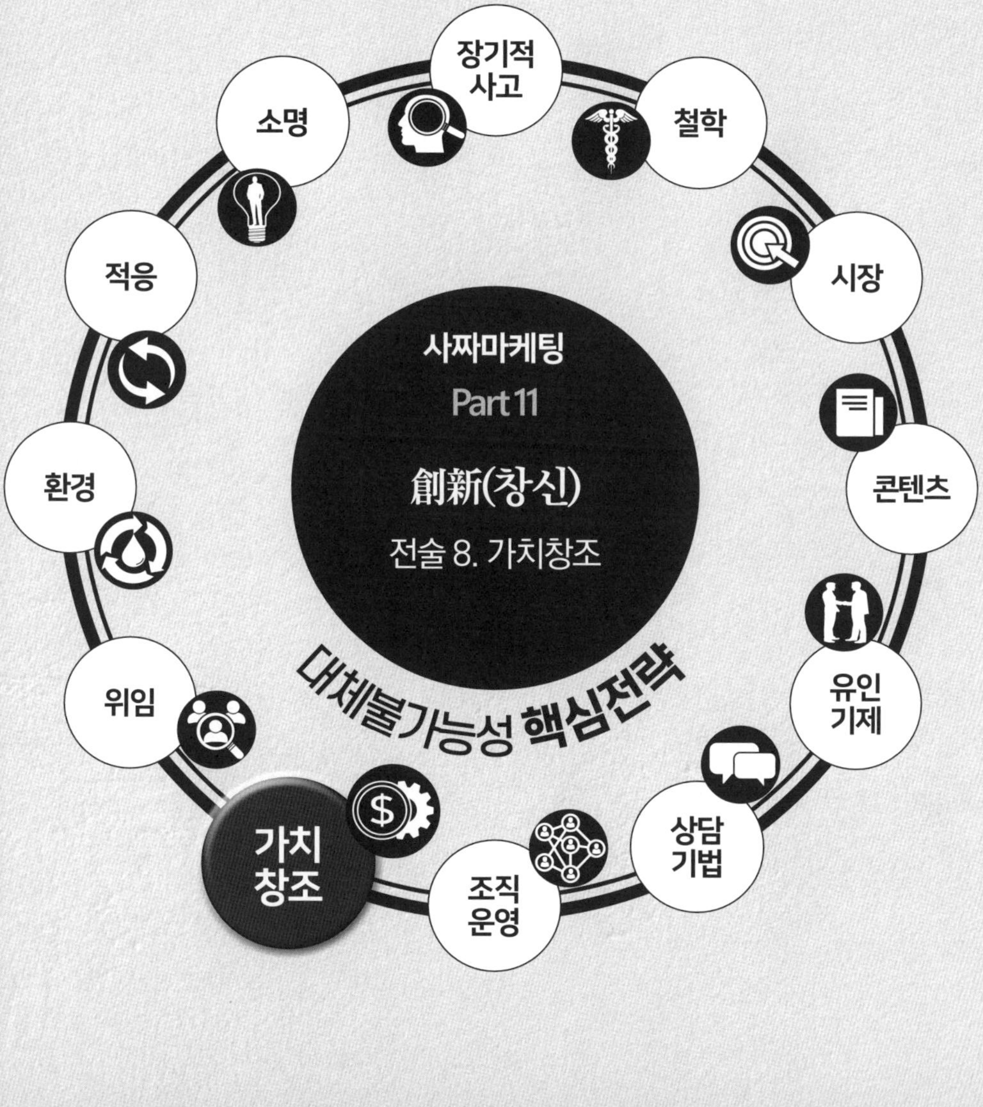

사짜마케팅
Part 11
創新(창신)
전술 8. 가치창조
대체불가능성 핵심전략
장기적 사고
철학
시장
콘텐츠
유인 기제
상담 기법
조직 운영
가치 창조
위임
환경
적응
소명

지금부터 이야기하는 것을 한 번이라도 생각해봤다면 깨어있는 사람이라고 분명히 말한다. 한 번도 생각해보지 않았다 해도 관계없다. 어쨌든 지금 이 책을 중단하지 않고 'Part. 11'까지 온 여러분은 그 자체로 남다른 사람임이 틀림없다.

어떤 프로세서나 브랜드에 굉장히 현학적이고 어려운 이름을 짓는 사람이 많다. 있어 보이게 하려고 하는 것인데, 솔직히 어려운 브랜드명의 강의나 프로세서를 경험해 보면 그 전문적인 이름이 무색할 정도로 별로인 경우가 많다.

그래서 가급적 어려운 이름으로 프로세서를 만들지 않는다. '사짜마케팅'이라는 단순한 브랜드명도 그런 이유로 탄생한 것이다.

다만 이번 강의의 개념은 사람들에게 너무 생소한 개념이라 '가치 창조'라는 표현 외에는 쓸만한 표현이 없어 보여서 채택한다.

영어로는 'co-create(코-크리에이트)' 즉 고객과 함께 가치를 창조한다는 의미다. 협력과 동반자 관계를 중심으로 한 이름으로, 단순한 서비스 제공이 아닌 상호작용을 통한 성장을 강조한다.

이 개념은 필자가 십여 년 전부터 생각했던 부분이다. 실제로 이 개념을 정확하게 인식하지 않고도 이미 실행하고 있는 분들도 분명 존재한다. 외부로 체계화가 된 것은 아니지만 암묵지로서 몸으로 체화해서 실행하고 있는 사람들이 있다. 이런 사람들이 정말로 똑똑한 사람들이다.

이를 체계화한 사람은 빌 비숍이라는 캐나다 국적의 브랜드 전략가다. 빌 비숍의 저서 〈핑크 펭귄〉은 완전히 필자와 생각의 궤가 동일하기 때문에 한 번쯤 읽어보기를 권한다. 다만 그의 저서에는 3C전략이 일반 기업 대상으로 10페이지 내외로 아주 짧게 들어가 있기 때문에 전문 자격사의 컨설팅을 하는 필자 나름대로 생각과 철학 및 체계를 덧붙여 구축했다.

〈핑크 펭귄〉에서는 대부분의 사업가가 제공하지 못하는 3가지 혜택을 이야기한다.

3C는 '관심-Caring', '코칭-Coaching', '코디네이션-Coordination'이다.

결론만 말하면 이는 여러분이 콘텐츠의 성을 쌓은 뒤 궁극적으로 가야 할 방향이다.

각 개념을 설명한다.

먼저 관심이다.

"고객의 입장에서 생각하라"는 정언명령이다. 맞다. 진부하다. 그러나 사실 진리는 진부한 곳에서 싹을 틔운다. 사실 필자의 정언명령도 진부하다. '올바른 방향으로 콘텐츠의 탑을 쌓고 사람들에게 유인기제를 뿌리고 효율적인 광고를 집행하라'는 것이다. 이걸 생각해 보지 않은 사람이 있을까. 그러나 실행하지 않는다. 여전히 상위 노출이라는 헛된 망령의 노예가 돼 있기 때문이다.

마찬가지다. 고객의 입장을 알지만, 진부하기 때문에 실행하지 않는다.

고객의 입장에서 생각하라는 것은 첫째, 고객이 궁극적으로 원하는 것을 관찰하는 것이다. 둘째, 고객의 니즈에 맞춰서 프로세서를 재정비하고 조정하는 것이다. 셋째, 고객을 도울 수 있는 새로운 아이디어를 시시각각 제공하는 행위다.

관심은 구체적으로 고객의 욕구가 무엇인지를 '관찰'하라는 것이다.

이것이 1단계다. 이때에는 고객의 2차적 이득과 최상의 이득을 나눠서 생각한다.

예를 들어 재산분할 이혼소송을 하고자 하는 의뢰인의 욕구를 분석해 본다.

이들의 표면상 나타나는 2차적 욕구는 공정한 재산분할과 승소다. 그러나 '최상의 이득'은 드러나지 않는다. 그것을 관찰한다.

재산분할 이혼소송을 하는 이들의 궁극적인 욕구는 삶의 새로운 시작, 심리적 안정 그리고 자존감 회복이다. 이것을 깨닫는 게 중요하다.

예시를 든다.

1) 임대차 분쟁

2차적 이득: 밀린 임대료 받기, 임차인 퇴거

최상의 이득: 안정적인 수입원 확보, 노후 대비에 대한 불안 해소

2) 산재 소송

2차적 이득: 보상금 획득, 치료비 확보

최상의 이득: 가족의 생계 유지에 대한 안정감, 미래에 대한 두려움 해소

3) 상속세 신고

2차적 이득: 세금 절감, 합법적 절세

최상의 이득: 부모님의 유산을 온전히 지키고자 하는 효심 실현, 가족 간의 갈등 예방

4) 사업자 세무 조정

2차적 이득: 세금 최적화, 세무 조사 대비

최상의 이득: 사업에 대한 불안감 해소, 안정적인 사업 성장에 대한 확신

고객의 욕구를 이해할 때 표면에 드러나는 2차적 이득만 보아서는 안 된다. 전문 자격사가 이러한 최상의 이득을 정확히 파악하고 이해할 때, 비로소 진정한 의미의 '관심'이 시작된다. 이것이 바로 3C의 첫 단계인 '케어

링'의 핵심이다.

두 번째 단계는 '코칭'이다.

이 단계는 관심을 기울이는 것, 즉 의뢰인이 궁극적으로 원하는 '최상의 이득'을 파악하는 것에서 더 나아가, 이를 근거로 고객에게 제공할 수 있는 서비스를 추가하는 걸 말한다.

이 단계부터는 실제적인 프로세서 설계와 행동이 따른다.

의뢰인에게 단순히 송무나, 일회성 컨설팅, 기장만 해주는 것을 넘어서 의뢰인의 '최상의 이득'을 실현할 수 있도록 단계별 프로세서를 제공하는 걸 말한다.

가령 웨이트 트레이닝을 예로 들어보자.

틀림없이 트레이너 100명 중 95명은 단순히 '체중 감량' 또는 '근육 키우기'나 '바른 자세 교정'만 강조할 것이다. 좀 더 나아간다면 '식단'까지는 봐줄 수 있겠다. 그런데 회원이 '건강'과 '심신 안정'이라는 최상의 이득을 추구한다면 '영양제 먹는 방법' 커리큘럼을 추가하고, 운동선수들의 정신력 관리를 해주는 코칭을 회원에게 제공하며, 걸음걸이 교정, 내 발 모양에 맞는 신발 찾기 등 세세하게 봐주는 커리큘럼을 공식적으로 추가하는 것이다.

여기서 중요한 것은 공식적인 프로세서로 추가한다는 개념이다. 지나가는 말로 한 번씩 조언을 해줄 수는 있지만, 그것과는 개념이 다르다. 무료로 하든 유료로 하든 그건 관계가 없다. 중요한 것은 자신의 역량을 키워서 회원에게 최상의 가치를 실현할 수 있는 추가적인 단계별 프로세서를 추가하는 것이다. 그리고 그 프로세서에 반드시 네이밍을 붙여서 자신의 브랜드를 완성해야 한다.

다수가 이런 프로세서의 추가를 머릿속으로 상상은 한다. 그러나 실현하는 사람은 극소수이다.

만일 내가 위의 프로세서를 브랜딩한다면 '바디 심포니'라는 이름을 붙일 것이다.

신체와 정신의 조화를 이루는 아름다운 교향곡처럼, 고객의 전반적인 건강과 안정감을 설계하는 프로세서를 상징한다.

필자가 트레이너라면 자신의 역량과 지식을 키워서 처음에는 무료로, 조금 더 심화가 되면 따로 비용을 더 추가적으로 받고 회원들에게 제공할 것이다. 웨이트 트레이닝 딱 하나만 제공하는 단편적인 관념에서 벗어나, 회원들에게 자신의 역량 안에서 더 제공할 수 있는 게 무엇인지를 늘 고민해야 한다.

구체적인 프로세서는 다음과 같다.

캐치프레이즈 :
"단순히 살을 빼고, 근육을 키우는 것만으로는 건강한 삶을 살 수 없습니다. 진정한 웰빙은 몸과 마음의 조화에서 시작됩니다."

> 스몰자이언츠 트레이너의 〈바디 심포니〉
>
> 1단계: 웨이트 트레이닝
>
> 2단계: 자세 교정 및 걸음걸이 분석 – 발 건강을 위한 적합한 신발 추천
>
> 3단계: 기능성 트레이닝 및 일상 동작 최적화 – 주요 일상 활동(예: 앉기, 서기, 물건 들기, 계단 오르내리기)을 관찰하고 비효율적이거나 부상을 유발할 수 있는 동작을 교정
>
> 4단계: 식단 관리 및 영양제 분석 코칭
>
> 5단계: 스포츠 멘탈 트레이닝 코칭 – 회복 탄력성 – 회원이 일상에서 겪는 스트레스와 실패에 대한 대처 능력을 강화

이것이 바로 당신의 수익도 올리고 고객의 만족도 높이는 대표적인 코칭의 방식이다.

"무슨 웨이트 트레이너가 이렇게까지 해" "너무 잡다한 거 아니야"라고 생각하는 분이 있다면 하나만 기억하라.

그건 생각의 지평이 다르기 때문이다. 생각의 폭과 프레임의 문제이다. 사실 이 모든 건 '건강'의 영역 안에 다 들어온다. 웨이트 트레이너를 단순히 '운동 자세나 알려주는 사람' '체형 교정이나 시켜주는 사람' '몸 키우는 걸 도와주는 사람' '살 빼는 걸 도와주는 전문가' 정도로 생각하는 사람은 이게 잡다하게 느껴질 것이다. 하지만 웨이트 트레이너를 '운동을 넘어, 회원이 더 건강하고 안정된 삶을 살아가도록 돕는 평생의 동반자'라고 생각

하면 프로세서의 한계가 없어진다.

생각의 문제이다. 그저 회원에게 운동만 시킬 것이냐, 아니면 건강한 삶 자체를 선물로 주는 동반자가 될 것이냐는 당신의 생각이 정한다.

예로 필자는 정기 수강생들에게 '추천도서'를 매번 정기 상담 시마다 추천하고 있다. 이것은 사실 전문 자격사 컨설팅과 직접적으로 관련이 있는 요소는 아니다. 그러나 나와 함께 하는 사람들의 삶에 도움이 되기에 필자의 역량을 투입한 것이다.

그러면 전문 자격사에 대입해서 설명한다.

1) 산재 전문 변호사의 산재 피해자 지원 프로세스

《 커넥트 라이프 프로그램 》

캐치프레이즈 :
"산업재해를 이겨낸 당신 새로운 시작을 위한 단단한 연결고리가 되어드립니다."

1단계 : 산재 법률 상담 및 보상금 청구 전략 수립
2단계 : 맞춤형 치료 계획 설계 – 전문 의료진 연계 및 장기 치료 로드맵
3단계 : 가족 생계 안정화 플랜 – 한시적 생활 지원 및 대체 소득원 분석
4단계 : 직업 재활 설계 – 향후 복귀 가능 직종 분석 및 직업 훈련 프로그

> 램 연계
> 5단계 : 미래 설계 코칭 – 장해 연금 관리, 보상금 운용 계획, 새로운 커리어 패스 설계

'커넥트 라이프'라는 이름은 단절된 삶을 다시 이어준다는 의미를 담고 있으며, 캐치프레이즈는 좌절이 아닌 새로운 시작점이 될 수 있다는 희망적 메시지를 전달한다.

2) 세무사의 사업자 성장 프로세스

> 캐치프레이즈:
> "단순한 세무 신고를 넘어, 당신의 사업이 새로운 높이에 도달하도록 돕습니다."
>
> 〈비즈니스 엘리베이션 프로그램〉
> 1단계: 기본 세무 분석 및 조정
> 2단계: 사업 구조 최적화 – 비용 구조 개선 및 수익성 분석
> 3단계: 미래 설계 컨설팅 – 5년간의 사업 확장 로드맵 설계
> 4단계: 자금 관리 및 투자 전략 수립 – 안정적 성장을 위한 재무 설계
> 5단계: 기업 가치 향상 코칭 – M&A, IPO 등 미래 가치 실현을 위한 준비

각 프로세스는 단순히 법률 서비스나 세무 서비스를 넘어, 의뢰인의 최상의 이득(새 삶의 시작/사업의 안정적 성장)을 실현하기 위한 종합적인 접근을 보여준다.

마지막 3단계는 코디네이션이다.
앞서 말한 대로 빌 비숍은 상당히 한정적인 지면을 통해 간략하게 이 개념들을 소개하고 있다. 그래서 필자 자신의 방식대로 이걸 해석했다.
코칭이 자신의 역량 안에서 소화할 수 있는 부분이라면 코디네이션은 고객과 외부 전문가를 연결해 주는 것이다.

예를 들어 고객이 마케팅 도구를 고려하고 있고 내가 마케터라면, 자신이 갖고 있는 특정한 도구에만 매달리지 않고 외부 업체를 연결해 고객의 목표를 이룰 수 있도록 돕는 것이다.
미디어 매체 광고뿐만 아니라 DM, 웹사이트, 책자, 세미나, 무역박람회 심지어 열기구에 이르기까지 고객이 필요로 할 수 있는 모든 마케팅 도구를 같이 검토하는 것이다.
가령 고객이 마케팅을 위해 '열기구 광고'를 원한다면 당장 열기구를 소유하고 있지 않은 마케터라도 자신이 신뢰할 수 있는 '열기구 광고' 업체를 2~3개 정도 소개 해주고 거기에 대해서 각 업체의 장단점을 분석 제공하는 역할을 해준다.
어느 업체를 선택할지는 고객의 몫이지만 이 단계에서 정확한 정보를 제공했다면 고객과의 신뢰는 더 두터워진다. 자신의 시간과 노력을 절약해 줬으니까.

다시 웨이트 트레이너로 가보자.

웨이트를 오랜 세월 하다 보면 분명 운동복과 장비에도 욕심이 가기 마련이다. 이때 필자는 트레이너들에게 어떤 운동복이 좋은지, 어떤 장비가 좋은지 늘 물어보긴 했지만 이걸 체계적으로 분석해서 알려준 사람은 한 명도 없다.

그냥 자신이 써본 것 중에 1~2개 정도 추천하고 그게 제일 좋다는 식이었다. 물론 트레이너의 경험이 녹아있기 때문에 그들의 조언도 분명 도움이 된 것은 사실이다. 그러나 이걸 체계적으로 시각화해서 분석한 뒤 회원들에게 4개 정도의 선택지를 제공했다면 훨씬 더 '이 트레이너가 진심이구나'라는 생각을 했을 것이다.

그리고 만일 필자였다면 회원이 욕심이 생겨서 웨이트 트레이닝과 함께 요가나 필라테스를 배우고자 한다면 웨이트 트레이닝을 수행하는 곳과 멀지 않은 곳에 위치한 요가학원이나 필라테스 학원 서너 곳을 체계적으로 분석해서 회원에게 파일을 제공할 것이다.

자신의 시간과 노력을 절약해 줬으니 고마운 마음이 들 것이고 그 마음은 다음 PT 연장으로 이어질 가능성이 크다. 단 이때에는 알선 수수료를 챙길 목적으로 고객에게 손해가 되는 결정을 강요해선 안 된다. 이게 중요하다.

전문 자격사로 대입한 예시를 보자.

1) 변호사의 산재 코디네이션 사례

> "산재 의뢰인의 치료와 재활을 위해서는 다양한 전문가들과의 연계가 필요합니다. 변호사는 신뢰할 수 있는 각 분야별 전문가들을 2-3곳씩 분석해 추천해드립니다."
>
> 1) 재활병원 3곳 비교분석 (전문 분야, 의료진 이력, 치료 성공률, 교통 접근성)
> 2) 물리치료 센터 2곳 장단점 분석 (특화 치료법, 비용, 통원 편의성)
> 3) 직업 재활 훈련소 3곳 상세 정보 (훈련 과정, 취업 연계율, 지원금 여부)
> 4) 심리 상담 센터 2곳 전문성 분석 (트라우마 치료 경험, 상담사 이력)

각 기관별 세부 자료를 정리한 파일을 제공하고, 의뢰인이 최적의 선택을 할 수 있도록 돕는다.

2) 세무사의 사업 확장 코디네이션 사례

> "사업 확장을 계획 중인 의뢰인에게 필요한 전문가들을 연결해드립니다. 각 분야별로 신뢰할 수 있는 파트너들을 분석해 추천해드립니다."

> 1) 대출 상품별 금융기관 3곳 비교 (금리, 한도, 상환 조건)
> 2) 상권 분석 전문 업체 2곳 장단점 (분석 방법론, 성공 사례, 비용)
> 3) 인테리어 업체 3곳 포트폴리오 분석 (시공 실적, 견적 비교, A/S 정책)
> 4) 프랜차이즈 컨설팅 업체 2곳 전문성 검토 (업계 경력, 성공 사례)

모든 추천은 리베이트나 소개비 없이 순수하게 의뢰인의 이익만을 고려하여 진행한다.

3C를 정리 해보자.

1단계 : 케어링(관심) – 고객이 원하는 최상의 이득과 2차적 이득을 관찰한다.

2단계 : 코칭 – 고객이 최상의 이득을 달성하기 위해서 내 역량 안에서 고객에게 제공할 수 있는 단계별 프로세서를 추가적으로 제공한다.

3단계 : 코디네이션 – 고객이 최상의 이득을 달성하기 위해서 필요한 외부 전문가들이나 업체들을 분석해서 고객에게 정보로 제공한다.

이 3C 단계는 사짜마케팅 커리큘럼에서는 거의 마지막 단계에 해당한다. 철학을 만들고 콘텐츠의 성을 쌓아놓고, 유인기제도 잘 제작한 다음에 궁극적으로 3C 전략으로 차별화를 만들 수 있다.

여기서 우리는 중요한 선택의 기로에 서게 될 것이다.

단순히 '변호사'나 '세무사'로 남을 것인가, 아니면 의뢰인의 인생에 진정한 변화를 만들어내는 '조력자'가 될 것인가? 3C 전략은 바로 이 차이를 만들어내는 핵심이다.

많은 전문가들이 자신의 전문 영역에만 머무른다. 변호사는 소송만, 세무사는 세무 신고만 하면 된다고 생각한다. 하지만 이는 우리의 가치를 스스로 제한하는 것이다. 의뢰인이 진정으로 원하는 것은 단순한 법률 서비스나 세무 서비스가 아니다. 그들은 새로운 삶의 시작을, 안정된 미래를, 성장하는 사업을 꿈꾸고 있다.

3C 전략은 우리를 단순한 서비스 제공자에서 인생의 동반자로 격상시킨다. 케어링을 통해 의뢰인의 진정한 욕구를 이해하고, 코칭으로 그들의 성장을 돕고, 코디네이션으로 모든 필요한 자원을 연결해준다. 이는 단순한 고객 서비스가 아닌, 의뢰인의 인생에 실질적인 변화를 만들어내는 여정이다.

이것이 바로 진정한 전문가의 모습이며 AI가 법무 세무를 대체할 미래를 대응할 유일한 방법이다. 미래에는 법률 지식이나 세무 지식만으로는 부족하다. 의뢰인의 삶 전체를 보고, 그들의 꿈과 희망을 함께 실현해나가는 것. 그것이 3C 전략이 우리에게 가르쳐주는 궁극적인 가치이다.

선택은 여러분의 몫이다. 그저 많은 전문가들 중 하나로 남을 것인가, 아니면 의뢰인의 인생을 변화시키는 진정한 조력자가 될 것인가. 3C 전략은 그 차이를 만들어내는 첫 걸음이 될 것이다.

제12장

시간의 가치

사짜마케팅 Part 12

委任(위임)

▼
▼

**전술 9
레버리지**

시간의 가치

찰스는 새벽부터 밤늦게까지 작업실을 지켰다. 주문은 점점 늘어났고, 그만큼 해야 할 일도 많아졌다. 도자기를 만들고, 영상을 찍고, 글을 쓰고, 고객 상담까지. 모든 것을 완벽하게 하려 노력했지만, 그의 등껍질은 날이 갈수록 무거워졌다.

"이대로는 안 되겠어."

작업실 한켠에 쌓여있는 주문서를 바라보며 찰스는 한숨을 내쉬었다.

그는 바론을 찾아갔다.

"바론님, 도움이 필요합니다. 주문은 늘어나는데 제 시간은 정해져 있어서…."

바론의 그림자가 동굴 벽면에서 천천히 움직였다.

"자네가 지금 하는 일을 하나씩 말해보게나."

찰스는 자신의 하루를 떠올렸다.

"아침 일찍 도자기를 만들고, 그 과정을 영상으로 찍어서 편집하고, 주튜브에도 올리고, 주로그에도 글을 쓰고, 고객 상담도 하고, 재고 관리도 하고…."

"모든 걸 자네 혼자서 하고 있군."

바론의 목소리가 깊어졌다.

"제가 하지 않으면 품질이 떨어질까 봐 걱정돼서요."

"옛날 이야기 하나 들려주지. '황금 등껍질'이라 불리던 위대한 자라 사업가의 이야기야."

찰스는 귀를 기울였다.

"그는 자네처럼 뛰어난 전문가였어. 물속에서 캐온 진주로 장신구를 만들었지. 특히 그가 세공한 '달빛 진주 목걸이'는 너무나 아름다워서 왕족들도 탐냈다고 하네. 하지만 그는 모든 걸 혼자 하려 했어. 진주를 캐러 가는 것부터, 세공하고, 광을 내고, 포장하고, 배달하는 것까지. 심지어 진주의 아름다움을 알리는 글도 직접 쓰고, 홍보도 직접 했지. 처음에는 그의 완벽주의가 빛을 발했어. 하지만 시간이 지날수록 그의 등껍질은 점점 허물어져갔지. 밤낮으로 물속을 드나들며 진주를 캐다가 관절염이 심해졌고, 끊임없는 작업으로 눈도 나빠졌어. 결국 쉰 살이 되기도 전에 더 이상 아름다운 진주 장신구를 만들 수 없게 되었다네."

바론은 잠시 말을 멈추었다가 이어갔다.

"가장 안타까운 건, 그가 떠나고 난 뒤 그의 제자들이 한 말이야. '스승님만 허락하셨다면, 저희가 진주 캐는 일은 도와드릴 수 있었는데요. 저희가 고객 응대는 할 수 있었는데요.' 하지만 때는 이미 늦었지."

찰스는 깊은 생각에 잠겼다.

바론의 목소리에 무게가 실렸다.

"자네도 지금 그와 비슷한 길을 걷고 있어. 모든 걸 완벽하게 통제하려

하고, 혼자서 다 하려 하고, 그러다간 자네의 생기(生氣)도 곧 바닥날 걸세."

찰스는 자신의 등껍질을 매만졌다. 요즘 들어 자주 피로를 느끼고 있었다.

"하지만 다른 이들에게 맡기자니…."

"두 가지를 알아야 해."

바론이 말을 이었다.

"첫째는 '위임'이고, 둘째는 '레버리지'야. 이 둘을 제대로 이해하지 못하면, 자네는 영원히 시간의 노예가 될 걸세."

찰스는 귀를 기울였다.

"먼저 위임에 대해 이야기해보지. 자네, 어제 새로 들어온 직원에게 어떻게 일을 설명했나?"

"도자기 포장하는 방법을 알려줬어요. '이렇게 하세요'라고요."

"그게 문제야. 진정한 위임이란 그저 '어떻게'가 아닌 '왜'를 설명하는 거야. 이 일이 왜 중요한지, 언제까지 해야 하는지, 어떤 성과를 기대하는지. 이 모든 걸 명확하게 전달해야 해."

바론은 벽에 그림자로 글씨를 쓰듯 하나씩 설명했다.

"예를 들어보지. '그냥 조심해서 포장하세요'가 아니라, '이 도자기는 신부가 평생 소장품하게 될 웨딩 화병입니다. 오늘 오후 3시까지 포장을 마쳐주세요. 포장 후에는 사진을 찍어서 고객님께 보내드려야 합니다. 혹시 어려움이 있다면 팀장님께 문의하실 수 있습니다.' 이렇게 말이야."

찰스는 고개를 끄덕였다.

"그리고 두 번째, 레버리지."

바론의 목소리가 더욱 깊어졌다.

"자네가 정말 해야만 하는 일이 무엇인지 생각해보게. 도자기를 만들고 품질을 관리하는 것, 그리고 고객의 니즈를 이해하고 해결책을 제시하는 것. 이것이 자네만이 할 수 있는 일 아닌가?"

"네…."

"그런데 영상 편집이나 SNS 업로드 같은 일까지 자네가 직접 해야 할까? 이런 건 과감히 외부에 맡겨도 돼. 이걸 '레버리지'라고 하지."

찰스는 망설였다.

"하지만 비용이…."

"시간의 가치를 생각해보게. 자네가 영상 편집하는 세 시간 동안, 얼마나 많은 도자기를 만들 수 있나? 그 도자기들이 가져다줄 수입은 또 얼마일까?"

바론은 잠시 말을 멈추었다가 이어갔다.

"더 중요한 건 생기야. 자네가 진정으로 즐기고 잘하는 일에 시간을 쓸 때, 그 생기는 도자기에도 고스란히 담기네. 하지만 억지로 하기 싫은 일을 하다 보면, 그 피로가 작품에도 묻어나지 않겠나?"

찰스는 깊이 생각에 잠겼다. 최근 들어 도자기를 만들 때마다 느끼던 즐거움이 조금씩 줄어들고 있었다. 너무 많은 일을 하느라 정작 가장 중요한 순간을 제대로 즐기지 못했던 것이다.

"이제 어떻게 시작하면 좋을까요?"

"먼저 자네의 일을 모두 적어보게. 그리고 각각의 일에 대해 세 가지를 생각해보는 거야. 첫째, 이 일이 정말 내가 해야만 하는가? 둘째, 누군가에게 위임할 수 있는가? 셋째, 외부에 맡길 수 있는가?"

찰스는 공책을 펼쳤다. 그의 하루하루를 채우는 수많은 일들이 하나둘 정리되기 시작했다.

[반드시 내가 해야 하는 일]
도자기 디자인과 제작
품질 관리
핵심 고객 상담

위임할 수 있는 일
기본적인 도자기 성형
포장과 배송
재고 관리

외부에 맡길 수 있는 일
영상 편집
SNS 콘텐츠 업로드
사진 촬영

"보이나? 자네가 정말 집중해야 할 일은 생각보다 많지 않아. 나머지는 다른 이들의 도움을 받으면 되네."

"하지만 제가 직접 하는 것보다는 부족하지 않을까요?"

바론이 고개를 저었다.

"완벽함의 함정에 빠지지 말게. 직원이 자네만큼 하지 못하는 건 당연해. 하지만 그들에게 제대로 된 방향을 제시하고, 성장할 기회를 준다면 시간이 지날수록 더 나아질 걸세. 외부 전문가들도 마찬가지야. 그들은 각자의 분야에서 자네보다 더 전문적일 수 있다네."

찰스는 천천히 고개를 끄덕였다.

"결국 중요한 건 시간이야."

바론의 목소리가 부드러워졌다.

"우리에게 주어진 시간은 모두 같아. 하지만 그 시간을 어떻게 쓰느냐에 따라 결과는 천차만별이 되지. 자네의 진정한 가치를 만들어내는 일에 시간을 쓰게나. 그게 바로 레버리지의 진정한 의미라네."

그날 이후 찰스의 작업실은 조금씩 달라지기 시작했다.

젊은 비버들이 기본적인 도자기 성형을, 다람쥐 가족이 포장과 배송을, 토끼들이 재고 관리를 맡았다. 영상 편집은 숲에서 소문난 편집 전문가 두더지에게, SNS 운영은 트렌드에 밝은 앵무새에게 맡겼다.

처음에는 모든 게 어색했다. 직원들의 실수도 있었고, 외부 업체와의 소통도 쉽지 않았다. 하지만 찰스는 바론의 가르침을 따라 구체적으로 설명하고, 인내심을 갖고 기다렸다.

시간이 지날수록 변화가 느껴졌다. 직원들은 점점 성장했고, 외부 전문가들은 찰스의 작품을 더욱 빛나게 만들어주었다. 무엇보다 찰스 자신이 달라졌다. 도자기를 만드는 시간이 다시 즐거워졌고, 그의 작품에는 이전보다 더 깊은 생기가 담기기 시작했다.

어느 날, 찰스는 문득 깨달았다.

'진정한 장인은 혼자 모든 것을 완벽하게 하는 게 아니라, 더 큰 가치를 만들어내기 위해 함께 성장하는 법을 아는 사람이구나.'

그의 등껍질은 여전히 무거웠지만, 이제는 그 무게가 더 이상 부담스럽지 않았다. 그것은 오히려 더 큰 도약을 위한 단단한 발판이 되어 있었다.

태양이 저물어갈 무렵, 찰스는 오늘도 만생의 동굴로 향했다. 이제 그의 발걸음은 한결 가벼웠다. 그의 눈앞에는 더 넓은 세상이 펼쳐지고 있었다.

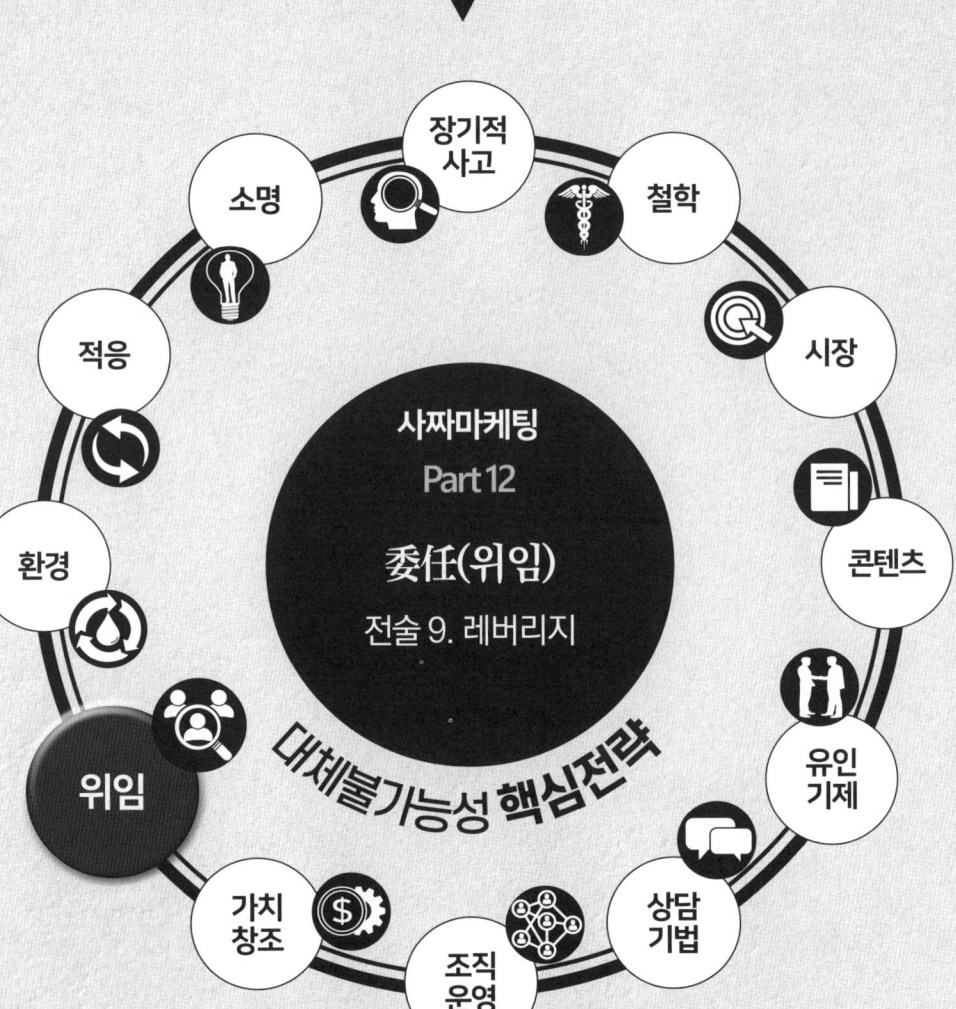

01 구체적으로 위임하라

위임에는 2가지가 있다. 사무실 대표자가 직원들에게 위임하는 '권한위임'과 '책임위임' 그리고 사무실 외부에 자신의 사무를 의뢰하는 아웃소싱(편의상 레버리지라고 하겠다) 2가지이다.

먼저 직원에 대한 권한위임과 책임위임은 전문 자격사인 대표는 물론 직원들의 성장에 가장 중요한 개념이다.

다만 '스몰 자이언츠'를 꿈꾸는 변호사, 세무사 등 전문 자격사 1~2인 사무소 체제의 대표들에게는 시중에 나와 있는 일반적인 위임 학습 이론이 다 필요하다고 보긴 어렵다. 이는 보통 20~30인 이상의 직원들이 있는 대형 법인을 대상으로 구성이 돼 있다. 현재 필자와 소통하는 대상은 보통 10인 미만의 사무실을 운영하기 때문에 대기업이나 강소 중소기업을 대상으로 하는 거창한 리더십 이론을 지금 당장 학습해야 한다고 하는 것은 우선순위를 잘못 생각하는 것이다.

당장 '스몰 자이언츠'들에게는 콘텐츠를 만들고 DB를 많이 획득하는 게 우선이기 때문이다. 그럼에도 위임을 제때 하지 않으면 여러분의 시간과 미래 가치가 보장되기 힘들다는 점에서 어느 정도는 위임에 대해서도 진지하게 검토를 해봐야 한다.

무엇보다도 위임을 못하고 혼자 일을 대표가 다 처리하는 경우에 생기는 가장 큰 문제점은 시간 부족이 아니다. 여러분은 시간이 부족한 걸 생명력으로 대신 갈아 넣고 있지 않은가. 결국 '에너지 고갈'이다. 이는 가뜩이나 운동을 안 하는 여러분의 건강 문제로 바로 직결된다.

삼국지의 제갈공명이 54세라는 젊은 나이에 수명을 다 했는지 생각해 볼 일이다. 라이벌로 여겨지는 사마의는 72세, 그리고 조조는 66세, 손권은 70세에 수명을 다 했다. 젊을 때 병사한 주유나 자결을 강요받은 순욱을 제외하면 책사 치고는 단명한 것은 확실해 보인다. 제갈공명의 완벽주의 성향과 몸의 타고난 건강도 무시 못하겠지만, 촉의 인재 부족이 제갈공명을 괴롭혔다는 데는 학자들 다수가 동의한다.

당시 촉은 영토와 인구가 상대적으로 적었고 인재 역시 적었다. 이런 태생적인 부분과 제갈공명의 완벽주의가 맞물려 그의 생기를 갉아 먹었던 것이다.

여러분의 마음이 당시 제갈공명과 같을 것이다. 직원에게 맡기자니 불안하고, 혼자 처리하려니 힘들고. 물론 직원이 100% 여러분만큼 할 순 없다. 당연하다. 여러분은 전문 자격사이자 대표로 실무를 다 해본 사람이 아닌가. 그러나 여기서 욕심을 내려 놓아야 한다. 일단 이후에 열거하는 원칙에 따라서 업무를 위임하면 믿고 맡겨야 한다. 내가 할 때 100%라면 직원이 70% 정도만 출력을 내면 잘 하는 것이다. 완벽주의의 함정에 빠지지 마라. 완벽한 건 어차피 세상에 없다. 조금씩 전진해갈 뿐이다.

다만 위임에도 '기술'이 필요하다. 그런데 대부분 위임을 한다고 하면 둘 중 하나를 한다. 맡기고 방치하거나, 간섭하거나 이래선 안 된다.

정확한 위임이란 다음과 같이 정의를 할 수 있다.
정확한 위임이란

(1) 그 일을 왜 해야 하는지 구체적으로 설명할 것

(2) 마감기한을 확실히 말해주고 중간보고가 필요한지 여부도 말해줄 것,

(3) 목표 성과를 측정가능한 숫자로 말해줄 것

(4) 보고 형식과 과제 구성 틀에 대해서도 세세하게 설명해줄 것

(5) 사내 협력이나 외부 지원이 가능한지 여부를 명확히 알려줄 것

등이다.
위임 이론은 리더십 이론과 맞물려 경영학의 한 축을 이루고 있지만 소규모 사무소에서는 이 5가지만 지켜도 충분하다고 본다.

실제로 필자 사무실의 사례를 소개해본다.

앞서 콘텐츠론에서 언급했던 콘텐츠 테크트리 중 블로그 글을 기고로 옮기는 과정이 있다. 그런데 블로그글과 기고 형식이 약간 다르기 때문에 기고로 옮길 때에는 유사도를 피해서 AI에게 작업을 시키라고 팀장급 직원에게 지시를 한 적이 있다. 위임을 한 것이다.

당시 필자는 위에서 언급한 5가지를 작성한 한글 매뉴얼 파일을 주고 일을 시켰는데, 필자가 너무 늦은 시간에 매뉴얼을 주는 바람에 이 직원은 그걸 읽지 못하고 그저 시키는 대로 아무 생각 없이 일을 하게 된 것이다.

그런데 업무를 하다가 A라는 AI프로그램을 쓰는 대신 B라는 AI프로그램을 써도 되느냐는 질문이 들어왔다. 그래서 필자는 이 일을 하는 목적이 무엇이냐고 물어봤다. 왜냐하면 이 일을 하는 목적은 '블로그 글과 기고의 유사도를 피하는 것'이며 따라서 목적만 달성하면 A를 쓰든 B를 쓰든 C를 쓰든 프로그램은 상관이 없기 때문이었다.

그런데 이 직원은 '목적을 모른다'고 답을 했다. 후에 매뉴얼이 전달되지 않은 것을 보고 나도 잘못이 있기 때문에 더 이야기를 하진 않고 "앞으로는 목적을 알지 못한 채로 일하지 말라"고 지시했다.

일을 하는 목적만큼은 반드시 알아야 한다. 목적을 알지 못하면 창의성과 자율성은 완전히 소멸된다. 그저 로봇이 되는 것이다. 시스테미컬 소통법에서 매뉴얼을 주고 그 매뉴얼대로 움직이는 건 어디까지나 의뢰인과 직원과의 관계이다. 내부에서 직원과 직원, 직원과 대표가 소통할 때에는 목적만 달성할 수 있으면 그 수단이 달라도 관계가 없는 것이다. 그러니 그만큼 목적을 공유하는 게 중요하다. 대표도 직원에게 중요한 과업을 맡길 때에는 왜 이일을 하는지에 대한 명확한 지시가 필요하고 직원도 목적을 모른다면 알기 전까지는 일을 해선 안 된다.

자 그럼, 위 5가지 원칙을 하나씩 보자.

(1) 왜 그 일을 해야 하는지 명확하게 머리에 그려줘야 한다

필자도 과거에는 이걸 못했다. 그저 직원들에게 아무말 없이 "이거 찾아오세요" 또는 "이렇게 보고 작성하세요"라고만 했다. 이 순간부터 직원들은 '내 일'이 아니라 '대표님 일'을 하게 되는 것이다. 이유를 모르면 사람은 의지가 발동되지 않는다. 정확하게 이 일을 해야 하는 이유와 이 일을 했을 때 기여도를 직원에게 설명을 해줘야 한다. 궁극적으로 직원이 그 일을 했을 때 어떤 이득이 있는지를 넌지시 제시해보는 것도 매우 좋은 방법이다.

1) 상황 설정

변호사 사무실의 대표로, 직원에게 소송 자료 정리를 맡기려 한다.

2) 일반적인 지시 (잘못된 사례)

"이번 소송 자료를 정리해서 목차를 만들어 주세요."

3) 명확한 지시 (올바른 사례)

"이번 소송 자료 정리는 우리가 다음 주에 있을 민사소송 준비에 필수적인 작업이에요. 이 작업이 중요한 이유는, 판사에게 제출할 소송 자료의 가독성을 높여야 하기 때문입니다. 정리된 자료는 변호사들이 쉽게 찾아볼 수 있어야 하고, 이를 기반으로 주요 주장을 정리할 예정이에요. 특히 이번 사건은 상대 측 증거가 많아서, 우리의 자료를 얼마나 체계적으로 제시하느냐에 따라 승패가 갈릴 가능성이 큽니다. 따라서 자료 정리가 정확히 이루어지면, 팀의 준비 시간을 단축시킬 뿐만 아니라 고객의 신뢰도도 높아질 겁니다."

4) 결과 기대치 전달

"이 작업을 통해 법정에서 우리의 주장과 증거를 명확히 전달할 수 있을 거예요. 이 일이 성공적으로 완료되면, 소송 과정에서 중요한 기여를 한 셈이 됩니다. 기대할게요."

(2) 마감기한을 확실히 말해주고 중간보고가 필요한지 여부도 알려줘야 한다

직원에게 일을 위임할 때, 언제까지 해야 하는지를 명확히 전달하지 않으면 작업이 지연되거나 우선순위가 뒤로 밀릴 가능성이 높다. 또한, 중간보고가 필요한지를 알려주지 않으면 진행 상황을 파악하지 못해 마감 직전에 문제가 발견될 수 있다.

1) 상황 설정

세무사 사무실의 대표로, 직원에게 세무 신고 자료 준비를 맡기려 한다.

2) 일반적인 지시 (잘못된 사례)

"세무 신고 자료 좀 준비해 주세요."

3) 명확한 지시 (올바른 사례)

"이번 분기 부가가치세 신고 자료는 다음 주 월요일 오후 3시까지 준비해 주세요. 이 작업은 우리 고객사 중 가장 중요한 A사의 신고 건입니다. 중간점검을 위해 이번 주 금요일 오전 11시까지 진행 상황을 공유해 주세요. 금요일에 확인할 부분은 주요 매출 내역과 경비 자료가 제대로 정리되어 있는지입니다."

4) 결과 기대치와 확인 포인트 전달

"금요일 중간보고 때 자료에 누락된 부분이 없으면 월요일 마감까지 문제가 없을 겁니다. 특히, A사의 이번 신고는 금액 규모가 커서 국세청에서 관심을 가질 가능성이 크니, 자료의 정확성과 누락 여부를 꼼꼼히 검토하는 게 중요합니다."

(3) 목표 성과를 측정 가능한 숫자로 말해줘야 한다

직원에게 업무를 맡길 때, 성과를 명확하게 수치화해서 전달하지 않으면 기대치가 불명확해져 실망스러운 결과를 초래할 수 있다. 직원이 어떤 기준으로 일을 완수해야 할지 알게 되면, 업무 방향과 속도가 훨씬 명확해진다.

1) 상황 설정

변리사 사무소의 대표로, 직원에게 특허 출원 자료를 준비하도록 지시한다.

2) 일반적인 지시 (잘못된 사례)

"특허 출원 자료 좀 정리해 주세요."

3) 명확한 지시 (올바른 사례)

"이번 특허 출원 건에 필요한 자료를 세 가지로 분류해서 정리해 주세요."
① 관련 발명 설명서 : 최소 5페이지 이상 상세히 작성

② 유사 특허 사례 분석 : 최소 3건 이상 첨부

③ 출원 비용 추정표 : 항목별로 정리해서 총 비용까지 포함

"이 세 가지 자료를 포함한 보고서를 작성해 주세요."

④ 구체적인 숫자로 성과를 정의

"발명 설명서는 5페이지 이상이어야 고객사와 첫 협의 시 충분한 설명이 가능합니다. 유사 특허 3건은 심사관 설득에 필요한 핵심 참고 자료가 됩니다. 또한, 비용 추정표는 항목별로 상세히 작성하지 않으면 고객사에서 의뢰를 진행할 가능성이 낮아집니다."

(4) 보고 형식과 과제 구성 틀에 대해서도 세세하게 설명해 준다

업무를 위임할 때, 직원이 어떤 형식과 구성으로 결과물을 만들어야 할지 구체적으로 알려주지 않으면 혼란이 생기고 작업 결과가 기대와 다를 수 있다. 보고 형식을 명확히 정의하면 일관성 있는 결과물을 얻을 수 있으며, 수정 작업에 드는 시간을 줄일 수 있다.

1) 상황 설정

노무사 사무실의 대표로, 직원에게 최근 노동법 개정안에 대한 보고서를 작성하도록 요청한다.

2) 일반적인 지시 (잘못된 사례)

"노동법 개정안에 대해 조사해서 보고서 만들어 주세요."

3) 명확한 지시 (올바른 사례)

"노동법 개정안에 대한 보고서는 아래 형식에 맞춰 작성해 주세요"

1장: 개정안 개요

개정된 주요 내용 3가지를 간략히 정리 (항목별로 3~5줄씩 작성).

2장: 개정안의 영향

근로자와 사용자에게 미치는 주요 영향 2가지씩 작성 (표 형식 포함).

3장: 추천 조치

사무소에서 고객사에 권장할 구체적인 대응 방안 3가지 (숫자 목록으로).

"보고서는 A4 3페이지로 제한하고, 표와 도식을 포함해 시각적으로 깔끔하게 정리해 주세요. 보고서를 작성하면서 필요한 참고 자료는 지난주 세미나 자료와 국회 발의안 문서를 활용하면 됩니다. 작성 완료 후, PDF 파일로 변환해서 사내 메신저에 올려 주세요. 보고서 최종본은 금요일 오후 3시에 회의에서 발표할 자료로 활용됩니다."

(5) 사내 협력이나 외부 지원이 가능한지 여부를 명확히 알려준다

직원이 작업을 수행하는 과정에서 협력이 필요한 경우가 많다. 이를 명확히 전달하지 않으면 중복 작업이 발생하거나 효율성이 떨어질 수 있다. 필요한 리소스나 협력자, 그리고 외부 지원의 사용 가능성을 사전에 알려주면 직원이 작업을 더 효율적으로 처리할 수 있다.

1) 상황 설정

세무사 사무실의 대표로, 직원에게 고객사의 세무 감사 대비 자료를 준비하도록 요청한다.

2) 일반적인 지시 (잘못된 사례)

"세무 감사 대비 자료를 준비해 주세요."

3) 명확한 지시 (올바른 사례)

"이번 세무 감사 대비 자료 준비는 팀 내 협력과 외부 지원이 필요한 작업입니다."

4) 다음 사항을 참고해 진행해 주세요

사내 협력: "지난달 A 고객사의 자료 준비 경험이 있는 김 대리에게 이전 작업 템플릿을 요청하세요."

외부 지원: "이번 작업에 필요한 특정 매출 자료는 고객사의 회계팀으로부터 받아야 합니다. 자료 요청 이메일을 작성해 제가 검토한 후 오늘 오후 5시까지 발송해 주세요."

필요한 추가 도구: "지난 감사에서 사용했던 '세무 감사 체크리스트' 파일은 사무실 공유 드라이브에 있습니다. 이를 참조해 자료를 준비하세요."

5) 협력 과정에서의 확인사항 안내

"자료 요청 이메일에 반드시 전달받아야 할 자료의 구체적인 항목을 명시하고, 요청 기한을 수요일 오후 2시로 설정하세요. 진행 중 문제가 있거나 협력자와 조율이 어려운 경우 즉시 저에게 알려주세요."

이처럼 위임은 단순히 업무를 떠넘기는 것이 아니라, 정확한 목표와 체계적인 지침을 제공해 직원이 성과를 낼 수 있도록 돕는 과정이다. 이 5가지 원칙을 실천하면, 소규모 사무소에서도 효과적으로 위임을 실행하여 업무 효율성을 높이고 조직의 성장을 도모할 수 있다.

위임은 결국 신뢰를 기반으로 한 커뮤니케이션이다. 완벽을 추구하기보다 진행 과정에서 점진적으로 개선해 나가는 마음가짐으로, 직원들에게 점차 더 많은 권한과 책임을 부여해 보라. 이는 결국 조직 전체의 성공으로 이어질 것이다.

02 삶을 '레버리지'하라

세계적인 베스트셀러 〈레버리지〉의 저자 롭 무어는 서문에서 다음과 같은 예시를 든다.

A는 최고의 소프트웨어 개발자이고 탁월한 업무 능력 덕에 1억 8,000만 원의 연봉을 받았다. 그런데 사실 알고 보니 그는 거의 근무 시간 내내 놀고 있었다. 회사의 조사관이 조사한 결과는 충격이었다. 그가 자신의 모든 업무를 중국에 있는 아웃소싱 업체에 의뢰했던 것이다. 그는 아웃소싱 업체에 1년 동안 3,750만 원만 지불했고 결과적으로 놀면서 1억 5,000만 원의 순이익을 올렸다. 알고 보니 그는 다른 회사와도 계약을 맺고 이 같은 방식으로 일을 하고 있었다. 그는 결국 부도덕함으로 해고됐다.

그러나 이 대목에서 롭 무어는 이렇게 서술한다.

"하지만 그가 처리한 업무의 수준은 평균 이상이었다. 보고서는 간결하고 탁월했다. 만일 5년 전에 내 회사에 A 같은 직원이 있었다면 나 역시 그를 해고했을 것이다. 하지만 똑같은 상황이 지금 발생한다면 오히려 그를 승진시키고, 그가 아웃소싱 업체와 계약을 맺고 일을 처리한 방법을 배워서 다른 분야에 적용했을 것이다."

그렇다. 〈레버리지〉의 주제는 아웃소싱이다.
우리가 해야 하는 가장 중요한 일만 내가 하고, 우리가 할 수 없거나 하기 싫지만 성취하기 위해 해야만 하는 일은 과감하게 외부에 맡기라는 것이다.

전문 자격사의 업무를 분석해 보면, 레버리지를 할 수 있는 일이 너무나 많다.
일단 가장 핵심적인 업무인 소송 및 기장 그리고 기타 업무의 위임은 불가능하다. 그러나 그 외에는 다 아웃소싱이 가능하다.
특히 영상의 경우가 그렇다. 시대 흐름상 유튜브는 반드시 해야 한다고 이전 콘텐츠를 통해 필자가 설명한 바 있다. 이때 본인이 촬영하고 편집까지 해야 한다는 강박을 버리길 바란다. 최근 편집에 대한 비용이 많이 내려가서 큰 비용을 들이지 않고 그 시간을 본업에 더 집중할 수 있게끔 됐다.

다만 이렇게 이야기가 전개되면 '대행을 맡겨라'로 들릴 수 있어서 염려되는 마음에 덧붙이겠다. 처음부터 대행을 맡기는 것은 엄밀히 아웃소싱이 아니다. 그대로 내 운명을 광고업체에 맡겨버리는 것이다. 영상 편집은 진입장벽이 상대적으로 큰 편이라 아웃소싱을 하라고 한 것이지만, '콘텐츠'를 기획하고 만드는 것은 여전히 전문 자격사 본연의 사명이다.

그 콘텐츠를 기획하고 만드는 것은 철저하게 전문 자격사 본인이 해야 한다. 그것이 본질이기 때문이다. 다만 그 만든 콘텐츠를 블로그나 카페나 유튜브나 인스타에 올릴 때 그 채널에 '콘텐츠를 업로드하는 행위' 자체는 아웃소싱을 해도 된다는 뜻이다. 본질은 본인이 갖고 있고 콘텐츠를 예쁘게 포장해서 올리는 테크닉적 행동은 다른 데 맡겨도 아무 상관이 없다.

중요한 것은 '무엇을 할지'가 아니라 '무엇을 하지 말아야 할지'이다. 워런 버핏은 "성공 전략의 본질은 목표를 어떻게 이룰 것인가가 아닌 무엇을 하지 않을 것인가를 선택하는 데 있다"고 했다. 필자로부터 컨설팅을 받는 사람 중에는 본격적인 컨설팅 시작 전에 "유튜브를 찍어야 하는데 영상 편집부터 배워야 하겠네요"라고 하는 사람들이 간혹 있다. 이건 말이 안 된다. 영상 편집이 취미이고 그걸 하는 게 너무 즐거워서 하는 경우를 제외하고는 전문 자격사가 영상 편집을 하고 있어선 안 된다.

핵심 역량에 필요한 일만 자신이 하고 모든 건 아웃소싱을 해야 한다. 시간은 늘 한정적이다. 정말 중요한 일을 하고 덜 중요하거나 다른 사람이 해도 되는 일은 과감하게 아웃소싱을 하라. 눈앞의 작은 돈을 아끼려고 인생에서 가장 소중한 시간과 미래 가치를 놓치지 말길 진심으로 당부한다.

롭 무어는 "시간을 돈으로 바꾸는 노동을 하지 말라"고 한다. 그렇다. 여러분이 당장 돈을 아끼려고, 하기 싫은 세차를 시간을 내서 억지로 하고, 할 줄도 모르는 요리를 시간을 내서 억지로 하고, 날 잡아 하루 종일 청소를 하는 모든 행위를 멈추길 바란다. 정말 즐겁고 그 일이 가족과 나에게 의미가 있다면 해도 된다. 그러나 그런 게 아니라면 여러분은 전문 자격사이고, 그 직함에 맡는 핵심 가치에 시간을 쓰길 바란다.

인생에서 가장 중요한 건 돈이 아니다. 시간이다.

"시간은 역설적이다. 대부분의 사람이 시간을 측정하지 못하거나 측정하지 않기 때문에 시간의 진정한 가치를 모른다. 당신은 측정할 수 없는 것을 지배할 수 없다. 열심히 일해서 간신히 생계를 유지하고 청구된 돈을 지불할 액수의 급여와 당신의 시간을 교환하고, 초과근무까지 하면서 자유를 희생하고, 죽음에 가까운 나이를 되었을 때 시간을 얻는 것이 사회가 우리에게 원하고 강요하는 방식이다."

- 〈레버리지〉 中

우리가 돈을 버는 이유는 시간을 벌기 위해서이다. 그런데 시간을 써서 하기 싫은 일에 에너지를 쓰며 돈을 아끼는 게 과연 맞는 걸까?

당장 돈이 없어서 다 해야 한다면 매일 스스로에게 다짐하라. 내일은 내가 이 일을 다른 사람에게 맡길 수 있도록 그 정도 돈은 반드시 벌 거라고. 이미 그렇게 됐다고 상상하길 바란다. 적어도 필자가 이 책에 쓴 것을 꾸준히 실천만 하면 앞서 언급한 일들을 레버리지를 못할 정도로 극심한 생활고에는 시달리지 않을 것이다. 커피값만 아껴도 일주일에 한 번은 가사도우미에게 내가 하기 싫은 집안 청소를 아웃소싱할 수 있다. 그만큼 시간은 저축된다.

멘토에게 물어보는 것도 레버리지의 한 수단이다. 이미 답을 알고 있는 사람에게 배움을 청하는 건 가장 지혜로운 행동 중 하나이다. 멘토를 찾아서, 묻고, 바로 행동하길 바란다. 그리고 멘토에게 도움을 청할 때에는 시간이든, 정성이든, 수업료이든 그에 상응하는 투자를 해야 한다. 공짜로 얻은 것은 가치가 없다는 점을 명심해야 한다.

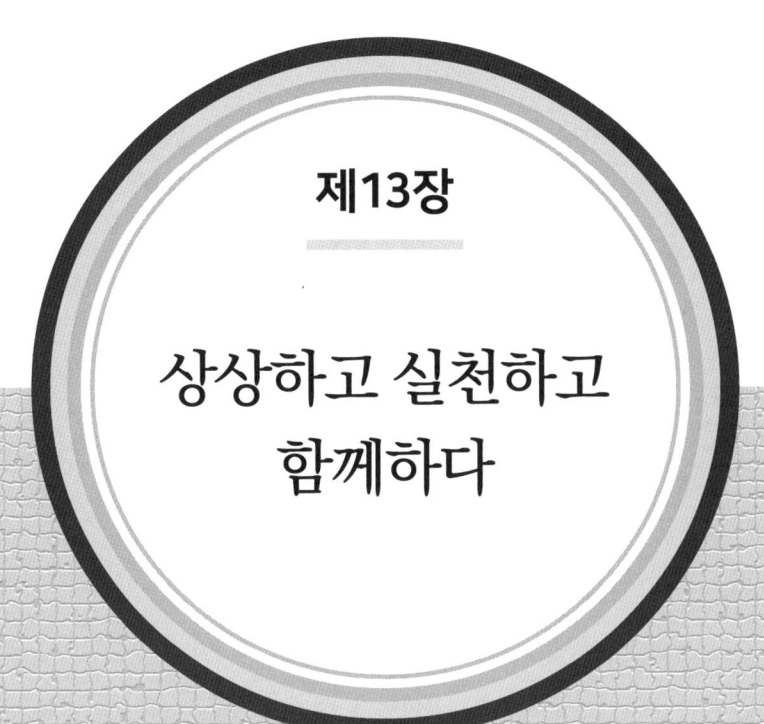

제13장

상상하고 실천하고 함께하다

사짜마케팅 Part 13

環境(환경)

전술 10
루틴

상상하고 실천하고 함께하다

찰스는 어느새 습관처럼 만생의 동굴로 향하고 있었다. 길고 무거운 등껍질을 끌며 걷는 이 여정이 언제부터인가 그의 일상이 되어있었다. 문득 그는 걸음을 멈추었다.

'이상하네. 언제부터 이렇게 자연스러워진 걸까?'

그는 자신의 변화를 돌아보았다. 처음에는 매일 새벽 4시에 일어나 2시간을 걸어 동굴에 오는 것이 고역이었다. 하지만 지금은 몸이 먼저 움직였다. 알람도 필요 없었고, 망설임도 없었다.

"환경!"

그가 작게 중얼거렸다.

"바로 이거였구나."

공방에 있을 때는 늘 시간에 쫓기고 불안했다. 하지만 이 동굴에서는 달랐다. 시간도 충분했고, 실패해도 괜찮았다. 무엇보다 바론이라는 멘토가 있었다.

"왔구나."

바론의 목소리가 동굴 깊숙이 울렸다.

"바론님, 제가 무언가를 깨달은 것 같아요."

"그래? 무엇을 깨달았나?"

"제가 이렇게 변할 수 있었던 건, 모두 이 환경 덕분이었어요. 공방에서는 수많은 목표를 세우고 실천하려 했지만 늘 실패했죠. 하지만 이곳에는 바론님이 계셨고, 이 고요한 동굴이 있었어요."

바론의 그림자가 벽에서 천천히 움직였다.

"그래. 하지만 그것만으로는 부족했겠지?"

찰스는 고개를 끄덕였다.

"네. 매일 아침 동굴로 오면서 저는 스스로에게 말했어요. '난 이미 성공한 도예가'라고요. 처음엔 어색했지만, 그런 생각을 하면서 걷다 보니 정말 그렇게 되어가는 것 같았어요."

"상상의 힘이지."

바론이 말했다.

"하지만 상상만으로는 아무것도 변하지 않아. 그 상상을 현실로 만드는 건 바로 매일의 실천이야."

찰스는 자신의 흙 묻은 작업복을 바라보았다.

"정말 그래요. 처음에는 하루만이라도 쉬고 싶었는데, 이제는 도자기를 만들지 않으면 오히려 더 불편해요. 마치 돌솥처럼, 천천히 데워져서 이제는 식지 않는 온기가 됐죠."

"돌솥형이라…."

바론의 목소리에 따뜻함이 묻어났다.

"처음부터 활활 타오르는 불꽃은 쉽게 꺼지지. 하지만 천천히, 꾸준히 데워지는 온기는 오래 가지."

찰스는 동굴 벽면을 천천히 둘러보았다. 일 년 동안 이곳에서 얼마나 많은 도자기를 만들었을까. 얼마나 많은 실패와 성공을 경험했을까.

"도자기를 만들 때처럼이에요."

그가 말했다.

"처음에는 흙덩이가 어떤 모양이 될지 알 수 없죠. 하지만 매일 조금씩 빚어가다 보면, 어느새 아름다운 형태가 만들어져 있어요. 제 삶도 그렇게 된 것 같아요. 바론님과 함께한 시간은 제가 스스로를 빚어가는 과정이었던 거죠."

"그래서 나는 늘 말했지."

바론의 목소리가 동굴을 울렸다.

"목표를 이루는 것은 단순한 상상이나 의지의 문제가 아니라고. 그것은 매일의 작은 실천이 만들어내는 기적이야. 그리고 그 기적은 혼자서는 이룰 수 없지. 적절한 환경, 그리고 함께 걸어갈 누군가가 필요한 법이야."

밖은 어느새 해가 떠오르고 있었다. 찰스의 등껍질에 아침 햇살이 비쳤다. 마치 오래된 도자기처럼 은은한 광채를 띠었다.

그것은 더 이상 무거운 짐이 아니었다. 일 년간의 시간이 빚어낸 단단한 의지요, 매일의 실천이 만들어낸 견고한 습관이었다.

"결국 우리가 하는 선택의 의미는 무엇일까요?"

찰스가 문득 물었다.

"선택이라…."

바론의 그림자가 일렁였다.

"수많은 선택 중에서 자네가 만생의 동굴을 찾아왔고, 매일 이곳으로 발걸음을 옮겼지. 그 작은 선택들이 모여 지금의 자네를 만들었지."

"때로는 제가 정말 올바른 선택을 한 건지 의심도 들었어요. 특히 처음에는요. 하지만 이제는 알 것 같아요. 선택의 결과보다 중요한 건, 그 선택을 꾸준히 이어가는 힘이었던 거죠."

"그래. 목표를 이룬다는 건, 매일 같은 선택을 반복하는 일이야. 그리고 그 반복이 습관이 되면…."

찰스는 자신의 거친 손을 바라보았다. 흙을 다루며 생긴 굳은살들이 그의 오랜 시간을 증명하고 있었다.

"이제는 제 손이 스스로 움직이네요. 생각하기도 전에, 몸이 먼저 물레 앞에 앉아있어요."

"그것이 바로 진정한 변화란다. 의식적인 노력이 무의식적인 습관이 되는 것. 그리고 그 습관은 적절한 환경에서 더 쉽게 만들어지지."

찰스가 말을 이었다.

"매일 아침 이 동굴로 오면서, 제가 원하는 모습을 상상했어요. 바론님 덕분에 그 상상이 현실이 되어가는 과정을 배웠고요."

"네가 해낸 거야."

바론의 목소리가 따뜻했다.

"나는 그저 적절한 환경을 제공했을 뿐이지."

"아니에요. 바론님은 제게….'

찰스가 말을 멈추었다. 동굴 깊숙한 곳에서 희미한 빛이 새어 나왔다.

"보이나?"

바론이 물었다.

"저 빛은 늘 그 자리에 있었어. 하지만 네가 처음 왔을 때는 보지 못했지."

찰스는 고개를 끄덕였다. 이제 그는 이해했다. 자신의 성장은 단순한 기술의 향상이 아니었다.

그것은 상상하고, 실천하고, 함께하는 과정을 통해 이루어진 전체적인 변화였다.

"이제 알겠어요. 제가 진정으로 배운 것은 상상의 힘이 현실이 되기까지의 과정이었어요. 매일 아침 이 동굴로 오는 걸음걸이 하나하나가, 제 미래를 만들어가는 작은 선택이었던 거죠."

바론의 그림자가 더욱 선명해졌다.

"그래서 난 네게 환경을 만들어준 거야. 실패해도 다시 시작할 수 있는 이 동굴을, 매일 같은 시간에 찾아올 수 있는 이 공간을. 네가 스스로를 빚어갈 수 있는 작업실을."

찰스는 자신의 등껍질을 매만졌다. 예전에는 무겁기만 했던 이 껍질이, 이제는 그의 성장을 증명하는 훈장처럼 느껴졌다.

"바론님, 제가 처음 이곳에 왔을 때 던졌던 질문의 답을 이제 알 것 같아요."

"그래? 어떤 답을 찾았지?"

"제 도자기가 특별해지기 위해서는 제 자신이 먼저 특별해져야 했어요. 매일 아침 이 동굴로 오는 길에서, 도자기를 만드는 순간에서, 그리고 그 모든 과정을 기록하는 시간에서, 저는 조금씩 변화하고 있었어요."

바론이 고개를 끄덕였다.

"매일 이 동굴에서 도자기를 빚는 게 더 이상 고된 일이 아니라 행복한 일이 됐을 때, 그때 네 도자기도 달라졌지. 이제 네 손끝에서 나오는 작품들은 단순한 그릇이 아니라 이야기를 담은 예술이 됐으니까."

찰스는 물레 앞에 앉았다.

"바론님, 오늘은 특별한 작품을 만들고 싶어요."

"무엇을 만들 건가?"

"오늘은 제가 이 일 년간 배운 모든 것을 담은 찻잔을 만들고 싶어요. 매일 아침 해가 뜨기 전에 이곳으로 오던 순간들, 실패와 좌절도 있었지만 다시 일어설 수 있었던 시간들, 그리고."

찰스의 손이 천천히 흙을 만지기 시작했다. 이제 그의 손끝에서는 더 이상 망설임이 느껴지지 않았다.

"그리고 무엇을?"

바론이 물었다.

"제게 이 모든 것을 가능하게 해준 환경과 멘토의 의미를 담고 싶어요. 바론님이 늘 말씀하셨죠. 상상만으로는 부족하고, 실천만으로도 부족하다고. 결국 중요한 건 함께 가는 길이라고요."

바론의 그림자가 미소 짓는 듯했다. 찰스의 손끝에서 흙이 천천히 형태를 갖춰가기 시작했다.

동굴 밖으로 아침 햇살이 스며들었다. 그 빛이 찰스가 만든 찻잔을 비추자, 마치 오래된 보물처럼 은은한 광채를 띠었다.

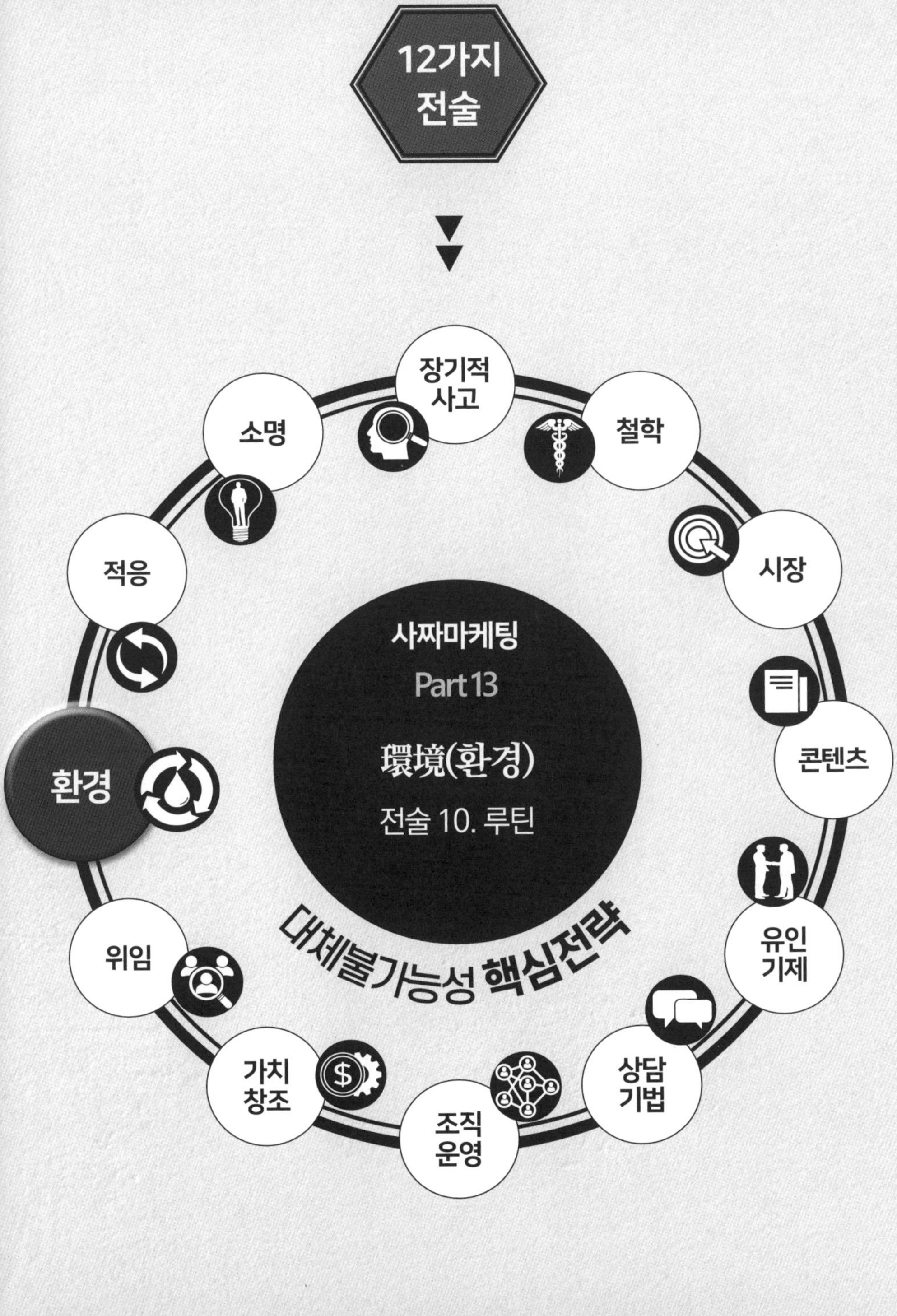

12가지 전술

사짜마케팅
Part 13
環境(환경)
전술 10. 루틴

대체불가능성 핵심전략

- 장기적 사고
- 철학
- 소명
- 시장
- 적응
- 콘텐츠
- 환경
- 유인기제
- 위임
- 상담기법
- 가치창조
- 조직운영

01 재능을 뛰어넘는 방법

인생이라는 거대한 퍼즐 속에서, 청소년기의 나는 한 가지 수수께끼에 사로잡혀 있었다. '인간이 목표를 성취하는 법'이라는 미스터리였다. 마치 미지의 대륙을 향해 나아가는 탐험가처럼, 나는 이 주제와 관련된 수많은 책들의 바다를 항해했다.

그 여정의 시작점은 2007년, 론다 번의 〈시크릿〉이었다. 같은 시대를 살아온 이들이라면, 이 책이 일으킨 반향을 기억할 것이다. 감수성이 한창 꽃피던 그 시절, 〈시크릿〉은 마치 한여름 밤의 불꽃놀이처럼 내 마음을 수놓았다.

하지만 그 화려한 불꽃 속에서도, 무언가 채워지지 않는 빈 공간이 있었다. '왜 바라면 이루어지는가?' 이 근본적인 질문에 대해 〈시크릿〉은 마치 신비한 주문을 외우듯 모호한 답변만을 던졌다. 이것이 바로 많은 이들이 이 책을 비판의 날로 베어냈던 이유였다.

그럼에도 〈시크릿〉은 내게 값진 선물을 남겼다. 인간이 목표를 이뤄가는 메커니즘에 대한 지적 호기심이라는 씨앗을 심어준 것이다. 그 씨앗은

20년이 넘는 세월 동안 끊임없이 자라나, 수많은 책과 지식이라는 양분을 흡수하며 성장했다.

그러나 관련 분야 책들을 수백권 이상 읽으면서도 항상 내 머릿속에서 인공위성처럼 빙글빙글 돌았던 질문들이 남았다. 그 질문은 다음과 같았다.

(1) 재능은 실존하는가? 그렇다면 노력은 필요 없는가?

(2) 동기부여는 인간 삶에 독인가? 약인가?

(3) 목표를 이루기 위해서는 어떻게 목표를 설정해야 하는가?

(4) 왜 인간의 의지는 이토록 나약한가? 이를 극복하는 방법은 없는가?

(5) 결국 원하는 것을 이루는 프로세스는 어떻게 규정지을 수 있는가?

사실 이 모든 질문은 여러 책과 여러 전문가의 말 속에 각각의 답으로 조각조각 숨어 있었다. 그리고 어떤 답은 아예 서로 모순되기도 했다. '그래서 무엇을 따라야 하는가?'는 기준이 필요했고, 필자는 그 답을 찾았다. 바로 '뇌과학'을 통해서이다.

내 청소년 시절만 해도, 뇌과학의 렌즈로 자기계발을 들여다보는 책들은 찾아보기 힘들었다. 마치 미개척지와 같았다. 뇌과학이라는 보물상자가 대중에게 열린 것은 비교적 최근의 일이기 때문이다.

결국 뇌의 작동 메커니즘을 이해하는 것은 마치 미로의 지도를 손에 쥐는 것과 같았다. 내가 던진 질문들의 실타래를 하나씩 풀어낼 수 있는 열쇠를 발견한 것이다.

    이것을 이해하는 것이 첫걸음이다. 콘텐츠라는 성을 쌓아올리는 데는 목표 설정이라는 설계도, 재능이라는 재료, 동기부여라는 연료, 환경이라는 토대, 루틴화라는 공법이 모두 필요하기 때문이다.

    내가 지금 이 일을 왜 하고 있는지, 그리고 어떻게 해야 하는지를 알고 하자는 것이다.

    우리가 하는 일의 '왜'와 '어떻게'를 이해하는 것은 마치 등산가가 정상을 오르기 전에 지도를 펼쳐보는 것과 같다.

    이런 맥락에서 앞으로 우리는 재능, 동기부여, 목표설정, 환경, 습관이라는 다섯 개의 별자리를 하나씩 살펴볼 것이다. 이는 내가 20년이라는 시간 동안 천체망원경으로 관찰하고 기록한 성좌들이다. 그리고 이 지도는 계속해서 새로워질 것이다. 뇌과학이라는 우주는 끊임없이 새로운 발견으로 가득 차고 있으니까.

    먼저 재능에 관하여 이야기해 보자.

    뇌과학의 결과나 많은 리서치 결과를 볼 것도 없다. 뇌과학의 결과나 많은 리서치를 굳이 언급하지 않더라도, 우리는 이미 알고 있다. 마치 다양한 악기가 모여 하나의 오케스트라를 이루듯, 우리 주변에는 각자의 재능으로 서로를 보완하며 살아가는 사람들이 있다는 것을.

    "천재는 1%의 영감과 99%의 노력으로 만들어진다." – 토마스 에디슨 조금은 진부하기까지 한 이 말은 우리 삶을 관통하는, 그리고 '노력'을 불태우는 동력으로 사용돼 왔다. 이 말을 곱씹으며 나 역시 수없는 노력을 삶에 투영했지만, 사실 노력으로도 안 되는 영역이 있다는 불편한 진실은 늘 내 삶의 한 모퉁이에 똬리를 틀고 조용히 나를 응시하고 있었다.

우리 삶의 열매는 과연 노력이라는 햇살만으로 영글어가는 것일까? 혹시 재능이라는 토양이 더 중요한 것은 아닐까? 반대로 재능만을 탓하다 보면, 그것이 노력하지 않는 자신을 정당화하는 안락한 도피처가 될 수도 있지 않을까?

이런 질문들은 마치 끝없는 에코처럼 내 머릿속을 맴돈다. 컨설팅이라는 길을 걸으며 깨달은 것이 있다. 왜 하는지에 대한 명확한 나침반이 없다면, 배우는 이들은 금방 그 공허함을 알아차린다는 것. 그래서 지식을 나누는 이는 흔들리지 않는 기준을 가져야 한다. 우리의 생각이 곧 우리라는 존재를 비추는 거울이기 때문이다.

노력이 중요하냐, 재능이 중요하냐, 아니면 제3의 요소가 중요하냐의 문제는, 업을 하는 동안 콘텐츠를 지속적으로 만들어야 하는, 이 글을 읽는 여러분에게 매우 핵심적인 요소이다. 노력이 중요하다면 더 노력하면 될 것이고, 재능이 중요하다면 차라리 재능이 있는 사람에게 맡기면 그만인 일이다.

나 역시 한때는 노력이라는 만능열쇠 하나로 모든 문을 열 수 있다고 믿었다. 하지만 시간이 흐르며 깨달았다. 아무리 노력해도 평범한 축구선수가 '리오넬 메시'가 될 수 없다는 현실을. 그리고 내 삶을 돌아보니, 엄청난 노력을 쏟고도 '그저 그렇다'는 평가를 받는 영역이 있는가 하면, 살짝 스치기만 해도 '대단하다'는 찬사를 받는 재능의 정원이 있었다.

그래서 내가 내린 결론은 이렇다.

유전자에 아로새겨진 '타고난 재능'은 실존한다. 그리고 그 재능은 '환경'을 통해 개발될 수 있다. 다만 '재능'의 크기는 같은 환경에서 키운다 해도 사람마다 다르다.

이를 증명하는 흥미로운 실험이 있다.

폴가 라슬로는 헝가리의 교육 심리학자로, "천재는 타고나는 것이 아니라 만들어지는 것이다"라는 신념을 바탕으로 독특한 교육 실험을 수행했다. 그는 자신의 이론을 입증하기 위해 아이들을 직접 교육하기로 결정했고, 아내와 함께 세 딸을 체스 챔피언으로 키웠다. 이 세 자매는 수잔 폴가, 소피아 폴가, 주디트 폴가였다. 이 부모는 집을 '체스 학습 환경'으로 만들고, 체스 서적과 체스판을 곳곳에 배치했다. 아이들이 자연스럽게 체스에 집중하도록 유도했으며 부모가 직접 코칭하며 체스에 관한 관심을 키웠다.

수잔은 여성 최초로 국제 체스 그랜드마스터(GM) 타이틀 획득했고, 소피아는 체스 올림피아드 금메달리스트가 됐으며, 주디트는 체스 역사상 가장 잘 체스를 잘 두는 여성 선수가 됐다.

이 사례는 2가지를 시사한다.

첫 번째로 환경을 통해 재능을 만들 수 있다. 두 번째로 재능의 한계치는 개인마다 어느 정도 정해져 있다는 점이다.

예를 들어 손웅정 감독에게 손흥민 선수 외에도 형제 7명이 있다고 가정하고, 다 똑같은 훈련을 시켰다고 해서 손흥민 선수처럼 성공했으리라는 보장은 없다는 것이다.

특히 이러한 재능이 크게 발현되는 분야는 단연 예체능 영역이다. 아무리 부모가 좋은 환경을 제공하고 최고의 스승을 붙여놓아도 아무나 파블로 피카소, 안토니 가우디, 리오넬 메시, 조성진, 김연아 같은 인물이 될 순 없다. 재능의 부재를 느낀다면 과감히 다른 별자리를 찾아 나서야 한다. 이게 진리이다.

가령 운동신경이 좋은 아이가 있다고 치자. 이 아이는 운동신경이 좋아서 축구를 적당한 정도까지는 하지만, 프로가 되기에는 부족하다. 그렇다면 운동신경을 활용해서 육상이나 골프, 배드민턴, 야구, 수영 등 다른 영역에 재능이 있는지를 확인해 봐야 한다는 것이다. 한 운동 분야에서는 적당한 실력을 보이다가 다른 분야에서 엄청난 성과를 거둔 사람은 수도 없이 많다. 이 경우 재능의 한계치가 있는 분야에 대한 '노력'은 저주에 가깝다. 계속 자신이 어떤 영역에 적합한지 알아봐야 한다.

사실 모든 사람은 각각의 재능이 있다. 필자는 "모든 사람은 최소한 어떠한 노력을 했을 때 자신이 상위 10% 안에 드는 영역을 반드시 갖고 있다"는 데 동의한다. 다만 자신의 재능을 알기 위해서는 다양한 경험을 쌓아야 한다.

가장 슬픈 현실은 대부분이 자신의 재능을 찾으려는 노력을 하지 않고, 끝내 찾지 못한 채 삶을 마감한다는 점이다. 사람은 분명 다 쓸모 있는 존재이다. 그래서 내가 어떤 재능이 있는지를 확인해 보는 건 인생을 통틀어 가장 중요한 일 중 하나이다. 물론 그 재능이 축구처럼 당장 돈과 명예로 치환되는 것일 수도 있고, 외발자전거 타기처럼 다소 활용 범위가 애매한 경우도 있을 것이다.

중요한 건 이런 재능은 반드시 돈과 명예로 치환되지 않더라도 우리 삶을 풍족하게 해주는 가장 핵심적인 요소가 된다는 점이다. 사람은 잘하는 것에 흥미를 갖기 마련이다.

다만 우리는 이 지점에서 안도해야 한다. 우리가 하는 콘텐츠 쌓기 영역은 예체능도 아니고, 반드시 대한민국에서 1등을 해야 하는 분야도 아니기 때문이다.

재능이 아예 없어도 상관없다. 그냥 꾸준히만 하면 된다. 잘할 필요도 없다.

동네에서 러닝을 할 때 올림픽 신기록과 대조하며 "나는 왜 재능이 없나"하며 울분을 토하는 사람이 존재할 리 없다.

콘텐츠 쌓기는 그런 영역이다. 재능보다 약간의 노력만 있으면 되는.

그러니 얼마나 다행인가.

'Just Do It!'
이제 우리는 이 세 단어의 진정한 의미를 이해할 수 있다.

02 작심삼일을 작심삼년으로
- '돌솥형' 동기부여의 힘

두 번째 질문은 동기부여에 대한 것이다. 어느 정도 재능이 있다고 해도 여전히 '노력'이라는 영역은 인체가 섭취해야 하는 '수분'과 같은 존재로 남아 있다. 반대로 재능이 아예 필요 없는 영역에 더더욱 노력이 필요하다. 노력이 재능을 압도하기 때문이다.

필자가 경계하는 것은 반드시 상위 1%가 되어야 하는 영역에 있어 "재능은 필요 없고 노력하면 다 된다"라는 잘못된 '노~오~력' 프레임이지, 노력이 전혀 필요 없다는 게 아니다. 오히려 조금만 노력하면 상위 20% 안에 들어갈 수 있는 분야라면 노력은 더 절실하다.

그렇다면 노력이 태어나는 지점은 어디인가?

그렇다. 동기부여이다.

동기부여의 역사는 인간의 욕망이 발화하는 지점에서부터 출발했다. 인간은 태초부터 욕망했고, 동기부여는 태초부터 인류와 함께했다.

동기부여는 인간이 신의 경지에 도달하기 위한 욕망을 불러일으킴으로써 신의 저주를 받는 이유가 되고도 했고(바벨탑 사건, 구약성경 창세기 11장),

때로는 신의 대리인을 리더 삼아 불가능한 목표에 도전하고 꿈을 이루는 원동력이 되기도 했다(여리고성 함락 사건, 구약성경 여호수아 6장).

이후 서양에서는 고대 그리스와 로마, 중세를 건너 근대로 넘어오면서 동기를 어떻게 부여할 것인가에 대한 담론은 활발하게 진행됐다.

르네상스를 거치면서 인간은 더 이상 신의 뜻에 의해 움직이는 수동적 존재가 아니라, 스스로 동기를 부여하고 목표를 성취할 수 있는 능동적인 존재로 여겨지게 됐다. 이후 데카르트, 존로크, 애덤 스미스, 프레드릭 테일러, 매슬로우, 지그문트 프로이트, 칼융, 알프레드 아들러 등 철학자와 심리학자들에 의해서 동기부여가 어떻게 조명되는지 집중적으로 탐구됐다.

그러나 필자는 정통 철학자와 심리학자들의 강학적(講學的)이고 학문적인 논의를 여기에 펼치지는 않을 것이다. 이 책은 전공 서적이 아니기 때문이다.

이런 맥락에서 나폴레온 힐은 동기부여를 가장 실용적이고 직관적인 방식으로 풀어낸 인물이다. 그의 사상은 철학적, 심리학적 논의에서 벗어나 실제 인생과 비즈니스에서 성공하는 원리를 직접적으로 탐구하는 데 집중되어 있다.

나폴레온 힐의 사상을 한마디로 응축하면 "당신이 마음속에서 명확히 그릴 수 있다면, 현실에서도 그것을 이룰 수 있다"는 것이다. 언뜻 들으면 〈시크릿〉의 메시지와 별반 차이가 없다. 그래서 그의 사상을 〈시크릿〉과 비슷한 '주술적 망령'으로 평가 절하하는 사람도 분명 존재한다. 이 지점에서 필자는 나폴레온 힐이 '옳다' '그르다'를 평가하고 싶진 않다. 다만 적어도 〈시크릿〉에서 한걸음 더 나아가, 눈에 보이는 '원리'를 그는 1930년대에 설명했고, 이 원리는 현대 뇌과학이 뇌의 비밀을 밝혀내면서 상당 부분 맞는 것으로 입증됐다.

따라서 나폴레온 힐의 생각을 따르는 것은 검증된 뇌과학 관점에서 봤을 때 대부분 우리 삶에 상당한 도움이 된다는 게 필자의 지론이다.

나폴레온 힐이 제시한 "생각이 현실을 만든다"는 철학은 〈시크릿〉으로 대표되는 단순한 자기암시가 아니라, 구체적인 '동기 부여 → 목표 설정 → 행동 실행 → 습관 만들기 → 피드백'이라는 실제적인 성공 원리를 담고 있다. 사실 명확한 목표를 정한 뒤 계획을 세우고 실행에 옮기고 노력한다는 명제는 고대 그리스, 로마 시대의 키케로와 플루타코라스 같은 위대한 사상가들도 전개한 성공 원칙이다. 조선 시대의 정약용, 율곡 이이, 퇴계 이황 또한 '목표 없는 삶은 무의미하며, 꾸준한 실행과 습관이 결국 성공을 만든다'는 철학을 펼쳤다. 결국, 시대와 지역을 초월한 보편적인 성공 원칙은 '명확한 목표 설정과 지속적인 실행'이라는 점에서 일치한다.

그의 철학은 얼 나이팅게일, 스티브 코비, 브라이언 트레이시, 밥 프록터, 짐 론, 토니 로빈스를 비롯한 수많은 자기계발 전문가에게 계승되었고, 오늘날에도 경영학, 심리학, 뇌과학에서 중요한 개념으로 자리 잡고 있다. 이 생각의 계보를 짚고 넘어가는 이유는, '동기부여' 자체를 부정하는 견해는 물론 우리 잠재의식 속에도 '작심삼일'이라는 뿌리 깊은 부정적인 무의식이 존재하기 때문이다. 요지는, 동기부여가 필요하다는 명제 자체에는 문제가 없다는 것이다.

그럼 다시 문제로 돌아와서, 인간의 동기부여가 어디서 오는지를 알아보자.

필자가 정리한 인간의 동기부여 작동 방식은 3가지이다. 이는 동기부여의 강도와 지속성에 따른 분류이다.

① **화덕형**

한 번 불이 붙으면 쉽게 꺼지지 않으며, 꾸준히 열을 내면서 결과를 만들어내는 유형이다. 오랜 기간 꿈을 품고, 포기하지 않으며 끝까지 밀어붙이는 사람이 이에 해당하며 이는 '어떤 사명을 완수'해야 한다는 강한 열의가 담겨 있다.

② **냄비형**

단기적이고 쉽게 뜨거워지는 동기부여이다. 처음에는 강한 열정을 보이지만, 어려움이 닥치거나 시간이 지나면 쉽게 동기부여가 사라진다. 대부분의 동기부여가 여기에 해당한다.

③ **돌솥형**

급격한 변화보다는 차근차근 꾸준히 노력하여 성과를 만들어가는 유형이다. 화덕형처럼 처음부터 열정적이지 않다. 오히려 이 유형의 마음 상태는 호숫가의 물결처럼 잔잔하다. 그러나 식지 않고 오랫동안 따뜻한 상태를 유지한다.

사실상 우리 대부분은 냄비형 동기부여를 겪어 왔다. 글이든 영상이든 경험이든 어떤 매개체를 통해 급격한 마음의 울림이 있고 나서 열정적으로 계획을 세우고 목표도 세우고 실행에 옮기지만 그 의지가 이틀을 채 가지 못하는 경우가 여기에 해당한다. 고백하자면 필자 역시도 대부분 그렇다. 어릴 때부터 '작심하루'로 매일 자괴감에 빠졌고, 그래서 청소년 시절부터 이런 유형의 책들을 수백 권 탐독하게 된 것이다.

한편 화덕형은 극한의 고난 속에서도 자신의 신념과 목표를 잃지 않고, 오랜 기간 끊임없이 싸워 나간다. 나치 강제 수용소에서 인간이 겪을 수 있는 최악의 고통을 경험하면서도 삶의 의미를 잃지 않은 빅터 프랭클(《죽음의 수용소에서》의 저자)이나, 조국의 독립을 위해 죽음을 앞둔 순간까지 신념을 잃지 않은 안중근 의사 등이 여기에 해당한다.

화덕형 동기부여는 단순한 열정이나 일시적인 감정이 아니라, 삶 전체를 관통하는 신념과 사명감에서 비롯된다. 이러한 동기부여를 가진 사람들은 극한의 고난 속에서도 목표를 잃지 않고, 포기하지 않으며, 끝까지 싸워 나간다. 하지만 현실적으로 화덕형 인간이 되는 것은 결코 쉬운 일이 아니다.

그래서 우리가 추구해야 하는 것은 '돌솥형'이다.

'돌솥형'의 특징은 다음과 같다.

돌솥형 동기부여는 급격하게 타오르지는 않지만, 서서히 데워지고 오랫동안 따뜻함을 유지하는 유형이다. 화덕형은 거대한 목표를 향해 치열하게 달려가지만, 돌솥형은 묵묵히 자신의 길을 간다. 그리고 냄비형은 쉽게 뜨거워졌다가 금방 식지만, 돌솥형은 오랜 시간 동안 일정한 온도를 유지한다.

단기적인 감정이 아니라, 습관과 일관된 행동이 돌솥형의 핵심이다. 우리가 현실적으로 가질 수 있는 가장 강력한 동기부여는 바로 '꾸준함'이다. 즉 "오늘보다 내일 조금 더 나아지는 것"을 목표로 감정이 아닌 습관을 기반으로 행동하기 때문에, 기분이 좋든 나쁘든, 동기부여가 있든 없든 꾸준히 목표를 향해 나아간다. 또한 과정 자체에 집중하며 하루하루 작은 성과를 쌓아가며 장기적인 성취를 만들어간다.

천재도, 재능도, 뜨거운 열정도 중요하지 않다.

매일 조금씩 꾸준히 나아가는 사람이 결국 이긴다.

> "학문을 닦는 데 있어 가장 중요한 것은 지속적인 실천이다. 빠르게 이루려 하면 조급해지고, 결국 멈추게 된다. 꾸준함이 곧 도를 이루는 길이다."
>
> – 〈성학십도〉, 퇴계 이황

많은 사람들이 자극적인 강연, 멋진 문장, 감동적인 이야기를 보고 순간적인 동기부여를 얻지만, 그것이 삶을 바꿀 수 있는 '지속적인 힘'이 되지는 않는다. 우리가 해야 할 일은 단기적인 감정에 의존하는 것이 아니라,

장기적으로 지속할 수 있는 동기부여 시스템을 만드는 것이다.

지금까지 동기부여가 유지되는 방식에 대해서 설명했다. 그렇다면 마지막으로 마음에 깃든 동기의 불꽃을 꺼뜨리지 않는 방법은 무엇인지 생각해 보고자 한다.

즉 성공 프로세서를 '동기부여 → 목표 설정 → 행동 실행 → 습관 만들기 → 피드백'이라고 했을 때 첫 원료가 되는 동기부여를 계속 지속할 수 있는 방법이 존재하는가에 대한 문제이다.

맞다. '작심삼일' 그 녀석을 체포해서 다시는 나오지 못하도록 감옥에 가두는 일을 해야 한다.

그런데 여기서 우리가 마주해야 할 분명한 진실 하나가 있다. 인간의 의지는 나약하다는 것이다. 즉, 동기부여가 됐다고 해도 그건 그 순간일 뿐이다. 동기부여가 활활 타오르는 시간은 길어봐야 이틀이다. 그래서 계속 마음의 연료를 공급해야 한다.

이 지점에서 브라이언 트레이시는 분명하게 지적한다.

"동기부여에 관한 또 다른 뿌리 깊은 고정관념은 일단 불붙으면 영원히 지속될 것이라는 착각이다. 실제로 이런 믿음은 신화처럼 굳어져서 어느 동기부여 전문가가 강연에서 '사람의 마음에 한번 동기부여의 불이 들어오면 절대 꺼지지 않는다'라고 말했을 정도다. (…) 그러나 일반적으로 동기는 '매일 새롭게 창조'되어야만 한다."

그렇다. 동기는 적절하게 반복적으로 매일 부여가 되어야 한다. 하루를 시작할 때 자신의 동기부여를 일으켜줄 책을 읽거나, 영상을 보거나, 글씨로 목표를 써보거나, 말로 선언을 하는 행동들이 필요한 이유가 여기에 있다. 인간은 나약하다. 그래서 매일 새로운 다짐을 해야 한다.

하루 단 5분이라도 좋다. 아침을 시작하며 자신의 동기부여를 일깨울 수 있는 강력한 추진체를 잠재의식에 주입하길 바란다. 이것으로 '동기부여 → 목표 설정 → 행동 실행 → 습관 만들기 → 피드백'의 시스템이 시작된다.

또한 이 성공 프로세서를 진행하는 것만으로도 동기부여는 다시 불붙는다. 바로 '조금씩 나아지고 있다는 느낌' 덕이다.

인간은 눈에 보이는 변화를 경험할 때 가장 강한 동기부여를 느낀다. 즉, 오늘보다 내일 조금 더 나아진 나를 발견하는 순간, 우리는 다시 한번 앞으로 나아갈 힘을 얻게 된다. 이것이 작은 성공(Small Wins)의 힘이다.

"큰 목표를 달성하는 유일한 방법은 작은 목표를 지속적으로 성취하는 것이다."

― 나폴레온 힐

핵심은 '나아지고 있다'는 느낌을 주는 것이다. 작은 성취를 통해 자신에게 보상을 주고, 동기부여를 다시 불태우는 것이다.

결론이다.

동기부여는 그 강도와 지속성에 따라 화덕형(강한 사명감으로 지속), 냄비형(단기적 열정), 돌솥형(꾸준한 노력)으로 구분된다.

대부분의 사람들이 경험하는 냄비형 동기부여는 지속성이 떨어지므로, 현실적으로 추구해야 할 것은 돌솥형이다. 돌솥형은 감정이 아닌 습관을 기반으로 하며, 꾸준한 실천을 통해 장기적 성과를 만들어낸다.

동기부여는 매일 새롭게 창조되어야 하며, 하루 5분이라도 아침에 동기를 일깨우는 시간이 필요하다. 이를 통해 '동기부여 → 목표 설정 → 행동 실행 → 습관 만들기 → 피드백'이라는 성공 시스템이 작동한다.

또한 '작은 성공'을 통해 변화를 경험하면서 지속적인 동기부여가 가능하다. 눈에 보이는 작은 진전이 있을 때 우리는 더 큰 동기를 얻게 되며, 이는 장기적 성공으로 이어진다.

03 생각이 씨앗이다

봄날 대지에 뿌려진 씨앗처럼, 우리의 생각은 미래의 결실을 품고 있다. '동기부여 → 목표 설정 → 행동 실행 → 습관 만들기 → 피드백'이라는 여정에서, 동기부여는 마치 씨앗이 싹을 틔우는 순간의 불꽃과도 같다. 이 불꽃이 일어난 후에야 비로소 목표라는 새싹이 자라나기 시작한다. 물론 때로는 목표가 먼저 생겨 동기의 불꽃을 지피기도 하지만, 이 둘은 마치 오랜 부부처럼 서로를 이끌어가는 관계이기에 누가 먼저랄 것도 없다.

이 여정의 시작점에서, 우리는 먼저 목표와 루틴(습관)의 미묘한 차이를 이해해야 한다. 마치 등산에서 정상이 목표라면, 매일의 체력 훈련은 루틴과도 같은 것이다.

목표는 우리 여정의 종착역이며, 달성해야 할 빛나는 별과도 같다. '연봉 10억 원 달성', '책 출간하기', '체지방율 10% 미만 되기' 같은 것들이다. 반면 루틴은 그 별에 도달하기 위해 매일 걸어가야 하는 발걸음이다. '매일 경제 서적 보기', '매일 운동하기' 등이 바로 그것이다.

우리는 목표 설정에 관한 수많은 격언들을 들어왔다. 마치 오래된 족자에 적힌 글씨처럼 익숙한 이야기들이다.

- '목표는 원대해야 한다' – 마치 높이 날아오르는 독수리처럼
- '목표는 구체적으로 설정해야 한다' – 선명한 지도를 그리듯이
- '목표는 숫자로 적을 수 있어야 한다' – 정확한 좌표를 찍듯이
- '달성 기한을 반드시 설정해야 한다' – 시계 바늘처럼 정확하게
- '5년, 3년, 1년, 6개월, 1달, 1주로 쪼개서 촘촘하게 목표를 세워야 한다' – 계단을 하나씩 오르듯
- '매일 목표를 생각하고 열정을 갖고 꼭 이루어야 한다는 열망을 가져야 한다' – 불타는 횃불처럼

이 모든 말들은 마치 크리스털처럼 투명하고 아름답게 보인다. 하지만 여기에는 미묘한 함정이 숨어있다. 이것들은 '맞지만 틀렸다'는 역설적 진실을 품고 있다.

우리의 뇌는 마치 섬세한 정원사와 같다. '부담'이라는 잡초가 자라나면, 자연스럽게 그것을 피하려 한다. 물론 '도전'과 '성취'라는 꽃이 피어날 때는 뇌의 신경계가 봄날의 정원처럼 활기차게 움직인다. 하지만 이는 대개 스포츠나 게임처럼 즉각적인 보상이라는 달콤한 열매가 눈앞에 있을 때의 이야기다. 몇 달, 혹은 몇 년이라는 긴 겨울을 견뎌야 하는 목표 앞에

서는, 우리의 뇌는 자연스럽게 움츠러들게 된다.

여기서 가장 중요한 역설이 등장한다. 목표를 정하되, 그것을 이루겠다는 집착에서 벗어나야 한다는 것이다. 마치 선불교의 공(空)과도 같은 이 역설적 진리는, 인간 뇌의 놀라운 특성에서 비롯된다.

여러 신경과학 연구에서 입증된 사실에 따르면 뇌는 '상상과 현실'을 구분하지 못한다.

1995년 하버드 대학의 알바로 파스쿠알 레온 박사는 피아노 연습을 통한 뇌 활동 변화를 연구했는데, A그룹은 매일 실제로 피아노 연습을 시켰다. 그리고 B그룹은 실제로 피아노를 치지 않고 머릿속으로 피아노 연습을 '상상'만 시켰다.

두 그룹 모두 같은 뇌 영역이 활성화되었고, '상상'만 한 그룹도 실제 연습한 그룹과 유사한 수준의 뇌 변화가 나타난 것으로 나타났다.

최근에도 같은 연구 결과는 얼마든지 찾을 수 있다.

MIT(매사추세츠 공과대학)에서는 2022년 '뇌 훈련 게임을 실제로 하는 것과, 머릿속으로 하는 것'을 비교하는 연구를 수행했다.

A그룹은 실제로 뇌 훈련 게임을 플레이하게 했고, B그룹은 게임을 하지 않고 게임을 플레이하는 모습을 상상만 하게 했다. 실제 플레이를 한 그룹은 당연히 두뇌 활동이 증가했다. 놀라운 것은 단순히 상상만 한 그룹도 같은 뇌 영역에서 활동이 증가했다는 점이다.

2023년 스탠퍼드 대학의 연구도 주목할 만하다.

연구진은 음식을 먹는 상상이 실제 포만감을 줄 수 있는지를 실험했다. A그룹은 실제로 음식을 먹은 그룹이고 B그룹은 음식은 먹지 않고, 먹는 모습을 상상만 했다.

그 결과 음식을 상상만 한 그룹도 실제로 식욕 억제 호르몬(렙틴)이 증가했고, 배고픔을 덜 느끼는 것으로 실험 결과가 나왔다.

아울러 신체 일부가 절단되었음에도 뇌가 여전히 그 신체 부위를 존재하는 것으로 인식하고 통증을 느끼는 현상을 말하는 '환상통'도 뇌가 현실과 상상을 구분하지 못한다는 대표적인 사례로 인식되고 있다.

또한 미국의 한 남성이 20도의 실온 냉동창고에서 저체온증으로 사망한 사건 역시 뇌는 상상과 현실을 구분 못한다는 확실한 예시이다.

이 모든 발견은 한 가지 빛나는 진실로 우리를 이끈다.

'뇌를 현명하게 속이면, 성공으로 가는 문이 열린다.'

따라서 목표를 설정할 때는, 마치 배우가 역할에 몰입하듯 '그 목표를 이미 이룬 사람'이 되어야 한다. 등산가가 정상에 오르기 전부터 정상의 풍경을 그리듯, 우리도 목표 달성의 순간을 미리 그려야 한다.

우리의 뇌 속에는 '망상활성계(Reticular Activating System, RAS)'라는 경이로운 필터링 시스템이 있다. 마치 현미경이 특정 물질만을 선명하게 보여주듯, 망상활성계는 우리가 중요하다고 생각하는 정보만을 선별적으로 받아들인다.

나는 진심으로 다음과 같이 생각한다. 우리 주변에는 당면한 삶의 문제를 해결해나갈 무수히 많은 힌트들이 인공위성처럼 계속 맴돌고 있다. 그런데 거기에 의식의 흐름을 집중하지 못하다 보니 그 힌트들을 발견하지 못하는 것이다. 그래서 'RAS'가 필요하다. 망상활성계를 집중시키면 평소에 보이지 않던 힌트들이 불현듯 떠오르기 때문이다.

내 경우에는 모든 의식의 흐름이 '강의'와 연결돼 있다. 여러분에게 줄 나만의 생각을 생산해 내기 위해서 책을 보거나 어떤 경험을 하거나 자연을 볼 때에도 "아 이거는 이 대목에서 예시로 설명하면 좋겠다"라는 잠재의식이 늘 작동한다. 이게 우리가 흔히 말하는 '뭐 하나에 미쳐 있는' 경지에 해당한다.

기업가들이 고민하는 문제를 해결해줄 인재를 우연히 만나는 것, 과학자들이나 발명가들이 수일을 고민하다가 불현 듯 사물을 보고 힌트를 얻는 것, 작가들이 일상에서 에피소드를 길어내는 것 모두 '필터링'의 결과물이다. 그 문제에 집중하지 않았다면 그런 힌트가 주변을 빙빙 돌더라도 우리는 발견할 수 없다. 이것이 '생각을 하며 살아가는 사람'과 '생각 없이 살아가는 사람의 차이'이다. 결국 이 지점에서 양극단이 태어나는 것이다.

그래서 간절히 상상하면 그게 이루어진다는 건 상당히 과학적인 이야기이다.

뇌과학자들의 발견은 마치 보물지도와도 같다. "나는 할 수 없어"라고 믿으면, 망상활성계는 실패의 증거만을 찾아내는 탐정이 된다. 반면 "나는 반드시 성공할 것이다"라는 믿음은 망상활성계를 성공의 기회를 찾아내는 현명한 안내자로 만든다.

여기서 우리는 나폴레온 힐의 불멸의 저서 제목을 다시 마주하게 된다.

〈생각하라, 그리고 부자가 되어라〉

이 제목은 마치 오랜 시간 숙성된 와인처럼, 깊이 있는 진리를 품고 있다. 필자는 이 진리를 찾아 수천 번의 밤을 지새웠고, 마침내 그것을 발견했을 때는 기쁨의 탄성을 질렀다.

모든 것은 생각이라는 씨앗에서 시작된다. 우리의 생각은 마치 정원사의 손길처럼 우리의 인생이라는 정원을 가꾸어간다.

'말이 씨가 된다'는 옛말은 깊은 지혜를 담고 있다. 생각이라는 씨앗이 말이라는 꽃으로 피어나고, 그 꽃이 어떤 열매를 맺을지는 우리의 생각이 결정한다.

이 진리를 실천하는 방법 중 가장 효과적인 것은 시각화다. 마치 화가가 캔버스에 그림을 그리듯, 우리도 목표 달성의 순간을 선명하게 그려야 한다.

시각화의 한 방법으로, 목표를 손으로 쓰는 방법이 있다. 스노우 폭스 그룹의 김승호 회장이 강조한 '100번 쓰기'는 단순한 반복이 아닌, 우리의 망상활성계를 깨우는 의식과도 같다. 이는 나폴레온 힐과 브라이언 트레이시도 공명한 방법이다.

필자 역시 이 여정을 걸었다. 수개월간 100번 쓰기를 실천했지만, 때로는 그 행위 자체가 무거운 짐이 되었다. 그때 깨달았다. 중요한 것은 횟수가 아닌, 우리 뇌가 받아들일 수 있는 자연스러운 리듬이라는 것을. 10번이라도 좋다. 뇌가 '지겹다'고 말하기 전까지, 마치 호숫가의 물결처럼 잔잔하게 반복하는 것이 중요하다.

다행히 현대의 기술은 우리에게 새로운 시각화의 길을 열어주었다. 필자는 지금 AI라는 현대의 연금술사를 활용한다. GPT와 같은 AI 프로그램을 통해 목표의 모습을 그림으로 구현하고, 그것을 전자 액자에 담아 매일 마주한다. 마치 창문 너머로 미래를 들여다보는 것처럼. 실제로 이 방법은 놀라운 결실을 맺었다. 지금 이 순간에도, 필자의 전자 액자에는 이 책이 교보문고 베스트셀러 진열대에 빛나는 모습이 담겨있다.

시각화는 마치 등대와 같다. 우리의 목표를 향한 여정에서 방향을 밝혀주는 빛이다.

목표를 시각화한 후에는, 매일 그것을 바라보며 '현재' '이미' '당연'하게 이룬 것처럼 생각해야 한다. 이 세 단어는 마법의 주문과도 같다. 현재 이미 당연하게 이루었다는 생각은 우리 뇌의 부담을 덜어준다. 마치 이미 정상에 올라 풍경을 즐기는 등산객처럼, 우리의 뇌는 평온해진다.

이런 상태에서는 "죽을 각오로 이 목표를 이루어야 한다"는 강박이 사라진다. 대신 차분히 환경을 정비하고 루틴을 만들어 그것을 매일 반복하면 된다. 마치 정원사가 매일 정원을 가꾸듯이.

이 지점에서 미국의 문학가 에드거 로런스 닥터로의 통찰이 우리에게 깊은 울림을 준다.

"인생의 계획을 세우는 것은 밤에 안개가 자욱하게 낀 도로를 운전하는 것과 비슷하다. 전조등 불빛에 비치는 사물만 보일 뿐 그 뒤에 무엇이 있는지 알지 못한다. 그러나 우리는 인생이라는 여행을 처음부터 끝까지 이런 식으로 해야 할 수도 있다."

이 비유는 우리의 목표 설정 여정에도 완벽하게 들어맞는다. 우리는 종종 처음부터 끝까지 완벽한 지도를 그리려 하지만, 실제 여정은 안개 속을 걷는 것과 같다. 불확실성이라는 안개 속에서도, 우리는 한 걸음씩 전진해야 한다.

목표를 쇠사슬처럼 무겁게 짊어지면, 그것은 곧 무거운 짐이 되어버린다. 목표는 우리를 옭아매는 족쇄가 아닌, 북극성처럼 방향을 알려주는 안내자가 되어야 한다.

따라서 목표를 향해 나아갈 때는, 완벽한 지도를 그리려 하기보다 '다음 한 걸음'에 집중하는 지혜가 필요하다. 마치 등산가가 정상만 바라보지 않고 발 앞의 바위와 흙을 살피듯이.

결론적으로, 목표 달성의 비밀은 우리 뇌의 망상활성계(RAS)를 현명하게 활용하는 데 있다. 마치 영화의 주인공이 되어 그 역할에 몰입하듯, 목표를 이미 달성한 사람이 되어 생각하고 행동하면 된다. 뇌는 자연스럽게 그 방향으로 우리를 이끌어갈 것이다. 시각화는 이 여정의 나침반이 되어, 우리가 나아갈 길을 밝혀준다.

그리고 기억하자. 모든 위대한 여정은 한 걸음부터 시작된다는 것을. 우리의 생각이라는 씨앗이 어떤 나무로 자랄지는, 오직 우리의 마음이 결정한다.

04 목표보다 중요한 것은 루틴이다

거대한 교향곡을 만들어내는 것은 화려한 피날레가 아닌, 매일의 작은 음표들이다. 목표라는 장대한 피날레를 시각화했다면, 이제는 매일의 음표를 써내려가는 루틴의 시간이다.

사실 목표보다 루틴이 더 중요하다. 목표를 달성하는 것은 우리 인생의 한순간을 변화시킬 뿐이지만 루틴의 수행은 장기적인 발전을 이루기 때문이다. 그래서 누군가는 "목표를 높이지 말고 시스템(루틴)에 집중하라"고 조언한다.

루틴이라는 엔진을 설계할 때 가장 중요한 원칙이 있다. 바로 '뇌의 기어를 무리하게 돌리지 않는 것'이다. 첫째도, 둘째도, 셋째도 '그 습관을 형성하느라 뇌가 과열되면 안 된다'는 것이다.

인간의 의지력은 마치 휴대폰 배터리와 같다. 한계가 있음을 인정해야 한다. 체계적인 충전 시스템이 없는 일반인들의 배터리 용량은 이미 정해져 있다. 물론 훈련으로 배터리 성능을 높일 순 있지만, 그것은 또 다른 이야기다.

그래서 루틴을 실현하느라 의지력을 쓰지 않게 하는 게 핵심이다.

따라서 루틴 실행은 '하기 쉬워야' 한다. 그게 가장 중요하다. 뇌를 살살 달래서 길들이는 것이다. 루틴이 반복되면 잠재의식에 새겨지기 때문에 별다른 노력을 하지 않고도 무의식적으로 수행할 수 있게 된다. 자동반사 작용이 일어나는 것이다. 이게 바로 습관이다. 그래서 습관은 뇌를 피곤하게 하지 않는다. 의지력이라는 자원을 쓰지 않아도 되는 것이다. 그래서 반드시 좋은 습관을 들여야 하는 것이다.

그러기 위해서는 루틴을 가장 잘게 쪼개고 그것을 수행할 구체적인 장소들을 적어두는 게 필요하다. 목표와 달리 루틴은 상상만으로 되는 영역이 아니다. 의지력을 최대한 쓰지 않고 실제로 실행해야 하는 '행동적' 영역이다. 상상보다는 즉각적인 행동이 요구된다.

다음은 루틴 만들기의 명저 〈아주 작은 습관의 힘(제임스 클리어 저)〉에서 제시하는 방법들이다.

- 습관은 실행 시간보다 횟수가 중요하다. 따라서 일단 짧은 시간이라도 그 습관을 하는 게 중요하다.
- 습관은 거창하게 잡으면 안 된다. 사소한 것으로 달성하기 쉬운 것부터 설정한다.
- 습관은 잘게 쪼개는 것이 달성하기가 훨씬 쉽다.
- 하나의 습관과 다른 습관을 연계시켜서 자연스럽게 습관들이 이어지도

록 한다.

이 모든 원칙은 '부담'이라는 무거운 배낭을 벗어던지는 데 초점이 맞춰져 있다. 우리가 습관의 길을 포기하는 이유는 바로 이 무게 때문이다. 마치 요리를 배우는 것처럼, 처음부터 진수성찬을 차리려 하지 말고, 계란 프라이부터 시작하는 것이다. '하기 싫다'는 신호가 오기 직전까지만 하고, 다음에는 조금 더 나아가는 식으로 요리 실력을 키워가는 것이다.

'콘텐츠 쌓기'도 마찬가지이다.

처음이라 부담된다면, 블로그에 열 줄 쓰기가 당신의 계란 프라이가 될 수 있다. 그 다음 날에는 열한 줄, 열두 줄로 조금씩 레시피를 확장해가면 된다. 가장 중요한 것은 주방에 매일 서는 것이다. 이틀 이상 요리를 멈추면 그 레시피는 잊힌다.

아울러 달력에 자신의 성취도를 '표시'하는 게 중요하다. 우리 뇌는 '시각화'에 집중한다. 일단 달력에 동그라미, 세모, 엑스 등으로 표기가 되면 그걸 계속 각인한다.

그렇게 매일 작게나마 목표를 달성하다 보면, 어느새 당신의 달력은 스스로에게 보내는 격려와 응원의 메시지로 가득 차게 된다. 한두 번 놓친다고 해서 좌절할 필요는 없다. 중요한 건, 그 다음 날 다시 시작해서 '작은 성공'들을 하나씩 쌓아 올리는 것이다. 매일의 작은 기록들이 모여 당신의 꾸준함과 노력을 증명해줄 것이고, 어느 순간 그 기록들이 큰 성취로 돌아오는 것을 느낄 것이다.

또한, 이런 시각적인 기록은 자신만의 발전 과정을 한눈에 볼 수 있게 해주어, 힘들 때마다 '내가 해냈다'라는 '향상감'을 다시 한번 일깨워준다. 다른 사람들과 비교하기보다는, 어제의 나와 오늘의 나를 비교하며 조금씩 나아지는 자신을 발견하는 것이 중요하다.

작은 물방울이 모여 바다를 이루듯, 작은 습관들은 결국 당신의 인생을 변화시킬 것이다. 오늘 찍은 작은 도장 하나가 내일의 당신을 디자인하는 청사진이 된다. 오늘 달력에 찍은 동그라미 하나, 세모 하나, 엑스 하나가 내일의 당신을 만들어가는 중요한 한 걸음이다. 그러니 매일 꾸준히, 작은 도전이라도 계속 이어나가길 바란다. 당신의 꾸준함이 결국 가장 큰 성공으로 돌아올 것이다.

꾸준히 하는 방법은, 결국 의지력을 소모하지 않고 조금씩 강화해 나가는 방법밖에 없다.

결국에는 '잘게 쪼갠 과정'이 제일 중요하다. 명심하라. 진정한 성공은 '목표를 이루는 데 있지 않다'. 잘못 들은 거 같다고? 아니다. 분명히 다시 말한다.

- 진정한 성공은 목표를 이루는 것이 아니다.
- 진정한 성공은 작은 루틴들을 하루하루 조금씩 꾸준히 해나가는 것이다.

물론 인생이라는 항해에는 북극성 같은 원대한 목표가 필요하다. 하지만 그것은 방향을 확인하는 정도로 충분하다. 정말 그뿐이다. 오히려 나침반만 바라보다가 발밑의 파도를 놓치면 배는 전복될 수 있다.

"지나친 목표 설정으로 자신을 스스로 속박하지 말라. 학위를 따거나, 훌륭한 작가가 되거나, 100만 달러를 벌거나, 꿈에 그리던 집을 장만하거나, 회사 매출을 두 배로 늘리는 것은 분명 큰 성공이다. 그러나 미래에 이루고 싶은 큰 성공에만 사로잡히면 동기를 자극하는 매일매일의 즐거움과 성취를 무시해버리는 셈이 된다. 다른 가능성을 보지 못하는 편협한 길에 갇히는 것과 같다. 안타깝게도 많은 사람이 진정으로 원하지 않는 미래의 목표를 위해, 하루하루를 허덕이며 보낸다."

– 〈더 빠르게 실패하기〉, 존 크럼볼츠, 라이언 바비노 저

한편 미국 인지심리학의 대가인 칼 와익은 〈작은 성공 : 사회적 문제의 잣대를 재정립하기〉라는 논문에서 다음과 같이 밝히고 있다.

그는 알코올중독자협회(Alcoholics Anonymous, AA) 회원들이 금주에 성공한 비결을 연구하면서, 이들이 '하루에 한 시간'만이라도 금주를 하는 접근법을 강조했다. 즉, 평생 금주라는 거대한 목표 대신, 오늘 하루 한 시간이라도 술에 취하지 말라는 작은 목표를 설정함으로써 성공 가능성을 높였다는 것이다. 이러한 작은 성공의 축적이 장기적인 금주로 이어졌다.

무엇보다도 나는 이 책을 읽고 있는 당신이 '과정'의 즐거움을 알았으면 한다.

"목표를 이룰 때까지 고통을 참으면서 버티겠다"는 말에는 "목표를 이루지 않는 이상 늘 고통스럽다"는 전제가 깔려 있다.

왜 여정이 고통이어야 하는가? 인생이라는 교향곡은 매일매일이 아름다워야 한다. 목표라는 무거운 갑옷을 벗어던지고, 과정이라는 춤을 즐겨라. 그것이 진정한 예술이다.

05 목표를 이루는 가장 강력한 무기, 환경의 힘

성공이라는 건축물을 지을 때, 마지막 주춧돌은 바로 환경이다.

목표 달성의 핵심이 루틴이라는 벽돌을 쌓아올리는 것이라면, 이 벽돌들은 환경이라는 지반의 영향을 깊이 받는다.

즉 '의지력'을 소모하지 않는 환경만 셋팅이 된다면 더할 나위 없이 좋다.

'맹모삼천지교(孟母三遷之教)'란 말을 다 알 것이다.

맹자 어머니 급씨가 맹자를 가르치기 위해서 이사를 3번 했다는 고사이다. 첫 번째 환경은 묘지 근처였다. 맹자가 묘지 근처에서 뛰노는 것을 보고는 모친은 마음을 굳게 먹고 이사를 결심한다. 이번에는 시장 근처였다. 이곳에서 맹자는 순식간에 장사꾼을 따라 하고 있었다. 맹모는 "내 자식이 이런 데서 살게 놔둘 순 없다"는 결심 후 다시 이사했다. 그곳은 맹자가 커가는 데 최적의 장소였다. 어디였겠는가. 학교 근처였다. 누가 가르치지도 않았는데 맹자는 거기서 학문을 읊게 됐다.

후대에 이 고사는 지어냈다는 말이 많지만 진실 여부는 뒤로 하고 교훈이 되는 부분은 분명히 있다. '환경'이다.

대부분 습관은 66일 정도를 꾸준히 유지해야 길러진다고 한다. 그 66일을 유지하기가 쉬울까? 만일 그게 쉬웠다면 우리 모두 성인군자가 돼 득도했을 것이며 이 세상이 이렇게 험난하지 않을 것이다. 알다시피 어지간한 노력으로는 결심을 이어가기가 힘들다.

우리가 잘 안 해본 영역, 거기서는 지속할 수 있는 '강제 환경'을 만드는 게 합리적인 선택이다. '강제 환경'의 가장 친숙한 예가 PT이다. PT 트레이너에게 강습받는 이유는 바른 자세와 빠른 숙달도 있지만, '의지박약'을 이겨내려고 하는 '또 다른 의지'이기도 하다.

시간을 정해놓고 하는 단체 운동도 비슷하다. 모두가 함께하는 환경에 놓이면 열심히 하게 된다. 필자는 유산소 운동으로 'F45'라는 커리큘럼을 수강한 적이 있는데, 45분 동안 미친 듯이 유산소 동작을 수행하는 수업이다. 혼자서는 절대로 못할 거 같은 숨이 턱턱 막히는 동작의 '대환장 파티'이지만 옆에서 같이 해나가는 사람들이 있기 때문에 어떻게든 버텨내고 다음 날 또 나가게 된다. 묘한 일이다.

〈레 미제라블〉을 집필한 빅토르 위고의 사례에서도 이를 참고할 수 있다. 그는 글을 마감하는 데 어려움을 겪었고, 마감을 자주 미루는 습관이 있었다. 결국 출판사로부터 엄격한 마감 기한을 부여받았고, 이를 지키기 위해 극단적인 방법을 선택했다. 먼저, 글을 다 쓸 때까지 외출하지 못하도록 자신의 옷을 모두 벗고 문을 잠갔다. 또한 하인에게 절대 문을 열어주지 말라고 지시하여 외부의 모든 유혹을 차단했다. 그는 자신이 나태해질 것을 알았기에, 미리 환경을 조작하여 빠져나갈 구멍을 없앴다. 그 결과, 그는 마감 기한을 맞출 수 있었고, 그의 작품들은 세계적인 걸작이 되었다.

이 사례는 '습관은 환경의 영향을 받는다'는 원리를 극단적으로 보여준다. 좋은 습관을 만들고 유지하는 핵심은 단순한 의지력이 아니라, 환경을 어떻게 설계하느냐에 달려 있다. 위고가 글을 쓰는 것 외에 다른 선택지를 없앤 것처럼, 습관 형성을 위해서는 목표 수행에 최적화된 환경을 만드는 것이 중요하다. 의지력보다 중요한 것은 '빠져나갈 구멍을 없애는 환경 설계'이며, 환경이 행동을 결정하도록 만드는 것이 습관을 지속하는 가장 효과적인 방법이다.

비슷한 예는 현재에도 발생하고 있다. 왜 사람들은 집을 놔두고 도서관이나 카페에서 공부를 할까. 집에는 공부를 방해하는 요소가 너무 많기 때문이다.

무엇보다도 가장 좋은 환경 설정은 '멘토'나 '코치'와 함께하는 것이다.

멘토와 함께하는 여정은 단순한 지식의 전수를 넘어선다. 그것은 마치 숙련된 항해사와 함께 바다를 건너는 것과 같다. 멘토는 이미 자신이 지나온 암초와 풍랑을 알려주며, 목표라는 항구를 향해 꾸준히 나아갈 수 있도록 돛을 조절해준다. 혼자서 항해할 때는 쉽게 표류하거나 방향을 잃기 마련이지만, 멘토라는 나침반이 있다면 '강제 환경'이라는 순풍이 자연스럽게 불어온다.

특히, 운동·비즈니스·학문·예술 등 다양한 분야에서 탁월한 성취를 이룬 사람들은 거의 예외 없이 강력한 멘토나 코치가 있었다. 운동선수들은 개인 트레이너와 함께하며 경기력을 꾸준히 유지하고 개선하고, 기업가들은 성공한 선배 사업가들의 조언을 듣고 네트워크를 구축하며, 예술가들은 오랜 기간 스승과 함께하며 실력을 연마한다. 이는 단순한 기술 습득이 아니라, '성공을 지속할 수 있는 환경' 속에서 성장하기 위한 전략적 선택이다.

멘토와 함께할 때 가장 큰 변화는 '책임감(Accountability)'이 생긴다는 점이다. 혼자 목표를 세우고 실행할 때는 쉽게 포기하거나 나태해질 가능성이 크지만, 멘토나 코치가 있으면 '반드시 해야 한다'는 강제성이 작용한다. PT 트레이너와 함께 운동하면 중간에 그만두기 어려운 것처럼, 일정한 코칭을 받는다면 멈추는 것이 더 불편해진다. 또한, 멘토와 함께하면 시행착오를 줄일 수 있다. 혼자서 길을 찾는 것보다 경험 많은 사람에게 배우는 것이 훨씬 효율적이다. 내가 겪을 시행착오를 이미 경험한 사람이 앞에서 길을 밝혀준다면, 불필요한 실수를 줄이고 빠르게 성장할 수 있다. 따라서 목표를 달성하는 데 있어 가장 강력한 환경 설계는 바로 '함께할 사람'을 찾는 것이다.

그러나 멘토가 없더라도 환경은 스스로 만들 수 있다. 목표를 이루기 위해 가장 중요한 것은 '내가 머무르는 공간이 나의 목표를 지지하는 환경인가'이다. 학습을 지속하고 싶다면 책이 있는 공간에 머무르고, 운동 습관을 만들고 싶다면 운동하는 사람들과 어울려야 한다. 이를 위해 목표에 맞는 커뮤니티를 찾는 것도 좋은 방법이다. 운동을 꾸준히 하고 싶다면 헬스장을 등록하고 그룹 운동 프로그램에 참여하며, 글을 쓰는 습관을 들이고 싶다면 매일 글을 쓰는 모임에 가입하는 식이다. 환경은 의지력을 넘어 행동을 결정한다.

결국 목표를 이루는 핵심은 루틴이고, 루틴을 유지하는 핵심은 환경이다. 의지력이 아니라 환경이 행동을 결정하며, 환경을 설계하는 순간 목표를 달성할 가능성은 비약적으로 높아진다. 자신이 원하는 목표가 있다면, 그 목표가 자연스럽게 지속될 수 있는 환경을 만드는 것이 가장 먼저 해야 할 일이다.

제14장

드러난 진실

사짜마케팅 Part 14

適應(적응)

▼
▼

전술 11
혜안

드러난 진실

만생의 동굴을 찾기 시작한 지 1년. 찰스는 동굴로 향하는 길에서 문득 발걸음을 멈췄다. 지난 1년간의 시간이 주마등처럼 스쳐 지나갔다.

"찰스."

바론의 목소리가 평소와는 달랐다.

"이제 네게 마지막 가르침들을 줄 때가 되었구나. 동굴 안쪽으로 들어오게."

찰스는 순간 망설였다. 1년 동안 그는 바론의 모습을 단 한 번도 본 적이 없었다. 오직 동굴 벽에 비친 거대한 드래곤 같은 그림자와 깊이 있는 목소리만이 그의 스승이었다.

등불이 비치는 안쪽으로 들어서자, 찰스는 놀라움을 감출 수 없었다. 그곳에는 작고 볼품없는 카멜레온 한 마리가 앉아 있었다. 피부는 주름졌고, 한쪽 눈 위로는 오래된 흉터가 있었다. 꺼지지 않는 불꽃 같은 위용을 자랑하던 그림자의 주인이라고는 믿기지 않을 만큼 초라해 보였다.

"실망했나?"

"아니요. 다만….”

"궁금하겠지. 어떻게 이런 작은 몸으로 저런 거대한 그림자를 창조했는지."

바론이 웃었다.

"보게."

바론이 천천히 몸을 움직이자 그의 그림자가 다시 한번 동굴 벽면 가득 드래곤의 형상으로 피어올랐다.

"우리 카멜레온의 운명은 적응이네. 환경에 따라 색을 바꾸고, 상황에 맞춰 모습을 달리하지. 마치 자네가 시장의 변화에 적응해가야 하는 것처럼 말이야."

바론은 자신의 이야기를 들려주기 시작했다.

"30년 전, 나는 '바론 무역'의 대표였네. 숲과 바다를 오가며 전 세계의 진귀한 물건들을 거래했지. 수천 마리의 동물들과 함께 일했고, 내 이름은 곧 신용의 대명사였어. 하지만 그때의 나는 오만했지. 과거의 성공이 나를 족쇄처럼 옭아매고 있었던 거야."

바론의 눈빛이 깊어졌다.

"새로운 길이 열렸을 때였네. 하늘을 나는 새들이 더 빠른 운송을 시작했고, 물속을 헤엄치는 물고기들은 새로운 무역로를 개척했어. 하지만 난 변화를 거부했지. 마치 오늘날 많은 전문가들이 '실력만 있으면 된다'고 믿는 것처럼 말이야. '전통적인 육로가 최고'라는 고집. 결국 시대에 뒤처졌고, 모든 걸 잃었다네. 그때 비로소 깨달았어. 진정한 적응이란 단순히 새로운 것을 쫓아가는 게 아니라는 걸. 본질은 지키면서도 새로운 방식을 받아들이는 것, 그게 바로 적응의 진정한 의미였지."

그는 잠시 말을 멈추고 동굴 벽을 바라보았다.

"그때 비로소 깨달았어. 진정한 적응이란 단순히 새로운 것을 쫓아가는 게 아니라는 걸. 본질은 지키면서도 새로운 방식을 받아들이는 것, 그게 바로 적응의 진정한 의미였지. 마치 오늘날의 시장이 세대별로 완전히 다른 것처럼, 우리도 끊임없이 변화해야 하네."

그는 천천히 몸을 움직였다. 그의 작은 그림자가 다시 한번 동굴 벽면을 가득 채웠다.

찰스는 바론의 이야기를 들으며 자신의 지난날을 돌아보았다.

"변화는 두렵지만, 피할 수는 없는 것이군요."

"그렇지. 하지만 더 중요한 건 '나다움'일세."

바론이 천천히 말을 이었다.

"보게나. 내 그림자가 이렇게 거대해 보이는 건, 내가 위대한 척해서가 아니야. 단지 이 동굴의 빛과 그림자를 이해하고, 내 모습 그대로를 비췄을 뿐이지. 카멜레온은 색을 바꾸지만, 카멜레온이기를 그만두진 않네. 이것이 바로 적응의 본질이야."

바론은 자신의 흉터를 가리켰다.

"이 상처들, 실패의 흔적들…. 이것도 모두 나의 일부라네. 더 이상 화려한 사업가는 아니지만, 이제는 내 경험을 나누는 스승이 되었지. 이것이 바로 '나다움'을 잃지 않으면서도 적응하는 방법일세."

찰스의 눈에서 깨달음이 빛났다.

"이제 알겠어요. 도자기를 만드는 방식은 얼마든지 바꿀 수 있지만, 제가 추구하는 '삶의 소중한 순간을 영원히 담아내는 그릇'이라는 가치만큼은 변하지 않아야 하는 거군요. 꽃병이든 찻잔이든, 결국 제 도자기는 누군가의 특별한 순간을 지키는 그릇이니까요."

바론이 고개를 끄덕였다.

"그래. 자네는 이제 진정으로 이해했군. 우리는 '무엇을'이 아닌 '왜'에서 시작해야 해. 자네는 단순히 꽃병을 만드는 게 아니라, 누군가의 소중한 순간을 지켜주는 일을 하고 있네. 그게 바로 자네만의 나다움이지."

바론은 천천히 동굴 벽을 따라 걸었다. 그의 그림자가 움직일 때마다 벽면에 신비로운 형상이 춤추듯 피어올랐다.

"세상의 수많은 장인들이 자신의 길을 잃어버리는 이유를 아는가? 뛰어난 실력을 가졌음에도 아무도 알아주지 않아 외롭게 사라져간 이들이 많았지. 반면에 자신의 가치를 꾸준히 세상에 알리는 법을 터득한 이들은 전설이 되었네."

카멜레온 바론은 잠시 말을 멈추고 동굴 깊숙한 곳을 바라보았다.

"누군가는 평생 작품만 만들다 쓸쓸히 생을 마감했고, 누군가는 자신의 작품에 담긴 의미를 세상에 전하며 시대를 초월한 명성을 얻었지. 그들의 재능은 비슷했을 텐데 말이야. 자네의 도자기가 아무리 뛰어나도, 그 가치를 꾸준히 전하지 않으면 아무도 알아보지 못하네."

바론은 다시 자신의 자리로 돌아와 앉았다.

"이제 자네에게 마지막 가르침이 하나 남았네."

바론이 일어섰다. 그의 작은 몸이 다시 한번 동굴 벽면에 거대한 그림자를 드리웠다.

"하지만 그건 다음을 기약하지. 오늘은 이만 돌아가 보게나. 자네가 매일 아침 이 동굴로 오던 그 발걸음만큼은 잊지 말게. 자네의 도자기처럼,

매일의 작은 발걸음이 쌓여 큰 변화를 만드는 법이니."

찰스는 마지막으로 한 번 더 고개를 숙였다.

"다음에 뵐 때까지, 제가 배운 것들을 실천하며 살아가겠습니다."

"그래. 이제 가보게. 자네를 기다리는 이들이 있을 테니."

동굴을 나서는 찰스의 등껍질에 아침 햇살이 비쳤다. 1년 전, 이곳을 처음 찾아왔을 때와는 다른 빛이었다. 그때는 불안과 두려움으로 가득했지만, 이제는 새로운 여정을 향한 기대로 가득했다.

그의 발걸음은 이제 작업실이 아닌 다른 곳을 향했다. 자신처럼 길을 찾는 이들에게로. 그의 이야기가 필요한 이들에게로. 하지만 그는 알고 있다. 이것은 끝이 아닌 새로운 시작이라는 것을. 바론이 말한 마지막 가르침이 그를 기다리고 있다는 것을.

거북이의 느린 걸음이었지만, 그의 발걸음은 어느 때보다 단단했다. 등껍질은 여전히 무거웠지만, 이제 그 무게는 더 이상 짐이 아니었다. 그것은 누군가에게 전할 수 있는 이야기가 되어 있었다.

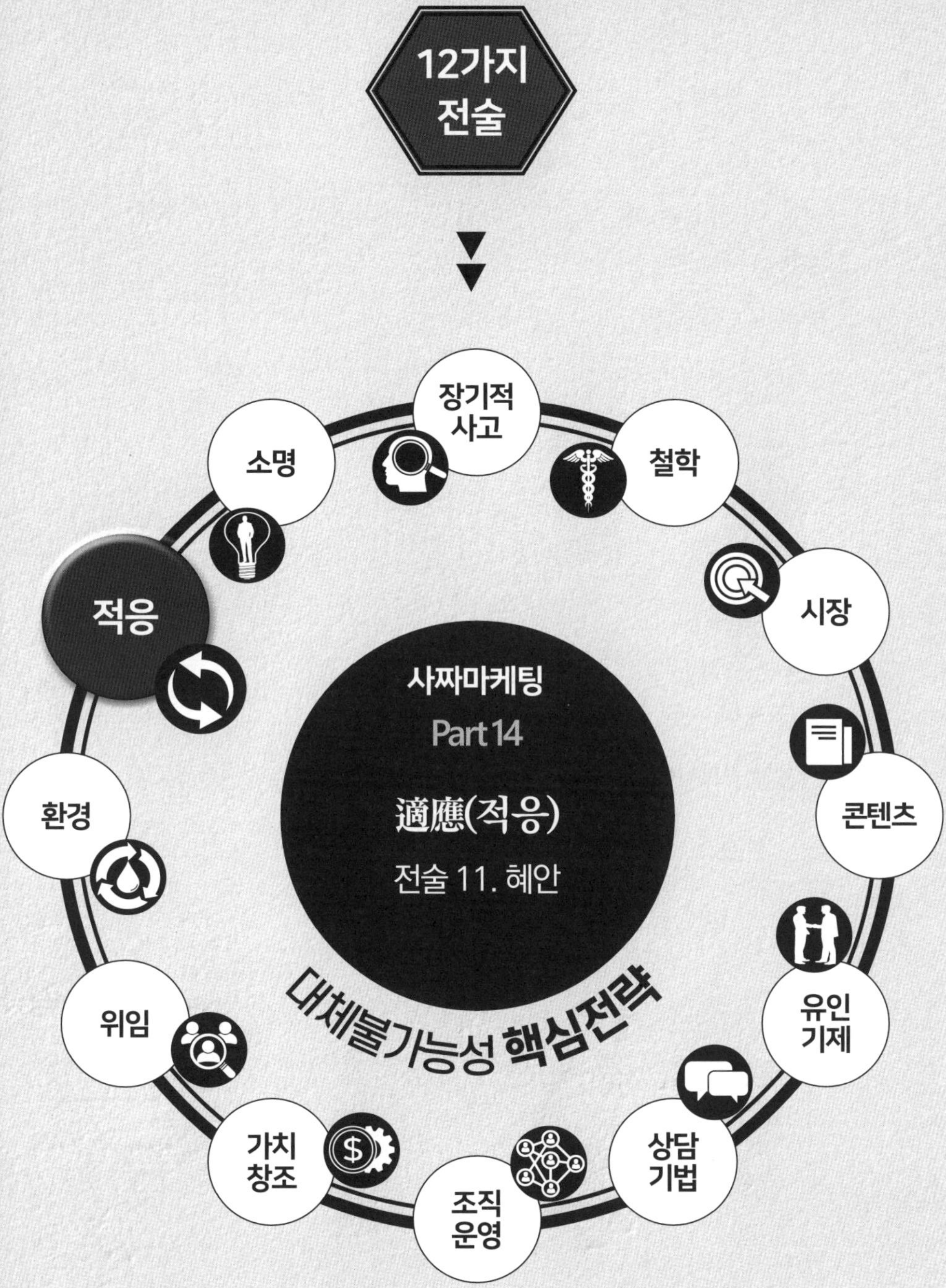

사짜마케팅 Part 14

適應(적응)

전술 11. 혜안

대체불가능성 핵심전략

12가지 전술

장기적 사고 · 철학 · 시장 · 콘텐츠 · 유인기제 · 상담기법 · 조직운영 · 가치창조 · 위임 · 환경 · 적응 · 소명

01 적응의 본질 "인생은 본래 불완전하다"

우리는 끊임없이 완벽을 추구하며 살아간다. 치밀한 계획을 세우고, 최상의 결과를 기대하며, 불확실성이라는 적을 제거하려 애쓴다. 하지만 현실은 냉혹하다. 인생은 본질적으로 불완전하며, 우리의 통제력을 벗어난 요소들로 가득 차 있다. 여기서 관건은 미래를 예측하고 완벽해지려 발버둥치는 것이 아니라, 불완전함을 받아들이고 그것에 적응하는 능력이다.

특히 변호사, 세무사, 회계사, 변리사, 노무사 등 전문 자격사들은 철저한 법과 원칙의 세계에서 살아가지만, 역설적으로 그들의 삶은 불완전한 요소들로 가득하다. 법률, 세제, 회계 기준은 끊임없이 진화하며, 최신 정보를 놓치는 순간 도태되기 마련이다. 의뢰인의 요구는 시시각각 변화하고, 사건이나 계약의 결과는 미로처럼 예측하기 어렵다. 법정에서는 완벽한 논리를 구축해도 판사의 재량에 따라 예상 밖의 결과가 도출될 수 있다. 시장은 더욱 격변하고 있다. 경쟁자들은 기하급수적으로 늘어났고, 양극화의 골은 더욱 깊어지고 있다.

중견 법인 회계사인 지인의 일화이다.

10년이라는 시간 동안 대기업의 세무 컨설팅을 완벽하게 수행해 왔다. 하지만 2023년, 국세청이 특정 세법 해석을 전환하면서 과거의 모든 컨설팅이 도미노처럼 무너지기 시작했고, 결국 거액의 세금 추징이라는 폭탄을 맞이하게 되었다. 법의 테두리 안에서 최선을 다했음에도, 법률 해석의 유동성과 행정기관의 해석 변화라는 예측 불가능한 리스크를 감당해야 했다. 결국 그는 무너진 고객 신뢰 회복이라는 새로운 산을 넘어야 했으며, '완벽한 컨설팅'이란 존재하지 않는다는 뼈아픈 진실을 마주하게 되었다.

또 다른 사례로, 한 베테랑 변호사는 수년간 기업 법무와 소송 사건을 마치 시계처럼 정확하게 처리하며 안정적인 수익을 일궈왔다. 그러나 2020년대의 격변의 파도가 법률 시장을 덮치면서 경쟁은 살아남기 위한 처절한 싸움으로 변모했고, 마침내 네트워크 형식의 많은 대형 로펌이 쓰나미처럼 법률 서비스 시장에 밀려들어 왔다.

기업들은 고비용 변호사 대신 저렴한 온라인 법률 플랫폼으로 발걸음을 옮기기 시작했다. 한때 굳건했던 그의 업무 기반은 서서히 무너져갔고, 새로운 의뢰를 확보하기 위해 더 많은 마케팅과 네트워킹이라는 낯선 영역을 개척해야만 했다. 게다가 법률 서비스에 대한 고객의 기대치는 천정부지로 치솟았고, 비용 절감 압박은 날카로운 칼날이 되어 그의 목을 조여왔다. 그는 더 이상 '전문 지식만으로 먹고 살 수 있는 시대'가 아니라는 냉혹한 현실을 직시해야 했고, 새로운 방식으로 적응해야 한다는 시대의 요구를 받아들여야만 했다.

나 역시 마찬가지이다. 필자의 전문 영역은 경기를 많이 탄다. 과거 경기가 좋을 때에는 목이 쉴 정도로 상담을 해야 했지만, 반대로 비수기이거나 경기가 좋지 않을 때에는 마음이 힘들었던 시기가 많다. 게다가 내 전문 영역은 법 개정이 세법만큼 빈번해서, 수시로 대응을 해야 만 했다. 한 가지 이슈가 터지면, 그것이 즉각 매출에 영향을 줬기 때문이다. 그런 민감한 이슈 하나 하나가 나를 더 불안한게 만들었다. 그러나 지금은 안다. 시장은 본질적으로 불완전하고 우리는 그 흔들리는 파도 위에서 박자에 맞춰 서핑을 즐겨야 하는 존재라는 것을.

전문 자격사들은 깊이 있는 지식과 풍부한 경험을 무기로 업무에 임하지만, 시장의 변화, 규제의 변동, 기술의 혁신과 같은 불확실성의 파도 앞에서는 완벽한 준비란 신기루에 불과하다. 완벽을 추구하는 직업군일수록 현실의 불확실성에 더 취약할 수 있으며, 결국 핵심은 불완전함을 겸허히 인정하고 변화에 유연하게 적응하는 능력이다.

시장의 지각변동을 나는 여전히 온몸으로 체감하고 있다. 과거와 달리 현재의 잠재 의뢰인들은 수많은 대안을 품에 안고 상담실 문을 두드린다. 예전에는 유일했던 가게였다면 이제는 거리마다 수십 개로 늘어난 것과 같다.

물론 필자는 독특한 '나다움'이 있기에 자신의 영역에서는 여전히 독보적인 위치를 지키고 있다고 자부한다. 나를 다른 전문 자격사와 저울질하는 사람도 분명히 있다. 그리고 실력이나 체계성, 브랜딩보다는, 오로지 가격만을 기준으로 삼는 이들이 필자를 스쳐 지나가는 현실 또한 부인할 수 없는 시대의 흐름이다. 그러나 그들의 가치기준에서 나를 독보적으로 바라보는 사람이 훨씬 더 많다. 그렇기 때문에 나는 흔들리지 않는다.

세상과 시장은 끊임없이 진화한다. 이 변화의 물결을 받아들이는 것, 그것이 바로 '적응'의 첫 번째 계명이다.

이와 관련해, 철학자이자 리스크 분석의 대가인 나심 니콜라스 탈레브의 통찰력 있는 이론을 살펴보자. 그는 저서 〈안티프래질〉과 〈블랙 스완〉을 통해 예측 불가능한 혼돈과 불확실성이야말로 우리의 성장을 위한 필수 자양분이라고 역설한다.

탈레브가 제시한 핵심 개념 중 가장 강력한 것은 '블랙 스완(Black Swan)'이다. 이는 마치 어둠 속에서 불현듯 나타나는 운명의 반전처럼, 극단적으로 예측 불가하면서도 세상을 뒤흔드는 거대한 파장을 일으키는 사건을 의미한다. 9·11 테러, 2008년 금융 위기, 코로나 팬데믹이 대표적인 예다. 이런 사건들은 발생 전에는 아무도 예견하지 못했으나, 발생 후에야 비로소 "그럴 만한 이유가 있었구나"라고 설명되곤 한다.

우리의 삶도 이와 다르지 않다. 아무리 완벽한 계획을 세워도, 예기치 못한 변수가 개입하여 모든 것이 물거품이 되곤 한다. 완벽한 결혼 생활을 꿈꾸던 이가 이혼의 아픔을 겪기도 하고, 평생직장이라 믿었던 곳에서 하루아침에 해고를 맞이하기도 한다. 따라서 인생이란 본질적으로 불완전하고 예측 불가능한 여정임을 받아들이는 자세가 중요하다. 완벽한 통제는 허상에 불과하므로, 예상치 못한 상황이 닥쳤을 때 이에 유연하게 대응할 수 있는 능력을 키워야 한다.

이러한 맥락에서 탈레브는 '안티프래질(Antifragile)'이라는 혁신적인 개념을 제시하며, 단순히 강한 것을 넘어 '충격을 받을수록 더욱 강해지는 것'을 우리의 목표로 삼아야 한다고 강조한다.

일반적으로 우리는 '강인함'을 추구한다. 즉, 외부의 충격에도 굴하지 않고 버티는 능력에 집중한다. 그러나 안티프래질은 이를 한 단계 뛰어넘은 개념이다. 오히려 불확실성과 혼돈을 마주했을 때 더욱 강력하게 성장하는 시스템으로 거듭나는 것이다.

예컨대, 근육은 운동이라는 스트레스를 받을 때 미세하게 찢어졌다가 회복하는 과정에서 더욱 강인해진다. 성공한 창업가들은 수차례 실패를 경험하며 얻은 교훈을 발판 삼아 더 견고한 사업을 일구어낸다. 우리의 정신도 마찬가지다. 실패와 불확실성을 두려워하지 않고 이를 성장의 디딤돌로 삼을 때, 우리는 진정한 의미에서의 강인함을 획득할 수 있다.

탈레브는 "진정한 문제는 불확실성 그 자체가 아니라, 불확실성을 감당하지 못하는 취약한 구조에 있다"고 날카롭게 지적한다. 다시 말해, 예측 불가능한 혼돈 그 자체보다는, 혼돈을 견뎌내지 못할 정도로 취약한 상태에 머무는 것이 더 큰 위험이라는 것이다.

예를 들어, 재정적으로 완전히 부채에 의존하는 이는 작은 경제적 충격에도 무너지고 만다. 반면, 여유 자금을 확보한 이는 동일한 충격에도 신속하게 회복할 수 있다. 인간관계도 마찬가지다. 단 하나의 관계에만 전적으로 의존하는 이는 그 관계가 흔들릴 때 치명적인 상처를 입지만, 다양한 인간관계를 구축한 이는 훨씬 더 탄력적으로 회복할 수 있다.

따라서 우리의 궁극적인 목표는 불완전한 세상을 예측하려 안간힘을 쓰는 것이 아니라, 어떠한 불확실한 상황에서도 무너지지 않는 유연한 삶의 토대를 구축하는 것이다.

이를 위해 가장 필요한 자세는 우리가 변화시킬 수 있는 것에 온 힘을 집중하고, 불필요한 걱정의 짐을 내려놓는 것이다.

필자는 지금까지 종합소득세로 납부한 세금만 수십억 원을 훌쩍 넘어섰다. 겉으로 보기에는 누구나 부러워할 만한 화려한 성공 가도를 달린 셈이다. 그러나 내면의 성숙도 없이, 충분한 준비도 없이 맞닥뜨린 새로운 세상은 마치 폭풍우 치는 바다와도 같았다. 그 거친 파도 속에서 나는 끊임없이 부침을 겪어야 했다. 지난 12년은 환희의 순간도 있었지만, 동시에 견디기 힘든 고통의 시간도 많았다. 삶을 스스로 마감하고 싶다는 극단적인 생각이 스치기도 했을 만큼 나약해진 순간도 있었다. 매년 겨울이면 찾아오는 계절성 우울증의 그림자와 싸워야 했고, 변호사 자격증에 대한 자격지심은 늘 가슴 한 편을 무겁게 짓눌렀다.

이처럼 나의 여정은 어리석음과 불완전함으로 얼룩져 있었다. 첫 시드 머니였던 3억 원은 언론에도 보도된 치밀한 투자 사기(폰지 사기, 총 459억 원, 피해자 973명)의 소용돌이 속에서 흔적도 없이 사라졌다. 달콤한 말로 포장된 동업자의 제안에 현혹되어 셀 수 없는 손해를 입었으며, 신뢰했던 동생들과의 두 차례 투자 시도 역시 쓰라린 실패로 끝났다. 수백만 원 단위의 소소한 사기도 숱하게 당했다. 그러나 이러한 작은 상처들은 이제 쓴웃음으로 승화할 수 있게 되었다.

가장 견디기 힘들었던 것은 고발이었다. 예리한 통찰력을 가진 이라면 '고소'가 아닌 '고발'이라는 단어에서 그 무게를 짐작했을 것이다. 이는 당사자가 아닌 제3자가 수사기관에 제보한 것이다. 우리나라의 가장 아쉬운 제도적 맹점을 꼽자면 '무고죄와 사기죄의 입증이 지나치게 어렵다'는 점이다. 무고가 성립하려면 혐의가 전혀 없었다는 점이 명백해야 하는데, 만약 '그럴듯한 오해의 여지가 있다'고 판단되면 무고죄는 전혀 성립되지 않는다. 당연히 나를 고발한 이들은 모두 법률에 정통한 전문가들이었다. 행정사 업계에서 세 차례, 서울지방변호사회에서 한 차례의 고발이 있었다.

모든 사건이 무혐의로 결론 났지만, 특히 2019년즈음 서울지방변호사회의 홍보 관련 고발은 심장을 옥죄는 두려움으로 다가왔다. 비록 실질적인 잘못은 없었지만, 그 막강한 권위와 영향력을 지닌 단체가 나와 같은 이를 특정하여 고발했다는 사실 자체가 공포의 그림자를 드리웠다. 그때까지 이런 경험이 전무했기에 더욱 그러했다.

일단 고발을 당하면 경찰 단계에서부터도 '죄가 없다'는 것을 적극 입증해야 하는 부담이 존재한다. 당시 나를 조사하던 수사관들조차도 "걱정하지 마라"고 할 정도의 고발 사유였으나, 어쨌든 나는 적극적으로 해명을 해야 했다. 몇 번을 겪더라도 이 과정에서 막대한 감정적, 시간적, 경제적 비용이 투여된다.

당시에는 '내가 변호사가 아니어서 이런 부당한 대우를 받는 것이 아닌가' 하는 열등의식과 복수심만이 가슴속에서 들끓었다. 비록 수사 단계에서부터 무혐의 처분을 받았지만, '결백한 사람이라 할지라도 법적 분쟁에 휘말리면 스스로 목숨을 끊을 수 있다'는 처절한 진실을 뼈저리게 체감했다. 그러나 생각해보면 내가 더 성숙하지 못하고 신중하지 못했던 탓에 이런 일이 생긴 것이다. 충분히 그들 입장에서는 내 마케팅에서 '나댄다'는 느낌을 받았을 것이다. 그 뒤로 나는 분노라는 단어를 머릿속에서 지워버렸다. 더욱이 나를 표현하는 데 있어서도 수위를 조심하게 됐다.

또 사건이 폭주할 때는 의뢰인들과의 갈등으로 심신이 고갈되었고, 의뢰인과 악을 쓰며 싸우는 경우가 이틀에 한번 꼴로 있었다. 성격이 유순하지 못한 탓에 조금이라도 건들면 바로 반응하는 내 성향이 문제였다. 특히 의뢰인이 내 권위를 무시하는 것 같을 때에 가장 크게 화를 냈다. 이 역시 변덕스러운 타인의 관심을 통해 자신의 존재를 확인하려는 전형적인 열등감의 발현이었다. 정말 자존감이 높은 사람은 타인을 통재 자신의 존재를 '입증'하지 않는다. 자기 자신을 그저 담담하게 '표현'할 뿐이지 입증할 필요가 없기 때문이다.

그러나 이 모든 시련을 겪고 난 지금, 30대라는 비교적 이른 나이에 이런 경험들을 할 수 있었다는 것이 오히려 감사하게 느껴진다. 만약 40대인 지금이나, 나아가 50대에 이러한 시련을 맞이했다면 그 충격과 상처는 훨씬 더 깊었을 것이다. 무엇보다 나라는 인간이 '불안'을 마주하는 방식이 얼마나 미숙했는지를 깨달을 수 있었다.

이러한 시련의 여정을 거치며, 나는 함께 갈 사람을 가려내는 안목, 경계해야 할 이를 식별하는 직관, 그리고 투자의 원칙과 불안을 다스리는 지혜, 나아가 삶의 본질적인 가치관을 배울 수 있었다. 그리고 무엇보다 소중한 것은, 이러한 시련 끝에 평생을 함께할 진정한 동반자들을 만날 수 있었다는 점이다.

인생은 새옹지마라는 말이 이토록 절실하게 다가온 적이 없다.

3억 원 사기 사건의 아픔 이후, 나는 내 재산을 안전하게 운용해 줄 신뢰할 만한 조력자를 찾아 나섰고, 천운처럼 배 대표와의 만남이 이루어졌다. 그의 도움으로 잃어버린 자산을 모두 회복할 수 있었다. 그가 없었다면 나의 인생은 뿌리째 흔들렸을지도 모른다. 지금 우리는 마치 운명공동체처럼 굳건한 신뢰 관계를 이어가고 있다.

또한 첫 동업자와의 쓰라린 이별은 있었지만 동업자의 후배였던 지금의 〈사짜마케팅〉 부대표 '박씨'를 채용할 수 있었다. 그와의 인연도 8년째이다. 동업자와 찢어질 때 나는 많은 손해를 봤음에도 그래도 "인재를 건졌다"고 스스로를 다독였다. 그리고 그 여파로 워너를 만났고, 현재는 함께 사짜마케팅의 새로운 지평을 열어가고 있다.

내가 책을 탐독하게 된 것도 사실은 이러한 불안과 고통의 산물이었다. 만약 이러한 시련의 과정이 없었다면, 나는 아마도 모든 성공이 오롯이 내 능력으로 이루어진 것이라 착각하며 점점 더 오만방자한 인간으로 변모했을지도 모른다.

인생에서 시련은 반드시 필요한 양분이다. 그리고 그 시련은 일찍 찾아올수록 더 값진 교훈이 된다. 오히려 성공의 정점에 있을 때일수록 사람은 더 위험한 도박을 감행하기 쉽다. 일찍 실패를 경험하는 것이야말로 진정한 축복일 수 있다.

가장 좋은 행동은 미래를 예측하는 게 아니라, 불완전한 미래의 상황에 적응하는 것이다. 예측은 불가능하지만, 적응은 선택할 수 있다. 완벽을 추구하는 대신 불완전한 현실을 인정하고, 변화에 맞춰 빠르게 방향을 수정하는 것이야말로 생존과 성장의 핵심이다.

마지막으로, 불안이 엄습해 올 때마다 내가 되새기는 깊은 통찰의 구절을 나누고자 한다.

"하나님, 내가 바꿀 수 없는 것을 받아들이는 평온을 주시고,
바꿀 수 있는 것을 바꾸는 용기를 주시며,
그 둘의 차이를 아는 지혜를 주소서."
　　　- '평온을 위한 기도(The Serenity Prayer)', 라인홀드 니버 목사

02 | 나다움 : 흔들리지 않는 전문가의 길

전문 자격사들은 오랜 기간 치열한 공부와 실무 경험을 통해 법적 전문성을 획득한다. 하지만 역설적이게도 전문가가 된 이후에도 마음의 평안과 확신은 찾아오지 않는다. 오히려 불안감은 더욱 깊어진다.

법조계, 회계, 세무, 행정, 노동 분야에서 전문성을 인정받은 이들조차 "이 길이 맞는 걸까?", "나는 제대로 가고 있는 걸까?"라는 근원적 질문 앞에서 흔들린다. 전문가의 삶은 지속적인 경쟁, 변화에 대한 두려움, 끊임없는 자기 검증이라는 시험대 위에 놓여있기 때문이다.

고객과의 관계는 이러한 불안을 더욱 증폭시킨다. 오랜 상담 끝에 계약을 맺지 않고 돌아서는 고객을 마주할 때마다 "내가 부족한 걸까?", "다른 사람보다 실력이 뒤처지는 걸까?"라는 자문이 가슴을 파고든다. 더군다나 자격증만으로는 생존을 보장받을 수 없는 시대다. 시장은 끊임없이 변화하는 격류와 같다.

고객과의 관계 속에서도 흔들림이 생긴다. 한 고객이 오랜 상담 끝에 계약을 맺지 않고 돌아서거나, 기존 고객이 떠나 다른 전문가를 찾으면 "내가 부족한 걸까?" "다른 사람보다 실력이 뒤처지는 걸까?"라는 불안이 엄습한다. 더군다나 자격증을 취득한 것만으로는 생존이 보장되지 않는 시대다. 시장은 빠르게 변화하고 있다.

이런 환경 속에서 자신의 정체성과 나아갈 방향에 대한 고민은 깊어질 수밖에 없다. 전문 자격사는 단순한 시험 합격자가 아니다. 스스로의 정체성을 확립하고 변화의 소용돌이 속에서도 중심을 잃지 않는 것이야말로 진정한 전문가의 길이다.

더 큰 도전은 전문 자격사들이 학문적 탁월성에 비해 정신적 내구력을 훈련받을 기회가 없었다는 점이다. 치열한 경쟁을 뚫고 시험에 합격한 이들은 뛰어난 지적 능력과 문제 해결력을 갖췄지만, 심리적 내구력, 위기 대응력, 감정 조절 능력과 같은 정신적 강인함을 기를 기회는 거의 없었다. 시험장의 승리가 실전에서의 성공을 보장하지는 않는다. 현장에서는 논리적 사고를 넘어 불확실성을 견디고, 스트레스를 다스리며, 장기적 목표를 향해 나아가는 힘이 필요하다. 그러나 대부분의 전문가들은 이러한 역량을 체계적으로 배우지 못했기에, 실무 현장에서 심리적 압박에 쉽게 흔들리곤 한다.

이러한 불안감의 근원 중 하나가 바로 포모 증후군(FOMO, Fear of Missing Out)이다. 자신이 경험하지 못한 기회, 정보, 행사 등이 있을 때 상대적 박탈감과 불안을 느끼는 현상을 의미한다. 포모 증후군은 다른 사람들이 더 나은 기회를 얻고 있고, 자신은 그것을 놓치고 있다는 두려움에서 비롯된다.

전문 자격사들의 내면에는 이런 목소리들이 끊임없이 울린다.

"저 변호사는 유튜브를 해서 유명해졌다. 나도 해야 하나?"
"동기들은 로펌을 차렸는데, 나는 그냥 개인 사무소를 해도 될까?"
"내 동기는 벌써 월 3,000만 원을 번다는데 난 왜 이 모양이지?"

이런 비교와 불안의 시선은 포모 증후군의 전형적인 증상이다. 전문가들은 강한 자부심과 동시에 치열한 경쟁의 압박을 견뎌야 한다. 주변 동료들의 성공이 자신의 실패처럼 느껴지는 순간, 전문가는 이미 포모 증후군의 늪에 빠진 것이다.

모든 전문가가 같은 속도로 같은 길을 걸을 필요는 없다. 하지만 우리는 끊임없이 타인과 자신을 비교하며 초조함에 시달린다. 특히 전문 자격사들은 남들의 성공을 자신의 좌표로 삼는 경향이 강하다. "나는 왜 저만큼 벌지 못할까?", "나는 왜 저처럼 유명하지 않을까?"라는 자책은 결국 자신을 원치 않는 방향으로 떠밀어간다.

LG전자 최연소 여성상무를 거쳐 현대자동차 최초의 여성상무를 지낸 최명화 씨는 "우리는 증명되는 존재가 아닌 표현하는 존재다. 누구에게 인정받기 위한 존재가 아니라 표현하고 전달하면서 완성되는 존재"라는 통찰을 제시한다.

그에 따르면 가장 최고의 경쟁력은 '나다움'이다. 새로운 시대가 요구하는 경쟁력은 확실히 '차별화'에 기반을 두고 있고 무조건 달라야 하는 것이 아니라 '나답게' 달라야 한다는 것이다.

이는 필자가 제시하는 콘텐츠와 철학을 포함한 12가지 전술로 '대체 불가능한 존재'가 되어야 한다는 주장과 맥을 같이 한다.

시장의 변화가 가속화되고 경쟁이 치열해질수록 '나다움'의 가치는 더욱 빛을 발한다. 맹목적으로 변화를 좇다가 자신의 본질을 잃는 것이야말로 가장 큰 위험이다. 사람들은 단순한 전문가가 아닌, 고유한 가치를 지닌 전문가를 찾는다. "이 전문가만이 제공할 수 있는 특별한 가치는 무엇인가?"가 핵심 질문이 된다.

두 변호사의 사례를 보자. 한 명은 "나는 법을 잘 안다"는 태도로 일하면서 끊임없이 외부에서 인정받기를 갈구했다. 다른 한 명은 "법을 통해 고객의 더 나은 선택을 돕는 사람"이라는 신념으로 일하고 그것을 일관되게 콘텐츠와 철학으로 표현해 왔다. 두 사람 모두 변호사라는 타이틀은 동일하지만, 고객이 느끼는 차이는 분명하다. 후자의 변호사는 자신의 정체성을 분명히 하고 있기 때문에 법률 지식뿐만 아니라 고객이 진정 원하는 것을 이해하고 그것을 실현하는 전문가로 자리 잡는다.

확고한 정체성을 지닌 전문가는 쉽게 흔들리지 않는다. 고객이 떠나거나 새로운 경쟁자가 등장해도, 기술이 진보해도 중심을 잃지 않는다. "나는 누구이며, 어떤 가치를 제공하는가?"라는 질문에 대한 명확한 답을 가지고 있기 때문이다.

자신만의 브랜드를 가지고 내가 남들과 다른 이유, 고객이 나를 선택해야 하는 이유를 스스로 정의할 수 있어야 한다.

이 말은 전문가들에게 중요한 메시지를 전달한다. 단순히 변호사, 세무사, 회계사, 노무사, 행정사라는 직업 자체에 의존하는 것이 아니라, 자신만의 차별성과 가치를 만들어야 한다는 것이다. 고객이 변호사를 찾을 때, 단순히 법률 지식이 많은 사람을 찾는 것이 아니다. 그들은 자신의 문제를 진심으로 해결해 줄 수 있는 전문가를 찾는다.

그렇기 때문에 전문가들은 자신만의 정체성을 확립하고, 흔들리지 않는 신념과 방향성을 가져야 한다. 그래야만 시장의 변화나 외부 환경에 쉽게 흔들리지 않고 지속적으로 성장할 수 있다.

스티브 잡스는 다음과 같이 말했다.

"당신의 시간은 제한되어 있다. 그러니 다른 사람의 삶을 사느라 시간을 낭비하지 마라."

전문가로 살아간다는 것은 단순히 자격증을 취득하고 고객을 상대하는 것이 아니다. 자신만의 철학과 정체성을 확립하고, 환경이 변하더라도 흔들리지 않는 중심을 가지는 것이야말로 진정한 적응의 길이다.

그렇다면 '나다움'만 갖추면 다 완성되는 것인가. 당연히 그렇지 않다. 마케팅 분야에선 가장 유명한 격언이 있다.

"전달되지 않은 가치는 아무 곳에도 쓸모가 없다."

예술의 역사를 보면 이 진실이 더욱 분명해진다. 뛰어난 재능을 가졌음에도 그것을 세상에 전하지 못해 생전에 인정받지 못한 예술가들이 있는 반면, 자신의 가치를 전략적으로 알리며 시대를 대표하는 거장이 된 이들도 있다. 이들의 차이는 재능이 아닌, 자신의 가치를 세상에 전하는 능력에 있었다.

어떤 예술가는 평생 작품 활동에만 몰두했지만 단 한 점의 작품도 팔지 못한 채 세상을 떠났고, 어떤 예술가는 자신의 예술세계를 하나의 브랜드로 만들어 시대를 초월한 명성을 얻었다. 전자가 외로운 천재로 기억된다면, 후자는 시대를 움직인 영향력 있는 예술가로 남았다.

여기 두 명의 화가가 있다.

한 남자는 오직 그림을 위해 살았다. 그는 아침부터 밤까지 캔버스를 들고 다니며, 들판과 마을을 돌아다니며 세상의 색을 담았다. 하지만 그의 삶은 불안정했다. 정신적 고통에 시달렸고, 사람들과의 관계도 순탄치 않았다. 너무 감정적이고, 너무 강렬하다는 이유로 사람들은 그의 그림을 외면했다.

그가 의지할 수 있는 유일한 사람은 그의 동생이었다. 동생은 형이 천재임을 믿었고, 그를 위해 그림을 팔아주려 애썼다. 하지만 세상은 아직 형의 작품을 받아들일 준비가 되어 있지 않았다. 그럼에도 동생은 형에게 매달 돈을 보내주었고, 편지를 써서 위로했다.

"형의 그림은 언젠가 인정받을 거야."

그러나 화가는 점점 더 절망에 빠졌다. 세상은 그의 작품을 외면했고,

아무리 노력해도 아무것도 변하지 않는 듯했다. 결국, 깊어진 외로움 속에서 그는 스스로 생을 마감했다. 그의 작품은 사후에야 비로소 재평가되었다.

다른 한 남자는 일찍부터 자신이 천재임을 확신했다. 그는 어린 나이부터 뛰어난 재능을 보였고, 주목받는 법을 알고 있었다. 단순히 그림을 잘 그리는 것에서 멈추지 않았다. 그는 끊임없이 새로운 화풍을 실험하고, 사람들을 놀라게 할 만한 작품을 만들었다. 하지만 그것만으로는 부족했다. 그는 자신을 하나의 브랜드로 만들었다. 유명 인사들과 어울리며, 언론과의 인터뷰를 통해 자신의 예술을 세상에 알렸다. 그의 전시회에는 사람들이 몰려들었고, 그림 한 점이 어마어마한 가격에 거래되었다. 그는 생전부터 엄청난 명성을 얻었으며, 시대를 대표하는 아이콘이 되었다.

그는 스스로를 하나의 신화로 만들 줄 아는 사람이었다. 그는 단순한 예술가가 아니라, 대중의 심리를 꿰뚫고 자신을 브랜드화한 마케팅 천재였다. 그런 그의 성향을 잘 보여주는 일화가 있다.

어느 날, 파리의 한 카페에서 커피를 마시고 있었다. 사람들이 그를 알아보고 수군대기 시작했다. 그때 한 여성이 용기를 내어 다가와 말했다.

"선생님, 저는 당신의 팬이에요. 혹시 이 냅킨에 그림을 하나 그려 주실 수 있을까요?"

화가는 미소를 지으며 냅킨을 집어 들고 몇 개의 선을 휘갈겼다. 단순한 낙서처럼 보이지만, 그의 손길이 닿은 순간 그것은 예술이 되었다. 여성이 감탄하며 냅킨을 받으려 하자, 그는 가볍게 손을 들며 말했다.

"잠깐만요. 100만 프랑입니다."

여성은 놀라서 물었다.

"하지만 이 그림을 그리는 데 고작 30초밖에 걸리지 않았잖아요!"

그러자 화가는 미소를 지으며 대답했다.

"아닙니다. 30년이 걸렸지요."

그는 자신의 작품에 가치를 부여하는 법을 알고 있었고, 단순한 그림 한 장이 아니라 '브랜드'를 팔았다.

이 두 남자는 같은 시대를 살지 않았지만, 모두 미술사에 길이 남을 위대한 화가였다. 그러나 한 명은 생전에 단 한 점의 그림만을 팔고 쓸쓸히 세상을 떠났고, 다른 한 명은 살아 있는 동안 전설이 되었다. 두 명의 이름은 빈센트 빌럼 반 고흐와 파블로 피카소이다.

그리고 여기 2명의 작곡가가 있다.

프란츠 페터 슈베르트(Franz Peter Schubert)는 천재적인 작곡가였지만, 그의 삶은 너무나도 비참했다. 그는 돈이 없어 제대로 된 피아노조차 마련하지 못했고, 친구들의 집에서 빌려 연주하곤 했다. 먹을 것도 마땅치 않아 소금에 절인 싸구려 음식으로 끼니를 때우다가 영양 부족으로 얼굴이 통통 부을 정도였다. 자신의 삶을 비관하며 술과 거리의 여자로 방탕한 생활을 하다가 매독에 걸렸지만 제대로 치료받을 돈도 없었고 그는 서서히 죽음을 맞이했다.

슈베르트는 생전에 수천 곡을 작곡했지만, 정작 그의 음악은 널리 알려지지 않았다. 당대 음악가들 사이에서는 어느 정도 인정을 받았지만, 베토

벤이나 모차르트처럼 자신의 작품을 적극적으로 홍보하거나 후원자를 찾는 데 능하지 못했다. 결국 그는 31살이라는 젊은 나이에 병으로 세상을 떠났고, 그의 음악은 그가 죽고 나서야 제대로 평가받았다.

한편, 리하르트 바그너(Wilhelm Richard Wagner)는 정반대의 길을 걸었다. 그는 단순한 작곡가가 아니라, 스스로를 거대한 예술운동의 중심으로 만들었다. 왕실의 후원을 받아 자신의 극장을 짓고, 오페라를 통해 정치적·문화적 영향력을 행사했다. 그는 음악을 창조했을 뿐만 아니라, 끊임없이 자신의 위상을 구축하고 홍보했다.

슈베르트의 비참한 삶은 단순한 재능 부족 때문이 아니었다. 그는 누구보다도 많은 곡을 남겼지만, 나다움을 부단히 알리지 못했다. 반 고흐가 생전에 단 한 점의 그림밖에 팔지 못한 것처럼, 슈베르트도 그의 위대한 음악을 알릴 기회를 제대로 잡지 못했다. 물론 그가 31살이라는 짧은 생을 마친 것도 큰 영향을 미쳤지만, 그가 남긴 작품의 양과 질에 비하면 그의 삶은 너무나도 비참했다.

전문가가 된다는 것은 단순히 자격을 취득하고 실력을 쌓는 것만으로 완성되지 않는다. 세상이 나를 알아보지 못한다면, 아무리 뛰어난 능력을 가졌더라도 결국 그 가치는 빛을 보지 못할 수 있다. 고흐가 생전에 단 한 점의 그림밖에 팔지 못했던 것처럼, 슈베르트가 수천 곡을 남기고도 극심한 가난 속에서 생을 마쳤던 것처럼, 나다움을 세상에 알리지 않는다면 그것은 존재하지 않는 것과 다름없다.

반면, 피카소와 바그너는 스스로를 하나의 브랜드로 만들었고, 시대를 초월하는 영향력을 구축했다. 나다움을 정의하는 것만큼이나 중요한 것은 그것을 끊임없이, 전략적으로, 일관되게 알리는 것이다.

전문 자격사도 마찬가지다. 법률, 세무, 회계, 노동, 행정이라는 분야에서 얼마나 뛰어난 실력을 가졌든, 그것이 세상에 전달되지 않으면 의미가 없다. 고객은 단순히 '실력 있는 전문가'를 찾는 것이 아니라, 자신의 문제를 가장 잘 해결해줄 수 있는, 신뢰할 수 있는 사람을 찾는다. 그리고 그 신뢰는 '나다움'을 지속적으로 표현하고, 확립하고, 세상에 각인시키는 과정에서 형성된다.

'나다움'을 알리는 방법은 이 책에서 이미 다 설명했다. 12가지 전술을 통해 부단히 노력하라. 그러면 세상이 당신을 알아볼 것이다.

03 싱크 어게인

전문 자격사 시장은 빠르게 변화하고 있다. 변호사, 세무사, 변리사, 노무사 등은 기본적으로 법과 원칙을 다루는 직업이지만, 법률과 시장은 끊임없이 바뀌고 있으며, 고객들의 기대도 달라지고 있다. 여기에 기술 발전과 새로운 경쟁자들의 등장으로 인해 기존의 업무 방식이 무너지고 있다. 과거에는 자격증만 취득하면 일정 수준의 경제적 안정이 보장되었지만, 이제는 단순한 지식과 경험만으로 살아남을 수 없는 시대가 되었다. 이러한 변화 속에서 가장 중요한 것은 "내가 하고 있는 방식이 과연 지금도 유효한가?"를 다시 생각해보는 것이다.

세계에서 가장 영향력 있는 경영 사상가 중 한 명인 애덤 그랜트는 그의 저서 〈Think Again〉에서 이렇게 말한다.

"우리가 전문가가 될수록 재학습하는 것이 더 어려워진다. 전문성이 깊어질수록 기존의 사고방식에 더 강하게 고착되기 때문이다."

이는 많은 전문 자격사들이 직면한 현실을 정확히 지적하고 있다.

우리는 종종 자신의 방식을 당연하게 여기고, 한 번 익힌 성공 공식이 영원히 유효할 것이라고 착각한다. 그러나 세상은 한순간도 멈추지 않고 변화하며, 특히 전문가 시장에서는 세대별로 패러다임이 완전히 달라지고 있다. 과거에는 '낭만의 시대'라 불릴 만큼 자격증만으로 안정적인 수입을 얻을 수 있었지만, 이제는 시장이 포화 상태에 이르렀고, 자본력과 마케팅이 주요한 경쟁력이 되어버렸다. 이러한 변화 속에서도 여전히 "나는 실력만 있으면 된다"는 믿음을 고수하는 전문가들이 많다. 하지만 시대가 바뀌었다면, 나의 사고방식과 전략도 바뀌어야 한다.

"성공이 실패의 씨앗이 될 수 있다. 과거의 성공 경험이 새로운 환경에서의 학습을 방해하기 때문이다."

애덤 그랜트의 이 말은 우리에게 중요한 시사점을 제공한다. 과거의 성공이 오히려 새로운 변화를 막는 장애물이 될 수 있다는 것이다.

과거의 성공 방식을 고집하는 것의 위험성은 이미 수많은 기업의 사례에서 입증되었다.

한때 세계를 지배했던 블랙베리는 터치스크린 스마트폰이 대세가 되어가는 상황에서도 물리 키보드를 고집하다가 시장에서 사라졌다. 노키아 역시 변화의 흐름을 읽지 못하고 기존의 방식만을 유지하려다 스마트폰 혁명에 밀려났다. 이런 기업들의 몰락을 보며 우리는 다시 생각해봐야 한다.

"내가 하고 있는 방식이 정말 옳은가?"
"시대의 변화에 맞춰 나도 변해야 하는 것이 아닌가?"

전문가 시장에서도 같은 원리가 적용된다. 과거에는 '전관예우'나 인맥을 통한 영업이 강력한 무기였지만, 지금은 온라인 마케팅이 경쟁력을 결정짓는다. 한때 블로그만 운영하면 충분했던 3세대 시대도 지나갔다. 이제는 유튜브, SNS, 검색광고 등 다양한 채널을 활용해야 하며, 마케팅 자체도 더 정교해져야 한다. "나는 기존 방식으로도 충분하다"라는 생각을 하는 순간, 도태되는 것이다.

다시 생각해보기란 단순한 사고의 변화가 아니라, 시대의 흐름을 읽고 적응하는 능력을 의미한다. 특히 변호사, 세무사, 변리사 같은 전문 자격사들은 법과 제도의 변화를 민감하게 읽어야 하는 직업이다. 하지만 정작 자기 자신이 변화해야 할 순간에는 이를 간과하는 경우가 많다.

고객의 기대도 달라졌다. 단순히 법률 및 세무 상담을 받는 것이 아니라, 보다 실질적인 솔루션과 맞춤형 전략을 원한다. 법률 및 세무 정보는 누구나 검색할 수 있지만, 이를 실제로 활용하는 방법을 아는 사람은 드물다. 따라서 법률 세무 지식을 단순히 전달하는 것이 아니라, 고객의 문제를 해결하는 방향으로 접근해야 한다. "나는 법률 전문가"라는 정체성을 넘어, "나는 고객의 문제를 해결하는 사람"이라고 생각하는 마인드셋이 필요하다.

이러한 변화 속에서 가장 먼저 해야 할 것은 시대 구분을 명확히 하는 것이다. 내가 지금 어떤 시장에서 활동하고 있으며, 어떤 시대의 흐름 속에 있는지를 알아야 한다. 예를 들어, 2세대 시절에는 영업 사무장과 전관예우가 변호사 시장의 핵심 요소였다. 하지만 이제는 온라인 마케팅과 대형 로펌의 자본력이 중요한 요소로 자리 잡았다. 3세대 시절에는 블로그와 상위 노출이 강력한 무기였지만, 지금은 이를 넘어 유튜브, SNS, 자동화된 고객 유입 시스템까지 갖춰야 한다. 4세대 시대에 들어서면서부터는 '각자도생'의 시대가 되었다. 소수의 상위 10% 전문가가 시장을 장악하고, 나머지 90%는 살아남기 위해 치열한 경쟁을 해야 하는 상황이다. 그렇다면 나는 어떤 위치에 있는가? 나는 3세대 방식에 머물러 있는가, 아니면 4세대의 흐름에 맞춰 움직이고 있는가?

현재 전문가 시장에서 살아남기 위해 필요한 것은 '장기적 사고'와 '환경 구축'이다. 단순히 "마케팅을 해야겠다"라고 결심하는 것이 아니라, 마케팅이 자동으로 돌아가는 구조를 만들어야 한다. 고객 상담을 일일이 응대하는 것이 아니라, 일정한 시스템을 만들어 업무를 최적화해야 한다. 블로그 한 편, 유튜브 영상 하나, 고객 관리 자동화 시스템 하나가 쌓이면, 그것이 나를 대신해 영원히 작동하는 자산이 된다. 한 번의 노력으로 지속적인 결과를 낼 수 있는 구조를 만들어야 한다.

결국, 중요한 것은 "지금의 내 방식이 과연 맞는가?", "시대에 맞게 전략을 수정하고 있는가?"를 지속적으로 점검하는 것이다. 변화하는 시대에서 살아남으려면, 과거의 성공 방식이 아닌 현재와 미래의 흐름을 읽어야 한다. 시대가 바뀌었다면, 전략도 바뀌어야 한다. 그리고 지금, 우리는 다시 생각해봐야 할 시점에 와 있다.

다만 모든 것을 다시 생각해야 하는 것은 아니다. 변화 속에서도 우리는 '변해야 할 것'과 '지켜야 할 것'을 명확히 구분할 줄 알아야 한다.

불변의 본질을 제외한 모든 것은 변화의 대상이 될 수 있다. 예를 들어, 우리가 사용하는 홍보 도구나 소통 방식은 시대에 따라 얼마든지 바뀔 수 있다. 한때 온라인 마케팅의 절대 강자였던 페이스북이 지금은 그 영향력을 잃은 것처럼, 현재의 네이버 블로그나 유튜브도 언젠가는 새로운 플랫폼에 자리를 내줄 수 있다. 이때 우리는 과거의 도구에 집착하지 않고, 새로운 채널과 방식을 과감히 받아들여야 한다.

하지만 우리의 본질적 가치는 결코 변하지 않는다. 매일 콘텐츠를 쌓아가는 루틴 - 이러한 본질은 어떤 시대가 와도 변함없이 우리의 근간이 되어줄 것이다.

이처럼 성공적인 변화란, 불변의 본질 위에서 새로운 시대에 맞는 유연한 적응을 이뤄내는 것이다. 방식은 변화하되 본질은 지키는 것, 그것이 바로 진정한 의미의 '다시 생각하기'이다.

제15장

소명

사짜마케팅 Part 15

疏明(소명)

▼
▼

전술 12
직업

소명

동굴로 들어서는 찰스의 발걸음이 어느 때보다 무거웠다. 오늘은 바론과의 마지막 수업이 있을 거라는 걸 그도 알고 있었다.

"앉게나."

바론의 목소리가 평소와는 다르게 따뜻했다. 작은 카멜레온의 몸에서 이제는 더 이상 거대한 그림자가 나타나지 않았다.

"마지막 가르침은 '소명'에 관한 것이네."

찰스는 귀를 기울였다.

"왜 일하는가?"

바론이 물었다.

"도자기를 만들고, 그것을 팔아서…. 생계를 위해서죠."

"그래. 모든 일은 밥벌이로 시작하지. 하지만 그것만으로는 부족해. 찰스, 자네는 지금까지 수많은 꽃병과 도자기를 만들었네. 그 과정에서 언제가 가장 행복했나?"

찰스는 잠시 생각에 잠겼다가 대답했다.

"암사슴 할머니가 손자의 탄생을 기념하는 찻잔을 받고 흐느꼈을 때요. 그리고 헤이즐의 참나무 꽃집이 새로운 생명을 얻었을 때, 제 도자기가 누군가의 삶에 의미 있는 순간이 되었다는 걸 알았을 때가 가장 행복했습니다."

바론이 고개를 끄덕였다.

"그것이 바로 소명이야. 단순히 돈을 버는 것이 아니라, 자네의 일이 세상에 어떤 의미를 남기는지를 아는 것. 그리고 그 의미를 위해 살아가는 것이지."

"하지만 매일이 그렇게 의미 있지는 않아요. 때로는 지루하고, 때로는 힘들고…."

바론이 부드럽게 웃었다.

"당연하지. 완벽한 일이란 없어. 중요한 건 그 순간에도 자네가 만드는 도자기가 누군가에게 특별한 순간이 될 거란 믿음을 잃지 않는 거야. 자네의 도자기는 단순한 그릇이 아니라 누군가의 추억을 담는 그릇이 되니까."

찰스는 자신의 거친 손을 바라보았다. 흙을 다루며 생긴 굳은살들이 이제는 자랑스럽게 느껴졌다.

"진정한 소명은 자신의 행복만을 추구하는 게 아니야. 그것은 자신의 일을 통해 다른 이들의 삶을 어떻게 더 풍요롭게 만들 수 있는지를 고민하는 거지. 자네의 도자기가 누군가의 특별한 순간을 영원히 간직하게 해주고, 그들의 일상에 작은 아름다움을 더해주는 것. 그것이 바로 자네의 소명일세."

바론은 천천히 일어섰다.

"이제 마지막 선물을 주겠네."

그가 동굴 깊숙한 곳에서 작은 상자를 가져왔다. 그 안에는 오래된 찻잔

하나가 들어있었다.

"이건 내가 젊었을 때 부친에게 받은 거야. 당시 나는 무역업으로 성공 가도를 달리고 있었지. 하지만 부친은 이 찻잔을 주시며 이런 말씀을 하셨어. '진정한 성공은 네가 하는 일이 얼마나 많은 이들에게 의미 있는 가치가 되느냐에 달려있다'고. 그때는 이해하지 못했지만, 모든 것을 잃고 나서야 이 찻잔의 의미를 깨달았네. 보관만 하다가 이제 자네에게 주려고 하네."

찰스는 조심스럽게 찻잔을 들었다. 단순하면서도 깊이 있는 형태, 은은하게 비치는 유약의 빛깔, 그리고 무엇보다 시간이 만들어낸 깊이가 느껴졌다.

"이 찻잔은 완벽하지 않아. 여기 작은 흠도 있고, 유약도 고르지 않지. 부친은 늘 이 찻잔으로 차를 마시셨어. 수많은 고급 도자기가 있었지만, 유독 이 찻잔을 고집하셨지. 어느 날 부친께서 말씀하셨어. '이 찻잔으로 차를 마실 때면 이상한 일이 일어난다'고."

바론은 잠시 말을 멈추었다가 이어갔다.

"처음엔 그 말씀의 의미를 이해하지 못했네. 하지만 세월이 흘러 깨달았지. 부친은 이 찻잔으로 찾아오는 모든 이들에게 차를 대접하셨어. 지친 이웃들, 힘든 나날을 보내는 젊은이들, 길 잃은 나그네들에게. 그리고 그들과 이야기를 나누셨지. 이 작은 찻잔이 수많은 이들의 마음을 어루만지는 도구가 된 거야."

찰스는 조심스럽게 찻잔을 들여다보았다.

"세상의 많은 이들이 더 좋은 것, 더 비싼 것을 가지려 애쓰지. 하지만 그런 것들이 주는 기쁨은 순간일 뿐이야. 시간이 지나면 모두 시들해지고 만다네. 그러나 부친께서 이 찻잔으로 사람들과 나누셨던 온기는 지금도 누군가의 가슴 한켠에 살아있을 거야. 그것이 바로 소명이지. 우리가 하는 일이 누군가의 삶에 작은 위로가 되고, 따뜻한 기억이 되어주는 것. 자네도 언젠가 깨닫게 될 거야. 진정한 행복은 우리가 만든 것이 누군가의 삶에 의미 있는 존재가 될 때 온다는 걸."

찰스의 눈에서 눈물이 흘렀다.

"앞으로도 힘든 순간이 있을 거야. 하지만 그때마다 기억하게. 자네가 만드는 도자기 하나하나가 누군가의 인생에 특별한 의미가 된다는 걸. 그것이 바로 자네의 소명이야."

바론은 마지막으로 미소를 지었다.

"이제 가보게. 자네를 기다리는 이들이 많을 테니. 그리고 잊지 말게. 진정한 행복은 자신의 일을 통해 다른 이들의 삶을 풍요롭게 만들 때 온다는 걸."

찰스는 깊이 고개를 숙였다.

"바론님."

"더 이상의 말은 필요 없네. 이제 자네만의 길을 걸어가야 할 때야."

동굴을 나서는 찰스의 발걸음은 어느 때보다 가벼웠다. 그의 등껍질에 비치는 아침 햇살이 마치 축복처럼 느껴졌다.

이제 그는 알았다. 자신의 도자기가 단순한 그릇이 아닌, 누군가의 소중한 순간을 담는 그릇이 된다는 것을. 그것이 바로 자신의 소명이라는 것을.

작업실로 돌아온 찰스는 물레 앞에 앉았다. 오늘도 그의 손끝에서 새로운 이야기가 시작될 것이다. 누군가의 특별한 순간을 영원히 간직할 도자기가 만들어질 것이다.

그것이 바로 찰스의 소명이었다.

12가지 전술

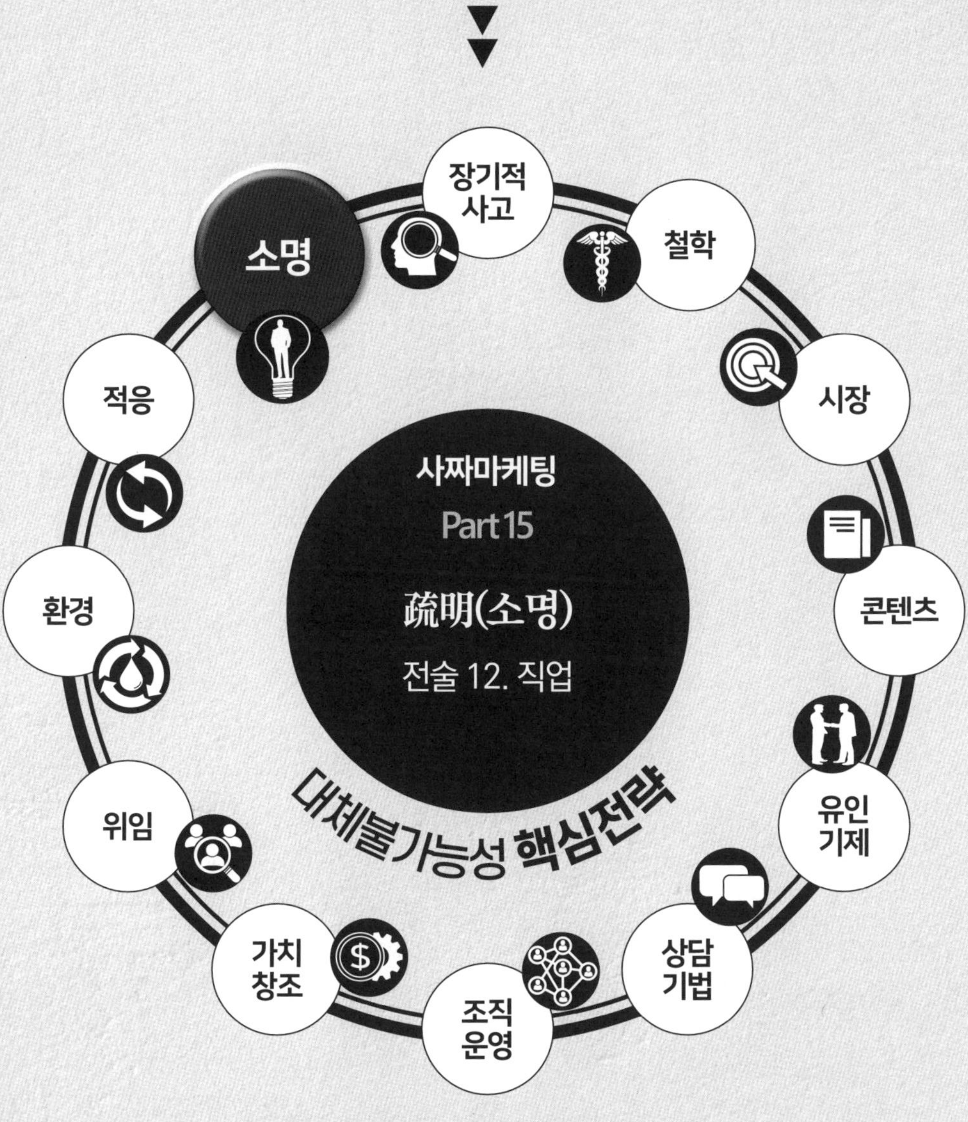
장기적 사고
철학
시장
콘텐츠
유인 기제
상담 기법
조직 운영
가치 창조
위임
환경
적응
소명
사짜마케팅
Part 15
疏明(소명)
전술 12. 직업
대체불가능성 핵심전략

01 나는 무엇을 위해 일하는가?
- 돈을 넘어 삶의 의미로

"왜 일하는가?"

"당신은 무엇을 위해 일하는가?"

어려운 시험 합격한 후 한 번쯤은 반드시 자기 자신에게 물어봤을 질문이다. 바라건대 여러분은 반드시 이 질문에 대해서 골똘히 생각을 해봐야 한다.

당연히 일은 밥벌이로 시작된다. 그러나 어느 순간 밥벌이가 그 이상의 의미를 길어내야 하는 시점이 반드시 온다. 오직 돈을 위해서 일을 한다면 사람은 절대로 행복할 수 없다.

빌 게이츠는 말했다.

"당신이 열정을 쏟을 수 있는 일을 찾는다면, 그 일은 단순한 생계 수단이 아니라 삶의 의미가 된다."

어떤 사람은 성취를 위해, 어떤 사람은 사회에 기여하기 위해, 또 어떤 사람은 스스로의 성장을 위해 일한다. 중요한 것은 스스로에게 "나는 왜 일하는가?"라는 질문을 던지고, 그 답을 찾아가는 과정이다.

일이 단순한 노동이 아니라 자아를 실현하는 도구가 될 때, 우리는 진정한 만족을 얻을 수 있다.

스티브 잡스는 이렇게 말했다.

"당신이 사랑하는 일을 찾으라. 그렇지 않다면 계속 찾아야 한다. 멈추지 말라."

오늘도 바쁜 하루를 보내고 있다면, 잠시 멈추고 자신에게 물어보자.

"나는 무엇을 위해 일하는가?"

이 질문에 대한 답을 찾는 순간, 당신의 일은 단순한 생계가 아닌 삶의 의미로 변할 것이다.

여기까지는 일반론이다. 나는 내가 하지 못하는 걸 여러분에게 하라고 할 자신이 없다. 그건 내 삶이 아니다. 이 글에 써 있는 모든 것은 '내가 해 봤고 나도 그렇게 하고 있기 때문'에 여러분에게 강의라는 형식의 하나의 우주를 만들 수 있었던 것이다.

적어도 전문 자격사 업무, 그러니까 이제까지 내 본업에 있어서는 난 빌 게이츠나 스티브 잡스와 같은 '소명'을 가지지 못했다. 나 역시 의뢰인의 고충을 해결하면 보람을 느낄 때도 많지만, 지겨울 때가 압도적으로 많다. 솔직한 심정이다. 그럼에도 어쨌든 내 직업이고 내가 해야 할 일이 묵묵히 하는 것일 뿐이다.

어떤 사람이 직업적 소명을 가지고 일을 하는 형태 중 가장 아름다운 유형은 '내 일이 정말 미친 듯이 좋다'는 것이다.

빌 게이츠는 소프트웨어를 개발하려고 하버드를 자퇴했고, 스티브 잡스는 그야 말로 일에 미친 사람이었다.

자신의 일을 사랑하고 그 일에 미쳐 있는 사람들을 우리는 주변에서 심심치 않게 본다. 정말 축복받은 일이다. 나도 그런 사람이 부럽다. 진심이다.

그러나 이런 사람은 운이 좋은 경우이다. 자기가 좋아하는 일을 발견하고 그 일을 하기로 했던 용기가 있던지, 아니면 일을 하다 보니 자기 적성에 맞았던 경우이다.

다음 케이스는 내가 하는 일을 '좋아하려고 노력'을 하는 경우가 있다. 아무리 지겹고 재미없는 일도 의미를 부여하면 분명 좋아할 만한 구석이 생긴다.

나와는 전혀 맞지 않는 일도 그 일에 흥미를 가지고 하다 보면 어느새 그 일을 진심으로 사랑하게 되는 사람이 분명 존재한다.

이나모리 가즈오의 사례가 그렇다. 그는 자신의 저서 〈왜 일하는가〉에서 이렇게 말한다.

"자신이 좋아하는 분야를 미리 알고 그 일을 선택해 자신의 평생 직업으로 삼는 사람이 과연 몇이나 될까? 1,000명에 한 명, 아니 1만 명 중 한 명도 채 되지 않을 것이다. 설령 희망하던 회사에 들어간다고 해도 자신이 원하는 부서에 배치되어 원하는 업무를 맡는 사람도 거의 없다. 어쩌면 거의 모든 사람이 인생의 중요한 출발을 '좋아하지 않는 일'을 맡으며 시작하는 게 아닐까? 하지만 문제는 많은 사람이 '내가 좋아하지 않는 일'을 하고 있다며 스스로 비하하고, 마지못해 계속 한다는 사실이다."

이어서 그는 말한다.

"자신에게 주어진 일을 천직이라 생각하고 즐겁게 일해야 한다. 자신이 좋아하는 일을 찾기보다는 우선 주어진 일을 좋아하려는 마음부터 가져야 한다."

실제로 그 역시도 처음에는 첫 회사의 비전과 처우에 낙담하고 자위대에 지원해 도망가려고 했다. 그러나 이내 마음을 고쳐먹고 자신이 회사에서 좋아할 수 있는 일이 무엇이 있는지를 진지하게 고민했고 진심으로 자신의 일을 사랑하게 됐다.

더 나아가 그는 일을 하는 가장 큰 목적은 그 일을 하는 우리 자신의 마음을 연마하고 인성을 기르는 과정이라고 강조한다. 온 힘을 다해 일을 해나갈 때 우리 내면은 두터운 인격을 갖출 수 있다는 것이다.

그의 말대로 빌 게이츠 같은 사람은 1,000명에 1명이나 있을까 말까하다. 그렇기 때문에 차선책은 우리가 그 일을 좋아할 수 있도록 진심으로 노력하고 더 나아가 일의 의미를 단순히 돈과 명예가 아니라 '성장'의 동력으로 삼는 방법이다.

이것이 직업적 소명관을 갖는 가장 바람직한 방법이기도 하다.

그러나 문제는 이마저도 안 되는 사람이 있다는 것이다. 처음부터 별로 내키지 않았던 자신의 직업을 좋아하려고 부단히 노력을 해도 안 되는 경우가 분명 있다.

나도 어떤 때는 일을 좋아하려고 노력하니 일이 좋아질 때도 있지만 그렇게 해도 심신이 지치는 때가 존재한다.

이런 때에는 최후의 수단을 쓴다.

'지금 하는 이 일은 내가 정말로 행복한 일을 할 수 있게끔 경제적으로 지원을 해준다. 그래서 난 지금 일을 열심히 하고, 내가 진심으로 행복해하는 순간을 주는 다른 일들을 본업의 지원을 통해 해나가자.'

아무리 자신의 일을 좋아하려고 해도 안 될 때에는, 본업은 내가 진심으로 좋아하는 일을 위해 서포트하는 역할을 한다고 생각해보는 것이다.

나는 실제로 '사짜마케팅' 업을 할 때에는 행복하다. 나와 같은 전문 자격사들에게 강의를 하고 그들의 고충을 듣고 글을 쓰고 컨설팅을 해나가는 과정이 행복하다. 그러나 본업 역시 놓을 순 없다. 그게 내 정체성의 한 축이기 때문이다. 언젠가 본업을 그만두고 '사짜마케팅'에 온전히 시간을 할애하기 전까지는 둘 다 해나갈 수밖에 없다.

그래서 나는 내 본업도 즐겁게 해나갈 수 있는 것이다. 언젠가는 진심으로 내가 행복해하는 일을 할 수 있게 해주는 지지대가 내 본업이기 때문이다.

여기서 제일 중요한 것이 있다. 여러분이 어떤 일을 할 때 행복한지 '탐색' 과정을 충분히 가져야 한다는 것이다. 필자는 강아지랑 산책을 할 때, 그리고 독서를 할 때, 그리고 먹고 싶은 것을 잔뜩 먹을 때 행복하다. 이처럼 자신이 행복한 순간을 '기록'해 두고 그 빈도수를 많이 가져가는 게 결국 행복에 이르는 길이다.

행복은 어떤 총량이 아니다. 행복은 순간의 상태이고 이는 곧 '빈도수'이다. 그 빈도를 많이 가져가기 위해 본업의 서포트를 받는다고 생각하면 된다. 물론 본업 그 자체가 너무 재미있어서 본업을 통해 행복을 느낀다면 더할나위 없이 좋지만 현실적으로 쉽지 않다.

무엇보다 불행한 것은 사람들이 자신이 어떤 때 행복한지도 모른다는 점이다. 그저 돈이 많으면, 성공하면, 명예를 가지면 행복할 거라 생각하지만 전혀 아니다. 행복한 순간은 사람마다 분명히 있다. 내가 무엇을 할 때 행복한지 꼭 그때마다 기록해두길 바란다. 그리고 본업의 경제적 서포트를 받아 그 빈도를 늘려가길 바란다.

마지막으로 '쾌락 적응'이라는 기제를 이해할 필요가 있다.

쾌락 적응(Hedonic Adaptation)은 사람들이 긍정적이거나 부정적인 사건을 경험한 후에도 시간이 지나면 원래의 감정 상태로 돌아가는 심리적 현상을 의미한다. 쉽게 말해, 좋은 일이 생겨도 금방 익숙해지고, 나쁜 일이 생겨도 시간이 지나면 다시 평소 감정 상태로 돌아오는 경향을 뜻한다.

이 쾌락 적응이 미치지 않는 영역이 있다. 바로 사회에 대한 공헌이다. 대가 없이 다른 사람과 마음을 나눌 때, 기부를 하거나, 봉사를 할 때 사람의 쾌락은 사라지지 않는다.

실제로 2020년 미국국립과학원 회보 - Proceedings of the National Academy of Sciences (PNAS)에 발표된 연구에서는 사회적 관계와 이타적 행동이 장기적인 행복과 직결된다는 사실이 밝혀졌다.

연구진은 5년간 1만 명 이상을 추적 조사하며, 타인을 도울 때 경험하는 긍정적인 감정은 시간이 지나도 사라지지 않는 경향이 크다는 것을 발견했고 반면, 물질적인 쾌락(예: 새 차 구매, 명품 소비)은 시간이 지나면 감정이 둔화되는 쾌락 적응이 이뤄졌다.

우리는 본능적으로 물질적 성공과 개인적 성취를 통해 행복해질 것이라고 믿는다. 그러나 연구 결과가 보여주듯이, 이러한 것들은 시간이 지나면 익숙해지고 더 이상 큰 만족을 주지 못한다. 반면, 타인을 돕는 행동, 즉 이타적인 삶은 시간이 지나도 지속적인 행복을 제공한다.

이는 우리의 삶에서 중요한 결론을 내리게 한다. 우리가 진정한 행복을 찾고자 한다면, 단순히 개인적인 목표와 성취만을 좇는 것이 아니라, 어떻게 하면 주변 사람들과 사회에 긍정적인 영향을 미칠 수 있을지 고민해야 한다.

자신의 일을 좋아하려고 노력하는 것도 중요하지만, 그 일이 궁극적으로 다른 사람들에게도 의미 있는 가치가 될 때, 우리는 더욱 깊고 지속적인 만족을 얻을 수 있다.

결국, 행복이란 내가 가진 것을 소비하는 데서 오는 것이 아니라, 내가 가진 것을 나누고, 다른 사람을 돕고, 사회와 연결될 때 가장 오래 지속되는 것이다.

"나는 무엇을 위해 일하는가?"라는 질문을 던질 때, 단순히 돈을 버는 것 이상의 의미를 찾아야 한다.

그 일이 타인과 연결되고, 더 큰 가치를 만들어낼 때, 우리는 비로소 진정한 의미에서의 행복을 발견할 수 있다.

그러므로 오늘도 단순히 생계를 위한 일이 아니라, 내가 만들어낼 수 있는 가치와 영향력에 대해 한 번 더 고민해보자.

그 순간, 우리의 일은 단순한 노동을 넘어 삶의 목적이 된다.

02 내가 바라는 꿈

요즘 내가 생각하는 풍족함의 기준은 밥을 먹을 때 가격에 관계 없이 밥을 사먹을 수 있고, 가족과 강아지 및 고양이를 부양할 정도인 거 같다. 애초에 사람의 욕심은 끝이 없고, 결국 다 가질 순 없다.

본업도 있는 내가 〈사짜마케팅〉에 애정을 쏟는 이유는 더 큰 자본이 필요해서이다. 그런데 이 돈은 내 개인이 쓸 용도는 아니다. 물론 퀀텀스텝스를 운용하는 데는 적지 않은 비용이 들고 그것을 충당하고 남은 돈을 말한다. 필자는 다음과 같은 공동체를 꾸려가고 싶다.

필자에게 배움을 청하는 분들은 전문 자격사이고, 이분들은 방법만 알면 많은 돈을 벌기가 상대적으로 쉬운 분들이다. 이들을 성장시키고 함께 자신의 삶에 지장이 되지 않는 정도로 후원을 받아 다음 3가지 사업을 하고 싶다. 나 혼자 하기에는 너무 사업이 크다.

첫 번째, 저소득층 어린이들과 청소년들에게 금융 교육을 하고 싶다. 자본주의 사회에서는 자본이 중심이고 이 자본의 기초가 되는 게 예적금, 환율, 주식, 펀드, 채권 등이다. 나는 부동산은 잘 모른다. 빈인빅 부익부의 차이가 갈수록 심해지는 이유는 교육수준이 아니라 금융문맹 때문이라고 필자는 생각한다. 욕심부리지 않고 연 7% 정도의 ETF 등 상품을 통해 어릴 때부터 돈을 차곡차곡 모아서 불려갈 수 있는 방법을 이들에게 알려주고 싶다. 이 작동원리만 알아도 미래에 성인이 될 아이들이 경제적으로 지금보다는 훨씬 풍요로워질 것이다.

두 번째, 사기예방을 할 수 있는 캠페인을 전개하는 재단을 꾸리고 싶다. 보이스피싱을 비롯해 갖가지 사기로 얼마나 많은 사람이 고통을 받고 있는가. 사기공화국이라는 말이 딱 들어 맞는다. 필자도 사기로 3억 원을 날린 경험이 있다. 특히 단돈 200만 원이 안 되는 돈을 보이스피싱으로 잃고 극단적 선택을 한 조하나 씨의 사연은 너무 마음을 안타깝게 했다. 조 씨는 무책임한 부모가 출생신고를 안 해서 19살 때 스스로 주민등록번호를 찾은 사연으로 〈무엇이든 물어보살〉에 출연해 화제가 된 적이 있다.

일단 사기를 당하면 복구하기가 어렵다. 애초에 사기를 치는 사람들은 한탕 크게 하고 감옥에 들어갔다가 나올 생각을 하기 때문이다. 미연에 방지하는 게 최선이다. 그러나 어디 한 곳 그런 방지 교육을 해주는 곳이 없다. 〈사짜마케팅〉 수강생들은 법률 세무 전문가이다. 이들이 함께 재단을 만들어 방지 교육을 하면 당연히 힘이 될 것이다.

마지막으로 유기견을 돌볼 수 있는 단체를 만들고 싶다. 동물에 대한 개개인의 관심도가 다르기 때문에 강력하게 함께하자고는 못한다. 뜻이 있는 사람과만 조용히 함께 이끌어가고 싶다.

사람은 돈이 최종 목적이 되어선 안 된다. 이것을 깨닫고, 내가 앞으로 해야 할 일들이 무엇인지 그리고 내 소명이라고 생각하는 일들을 적어봤다.

이 모든것을 〈사짜마케팅〉을 통해 성장한 운명공동체와 함께 하고 싶은 게 내 바람이며 내가 궁극적으로 〈사짜마케팅〉을 통해 하고자 하는 일이다.

에필로그 : 꾸준함이 만든 기적

3년이 지났다.

찰스의 공방은 이제 단순한 도자기 공방이 아닌, '찰스 아트 빌리지'라는 거대한 복합 문화 공간이 되어 있었다. 수십 명의 직원들이 체계적인 시스템 아래에서 각자의 역할을 완벽하게 수행했고, 그의 제자들은 전국 각지에서 새로운 가치를 만들어내고 있었다.

하지만 그가 여전히 매일 아침 가장 먼저 하는 일은 변함없었다. 작업실에 들어가 하나의 도자기를 만들고, 그날의 깨달음을 기록하는 것. 3년이 넘는 시간 동안 그는 단 하루도 빠짐없이 이 일을 이어왔다.

"대표님, 오늘도 이렇게 일찍 나오실 필요 없으신데요."

젊은 비버 직원이 걱정스럽게 말했다.

"아니야. 이건 내 삶의 일부니까."

찰스는 미소를 지으며 대답했다. 그의 콘텐츠에는 여전히 매일의 새로운 깨달음이 담겼고, 그것은 수많은 이들에게 영감이 되어 퍼져나갔다.

이제 그는 더 이상 생계를 걱정하지 않았다. 대신 그의 관심은 다른 곳으로 향했다. 매달 수익의 상당 부분을 소외된 이웃들을 위해 사용했고, 특히 어려운 처지의 젊은 도예가들을 후원하는 데 힘을 쏟았다.

"당신도 할 수 있습니다."

그의 강연장에는 늘 이 문구가 걸려 있었다. 찰스는 자신과 같은 고민을 하는 이들에게 '꾸준함의 힘'을 전파하는 데 특별한 열정을 보였다.

"바론님께 배운 것 중 가장 중요한 건, 매일 조금씩이라도 전진하는 거예요. 하루하루가 모여 우리의 이야기가 되고, 그 이야기가 쌓여 누군가에게 희망이 되는 거죠."

그의 말에는 3년이란 시간이 만들어낸 깊이가 묻어났다.

도시 외곽의 만생의 동굴은 이제 아무도 찾지 않았다. 하지만 매년 스승의 날이면 한 마리의 거북이가 그곳을 찾았다. 그의 등껍질은 여전히 무거웠지만, 이제 그 무게는 자부심이 되어 있었다.

"바론님."

찰스는 동굴 앞에 서서 작은 목소리로 말했다.

"이제야 알 것 같습니다. 1년 동안 매일같이 이곳을 찾아오던 그 발걸음이, 제 삶을 이렇게 바꿀 줄은 몰랐어요. 하지만 그때 그 꾸준함이, 지금의 저를 만들었네요."

동굴 안쪽에서 희미한 빛이 반짝였다. 마치 작은 카멜레온이 미소 짓는 것처럼.

찰스는 이제 또 다른 꿈을 꾸고 있었다. 전국의 모든 도시에 '찰스 아트 빌리지'를 세우는 것. 그곳에서 수많은 이들이 자신만의 이야기를 만들어가고, 그 이야기가 다시 누군가에게 희망이 되는 선순환을 만드는 것.

하지만 그는 서두르지 않았다. 거북이답게, 한 걸음 한 걸음 천천히 나아갈 것이다. 매일 아침 도자기를 만들고, 그날의 깨달음을 기록하면서.

그것이 바로 바론에게서 배운 가장 큰 가르침이었으니까.

맺음말

하고 싶은 말을 많이 줄였다. 실강과 동영상 강의의 내용도 많이 축약해서 담았다. AI 활용 파트는 너무 방대해서 아예 다 뺐다(AI 활용도 너무 중요하다. 이는 동영상 강의를 통해 보길 바란다). 그래도 분량이 많다. 벽돌책을 만들고 말았다. 이 책을 읽는 독자들에게 미안하다는 말을 남긴다.

정말 건방진 이야기이지만 이 책대로만 하면 여러분이 원하는 수준으로는 반드시 올라갈 수 있다고 강하게 말하고 싶다.

내가 하고 싶은 말은 이것이다.

'대체 불가능한 존재가 되라.'
'매일 꾸준히 쌓아올려라.'
'루틴을 만들고 1년 이상 하라.'

이것이 전부이다.

그러나 이 1년이라는 기간을 못 견디는 이들을 나는 컨설팅을 하며 수없이 많이 봤다.

바로 눈 앞에 보상이 이뤄지지 않기 때문이다.

으레 그렇듯 모든 소중한 것은 단기적으로 보상이 이뤄지지 않는다. 마치 좋은 도자기가 시간을 들여 천천히 구워져야 하는 것처럼, 우리의 성장도 충분한 시간과 인내가 필요하다. 거듭 말한다. 쌓아가는 인내만 감내할 수 있다면 반드시 이 방식은 성공한다.

난 해봤다. 필자가 강조한, 12가지 전술을 직접 해왔던 모든 과정들과 결과물을 다 증명할 수 있다. 그리고 12년간 소득이 적힌 소득명세서도 당신의 눈앞에 언제든 보여줄 수 있다.

물론 내가 해봤다고 해서 이 방식만 맞고 이 방법대로 한다고 해서 다 성공하는 건 아니다. 한 번 성공을 하면 그것에 매몰돼 그 성공방식이 전부라고 생각하다가 망하는 경우를 나는 많이 봤다. 나는 '성공의 기억', 그걸 경계한다.

다만 본질은 변하지 않는다. 100년 후가 되더라도 전문직은 여전히 존재할 것이고, 그때에도 '콘텐츠 쌓아가기'와 '대체 불가능'을 내포하라는 내 본질은 통용될 것이다.

한편 이 단행본은 2가지 목적으로 저술했다.

첫째는 〈사짜마케팅〉 오프라인 강의나 개인 컨설팅을 받는 것이 부담스러운 사람들을 위해서 스스로도 할 수 있게끔 썼다.

둘째는 사짜마케팅 강의의 온라인, 오프라인, 컨설팅의 기본 교재가 될 것이다.

이 책이 여러분에게 진심으로 도움이 됐으면 하는 바람뿐이다.

여러분의 하루하루가 모여 언젠가는 대체 불가능한 이야기가 될 것이다. 그리고 그 이야기는 다시 누군가에게 희망이 되어줄 것이다. 나는 그것을 믿는다.

매일 밤 지친 발걸음으로 집으로 돌아가는 여러분에게, 오늘도 늦은 시간까지 모니터 앞에서 고민하는 여러분에게, 이 책이 작은 등불이 되기를 바란다.

언젠가 우리가 다시 만날 때, 여러분은 이미 누군가의 길잡이별이 되어 있을 것이다.

대형 로펌에도 밀리지 않는
변호사·세무사 생존 전략

초판 발행 2025년 3월 27일

지은이 스몰자이언츠
펴낸이 방성열
펴낸곳 다산글방

출판등록 제313-2003-00328호
주소 서울특별시 마포구 동교로 36
전화 02-338-3630
팩스 02-338-3690
이메일 dasanpublish@daum.net
　　　　　iebookblog@naver.com
홈페이지 www.iebook.co.kr

ⓒ 스몰자이언츠, 2025, Printed in Korea

ISBN 979-11-6078-344-5 13320

* 이 책은 저작권법에 의해 보호받는 저작물이며, 저자와 출판사의 서면 허락 없이
  내용의 전부 또는 일부를 인용하거나 발췌하는 것을 금합니다.
* 제본, 인쇄가 잘못되거나 파손된 책은 구입하신 곳에서 교환해 드립니다.
* 책값은 뒤표지에 있습니다.